西南财经大学中国特色社会主义政治经济学研究中心
及"中央高校基本科研业务费专项资金"专著出版资助项目

国际区域经济一体化与当代南北经济关系研究

International Regional Economic Integration and
Contemporary North-South Economic Relations

姜 凌 等◎著

人民出版社

目　　录

第一篇　全球化条件下国际经济一体化的区域化特点及其国际影响

第四篇　中国参与国际区域经济一体化及妥善处理南北经济关系的战略抉择

Catalogue

Part 1

Properties of International Regional Economic Integration under Globalization and its Impact

Part 2

North-South Trade Relations within International
Regional Economic Integration

Part 3
The North-South Financial Relations within International
Regional Economic Integration

Part 4

The Strategic Choice of Participation in International Regional Economic Integration and Proper Handling of the North-south Economic Relations of China

绪　　论

第一节　问题的提出及研究的意义

南北经济关系,即发展中国家与发达国家之间的经济关系,作为当代国际经济关系的一个重要组成部分,与整个世界经济的发展有着十分密切的关系,亦是经济全球化和经济一体化条件下国际社会普遍关注的重要问题。[①]

第二次世界大战后,特别是 20 世纪 80 年代以来,随着科学技术进步和社会劳动生产力的发展,国际分工及商品、资本、技术乃至劳动力等生产要素的跨国流动所带来的经济全球化得到迅猛发展。经济全球化(Economic Globalization)和国际经济一体化(International Economic Integration)已成为左右世界各国乃至整个国际经济发展的主旋律。在这样一种国际大背景下,不同的民族国家、企业及个人,在社会经济生活各个方面的联系与依赖日趋紧密。经济全球化和国际经济一体化的广泛发展,必然会对当代世界经济和国际经济关系产生日益重大的影响,并带来南北经济关系的新变化[②]。

首先,本质上反映了现代科技和生产力高度发展要求的经济全球化,客观上使得全球经济的一体化趋势成为必然。但是,当代世界经济在不同国家和地区发展的不平衡性,以及各民族国家主权及经济利益的差异性,又决

[①] 刘诗白:《〈当代国际货币体系与南北货币金融关系〉简评》,《经济学动态》2004 年第 7 期,第 122 页。

[②] 刘诗白主编:《马克思主义政治经济学原理》,西南财经大学出版社 2003 年版,第 306 页。

定了这一趋势实现过程的长期曲折性。作为这一历史进程的一种过渡形式,国际经济的区域一体化应运而生,在一定程度上适应了生产力发展所带来的经济国际化、全球化与传统的民族国家主权所带来的生产要素、资源配置跨国流动障碍的矛盾,因此有其客观必然性。① 然而,伴随着美国金融危机和欧洲主权债务危机的爆发、深化,西方民粹主义的兴起,2016 年特朗普(Donald Trump)就任美国新一任总统后,将"美国第一"或"美国优先"的全球利益再分配作为"特朗普主义"的核心,宣布美国退出《跨太平洋伙伴关系协定》(Trans-Pacific Partnership Agreement,简称 TPP),重新谈判《北美自由贸易协定》(North American Free Trade Agreement,简称 NAFTA),甚至威胁退出世界贸易组织(World Trade Organization,简称 WTO)等一系列新一轮逆全球化政策的推出,对全球特别是东亚业已形成的国际区域生产分工和全球价值链体系造成冲击,并引起亚太地区强烈的贸易转移和投资转移效应,对包括中国在内的国际区域经济合作及其国际发展战略产生巨大冲击和挑战。

其次,一改 20 世纪 50—70 年代以北北型和南南型区域贸易合作为主导的特点,国际区域经济一体化在一定程度上突破了参与成员经济发展水平乃至社会政治经济制度的传统束缚,以经济发达国家和发展中国家区域贸易协定为代表的南北型区域一体化在当今得到较快拓展,渐成新的主流。国际区域经济一体化的综合效应,必然引起国际经济关系的相应调整和变化。传统的国与国之间的经济关系与交往,开始逐渐削弱或淡化;国际区域经济一体化集团之间、一体化集团组织与其他国家之间,以及同一一体化组织内部成员之间经济关系的产生和发展,使得当代国际经济关系更具丰富多样性,并对当代南北经济关系产生新的影响。②

再次,随着区域一体化合作程度加深,以往主要追求成员间贸易自由化的静态效应为目标的南北贸易自由化,开始向通过市场一体化带动区域内市场结构改变,促进区域内资本投入增加、生产效率提高、经济增长加速等

---

① 刘诗白主编:《马克思主义政治经济学原理》,西南财经大学出版社 2003 年版,第306 页。

② 刘诗白主编:《马克思主义政治经济学原理》,西南财经大学出版社 2003 年版,第306 页。

区域经济一体化的动态效应扩展;对诸如国家安全、地缘政治、国际规则制定等区域一体化非传统收益也开始受到关注,并成为当前区域自由贸易协定发展的一个重要趋势。

最后,作为南北贸易一体化的必然结果,全球化条件下国际区域经济化进程中的南北货币金融合作,要考虑到发展中国家的实际和必要的利益倾斜,在既能较充分反映发展中国家利益,而又不至于引起发达国家强烈反对的改革方案中寻求相对的平衡点。发展中国家的金融开放应当是有条件渐进式的,与其金融监管水平和对外贸易经济合作水平相适应。在区域性国际货币合作领域,同样适宜实行区分发达国家和发展中国家的"双轨制"的改革进程标准和时间表。

针对上述经济全球化背景下,国际区域经济一体化的广泛发展所带来的当代南北经济关系的新变化,作出有说服力的科学分析,探索其内在的必然联系和趋势,对包括中国在内的广大发展中国家在汹涌澎湃的经济全球化和一体化大潮中,把握全球治理的契机,妥善处理对外经济关系,特别是与经济发达国家的关系,有着重要的理论和现实意义。这亦是本书的目的和意义所在。

本书在梳理相关理论与文献综述的基础上,分析了经济全球化背景下当代国际经济一体化的区域化发展运行机制及其国际影响;着重分别从国际经济贸易和国际货币金融等领域,对经济发达国家与发展中国家南北经济关系的特点及新的矛盾焦点,做了较为系统深入的研究;并结合中国的实际,就中国参与国际区域经济一体化及妥善处理南北经济关系的战略抉择和相关的自由贸易区策略,进行了有益的探索。

研究侧重结合当代国际区域经济一体化进程中南北经济关系出现的新矛盾、新问题,探索新时期稳定与发展同区域一体化内部的以及不同区域一体化之间的南北经济关系的新途径,为推动当代世界经济理论特别是南北经济关系理论研究的新发展,以及包括中国在内的发展中国家在汹涌澎湃的经济全球化和一体化大潮中,妥善处理对外经济关系,特别是与经济发达国家的关系,正确制定适宜于本国实际的对外经贸战略,构建人类命运共同体,提供重要的理论和现实政策依据。

第二节　理论基础与相关研究综述

一、相关概念的界定

（一）发达国家和发展中国家的划分

世界银行的 *World Economic Outlook 2016* 对国家进行了分类,表 1 为被划分为发达国家(或地区)的经济体。

表 1　发达国家或地区(经济体)

主要货币区		
美　国	欧元区	日　本
欧元区(经济体)		
奥地利	希　腊	荷　兰
比利时	爱尔兰	葡萄牙
塞浦路斯	意大利	斯洛伐克
爱沙尼亚	拉脱维亚	斯洛文尼亚
芬　兰	立陶宛	西班牙
法　国	卢森堡	德　国
马耳他		
主要发达国家(经济体)		
加拿大	意大利	美　国
法　国	日　本	德　国
英　国		
其他发达国家或地区(经济体)		
澳大利亚	韩　国	新加坡
捷　克	瑞　典	丹　麦
以色列	新西兰	瑞　士
挪　威	冰　岛	波多黎各
圣马力诺		

注:资料来源于 *World Economic Outlook 2016*,p.227。对划分依据的说明为"The country classification in the WEO divides the world into two major groups:advanced economies and emerging market and developing economies.This classification is not based on strict criteria,economic or otherwise,and it has evolved over time"。

根据此分类,北美自由贸易区、亚太经济合作组织(Asia-Pacific Economic Cooperation,简称 APEC)、欧盟、东盟(Association of Southeast Asian Nations,简称 ASEAN)等,均为由发达国家和发展中国家(或地区)组成的南北型区域经济一体化组织。

(二) 区域贸易协定、区域经济一体化和区域一体化协定

区域贸易协定(Regional Trade Agreement,简称 RTA)又叫区域贸易安排,主要指为促进成员间的商品、服务等生产要素自由流动而缔结的国际条约或安排。区域经济一体化(Regional Economic Integration,简称 REI)不仅包括贸易一体化,还包括投资、生产要素、财政与货币政策一体化等内容;区域一体化协定(Regional Integration Agreement,简称 RIA)则不仅包括经济一体化,还包括政治、军事和其他方面的一体化。

(三) 国际区域经济一体化与国际区域经济合作

两者既有区别也有联系。国际区域经济合作的基本形式是通过以商品进出口、跨境投资等形式体现出来的、简单的市场融合;而其高级形式则表现为国际区域经济一体化①。

(四) 自由贸易区或自由贸易协定与自由贸易园区

自由贸易协定(Free Trade Agreement,简称 FTA)是指国家之间经过层层会谈,以协议形式取消相互之间大多数关税或其他贸易壁垒,降低投资门槛,进一步开放市场,在国家层面缔结的国际经济合作模式。而自由贸易园区(Free Trade Zone,简称 FTZ)指一个主权国家(或具备独立关税区的经济体)在关境以外设置特定区域,实行优惠税收和特殊监管以降低贸易成本的安排。

二、相关理论基础

国外对国际经济一体化问题的研究,其理论渊源可追溯到早期维纳(Viner,1950)、马考沃和莫顿(Makower 和 Morton,1953)、米德(Meade,1955)、李普西(Lipsey,1960)等学者提出并在后来量化了的关

---

① 包明齐:《中蒙区域经济合作研究》,吉林大学 2016 年博士学位论文。

税同盟理论。① 20世纪70年代,经济学界针对已有的关税同盟理论进行了批评和修正,形成了包括西托夫斯基(Scitovsky)和德纽(Deniau)的"大市场理论"。20世纪80年代以后,克鲁格曼等学者对传统的贸易理论框架进行扩展,使得区域经济一体化所能带来的收益是什么、如何进行量化等问题的传统看法得到彻底改变。其中较具代表性的有:盖兹斯(Gatsios)和卡普(Karp)的"关税同盟的非合作博弈理论"、克鲁格曼(Krugman)的贸易集团模型,以及格林纳威(David Greenaway)等的"新区域经济一体化理论"等等。

(一) 自由贸易区理论

1.大卫·李嘉图的比较优势理论

大卫·李嘉图(David Ricardo)在亚当·斯密(Adam Smith)绝对优势理论的基础上拓宽了思路,认为劣势方若集中投入绝对劣势较小的产品,绝对优势方集中生产绝对优势最大的产品,并通过专业化分工和国际交换,双方仍能从中获益。简单概括为"两利相权取其重,两弊相权取其轻"。

实际上,自由贸易协定签订以后,基于比较优势可以细化各国分工角色,即来源于伙伴国低成本的进口产品取代国内高成本产品,加快资源利用率,提升效益生产;同时,通过专业化分工,减少了国内的消费支出,转而投向消费其他产品,增加了社会需求,提高了贸易收益和福利水平。

2.要素禀赋理论

瑞典经济学家赫克歇尔和俄林(Heckscher 和 Ohlin)解释认为,产品的成本和价格差异源于资源禀赋不同,这是引起国际贸易发生的根本原因。简单来讲,见图1分析。

生产要素丰裕度高,充分利用其生产的商品价格就会低一些;生产要素稀缺,就必然会抬高其价格,由此则产生比较利益。因此在签订自由贸易协

---

① Viner, J., *The Customs Union Issue*, New York: Carnegie Endowment for International Peace, 1950, pp.33-49.

Makower, H. and Morton, G.A., "Contribution towards a Theory of Customs Union", *Economic Journal*, No.63, 1953, pp.33-49.

Meade, J.E., *The Theory of Customs Unions*, North-Holland Pub.Co Paper, 1955, p.121.

Lipsey, R.G., "The Theory of Customs Unions: A General Survey", *Economic Journal*, No.60, 1960, pp.496-513.

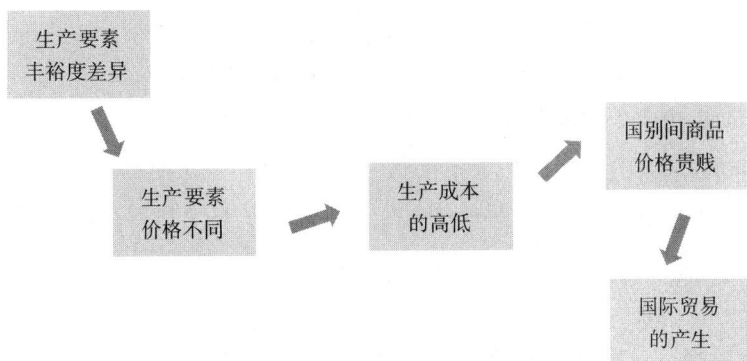

图1　要素禀赋理论关系图

定以后,国内应合理配置资源,在出口某些商品的同时也展开进口,出口对象是密集使用丰裕要素生产而成的商品,进口对象则是稀缺要素生产而成的商品,从而赚取贸易福利。

3.规模经济理论

规模经济(Economies of Scale)也称"规模利益",技术不变的情况下生产扩张,诱发经济效益提高,使长期成本曲线趋于下降。规模可分为两种生产情况,一种是生产机器设备等硬件条件不变,在原生产能力情况下最终产量的增减变化;另一种是生产能力提高后产量的变化,而这里特指后者。经济则含有效益、发展的意思。因此,当技术条件不变,批量产品的平均成本降低,则认为产生了规模经济。

自由贸易协定的建立形成了更广阔的自由市场,生产者通过提高生产率,参与世界范围内的专业化分工,降低生产成本而获取规模经济效益。

(二) 标准的区域经济一体化理论——关税同盟理论

1.传统的关税同盟理论

关税同盟理论最先源于德国经济学家李斯特(List)的保护贸易理论,而美国的维纳和李普西在20世纪50年代对该理论做了系统发展,明确指出关税同盟的经济效应在于贸易创造和贸易转移所取得的实际效果。

(1)关税同盟的静态效应

主要是指贸易创造效应、贸易转移效应及其所带来的福利效应。

贸易创造效应是指由于关税同盟取消关税,成员较低成本的产品替代了另一成员内部较高成本的产品,创造出了新的贸易。关税同盟建成之后,在比较优势基础上,生产更加专业化,资源利用率得以提高,生产利得得以扩大;同时,由于关税同盟建成之后,使得本应由自己生产的部分高成本、高价格的商品由具有更低生产成本的另一成员来生产,从而提高了关税同盟国的消费者福利和生产者效率。这种方式提高了整个世界的资源配置效率。因此,贸易创造效应通常表现为正效应。

贸易转移效应是指形成关税同盟后,对内取消关税、对外实行统一保护关税政策,成员不得不将原来由非成员的低成本进口转向同盟内其他成员的高成本进口,贸易方向由此发生了转变。这无疑降低了整个世界的资源配置效率,因此,贸易转移效应通常表现为负效应。

(2)关税同盟的动态效应

库珀(Cooper)和马塞尔(Massell)、林德、科登和琼斯等学者认为,维纳提出的上述关税同盟理论并没有研究关税同盟所产生的动态效应,该效应包括:实现规模经济,降低生产成本;促进专业化生产,提高生产效率;刺激投资;提高要素流动性;促进成员之间的企业竞争;促进科技进步;等等(廉晓梅,2003)①。

规模经济效应。关税同盟的建立促进了市场范围的扩大,企业由此获得规模经济效益。也有一些学者认为上述观点的成立需要具备一定的前提条件,即同盟内成员的企业规模尚未达到最优,否则,关税同盟的建立不仅不能有益于企业,反而会促使企业的平均成本上升。

促进竞争效应。在关税同盟建立后,成员相互间的贸易和投资壁垒减少或消除,原有的垄断被打破,同盟内的各个企业为在竞争中取得有利地位,必然纷纷提高生产效率,降低生产成本,提高经济效率,增加研发投入,促进技术进步。

刺激投资效应。关税同盟的建立意味着同盟内部的贸易和投资壁垒虽然得以消除,但对外的贸易壁垒依然存在。为获取更多的生产者福利,非成员企业会选择在关税同盟内进行投资建厂,从而分享自由贸易的好处。

---

① 廉晓梅:《论区域经济一体化对经济全球化的促进作用》,《东北亚论坛》2003年第5期,第17—21页。

资源配置效应。在关税同盟内,其市场趋于统一,技术、劳动力和资本等生产要素在经济利益的驱动下,纷纷向这些要素稀缺的地区聚集;企业家精神得到传播和发扬,出现更多的管理和制度创新,生产要素等资源得到更加合理的配置。

2. 米德等考虑"消费效果"的关税同盟的"次优理论"

维纳关税同盟理论所提供的局部均衡分析框架的分析方法存在一定的局限性。具体表现为:同盟成员之间必须遵循指定的贸易模式,忽略了政府制定政策时所受到的限制,也没有考虑到宏观经济政策的"溢出效应"(廉晓梅,2003)。[①] 因此,在维纳关税同盟理论的基础上,一些经济学者进行了更加深入的研究。

现代关税同盟理论的开创者是米德。他认为维纳忽略了关税同盟的建立会使得相对价格发生变化,而消费价格又会受到相对价格变化的影响。[②] 因此,他突破了维纳仅关注组建关税同盟成员的福利变化的局限,将整个世界的福利变化作为分析重点。米德由此创立了"次优理论"。值得注意的是,米德的分析框架包含多个国家和多种商品。

李普西和兰开斯特(Lipsey 和 Lancaster)进一步发展了米德创立的"次优理论"。他们认为,就理论层面来说,当贸易转移效应不及消费效应时,关税同盟成员乃至整个世界的福利都有可能得到提高。[③]

在库珀和马塞尔看来,相比建立或加入关税同盟,实行非歧视性关税削减似乎能给一国带来更多福利。[④] 然而,当非歧视性关税削减到关税同盟的共同水平时,结成关税同盟与等量的非歧视性关税削减相比,是"次优政策",他们由此提出了与传统关税同盟理论不同的分析框架。他们指出,在政府出于非经济原因保护国内市场时,结成关税同盟所需要付出代价要小于进行非歧视性关税削减的代价。也即关税同盟的成员资格可以使其以更

---

①　廉晓梅:《论区域经济一体化对经济全球化的促进作用》,《东北亚论坛》2003 年第 5期,第 17—21 页。

②　Meade,J.E.,*The Theory of Customs Unions*,North-Holland Pub.Co Paper,1955,p.121.

③　Lipsey,R.G.and Lancaster,K.,"The General Theory of Second Best",*Review of Economic Studies*,No.1,1956,pp.11-32.

④　Cooper,C. A. and Massell,B. F.,"Towards a General Theory of Customs Unions for Developing Countries",*Journal of Political Economy*,No.73,1965,pp.461-476.

经济的方式获得由贸易保护主义带来的结果。

3. 蒙代尔(Mundell)等对关税同盟的贸易条件效应的分析

根据蒙代尔的观点,如果世界其他地区的进口需求不会受到关税同盟组建所带来的影响,同盟的贸易条件将不受影响,即便世界其他地区的供给并不是完全弹性的。反之,将出现同盟与世界其他地区的贸易条件的改进趋势。因此,该效应的作用在于减少贸易转移所带来的损失,在一定条件下该效应将足以完全消除贸易转移所带来的损失。

对于自由贸易区,贸易条件效应的结果并不确定。然而在关税同盟中,一体化后同盟与第三国的贸易量可能减少,除非关税水平下降。维纳在1950年就深刻认识到了这种影响可能会导致世界其他地区遭受相应的损失。伍顿(Wooton)也曾指出,在更宽泛的框架内估计关税同盟对第三国的影响时,还必须考虑其他一些因素,特别是,关税同盟对该区域实际收入的有利影响将可能增加对第三国的进口需求,因此总体来讲,第三国也不会成为净损失者。

安德特对于关税同盟相对于其他选择能够带来更有利的贸易条件收益的可能性这一问题进行了阐述。他分析中的难点在于,通常潜伏着一种利益冲突,而且一般说来只有在一成员能够说服另一成员采取一种以前者利益为基础的"非最优"的政策时,才会产生收益。此时,一种可能的例外情况将是,关税同盟仅仅对每个国家都持续进口的某种特殊产品实施共同关税。在这种情况下,每个国家都可以从其他国家所采取的措施中获利。尽管有些国家不参加同盟还会得到更多的好处,但是关税同盟只有在所有相关国家都同意加入时才会真正建立起来。

关税同盟和世界其他地区的贸易条件,不仅受同盟共同外部关税的影响,而且也受其他国家关税水平的影响。一般说来,其他国家对由同盟出口的产品征收的关税水平越高,同盟与世界其他地区的贸易条件就越不利。而关税同盟的规模意味着其讨价还价筹码的大小,关税协商则可以在一定程度上改变国外关税水平,因此,维纳和米德都认为关税同盟的规模是关税同盟的一个重要方面。

(三) 其他关于国际经济一体化的理论

1. 大市场理论

该理论的代表人物是西托夫斯基和德纽,该理论是建立在共同市场基础上,主要探讨国际经济一体化的竞争效应。该理论认为:在共同市场框架下,被保护主义分割的小市场被统一成大市场,形成激烈的竞争环境,规模经济等效应得以实现。

德纽指出:市场的扩大使得机器设备得以充分利用而进行规模化和专业化生产,新技术也得到广泛应用,等等,这将在很大程度上降低生产成本和销售价格,同时,销售价格又因关税的取消得到更大程度的降低,购买力因而增强、消费增加,进而引起投资的进一步增加。整个经济将如此循环反复。

西托夫斯基提出了"小市场与保守的企业家态度的恶性循环"命题。他指出:共同市场的建立使得原本相对狭小而缺乏竞争的市场加剧竞争。为获得生存和进一步发展,企业开始追求规模经济,生产成本和销售价格进一步下降,市场随之进一步扩大。于是整个经济便如此循环反复下去。①

相比于静态的关税同盟理论,大市场理论不仅具有动态性,而且更注重贸易自由化。该理论的核心是:(1)通过扩大市场,获取规模经济利益,从而实现技术利益;(2)市场扩大促使竞争激化,实现规模经济和技术利益。该理论还指出,以前市场狭小而又缺乏弹性,现代化的生产设备无法加以充分利用,无法实现规模经济和大批量生产的利益。只有大市场才能为促进研究开发、降低生产成本和促进消费创造良好的环境。

2. 协议性国际分工原理

在以往的经济一体化理论中,西方经济学者遵循古典经济学大卫·李嘉图等人提出的"比较利益"的思路,把"规模经济""生产成本比较""大市场""激化竞争"等作为研究核心来说明一体化的经济效应,而忽视了规模经济和激化竞争所带来的企业垄断与内部贸易扩大问题的缺陷。日本学者小岛清(Kiyoshi Kojima)认识到以往研究的不足,提出"协议性国际分工原理"②。

协议性国际分工是指不同国家达成互相提供市场的协议,具体来说,指签署协议的国家各自放弃原有的某种商品生产,把国内市场提供给对方。

---

① Scitovsky, T., *Economic Theory and Western European Integration*, London: Allen and Unpin, 1958, pp.39-76.

② [日]小岛清:《对外贸易论》,周宝廉译,南开大学出版社1987年版,第19—24页。

国家之间要达成协议性国际分工,必须具备的条件如下。

首先,国家之间的资本、劳动力等禀赋条件相差不大,在工业化水平和经济发展阶段也没有太大差距,并且每一个国家都能生产协议性分工的货物。

其次,只有能够获得规模经济的货物才能成为协议性分工的货物。一般来说,最能获得规模经济效应的货物是重工业。

最后,每个国家进行专业化生产与让给对方进行专业化生产在产业之间没有优劣之分。

总而言之,国家之间具有同等发展阶段是共同市场建立的必要条件;相比于发展中国家,在发达国家尤其是在发达工业国家之间可以进行更加宽范围的协议性分工,获取更多的利益;具有相类似的文化、地理位置互相接近的国家之间,达成协议的可能性更大。

3.发展中国家的区域经济一体化理论——"集体自力更生"理论

(1)中心—外围理论

该理论是由阿根廷经济学家劳尔·普雷维什(Raul Prebisch)提出的。他把资本主义世界分为"中心"和"外围",前者生产结构同质性和多样化,由经济发达国家组成;后者生产结构异质性和专业化,由发展中国家组成[①]。这两类国家在经济发展中的不平等地位主要体现在经济发展的自主性、经济发展结构技术进步带来的利益分配等方面。

普雷维什认为,中心和外围国家在经济发展中的不平等地位的产生主要源于三个原因:第一,中心国家采用一般方式和建立跨国公司的途径进行资本输出,凭借技术和管理优势获取垄断利润,剥削外围国家。此外,还对外围国家的消费结构和消费水平施加影响,使这些国家正常的投资比例和经济发展遭到破坏,提高外围国家对中心国家的经济依赖程度。第二,在传统的国际分工体系下,外围国家深陷经济结构单一性和出口生产被动专业化的局面,脱离其正常的经济发展道路。第三,外围国家贸易条件长期恶化。

---

① Prebisch, R., "The Economic Development of Latin America and Its Principal Problems", *Economic Bulletin for Latin America*, No.7, 1962, pp.1-22.

　　因此,普雷维什认为,在中心国家与外围国家之间,由于传统国际分工理论的前提条件根本无法得到满足,因此传统的国际分工理论并不适用于发展中国家。发展中国家应实行贸易保护政策,以保证工业化的顺利实施,独立自主地发展民族经济,从而实现彻底摆脱不合理的国际分工体系、打破旧的国际经济秩序的目的。

　　此外,包括普雷维什在内的中心—外围理论者认为,国内市场狭小是发展中国家在顺利推进工业化进程中所面临的最迫切需要解决的问题。为解决这一问题,发展中国家应推进它们之间的区域经济一体化,促进相互间的合作以实现工业化。

　　(2)基于供应决定相互依附关系的经济一体化理论

　　该理论由印度经济学家阿兰·穆罕默德(Alan Muhammad)提出。他认为,发展中国家为发达国家提供廉价的初级产品,后者则为前者提供制成品,是一种剥削与被剥削的关系,两者间实行内部的经济一体化存在天然的障碍。

　　阿兰·穆罕默德认为,由于国内经济发展的需要决定了国家对外贸易的性质,对小国和发展中国家而言,建立在以供应为纽带的相互依赖关系上的经济一体化是有利的。因此,有必要针对分成许多供应和需求地区的一体化区域,从初级阶段到产品制造阶段的一系列生产环节,在供应决定的相互依赖关系基础上建立一体化。目前在世界上占多数的欠发达的小国家通过建立在供应决定的相互依赖关系基础上的经济一体化,能够以较小的付出或牺牲,使经济得到稳定而迅速的发展。

　　根据上述两大发展中国家区域经济一体化的理论,在当前不合理的国际经济秩序下,发展中国家为获得经济发展,必须实行内部的经济一体化。

　　4.新区域经济一体化理论

　　20世纪90年代以后,随着全球化进程的加快以及区域主义在全球范围内的蓬勃发展,学术界开启了对区域主义的再次研究,称之为"新区域主义"(New Regionalism)。"新区域主义"一词最早由诺曼(Norman)在《亚洲和太平洋地区的新区域主义》一书中提出。"新区域主义"是在传统的经济一体化的福利效应分析基础上,进一步将研究领域扩展到政治、经济、文化、安全等领域,从而有助于更加全面、深入地理解各种形式的经济一体化组织的内涵。

（1）从狭义一体化到广义合作

就经济层面而言，"区域化"具体表现为以各自独立的经济体在体制上组成更大规模的经济集团。而"新区域主义"的内涵已经有所拓展，该理论已不再过分强调狭义的经济一体化，而且包含了当今区域经济一体化中出现的新的组织形式。

在内容上，一般形式的区域经济一体化组织最低级、最松散的形式为优惠贸易安排，即对商品给予特别关税的形式；而就广义上说，区域经济一体化的内容更加全面。

（2）从传统利益到非传统利益

传统形式的一体化合作以经济利益为核心，然而，"新区域主义"的目标已经由单一经济目标扩展至政治、经济、文化、安全等多重目标，它的价值取向已经渗透到非传统领域。

在经济方面，"新区域主义"在积极倡导贸易自由化的同时，将许多新的议题囊括了进来。诸如劳动力流动、环境、投资、便利化、透明度、政府采购、能力建设等诸多内容都被包括在近年来已经建成或正在谈判的自由贸易区中，这反映了不同发展水平国家广泛的利益需求。应该引起重视的是，发达国家尤其希望在一些新领域中扮演规则制定者的角色，通过获得更多的政治、经济利益，以保持其在世界经济格局中的主导地位。在非经济方面，"新区域主义"将国际经济一体化的利益延伸到文化、政治、安全、外交等多个领域。

（3）从对称利益到非对称利益

在传统的国际经济一体化研究中，隐含了一定的前提，即建立一体化组织或进行区域合作的动机纯粹出于商业目的；所有参与者具有相同规模，即各方具有同等的谈判博弈能力；谈判的结果也是互惠的。而"新区域主义"则认为，实质上大国与小国之间存在巨大差异，具体体现在消费水平与偏好、市场规模、产业结构、宏观经济政策等多个方面。因此，在研究"新区域主义"时，需要作出引入经济规模差异和非经济目标的假设，并在此基础上得出一系列新的结论。

首先，"新区域主义"指出，大国进行区域经济合作时，传统的贸易利益虽然依然在"新区域主义"的考虑范围之内，但诸如劳工权利、环境保护、知识产权等非传统利益也被纳入其中。此外，在"新区域主义"模型中，组成区域经济一体化组织中的大国和小国的成本和差异存在较大不同，究其原因在于它们具有不同的比较优势和目标函数。

其次，"新区域主义"指出，大国参与区域经济合作具有较强的政治目标。一方面，西方大国利用其对国际组织的控制向发展中国家施加压力；另一方面，主要国家利用区域经济一体化，特别是签署自由贸易协定实现其政治目标的趋势愈发明显。

"新区域主义"认为，在区域经济合作中，大国虽然依然具有主导地位，但小国也能获得一定利益。例如，通过与大国签署自由贸易协定，小国虽然进行了单方面支付，但实质上却通过这种方式购买了获得进入大国市场的机会。

5."轮轴—辐条"理论

20 世纪 90 年代以来，区域贸易协定的数量在全球迅猛增加，过多的区域贸易协定在某一地区相互交错重叠。该状况被美国经济学家贾格迪什·巴格沃蒂称为"意大利面条碗"现象（Spaghetti Bowl Phenomenon）。所谓"意大利面条碗"现象，是大量双边自由贸易协定和区域贸易协定聚集在某一地区，形成了盘根错节的自由贸易协定。事实上，学者们将该区域贸易协定模式称为"轮轴—辐条（Hub and Spoke）"式新区域经济一体化模式，该模式包括一个处于中心地位的轮轴国和多个围绕在轮轴国周围的辐条国（东艳，2009）[①]。这种区域经济一体化模式的利益分配是不均衡的。与所有成员参与成立的自由贸易区相比，"轮轴—辐条"模式降低了成员整体的福利水平。

在"轮轴—辐条"模式下，轮轴国可以获得特殊的优惠。无论是在产品出口还是吸引投资方面，轮轴国均居于明显的优势地位。相比于轮轴国，辐条国则处于相对弱势的地位。"轮轴—辐条"体系外的国家在轮轴国市场上处于更加不利的地位。不同时期加入的辐条国的收益也存在差异：相比

---

① 东艳：《深度一体化、外国直接投资与发展中国家的自由贸易区战略》，《经济学（季刊）》2009 年第 2 期，第 397—426 页。

于后加入的辐条国,先加入的辐条国收益更大。一般而言,经济实力和影响力较强的大国容易成为轮轴国。如美国和欧盟均是轮轴国,两国已经分别与众多国家和地区签订了区域贸易协定。

三、相关研究综述

经济全球化、区域经济一体化与南北经济关系一直是国际经济问题研究的热点。迄今为止,国内外已经有大量的关于经济全球化和国际经济一体化的研究。下面分别对三者的概况与相互关系的研究成果进行梳理。

(一) 有关经济全球化的研究

国内外对经济全球化的研究,主要围绕其概念、基本标志、动力、与传统国家主权的关系及未来发展趋势展开。

在经济学中,全球化的概念从一体化逐步演变而来,"经济全球化"这一概念最先由美国学者特·拉维提出。他用该词形容20世纪80年代世界经济所发生的巨大变化,即"商品、服务、资本和技术在世界性生产、消费和投资领域中的扩散"。随着经济全球化步伐的加快,经济全球化的概念不断丰富,学术界有多种表述。其中,比较具有代表性的主要有以下几种。

一是认为经济全球化是指全球经济一体化,是经济生活国际化的新阶段。在这一阶段,世界各国经济不仅仅是一般的相互联系和交往,而是相互交织、相互融合,并最终形成一个全球经济的有机整体。经济全球化是指在高新科技的推动下和在全球性的跨国直接投资和世界性金融市场的作用下,世界不同国家、地区经济不断融合趋于一体,商品和服务在全球范围内的自由流动日趋密切的过程。

二是认为经济全球化是指社会生产力(核心是科学技术)与社会生产关系在时间与空间维度上在全球范围内的扩展(姜凌,1999)[1];是指世界大部分国家和地区的经济形成一个统一的、紧密联系的运行过程。也有人表述为:经济全球化是指随着全球市场的逐步开放,生产要素等资源以空前的

---

[1] 姜凌:《经济全球化趋势下的南北经济关系》,四川人民出版社1999年版,第7—10页。

速度和规模在世界范围内流动并加以配置,从而使得经济活动在全球范围内不断实现全方位沟通、联系、融合与互动的客观历史进程;即它不单指经济生活的全球化,指穿越国家和地区政治边界的社会活动和拓展,反映实物和无形商品与服务通过贸易和投资途径在不断地加快流动,国家间的相互依存关系不断加强(Emerita,1997)①;更深层次上理解经济全球化是指世界各国或地区通过生产要素的全球性配置,使各国或地区经济相互联系日益密切、相互依存日益增强、相互融合日益加深、相互制约日益突出并在生产、贸易、投资、金融等领域逐步一体化的历史过程(李长久,1998;忻炯俊,1999;谢康,2000;庄芮,2000;邱嘉锋,2001)②。

　　三是指跨国商品和服务交易及国际资本流动规模和形式的增加,以及技术的广泛传播使世界各国经济的相互依赖性增强;认为在这一进程中,各国的经济活动跨国界联结在一起,一国创造的财富越来越依赖于其他国家的经济(Trochaic 和 Nightlight,1996;张世鹏,2000)③。

　　可见,上述看法都反映出经济全球化是相对独立的国家和地区经济主体之间日益密切并日益相互依存。

　　由于对全球化概念理解的不同,学者对全球化的基本标志也提出了不同看法,但大都认同经济全球化起源于 20 世纪,只是在具体什么时代存在分歧。将经济全球化等同于世界货币体系建立的学者认为,在 1945 年第二次世界大战后,布雷顿森林体系的建立标志着经济全球化的发生和发展

---

　　① Emerita Luis, "Economic and Social Development into the XXI Century", *Inter-American Development Bank*, 1997, p.142.

　　② 李长久:《全球经济与国家经济》,《经济参考报》1998 年 4 月 2 日。

　　忻炯俊:《从金融危机看经济全球化》,《国际观察》1999 年第 3 期,第 36—37、56 页。

　　谢康:《经济全球化及其发展趋势》,《毛泽东邓小平理论研究》2000 年第 1 期,第 10—17 页。

　　庄芮:《经济全球化进程的起点与分期》,《国际论坛》2000 年第 1 期,第 48—53 页。

　　邱嘉锋:《经济全球化与相关概念辨析》,《世界经济与政治论坛》2001 年第 3 期,第 12—16 页。

　　③ Trochaic, P. and Nightlight, R., "Globalization Myths: Some Historical Reflections on Integration, Industrialization, and Growth in the World Economy", *Engrave Macmillan UK*, Vol.830-831, No.6, 1996, pp.131-134.

　　张世鹏:《什么是全球化?》,《欧洲》2000 年第 1 期,第 5—13 页。

（雅克·阿达，2000）①；另一种观点认为经济全球化的真正发展是在20世纪80年代中期以后，随着柏林墙坍塌、苏联解体、欧洲统一大市场的形成等事件的发生标志着全球化时代的真正到来（托马斯·弗里德曼，2003）②。对全球化推动力的研究结果普遍认可科学技术革命的发展，特别是以通信、交通技术的高速发展为代表的第三次信息革命，有效地推动了经济全球化的进程（伯努瓦，1998）③；还有学者认为经济全球化更侧重于是由政府推动的主观发展过程（马丁和舒曼，1998）④，其最重要的动力是国际分工的深入和市场的扩大、科学技术的进步、跨国公司的发展（郭连成，2001）⑤。对经济全球化与传统国家主权关系的研究较一致地认为全球化在某种程度上势必对传统国家主权形成挑战（赫尔德等，2001；王献枢和王宏伟，2002；徐蓝，2007）⑥。

　　就其对世界经济影响的研究，较有代表性地反映在 *Globalization and Its Discontents*（Stiglitz，2003）⑦、《经济全球化及对当代资本主义经济的影响》（姜凌，2005）等文献；而在《经济全球化：发展中国家后来居上的必由之路》（刘力，1997）⑧、《大潮流：经济全球化与中国面临的挑战》（丁一凡，1998）⑨等，针

---

　　① ［法］雅克·阿达：《经济全球化》，何竟、周晓幸译，中央编译出版社2000年版，第12页。

　　② ［美］托马斯·弗里德曼：《直面全球化："凌志汽车"与"橄榄树"》，赵绍棣、黄其祥译，国际文化出版公司2003年版，第6—10页。

　　③ ［美］阿兰·伯努瓦：《面向全球化》，载王列、杨雪冬编译：《全球化与世界》，中央编译出版社1998年版，第1页。

　　④ ［德］汉斯-彼得·马丁、哈拉尔特·舒曼：《全球化陷阱：对民主和福利的进攻》，张世鹏等译，中央编译出版社1998年版，第56页。

　　⑤ 郭连成：《面向21世纪的经济全球化——概念、成因、回顾与展望》，《国外社会科学》2001年第2期，第8—13页。

　　⑥ ［英］戴维·赫尔德等：《全球大变革：全球化时代的政治、经济与文化》，杨雪冬等译，社会科学文献出版社2001年版，第23页。
　　王献枢、王宏伟：《经济全球化时代的国家主权》，《法商研究（中南政法学院学报）》2002年第1期。
　　徐蓝：《经济全球化与民族国家的主权保护》，《世界历史》2007年第2期，第17—25页。

　　⑦ Stiglitz, J.E., *Globalization and Its Discontents*, Norton: New York, 2003, pp.1-282.

　　⑧ 刘力：《经济全球化：发展中国家后来居上的必由之路》，《国际经济评论》1997年第Z5期，第28—30页。

　　⑨ 丁一凡：《大潮流：经济全球化与中国面临的挑战》，中国发展出版社1998年版，第130—146页。

对经济全球化对发展中国家及中国的挑战和机遇展开了研究。

关于经济全球化进程的未来趋势,乐观主义认为,经济全球化是人类历史客观发展的进程,促进了世界各国经济的增长、人类生活的发展和进步,为发展中国家的发展带来新的机遇(朗沃斯,1996;邓宁,1996)①,少数悲观主义认为,经济全球化的发展不仅会导致世界范围内贫富差距的进一步加大,还会引发世界范围内的经济危机和社会动荡(托夫勒,1998;马丁和舒曼,1998)②。2008年全球金融危机以来,学术界考察经济全球化与金融危机的关系的研究也日益增加,学者认为经济全球化的基本趋势没有改变,但金融危机对全球化发展进程具有诸多影响,例如金融危机加快了世界经济重心由大西洋向亚洲地区转移的速度;在应对气候变化问题上形成了不同利益的国家(裴长洪,2010)③;经济全球化的趋势也同时将危机全球化,为发展中国家的经济发展带来新的风险和考验(凌晨,2010)④;货币政策的国际协调有了新的发展,实现了特定时期和形势下多国货币政策的密切合作等(尹继志,2012)⑤。

总体来看,学者大都对经济全球化持欢迎态度,认为其是世界经济发展的趋势,有其必然性和不可逆转性。

（二）有关区域经济一体化研究的综述

区域经济一体化与南北经济关系问题一直是国际经济问题研究中的一个重要的方面,目前学者对区域经济一体化的研究涉及其概念、组织形式与类型、收益、区域经济一体化与经济全球化的关系等。

---

① ［美］朗沃斯:《经济革命的痛苦代价》,《芝加哥论坛报》1996年10月6日。
［英］约翰·H.邓宁:《全球化经济若干反论之调和》,杨长春译,《国际贸易问题》1996年第3期,第12—18页。
② ［美］阿尔文·托夫勒:《全球化神话的陷阱》,《读者新闻》1998年6月12日。
［德］汉斯-彼得·马丁、哈拉尔特·舒曼:《全球化陷阱:对民主和福利的进攻》,张世鹏等译,中央编译出版社1998年版,第35页。
③ 裴长洪:《后危机时代经济全球化趋势及其新特点、新态势》,《国际经济评论》2010年第4期,第3,27—45页。
④ 凌晨:《论经济全球化形势下金融危机的应对措施》,《中国城市经济》2010年第6期,第63—64页。
⑤ 尹继志:《经济全球化与金融危机背景下的货币政策国际协调》,《云南财经大学学报》2012年第2期,第109—118页。

就概念而言,学术界尚未形成统一的观点,《世界经济学大辞典》上将区域经济一体化定义为国际经济上的相互联系和结合并形成一个经济联合体的发展过程;陈光武(2009)等认为,经济一体化是两个或两个以上国家的产品和生产要素可以无阻碍地流动和经济政策的协调[①];田素华(2000)将经济一体化定义为地理位置相近的两个或两个以上国家(地区),以获取国家(地区)的经济集聚效应为宗旨,为促使产品和生产要素在一定区域内的自由流动和有效配置而建立的跨国性经济区域集团[②]。

国际经济一体化根据不同的标准,其分类也不尽相同。根据经济一体化水平的程度,分为优惠贸易安排(Preferential Trade Arrangement,简称PTA)、自由贸易区、关税同盟(Custom Union,简称CU)、共同市场(Common Market,简称CM)、经济同盟(Economic Union,简称EU)、完全的经济一体化(Complete Economic Integration,简称CEI)的不同层次;根据经济一体化主体成员的经济发展水平,分为"北北型"经济一体化、"南南型"经济一体化和"南北型"经济一体化;根据经济一体化组织的成员及数量和其对非成员乃至整个世界经济的影响程度划分,经济一体化可以分为"大国"模式的经济一体化和"小国"模式的经济一体化。按照意识形态划分,还可分为资本主义国家经济一体化和社会主义国家经济一体化。

区域经济一体化所带来的静态和动态效应是衡量一国加入一体化组织净收益的主要标准,它们不仅包括贸易创造效应、贸易转移效应、改善贸易条件等传统收益,还包括非传统收益,如保持政策的连贯性、对外界发出已满足某种经济状况或政府关系的信号;增强讨价还价的能力、改善成员安全等(Fernandez 和 Cortes,1998;Schiff 和 Winters,2002)[③]。

国外对国际经济一体化问题的研究,其理论渊源可追溯到早期维纳(1950)、马考沃和莫顿(1953)、米德(1955)、李普西(1960)等学者提出并

[①] 陈光武:《东亚区域经济一体化研究》,吉林大学2009年博士学位论文。

[②] 田素华:《经济全球化与区域经济一体化》,《上海经济研究》2000年第4期,第46—51页。

[③] Fernandez,R.and Cortes,J.,"Returns to Regionalism:An Analysis of Non-traditional Gains from Regional Trade Agreements",*The World Bank Economic Review*,No.12,1998,pp.197—220.

Schiff,M.and Winters,L.A.,《区域一体化与发展》,郭磊译,中国财政经济出版社2004年版,第4—50页。

在后来量化了的关税同盟理论,"贸易创造"和"贸易转移"效应成为判断区域经济一体化是否成功的首要标准。20世纪70年代,经济学界针对已有的关税同盟理论进行了批评和修正,形成了包括西托夫斯基和德纽的"大市场理论"。20世纪80年代以后,克鲁格曼等学者将规模经济、不完全竞争等纳入规范的贸易理论分析而建立了新贸易理论,彻底改变了传统的对区域经济一体化所带来的收益、如何进行量化等问题的看法(Krugman,1991;Norman,1991)①。其中较具代表性的有:盖兹斯和卡普(1991)的"关税同盟的非合作博弈理论",克鲁格曼(1990)的"中心—外围"模型②,以及大卫·格林纳威等的"新区域经济一体化理论",等等。此后国际区域经济一体化研究进入了被称作"新区域主义"的飞速发展时期,近期关于该方面的文献主要有以下代表作:*Regional Economic Integration in West Africa*(Beck,2013)③、*Regional Economic Growth and North American Economic Integration*(Dial-Absolutist Alejandro,2012)、*Regional Economic Integration in the Middle East and North Africa:Beyond Trade Reform*(Louis和Tabor,2012)④、*Costs and Benefits of Economic Integration in Asia*(Barro和Lee,2011)⑤。

　　这方面较具代表性的研究成果有:《关于世界经济一体化的几个理论问题》(张幼文,1997)⑥、《国际一体化经济学》(陈岩,2001)⑦、《国际经济一体化福利效应——基于发展中国家视角的比较研究》(张彬等,2009)⑧。就国际经济

---

① Krugman,P.R.,*Geography and Trade*,The MIT Press,1991,pp.55-76.
Norman,D.P.,*New Regionalism in Asia and the Pacific*,Lexington Books,1991,pp.5-10.

② Krugman,P.R.,"Increasing Returns and Economic Geography",*Journal of Political Economy*,No.3,1990,pp.483-499.

③ Beck,D.,"Regional Economic Integration in West Africa",*Springer*,2013,pp.253-267.

④ Louis Mustache and Tabor Steven R.,"Regional Economic Integration in the Middle East and North Africa:Beyond Trade Reform",*The World Bank*,Washington,D.C.,2012.

⑤ Barro,R.J.and Lee,J.W.,*Costs and Benefits of Economic Integration in Asia*,New York:Oxford University Press,2011,pp.73-84.

⑥ 张幼文:《关于世界经济一体化的几个理论问题》,《世界经济研究》1997年第3期,第4—8页。

⑦ 陈岩:《国际一体化经济学》,商务印书馆2001年版,第89—111页。

⑧ 张彬、王胜、余振:《国际经济一体化福利效应——基于发展中国家视角的比较研究》,社会科学文献出版社2009年版,第39—57页。

一体化进程中的经济区域化问题,在《区域经济一体化研究》(李瑞林,2009)①、《区域性国际经济一体化的比较》(伍贻康和周建平,1994)②、《世纪之交的新视角——美洲经济圈与亚太经济圈沿革与趋势》(佟福全,1996)③、《东亚地区合作的进程及前瞻》(张蕴岭,2002)④等文献有所探索。围绕全球化条件下经济一体化区域性发展二者关系展开的研究,在《经济全球化与区域经济发展》(范跃进等,2005)⑤、《全球化条件下的区域经济一体化》(陈漓高等,2006)⑥、《经济全球化趋势下当代国际经济一体化的成因与特点》(姜凌,2000)⑦、《以经济全球化的视野透视区域经济一体化》(伍贻康,2000)⑧,以及《经济全球化与东北亚区域经济合作》(李玉潭和庞德良,2009)⑨、《经济全球化条件下拉美地区经济一体化》(许维力,2014)⑩等有较充分的反映。

(三) 有关经济全球化与国际区域经济一体化关系研究的综述

国际区域经济一体化与经济全球化既相互联系又相互区别。两者之间的联系主要表现在:前者是全球经济一体化的前提条件,前者是后者的发展趋势和内在机制,后者则是前者的外在形式。两者之间的区别主要表现在:前者是各国经济在机制上的统一反映,后者则是世界经济在范围上扩大的反映;前者所指的是世界各国经济高度融合的状态,而后者则反映了各个相

① 李瑞林:《区域经济一体化研究》,人民出版社 2009 年版,第 24—50 页。
② 伍贻康、周建平:《区域性国际经济一体化的比较》,经济科学出版社 1994 年版,第 8 页。
③ 佟福全主编:《世纪之交的新视角——美洲经济圈与亚太经济圈沿革与趋势》,中国物价出版社 1996 年版,第 1—5 页。
④ 张蕴岭:《东亚地区合作的进程及前瞻》,《求是》2002 年第 24 期,第 55—57 页。
⑤ 范跃进等:《经济全球化与区域经济发展》,山东人民出版社 2005 年版,第 15—40 页。
⑥ 陈漓高等:《全球化条件下的区域经济一体化》,中国财政经济出版社 2006 年版,第 11—15 页。
⑦ 姜凌:《经济全球化趋势下当代国际经济一体化的成因与特点》,载《开放经济条件下中国经济增长的理论与实际》论文集,西南财经大学出版社 2000 年版,第 265—272 页。
⑧ 伍贻康:《以经济全球化的视野透视区域经济一体化》,《上海社会科学院学术季刊》2000 年第 1 期,第 36—43 页。
⑨ 李玉潭、庞德良:《经济全球化与东北亚区域经济合作》,吉林人民出版社 2009 年版,第 16—26 页。
⑩ 许维力:《经济全球化条件下拉美地区经济一体化》,对外经济贸易大学出版社 2014 年版,第 25—28 页。

对独立的国民经济之间的联系越来越密切的事实(田素华,2000)①。

　　对区域经济一体化与经济全球化的关系的研究,至今仍有两种不同的认识,一方面学者认可前者对后者有促进作用,认为前者虽然可能对世界一体化形成消极作用,但是前者是世界经济走向全球一体化的必要阶段。如一些学者将前者看作是后者的必要的补充和准备,认为前者能够通过加强区域内部经济联系、推动国际直接投资发展以及更具优势的贸易创造收益进一步地推动全球化的进程,二者相辅相成又共同促进,最终实现共同发展(殷红霞,1999;戴维・赫尔德,2001;詹姆斯・H.米特尔曼,2002;赵京霞,2002;王士录,2003;廉晓梅,2003;梁双陆,2013)②。另一方面,持否定观点的学者认为,二者的基本目标、过程和结果都是相冲突的。区域经济一体化是以形成区域经济的共同市场为基本目标,具有强烈排他性,而经济全球化遵循非歧视原则,区域经济一体化形成过程中出现的区域贸易保护和国际资本积聚的结果加剧了世界经济贸易和生成布局的空间不平衡,制约全球化进程(李向阳,2002;徐松,2002;鲁晓东和李荣林,2009)③。并且,从区域

　　① 田素华:《经济全球化与区域经济一体化》,《上海经济研究》2000年第4期,第46—51页。

　　② 殷红霞:《区域经济一体化对世界经济格局的影响》,《统计与信息论坛》1999年第1期,第45—48页。

　　[英]戴维・赫尔德等:《全球大变革:全球化时代的政治、经济与文化》,杨雪冬等译,社会科学文献出版社2001年版,第23页。

　　[美]詹姆斯・H.米特尔曼:《全球化综合征:转型与抵制　喜悦并忧虑》,刘得手译,新华出版社2002年版,第174—175页。

　　赵京霞:《东亚区域经济合作:经济全球化加速发展的结果》,《国际贸易问题》2002年第12期,第26—31页。

　　王士录:《全球化背景下东南亚的区域经济合作:机遇与挑战》,《东南亚研究》2003年第1期,第1—8页。

　　廉晓梅:《论区域经济一体化对经济全球化的促进作用》,《东北亚论坛》2003年第5期,第17—21页。

　　梁双陆:《经济一体化分层与次区域国际经济一体化特征分析》,《改革与战略》2013年第3期,第36—40页。

　　③ 李向阳:《全球化时代的区域经济合作》,《世界经济》2002年第5期,第3—9页。

　　徐松:《制约经济全球化进程的十大因素》,《世界经济与政治》2002年第9期,第64—65页。

　　鲁晓东、李荣林:《区域经济一体化、FDI与国际生产转移:一个自由资本模型》,《经济学(季刊)》2009年第4期,第1475—1496页。

经济一体化的动机、内部协调机制和对全球化的影响程度分析,这种客观冲突将持续存在(薛誉华,2003)①。还有观点认为区域经济一体化是全球化趋势与国家主权防御性地位的一种妥协,是主权国家为了避免自己遭受全球化的消极影响所建立的防护墙(谭再文,2011)②。陈志恒和李平(2006)评价了两种观点,他们认为这两种观点从不同角度对区域经济一体化和经济全球化的关系进行分析,都有其合理性,但将其完全对立起来也有失偏颇,应遵循差异性、可协调性、阶段性原则对二者关系进行探讨③。

(四) 有关南北经济关系及国际经济一体化影响的研究综述

对南北经济关系的研究主要涉及南北经济关系的基本理论、南北经济关系的性质、对南北差距的认识、经济全球化与南北经济关系、国际经济一体化与南北经济关系等内容,当前,在经济全球化的大背景下,国际经济一体化的区域发展所引致的南北经济关系在成员关系、经济发展结构等众多领域出现了新的变化和特征。

西方国际经济学界关于南北经济关系的理论研究观点大致分为三种:第一种是以威廉·阿瑟·刘易斯(William Arthur Lewis)、西蒙·史密斯·库兹涅茨(Simon Smith Kuznets)、拉格纳·纳克斯(Ragner Narkse)为代表人物的传统自由学派观点,该学派认为南方国家与发达国家增进经济关系有助于其经济的发展,对南北经济关系的发展持乐观态度。第二种是以保罗·亚历山大·巴兰(Paul Alexander Baran)、保罗·马勒·斯威齐(Paul Marlor Sweezy)、萨米尔·阿明(Samir Amin)、劳尔·普雷维什为代表的依附学派又称激进派观点,认为作为中心的北方发达国家长期对作为外围的南方发展中国家的剥削掠夺,后者对前者具有依赖性或依附性,中心与外围国家间的贫富差距日趋扩大。第三种是以贡纳尔·缪尔达尔(Gunnar Myrdal)、约翰·高登(John Gordon)为代表人物的结构主义观点,与激进学派某些观点相似,该学派认为在不合理的国际经济体系下,南方国家处于依

---

① 薛誉华:《区域化:全球化的阻力》,《世界经济》2003 年第 2 期,第 51—55 页。

② 谭再文:《全球化动力衰减与后危机时代的东亚区域合作》,《亚太经济》2011 年第 1 期,第 21—25 页。

③ 陈志恒、李平:《经济全球化与区域经济一体化关系的协调——兼论全球化对东北亚区域经济合作的影响》,《东北亚论坛》2006 年第 5 期,第 18—20 页。

赖地位,北方占据支配地位,其结果不但不能成为南方国家经济发展的引擎,反而还会加剧而非缩小南北之间的差距,使得穷国越穷、富国越富。与激进学派的差异在于,结构学派认为由于资本主义的实质不会改变,处于外围的发展中国家要摆脱不发达的依附地位,唯一的途径就是与发达国家脱钩、进行革命,走进口替代工业化道路;为了克服发展中国家市场狭小的限制,需要集体自力更生建立发展中国家的共同市场;但结构学派认为国际资本主义市场是可以进行改造的,革命不是唯一的道路,具体改善途径包括通过外援、保护主义、接近北方市场、经过各种途径增强南方国家市场等。

就南北经济关系的性质问题,学术界目前还未达成一致意见。一些学者认为南北方国家有着广泛的经济联系,北方国家主要用经济手段剥削和控制南方国家,而南方国家为了加速经济建设和发展也需要进行这种经济联系,因此,南北间客观形成了相互依赖、相互影响的关系(陈白琳,1991)①。另有学者虽认可了北方对南方的经济剥削关系,但认为这种以经济方式对南方国家的剥削和控制是新殖民主义,是不带政治兼并的经济兼并,把这种不平等的关系看作是相互依赖关系是片面的(吴健,1986;张辉,1987;黄静波,1991)②。

在对南北差距问题的理解上,学术界也存在两种相反的观点:一种观点认为在以市场全球化、金融全球化、贸易自由化为特征的经济全球化进程中,富国在资本和技术上的优势会使穷国和富国之间的差距进一步拉大(王维等,2009;栾宏琼,2001)。③ 在当前的国际竞争和国际经济秩序中,发展中国家仍处于不利地位。发达国家拥有先进的生产技术和强大的资本实力,在国际贸易和金融等众多领域占据支配地位,南方对北方依附性加深,

───────────────

① 陈白琳:《论南北经济相互依赖的不对称性》,《当代财经》1991 年第 3 期,第 10—12 页。

② 吴健:《论现代南北经济关系的性质》,《理论月刊》1986 年第 4 期,第 13—17 页。

张辉:《现代南北经济关系的性质之我见》,《理论学刊》1987 年第 5 期,第 31—33 页。

黄静波:《南北贸易关系:依附还是相互依赖?》,《中山大学学报(社会科学版)》1991 年第 4 期,第 14—20 页。

③ 王维、胡欣、黎峰:《挑战抑或融合:政治经济学视角下的南北关系》,《世界经济与政治论坛》2009 年第 5 期,第 13—20 页。

栾宏琼:《技术转移中的南北经济关系》,《财经科学》2001 年第 S2 期,第 197—199 页。

同时,由于国际经济秩序的不平等和不合理国际分工,南北间的经济差距将继续扩大(蔡娟,2003;宋耀和王文举,2005)①。另一种观点认为近年来一些发展中国家改革取得成效,经济发展速度加快,南北差距开始出现缩小的趋势(何方,1995;周圣葵,1996;姜凌,1999a)。②

对经济全球化和南北经济关系影响的研究,是学者们重点考察的内容之一。总体上学者对此持肯定态度。如一些学者积极地认为经济全球化是发展中国家后来居上的必由之路(刘力,1997、2001)③。更为中立的观点认为,经济全球化与发展的关系十分复杂,涉及政治、经济及社会发展的各个领域,在经济全球化进程中,不同类型国家受到的影响不同,发达国家受益最大所受冲击最小,而发展中国家受益较少且受冲击较大(郭连成,2000;王三星,2000;伍贻康和钱运春,2000)④,对发展中国家而言,经济全球化既是机遇又是挑战,但机遇大于挑战(丁一凡,1998)⑤,还有相似的观点认为在全球治理机构尚未形成、超国家主权的基础还不够牢固的情况下,经济全球化发展将引发世界性多方面的冲突和相当大的震荡,包括直接贸易冲突

---

① 蔡娟:《经济全球化与南北关系的依附》,《生产力研究》2003 年第 2 期,第 134—136 页。

宋耀、王文举:《南北经济贫富分化的现状、原因与启示》,《安徽大学学报(哲学社会科学版)》2005 年第 2 期,第 111—114 页。

② 何方:《世界经济的发展高潮和格局变化》,《太平洋学报》1995 年第 1 期,第 15—20 页。

周圣葵:《南北差距的变化趋势》,《经济研究参考》1996 年第 D4 期,第 35—48 页。

姜凌:《国际区域经济一体化中的南北经济关系——北美自由贸易区、亚太经合组织的实证分析》,《财经科学》1999 年第 5 期,第 72—76 页。

③ 刘力:《经济全球化:发展中国家后来居上的必由之路》,《国际经济评论》1997 年第 Z5 期,第 28—30 页。

刘力:《经济全球化:发展中国家的陷阱?》,《中国社会科学院研究生院学报》2001 年第 2 期,第 57—63 页。

④ 郭连成:《经济全球化正负效应论》,《世界经济与政治》2000 年第 8 期,第 41—47 页。

王三星:《经济全球化的现状、本质特点及对世界经济的影响》,《财金贸易》2000 年第 10 期,第 24—25 页。

伍贻康、钱运春:《经济全球化与发展中国家》,《世界经济与政治论坛》2000 年第 1 期,第 11—14 页。

⑤ 丁一凡:《大潮流:经济全球化与中国面临的挑战》,中国发展出版社 1998 年版,第 130—146 页。

和多种非经济冲突,特别是在经济全球化过程中获得巨大利益的发达国家和丧失巨大利益的发展中国家之间的对立将更加严重(郝立新,2000;贺善侃,2003;霍夫曼和张文成,2003;许多和肖冰,2010)①。另有少数学者对经济全球化持否定和反对意见,发达国家的少数学者认为经济全球化加剧了发达国家经济的空洞化和政府宏观管理难度,同时减少了就业机会和税源并削弱了技术竞争优势(孙克强和杨凯文,2001)②。发展中国家的部分学者认为也持反对意见,他们认为经济全球化只利于发达国家而损害发展中国家的利益(胡元梓和薛晓源,1998;卡斯特罗,2000;庞中英,2002)。③

对国际经济一体化与南北经济关系影响的研究表明,在国际经济一体化日益加深的背景下,南北经济关系发生了新发展和新变化。从客观上,国际经济一体化的发展使得更多国家认识到参与其中对本国经济的促进作用,南北经济关系的区域化集团得到发展(苏雪串,2006;姜凌,1999c)④;另外,北北型区域经济一体化为扩大在世界经济中的影响力,正在试图纳入南方国家,也在一定程度上促进了南北经济合作的发展(姜凌,1999)⑤;同时还有学者的研究结果表明,对于发展中国家来说,在参与国际经济一体化时

① 郝立新:《经济全球化的内在矛盾及价值冲突》,《江苏社会科学》2000年第1期,第66—71页。

贺善侃:《经济全球化背景下的价值认同与冲突》,《毛泽东邓小平理论研究》2003年第5期,第102—107页。

[美]斯坦利·霍夫曼、张文成:《全球化的冲突》,《国外理论动态》2003年第12期,第64—68页。

许多、肖冰:《经济全球化下的国际经济冲突问题及其应对》,《江苏社会科学》2010年第2期,第111—114页。

② 孙克强、杨凯文:《发达国家也怕经济全球化》,《世界经济与政治论坛》2001年第4期,第15—17页。

③ 胡元梓、薛晓源:《全球化与中国》,中央编译出版社1998年版,第6—16页。

[古巴]菲德尔·卡斯特罗:《全球化与现代资本主义》,王玫等译,社会科学文献出版社2000年版,第20—24、312—316页。

庞中英主编:《全球化、反全球化与中国——理解全球化的复杂性与多样性》,上海人民出版社2002年版,第20—30页。

④ 苏雪串:《南南合作? 南北合作?——发展中国家在国际区域经济一体化中的选择》,《经济经纬》2006年第2期,第35—37页。

姜凌:《经济全球化趋势下的南北经济关系》,四川人民出版社1999年版,第285页。

⑤ 姜凌:《国际经济一体化趋势下跨世纪的南北经济关系》,《世界经济》1999年第3期,第30—33页。

选择南北合作对本国经济的促进作用要优于南南合作的结果,南北经济合作得到了更多的理论和实证支持(王微微,2007;孙玉红,2007;周念利,2012)①。在国际经济一体化促进南北经济合作进一步发展的背景下,南北型经济集团内部成员间的经济关系相应地发生了一系列新变化,例如,南北国家的相互依赖性进一步加深、南方国家的经济压力加大但就业机会增加、成员产业结构调整和资产重组的速度加快、成员的经济发展加快,相对缩小成员间的经济差距等(姜凌,1999b)。

国内外就全球化条件下经济区域一体化及对南北相互依赖关系的研讨,在《世界经济中的相互依赖关系》(张蕴岭,2012)②、《经济全球化时代发展中国家的困境与出路》(向红,2010)③,以及《相互依赖、全球化与南北关系》(孙辉和王传宝,2002)④、《依附论者对南北经济关系理论思考》(高岱,2007)⑤等有所涉及。其中,早期较有影响的"依附论和世界中心——外围体系论"认为,处于外围的发展中国家要摆脱不发达的依附地位,唯一的途径就是与发达国家脱钩、走进口替代工业化道路;为了克服发展中国家市场狭小的限制,需要集体自力更生建立发展中国家的共同市场(普雷维什,1959)⑥。《经济全球化趋势下的南北经济关系》(姜凌,1999c)、《对全球化背景下南北关系特征的再认识》(张西虎,2005)⑦、《经济全球化背景下的

---

① 王微微:《区域经济一体化的经济增长效应及模式选择研究》,对外经济贸易大学2007 年博士学位论文。

孙玉红:《比较南北型 FTA 与南南型 FTA 的利益分配》,《世界经济研究》2007 年第 5 期,第 3—8、86 页。

周念利:《缔结"区域贸易安排"能否有效促进发展中经济体的服务出口》,《世界经济》2012 年第 11 期,第 88—111 页。

② 张蕴岭:《世界经济中的相互依赖关系》,中国社会科学出版社 2012 年版,第 3—8 页。

③ 向红:《经济全球化时代发展中国家的困境与出路》,《中国人民大学学报》2010 年第 6 期,第 109—115 页。

④ 孙辉、王传宝:《相互依赖、全球化与南北关系》,《贵州师范大学学报(社会科学版)》2002 年第 2 期,第 22—26 页。

⑤ 高岱:《依附论者对南北经济关系理论思考》,《学海》2007 年第 4 期,第 135—140 页。

⑥ Prebisch, R. , "Commercial Policy in the Underdeveloped Countries", *American Economic Review* , Vol.49, No.2, 1959, pp.251—273.

⑦ 张西虎:《对全球化背景下南北关系特征的再认识》,《陕西理工学院学报(社会科学版)》2005 年第 1 期,第 60—62 页。

南北关系》(杨逢珉、张永安,2011)①、《国际经济一体化趋势下跨世纪的南北经济关系》(姜凌,1999),以及《试析亚太经合组织(APEC)中的南北经济关系》(姜凌,1999)②、《当代国际货币体系与南北货币金融关系》(姜凌,2003)③、《跨太平洋伙伴关系协定与亚太区域经济一体化研究》(唐国强,2013)④等文献,则就全球化条件下经济区域一体化及对南北经济关系的影响,分别从总体上和从不同视角做了探索。

近年来,受到次贷危机引发的全球金融危机的影响,南北经济关系又产生了新变化,如世界经济的增长极从发达经济体转向新兴经济体;南北关系从北方对南方的单向领导和支配关系转向双向依赖;多边体制建设进程停滞和经济协调难度加大(金芳,2011;徐秀军,2015)⑤。另外,对新形势下南北关系的新变化研究还有从全球气候变化的视角进行分析,由于全球气候变化问题的应对涉及国际经济利益的调整与分配,往往受到国家立场与阶级立场的制约,使得北方国家可以通过碳减排责任的转嫁与限制进一步剥削南方国家的发展权。同时,环境问题与贸易问题的融合导致新型贸易壁垒的出现,南北贸易摩擦加剧(乔晓楠等,2011;冯存万,2015)⑥。总体来看,当代世界经济联系和依赖日趋加深,全球性问题日益增多,南北双方更多的国家认识到合作才有益于双方,对抗只会导致经济的衰退或贫困(张

---

① 杨逢珉、张永安:《经济全球化背景下的南北关系》,上海人民出版社 2011 年版,第36—43 页。

② 姜凌:《试析亚太经合组织(APEC)中的南北经济关系》,《世界经济文汇》1999 年第5 期,第10—13 页。

③ 姜凌:《当代国际货币体系与南北货币金融关系》,西南财经大学出版社 2003 年版,第71 页。

④ 唐国强主编:《跨太平洋伙伴关系协定与亚太区域经济一体化研究》,世界知识出版社 2013 年版,第102—149 页。

⑤ 金芳:《论世界经济多极格局的形成及其特征》,《世界经济研究》2011 年第 10 期,第9—15、87 页。

徐秀军:《金融危机后的世界经济秩序:实力结构、规则体系与治理理念》,《国际政治研究》2015 年第 5 期,第82—101 页。

⑥ 乔晓楠、何自力、马世珍:《全球气候变化与南北经济关系调整》,《中共天津市委党校学报》2011 年第 2 期,第57—65 页。

冯存万:《南南合作框架下的中国气候援助》,《国际展望》2015 年第 1 期,第34—51 页。

西虎,2005;姜凌,1998、1999)①。

上述相关理论与国内外研究成果,既涉及全球化条件下21世纪国际经济一体化区域化发展的特点和前景,也提出了一些新的值得深入研讨的理论问题。尽管如此,围绕全球化条件下区域经济一体化的新发展,以及由此所形成的南北新型义利观和命运共同体内在联系新特点,系统深入的研究成果尚不多见。紧密围绕这一主题,侧重结合该进程中南北贸易自由化和国际货币金融合作变化中出现的新矛盾、新问题,探索新时期稳定与发展同区域一体化内部的,以及不同区域一体化之间的南北方国家经济关系的新途径,既是对当代世界经济理论特别是南北经济关系理论的新发展;亦对包括中国在内的发展中国家在汹涌澎湃的经济全球化、一体化大潮中,妥善处理对外经济关系,特别是与经济发达国家关系,正确制定适宜于本国实际的对外经贸战略,有着重要的理论和现实意义。

第三节 研究框架及基本内容

总体框架:整个研究拟分为五个部分的六个问题加以展开。

第一,区域经济一体化与南北经济关系的相关理论与文献综述。就研究主要涉及的经济全球化、区域经济一体化和南北经济关系的相关理论与文献,进行了归纳和综述分析。进而提出了研究的总体框架和基本内容,以及研究方法和可能的创新。为后续研究的展开提供平台。

第二,全球化条件下国际经济一体化的区域化特点及其国际影响。首先,从经济全球化条件下国际区域经济一体化形成的必然性入手,重点分析国际经济一体化的区域化特点及其国际影响。在主要阐述了国际区域经济一体化的新趋势,并探讨了不同类型的区域经济一体化组织的具体运行机制的基础上,结合欧盟、北美自由贸易区、亚太经合组织这些已经组建的区域经济一体化组织,以及近几年区域合作中最引人注意的《跨大西洋贸易

---

① 张西虎:《对全球化背景下南北关系特征的再认识》,《陕西理工学院学报(社会科学版)》2005年第1期,第60—62页。

姜凌:《跨世纪南北经济关系的展望》,《财经科学》1998年第4期,第39—41页。

姜凌:《经济全球化趋势下的南北经济关系》,四川人民出版社1999年版,第322页。

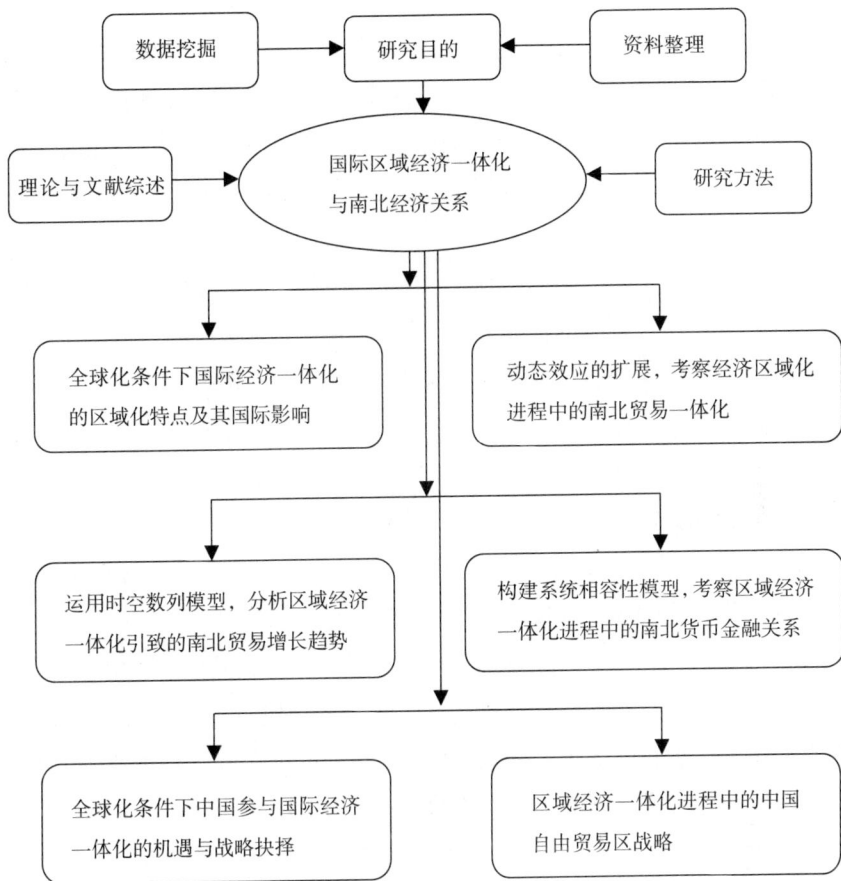

```
┌──────────┐      ┌──────────┐      ┌──────────┐
│ 数据挖掘  │─────▶│ 研究目的  │◀─────│ 资料整理  │
└──────────┘      └──────────┘      └──────────┘
                        │
                        ▼
┌──────────────┐    ╱────────────────╲    ┌──────────┐
│理论与文献综述 │──▶│ 国际区域经济一体化 │◀──│ 研究方法  │
└──────────────┘    │ 与南北经济关系   │    └──────────┘
                    ╲────────────────╱
                        │
```

```
┌──────────────────────┐        ┌──────────────────────┐
│ 全球化条件下国际经济一体化  │        │ 动态效应的扩展,考察经济区域化 │
│ 的区域化特点及其国际影响    │        │ 进程中的南北贸易一体化      │
└──────────────────────┘        └──────────────────────┘

┌──────────────────────┐        ┌──────────────────────┐
│ 运用时空数列模型,分析区域经济 │        │ 构建系统相容性模型,考察区域经济 │
│ 一体化引致的南北贸易增长趋势  │        │ 一体化进程中的南北货币金融关系  │
└──────────────────────┘        └──────────────────────┘

┌──────────────────────┐        ┌──────────────────────┐
│ 全球化条件下中国参与国际经济  │        │ 区域经济一体化进程中的中国   │
│ 一体化的机遇与战略抉择     │        │ 自由贸易区战略          │
└──────────────────────┘        └──────────────────────┘
```

图 2　研究框架

与投资伙伴协议》(Transatlantic Trade and Investment Partnership, 简称 TTIP)、《跨太平洋伙伴关系协定》两大谈判,对特朗普就任美国总统以来逆全球化思潮冲击下,国际经济一体化带来的国际经济关系的调整和变化进行深入探讨;并就欧洲一体化和东亚一体化进程中的国家主权问题展开讨论。

　　第三,全球化条件下国际区域经济一体化进程中的南北贸易关系。从南北贸易关系的历史发展演变开始,对国际区域经济一体化进程中的南北型贸易关系和南南型贸易关系分别进行了讨论,并对发展中国家参与区域贸易自由化加以思考。在总结了南北贸易一体化的特点、问题和新变化的基础上,具体从以下三个方面进行了探索:其一,利用动态博弈的方法,演绎出影响南北关系变化的原因;其二,采用聚类和因子的分析方法分别对南北国家进行综合评价,总结归纳影响因素的重要性;其三,以亚洲太平洋经济合作组织(Asia-Pacific Economic Cooperation,简称 APEC)为例,利用时空数列模型对亚太地区的南北贸易增长趋势进行演算,预测南北贸易关系的发展趋势。

第四,全球化条件下区域经济一体化进程中的南北货币金融关系。首先,从经济一体化发展的促使、国际货币体系的多元化发展趋势催化区域货币金融合作、国家规避金融风险的偏好增加对区域货币金融合作的需求等三个方面,概括了国际经济一体化条件下区域货币金融合作的必然性;并对区域货币金融合作的相关理论进行归纳。其次,对欧盟和北美自由贸易区等几个典型的区域经济一体化组织中的南北货币金融关系的发展与矛盾进行分析。再次,以东亚区域货币金融合作为例,以最优货币区理论为基础,对其合作实践的发展与现状,以及背后的经济基础进行探讨,发现尽管在市场一体化方面,东亚各经济体经济联系较为密切,存在较高的贸易依存度和贸易密度指数;在区域经济结构和宏观经济相似性方面,经济趋同性较强;在经济冲击对称性方面,与欧盟相比在冲击规模上较大但调整速度快;等等,反映出东亚地区具备了货币金融合作的基础,但形成单一货币区的条件还不成熟。需要进一步加强东亚各经济体在要素流动和资本一体化方面的调整和合作。最后,引入了东亚区域货币金融合作中的人民币区域化问题。在东亚区域货币金融合作进程中,人民币有望成为东亚区域主导货币,这将进一步扩大人民币的影响力,对人民币国际化的实现产生推动作用。

第五,全球化条件下中国参与国际区域经济一体化及妥善处理南北经济关系的战略抉择。在考察了中国经济波动和世界经济周期的相关性的基础上,分析了世界经济周期与中国经济周期的相关性和联动性。联系中国改革开放及对外经济关系的现实,提出中国参与国际经济一体化的战略抉择的"一个基础、两个平台、三项原则",即:立足国内经济健康可持续发展的基础。中国参与亚太经合组织和建立中国—东盟自由贸易区等区域经济一体化现实的平台。把握参与国际经济一体化的三项原则,包括:其一,新的国际斗争统一战线原则。适宜国际经济一体化及世界经济多极化条件下国际经济关系的特点,在加强发展中国家自身团结的基础上,建立尽可能广泛的国际统一战线;不断提升中国的话语权和引导地位。应当包容性地整合各类地区性贸易协定的激烈竞争,通过推进诸如亚太自由贸易区(Free Trade Area of the Asia-Pacific,简称 FTAAP)的方式,使经济一体化进程尽可能地体现区域内南北国家的共同诉求。其二,发展中国家新型"集体自力更生"原则。在加强同一个经济一体化组织内发展中国家团结协作和集体自力更生的同时,重视发展中国家经济一体化组织之间的集团协作或集团自力更生;从广度和深度上推进"金砖国家"及与所在的区域一体化之间的合作。其三,参与经济一体化的包容性与维护国家主权原则。

第六,国际区域经济一体化进程中的中国自由贸易区战略。以目前与中国已经生效的自由贸易协定伙伴国家作为研究样本,采用时间跨度为1990—2014 年的数据建立面板数据(panel data)模型,对中国的自由贸易区战略做了较为系统全面的研究,实证分析了中国签订自由贸易协定的经济效应,并且对比了各个因素的影响程度。最后,结合现状分析和实证分析,给出相关结论和政策建议。

第四节　研究方法和可能的创新

本书在对经济全球化条件下国际经济一体化形成及主要特点分析的基础上,着重从发达国家经济一体化集团与发展中国家之间的经济关系、发达国家经济一体化集团与发展中国家经济一体化集团之间的经济关系,尤其是发达国家与发展中国家共同组成的经济一体化组织内的经济关系等不同方面,较系统而翔实地论证了国际区域经济一体化对南北经济关系产生的影响,并就由此而带来的南北经济发展前景,以及发展中国家处理南北经济关系的对策思路,进行了有益的探讨。

该成果的研究方法注意将规范研究与实证研究相结合、历史数据调查收集和比较研究相结合,体现由抽象到具体、由理论到实际、注重跨学科研究和计量实证分析的结合。综合运用传统的相互依存理论与开放条件下的宏观经济模型理论,结合现代经济学的计量实证分析方法,对区域经济一体化成员经济周期国际协同与分化的原因进行实证分析。除了以往研究中较多提到的变量如贸易一体化(贸易依存度、产业内贸易)、金融一体化(资本账户限制、资本流动与国内生产总值以外,还利用动态博弈和聚类因子的分析方法,以及时空数列模型等对区域经济一体化进程中的南北贸易发展状况和趋势进行分析。力求对当代南北经济一体化关系的形成及演化,提供较充分的数据支持和实证依据。

该成果在学术思想、学术观点等方面的特色和创新是,紧密围绕经济全球化大背景,探讨国际经济一体化所引致的南北经济关系的新变化,这本身就是现有南北经济关系研究的新突破。其特色与创新主要表现在:

第一,与以往对国际经济一体化研究不同,本项研究的基础是立足于经济全球化的背景,从经济全球化与国际经济一体化关系的分析中,结合欧盟、北美自由贸易区、东盟以及亚太经合组织等主要区域性一体化,着重从南、北不同经济一体化集团之间的经济关系,尤其是发达国家与发展中国家共同组成的经济一体化组织内的南北成员之间经济关系等不同方面,就经济一体化对当代南北经济关系产生的影响进行系统的论证。突出分析了特朗普就任美国总统后,美国在涉及《跨太平洋伙伴关系协定》和《北美自由贸易协定》的国际区域经济一体化战略上作出的调整所带来的包括其在内的发达成员和发展中成员之间经济关系的变化。并结合 2009 年欧洲主权债务危机和近年包括英国脱欧在内的一系列逆全球化事件,进一步分析了欧洲一体化进程中超国家权力和国家主权之间的矛盾和斗争。

第二,对国际区域经济一体化进程中的南北型贸易关系和南南型贸易关系进行了讨论,在总结了南北贸易一体化的特点、问题和新的变化的基础上,利用动态博弈的方法演绎出影响南北贸易关系变化的基本原理,分析了优惠贸易安排中南北关系的变化机制。借用两轮动态博弈的新框架从全新的角度阐述不同阶段的南北国家的关系,说明南北优惠贸易关系并不是完全决定于南北力量的不对等而产生的贸易关系不对等,而是从一个更新颖的长期视角展示了两种情形:"单干"模型博弈中北方国家主导和"等待"模型博弈中南方国家优势以及新时期南北国家两种模型的力量对抗。新时期,来自北方发达国家和南方发展中国家的两种不同力量可能会通过波动的形式逐渐收敛到一个处于"单干"和"等待"博弈平衡点的某一中间位置,成为最终双边和多边都能接受的结果。

聚类和因子分析结果发现:现阶段的全球市场是趋于统一的,在新时期的南北贸易一体化进程中,发达国家和发展中国家都有不同的发展应对方式,利用好自身的优势,扩大自身在整个世界市场的产品优势地位能减少受到市场波动带来的负面效应,也能扩大产品附加值并带来更高的利益回报。现阶段的南北贸易关系也是复杂多变的,贸易关系的变化加入了更多的影响因素,环境、政治等因素都是需要考虑进去的。其中以亚太经合组织为例,利用修正的时空数列模型从更细致的角度诠释关系南北贸易机制的变化和影响原理,使得研究更加具体。

第三,对欧盟、北美自由贸易区和《跨太平洋伙伴关系协定》中牵扯到的南北经济关系进行了分析;利用较新的数据验证了东亚区域货币金融合作的经济基础是否成熟;并系统地探讨了人民币有望成为东亚区域主导货币的潜在力量。

第四,以世界国内生产总值增长率与中国国内生产总值增长率的比值作为衡量经济周期的指标,分析了世界经济周期与中国经济周期的当期相关性和联动性。指出世界经济的周期性波动快速地通过国际经济交往向中国传输和扩散,为中国更深层次地融入经济全球化和国际经济一体化奠定了基础。由此加深了中国与世界南北方不同国家(地区)之间,以及与国际经济组织之间相互依赖、相互制约的关系。就发展中国家特别是改革开放的中国,在经济全球化和国际经济一体化大潮中处理南北经济关系的对策思路,进行了有益的探讨。

第五,以目前与中国签订自由贸易协定的所有伙伴国家数据的分析为依据,对中国的自由贸易区战略做了较为系统全面的研究;在变量的选取方面,改进了既有文献只选用单一效应来阐述自由贸易协定对中国的影响情况,不仅探索了贸易和投资效应;还研究了对经济增长的综合影响力;同时,还运用"虚拟变量"来分析自由贸易协定签订前后对中国经济的影响机制的差异。

第五节　有待进一步思考探索的问题

一是就国际区域经济一体化发展演变中的一些新问题,如美国特朗普政府逆全球化举措对《跨太平洋伙伴关系协定》《全面与进步跨太平洋伙伴关系协定》(Comprehensive Progressive Trans-Pacific Partnership, 简称 CPTPP)、《跨大西洋贸易与投资伙伴协议》《北美自由贸易协定》《美国—墨西哥—加拿大协定》(The United State-Mexico-Canada Agreement, 简称 USMCA)等区域经济一体化框架下南北经济关系的影响及趋势,以及英国脱欧引起的英国与欧盟、英国与相关发展中国家间经济关系的变化,尚须进一步追踪研究。

二是随着经济全球化的迅速发展,发达国家与发展中国家(特别是中国)经济发展水平的"南北差距"将会不断缩小。中国经济的发展和对外开放的扩大,人民币国际化步伐的加快成为必然。如何妥善处理未来中国与世界不同类型国家,特别是与中国建立区域经济一体化关系的国家,以及"一带一路"沿线国家的各类关系,是推动人民币国际化健康发展的重要方面,也是继续深入研究的方向所在。

三是在研究方法方面尚可进一步提高。如在博弈推导方法可以更加完善和严谨,推导过程更加细化,并加入更完备的理论依据和国家面板数据,尤其是经济发展水平较为落后的发展中国家,使得代表性更充分。

第 一 篇

全球化条件下国际经济一体化的
区域化特点及其国际影响

经济全球化本质上是现代科技和生产力高度发展的必然结果。经济全球化，使得全球经济的一体化趋势成为必然。然而，当代世界经济在不同国家和地区发展不平衡，以及各个不同民族国家主权及其经济利益存在差异性，形成了世界经济发展过程中的诸多矛盾，从而决定了全球经济一体化并不会是一个直线发展的过程。而作为这一历史进程或发展趋势长河中的一个过渡形式，国际区域经济一体化（或集团化）应运而生。基于这一现实背景，本篇将重点分析国际经济一体化的区域化特点及其国际影响。其中，第一章主要介绍经济全球化、国际经济一体化的含义和特征，以及国际区域经济一体化的新趋势。第二章重点阐述了不同类型的区域经济一体化组织的具体运行机制。第三章不仅结合欧盟、北美自由贸易区、亚太经合组织这些已经组建的区域经济一体化组织，而且还针对近几年区域合作中最引人注意的《跨大西洋贸易与投资伙伴协定》《跨太平洋伙伴关系协定》两大谈判，就国际区域经济一体化带来的国际经济关系的调整和变化进行深入探讨；此外还对欧洲一体化和东亚一体化进程中的国家主权问题展开讨论。

第一章 经济全球化条件下的
国际区域经济一体化

　　随着国际分工的深入和世界市场的发展,各国(各地区)之间相互合作增加、相互依赖程度加深。特别是近年来,在经济全球化的大趋势下,国际区域经济一体化呈现出一些新的发展趋势:区域经济一体化以双边自由贸易协定为主;南北型区域经济一体化成为发展的新主流;泛区域性和跨区域性的一体化色彩开始出现;区域经济一体化组织的开放性趋势得到加强;区域经济一体化的内容更广泛、标准更高;自由贸易安排以"轮轴—辐条"模式为主,形成多层次的经济一体化协定网络。本章重点围绕经济全球化条件下的国际区域经济一体化这一主题展开研究。首先简要介绍了经济全球化的含义和本质特征,紧接着对国际经济一体化的区域化发展展开了研究,具体内容涉及了国际经济一体化的含义及其本质分析、国际经济一体化的组织形式和类型、国际经济一体化与经济全球化的关系以及近年来出现的区域经济一体化以双边自由贸易协定为主等国际区域经济一体化新趋势。

第一节　经济全球化的含义和本质特征

一、经济全球化的含义

　　经济全球化揭示的是生产要素的配置和经济活动的开展不仅跨越了国界相对自由地以全球范围为空间运行,而且世界各国在生产、分配、交换和消费诸环节的相互联系和交织日趋紧密,向融入全球经济整体的方向发展。从本质上看,经济全球化就是指生产力和与之相关的生产的社会关系在时间与空间上的全球维度的扩展。它具有客观必然性。①

二、经济全球化的本质特征

经济全球化是第二次世界大战以来,特别是 20 世纪 90 年代以来世界经济的重要特征之一,也是人类社会经济发展的主要趋势。在这一趋势下各个国家和地区的经济在全球范围内的相互联系、相互渗透不断扩大、增强和深入,竞争更加激烈。作为一个渐进的过程,经济全球化主要体现在以下几个方面。

(一) 经济全球化是生产要素的全球化配置

生产要素的国际组合标志着各国独立的生产过程转变为世界性的生产过程。生产要素的全球性流动不仅是现阶段世界经济区别于以往发展阶段的根本标志,而且改变了世界经济的运行方式,即国家之间通过生产要素的生产建立起联系,经济由此实现了某种程度的"无国界化",资本、技术、信息等在全球范围内自由流动。

(二) 经济全球化是生产资本的全球扩张

第二次世界大战之后,生产和资本在包括美国在内的主要资本主义国家进一步集中,垄断规模不断扩大,垄断程度日益提高,一大批为攫取最大限度垄断利润的跨国公司应运而生。在国内市场开始变得相对狭小并在日益激烈的国内竞争环境下,跨国公司开始向外寻找出路。通过建立子公司或分公司,跨国公司在全球各地开展生产经营活动,使资本、服务、技术在整个国际范围内转移,进而推动了生产、贸易、技术和资本的全球化。跨国公司通过对外直接投资和兼并将生产部分配置在成本较低的国家或地区,以获取全球利润最大化。经济全球化是生产、贸易与金融资本跨国流动规模的急剧扩大,是社会化大生产的必然结果。

(三) 经济全球化促进国际金融市场的形成

在第二次世界大战之前,金融市场主要表现为国内金融市场,其金融业务完全受控于国内金融当局。第二次世界大战后特别是 20 世纪 80 年代以

---

① 姜凌等:《经济全球化条件下的中国国际收支失衡及其应对研究》,西南财经大学出版社 2013 年版,第 3 页。

来,在生产力以及生产国际化和市场国际化的推动下,资本国际化获得了快速发展。具体而言,增加国外直接投资是生产国际化的必然要求,因而国际资本进行流动;而国际贸易顺应市场国际化的发展,导致贸易融资扩大,进而促进金融领域资金账户增长。

对于经济全球化的特征,不同学者有不同的认识和理解。综述大量的学术研究分析,经济全球化的特征可以概括为以下几点。

第一,高度的流动性和开放性。商品、资本和人才等要素在世界范围内自由流动是其主要体现。根据《2018年世界投资报告》,2017年全球外商直接投资(Foreign Direct Investment,简称FDI)达1.43万亿美元,平均每天达到39.18亿美元。经济全球化的高度流动性也获得了高科技和信息网络化的支持。自第二次世界大战后,越来越多的国家和地区意识到单个国家或地区的发展必须要依赖其他国家或地区,因此纷纷打开国门,汇入经济全球化的洪流之中。到目前为止,几乎所有国家和地区都已被经济全球化浪潮所席卷。

第二,高度的渗透性和互补性。商品、技术、资金、劳务等在全球范围内流动和配置,使世界经济呈现出一体化趋势。上述要素和资源的全球流动和配置有助于国家和地区之间形成优势互补,有利于全球性问题的缓解以及全球性行动的协调,进而实现人类的可持续发展。

第三,高度的垄断性。在经济全球化浪潮中,跨国公司扮演着极其重要的角色。据统计,全球生产的40%、国际贸易的50%—60%、国际技术交易的60%—70%,以及对外直接投资的90%都是由跨国公司承担进行的。[①]

第四,高度的风险性。在经济全球化趋势下,资金、技术等要素在全球范围内快速流动,国与国的思想和文化相互渗透、融合,导致了国家在经济、科技、政治等诸多方面存在安全隐患。1994年年底的墨西哥金融危机、1997年的东南亚金融危机和2008年的美国金融危机就体现出了经济全球化的高风险性。

---

① 李越:《经济全球化:企业如何应对》,中国社会出版社1999年版,第15页。

第二节　国际经济一体化及区域化发展

一、国际经济一体化的含义辨析及其本质分析

到目前为止,学术界对于国际经济一体化的定义并没有一个统一的共识。著名学者丁伯根(Tinbergen)认为,经济一体化是通过消除有关阻碍经济最有效率的人为因素,并通过相互协作与统一,创造最适宜的国际经济结构①。后来,他进一步指出,经济一体化可以被划分为"消极一体化"和"积极一体化"两大类型。前者是指采取措施消除歧视和管制制度,包括消除成员之间在商品、资本、人力自由流动等方面的障碍;后者是指运用强制的力量改造现状,建立新的自由化政策和制度②。

1968年平德(Pinder)对"消极一体化"和"积极一体化"作出了解释:前者即取消差别,后者即形成和运用协调的、共同的政策以实现经济和福利目标③。平德和丁伯根对"消极一体化"和"积极一体化"的解释不同,主要是由于他们对两者的划分标准有差异。平德是按照取消差别还是实现经济福利来区分"消极"和"积极",丁伯根则是按照取消既存规章制度还是制定新制度、新政策来进行区分。

美国经济学家贝拉·巴拉萨(Bela Balassa)的观点被后来的学者广泛引用。他一方面将"经济一体化"定义为一个"过程",包括旨在消除各国经济单位之间差别待遇的种种措施;另一方面也定义为一种"状态",表现为各国间各种形式的差别待遇的消失。他认为经济一体化包括的形式相当广泛,既包括存在贸易关系的形式,又包括建立完全联合的形式。

在彼得·林德特((Peter H. Lindert)和查尔斯·金德尔伯格(Charles Kindelberger)看来,经济一体化是指国家间"宏观经济政策的一体化和生产

---

① Tinbergen, J., *International Economic Integration*, Amsterdam: Elsevier, 1965, p.95.

② 郑王莹:《区域经济一体化实践与两岸经济合作机制创新》,《东南学术》2005年第5期,第87—90页。

③ Pinder, J., "Positive Integration and Negative Integration: Some Problems of Economic Union in the EEC", *World Today*, No.24, 1968, p.90.

要素的自由移动,以及成员之间的自由贸易","通过共同的商品市场、共同的要素市场或两者的结合,实现生产要素价格的均等化"①。

法里佐夫在《发展中国家间的经济合作》一书中写道,"区域经济一体化是指经济发展水平相近的国家在国民经济之间发展深刻的相互联系和开展分工的客观过程。它不仅涵盖国家间在对外开放交往领域和市场间的相互联系,而且还涉及物质生产领域,使其在再生产过程中的相互联系愈趋密切,相互间经济联系愈加紧密,进而建立起区域经济综合体……"②

伍贻康和周建平则认为,经济一体化是"两个或两个以上国家的产品和生产要素可以无阻碍地流动和经济政策的协调,一体化程度的高低是以产品和生产要素的差别或范围大小来衡量的,从而区域性国际经济一体化组织也有不同的形式"③。

在张幼文看来,经济一体化就是"再生产过程各个阶段上国际经济障碍的消除"。他认为这种定义方式既反映了一体化的最初形式,也体现了未来更广泛的内容;既为了说明经济一体化作为目标的性质,也为了表明经济一体化是一个过程。④

综上所述,尽管国内外学者对经济一体化的研究视角有所不同,但他们对其实质取得了一定程度上的认可。在此,我们将经济一体化概括为国家或地区之间通过削减关税和贸易壁垒或通过促进合作和政策协调,最终实现产品或生产要素在这些国家或地区范围内自由流动和合理配置。

二、经济一体化的组织形式和类型

(一)国际上最常见的经济一体化组织形式

自由贸易区,是一种专门关注于贸易的经济一体化形式。在这种经济一体化组织内,成员体之间的关税壁垒和数量限制得以完全消除,从而实现

---

① [美]彼得·林德特、查尔斯·金德尔伯格:《国际经济学》,谢树森、沈锦昶、常勋、章雷译,上海译文出版社1985年版,第191、204页。
② [苏]法里佐夫主编:《发展中国家间的经济合作》,国际经济合作研究所译,中国对外经济贸易出版社1986年版,第5—14页。
③ 伍贻康、周建平:《区域性国际经济一体化的比较》,经济科学出版社1994年版,第8页。
④ 张幼文主编:《世界经济学》,立信会计出版社1999年版,第135页。

了自由贸易;但各成员体仍保留与非成员体之间原有的贸易歧视,关税壁垒和其他贸易限制并未消除。最典型的自由贸易区是建立于 1994 年的北美自由贸易区。

关税同盟,是传统理论主要关注的一体化形态。这种形式的经济一体化特征包括:各成员体之间实行减免关税和消除贸易限制,实现了商品的自由流动;各成员体对外实行统一的关税和共同的贸易政策;各成员体所得关税收入则是通过协议来分配。比较典型的关税同盟是建立于 1958 年的欧洲经济共同体。

共同市场。这种形式的经济一体化是在关税同盟的基础上,进一步消除了限制生产要素自由流动的一切限制,实现了要素市场的一体化。

经济同盟是经济一体化的较高阶段。这种形式的经济一体化是在共同市场的基础上,还形成了各成员间政策的一体化,即成员之间制定和执行共同的农业、产业政策等。经济同盟是现实中存在的最高级的经济一体化形式,如现在的欧盟。

完全经济一体化是经济一体化的最高形式。这种形式的经济一体化是在经济同盟的基础上,成员之间实行完全的贸易、金融和财政政策,即成员之间形成了一个政治和经济都非常统一的完全的经济一体化整体。

表1-1　经济一体化的组织形式特点对照表

政策取向	组织形式				
	自由贸易区	关税同盟	共同市场	经济同盟	完全经济一体化
取消关税配额	√	√	√	√	√
对外共同关税	×	√	√	√	√
生产要素流动	×	×	√	√	√
经济政策协调	×	×	×	√	√
政策完全统一	×	×	×	×	√

（二）经济一体化的类型

根据成员的经济发展水平,经济一体化可以分为"北北型""南南型"和"南北型"经济一体化。"北北型"经济一体化出现时间最早,是完全由发达国家组建而成的一体化组织。由于发达国家具有较高的生产力水平,市场规模相对较大,合作空间较大,因此"北北型"经济一体化组织发展得最为成功,如欧洲经济共同体。"南南型"经济一体化组织是完全由发展中国家组建而成的。该组织中的发展中成员经济发展水平较低,合作内容相对有限,因此此类一体化组织运行效果并不理想。安第斯集团(Andean Community,简称 CAN)、南方共同市场(Mercado Común del Sur,简称 MERCOSUR)等等是典型的"南南型"型经济一体化组织。"南北型"经济一体化组织是兼有发达国家和发展中国家的一体化组织。这类一体化组织虽然出现时间较晚,但发达国家和发展中国家之间的合作比较成功,北美自由贸易区和亚太经合组织就是证明。

根据一体化所处的状态,经济一体化可以分为"消极一体化"和"积极一体化"。前者是指消除各成员体之间的各种歧视和管制制度的一体化行为,后者是指各成员之间积极主动地"创造"某些一体化之前不存在的"合作因素"来实现一体化。根据"消除各种歧视和管制制度"的程度,前者分为"完全的消极一体化"和"不完全的消极一体化"。根据"创造性"合作因素的多少,后者分为"完全的积极的经济一体化""较完全的积极的经济一体化""不完全的积极的经济一体化"三种类型。

根据经济一体化组织成员的影响力,经济一体化可以划分为"大国"模式的经济一体化和"小国"模式的经济一体化。

按照意识形态划分,还可分为资本主义国家一体化和社会主义国家一体化,欧共体(European Community,简称 EU)和经济互助委员会(The Council for Mutual Economic Assistance,简称 Comecon)分别为上述代表。

三、国际经济一体化与经济全球化的关系

随着国际分工的深入和世界市场的发展,各国(各地区)之间相互合作增加、相互依赖程度加深,国际经济一体化和经济全球化成为当今世界经济发展的两大趋势。事实上,两者既相互联系又相互区别。

经济全球化是经济一体化的客观基础,经济一体化是经济全球化基础上的更高层次的经济融合,其最终形式是全球的经济一体化。第二次世界大战结束后,各国的生产力普遍得到快速发展,国际贸易与国际投资获得前所未有的增长,各国经济交往和联系日益密切、在经济上的相互依赖和相互渗透达到空前高度,国际经济一体化趋势日益加强并逐渐向全球经济一体化发展。但是,当代世界经济在不同国家和地区发展不平衡,以及各个不同民族国家主权及其经济利益存在差异性[1],形成了世界经济发展过程中的诸多矛盾,从而决定了全球经济一体化并不会是一个直线发展的过程。而作为这一历史进程或发展趋势长河中的一个过渡形式,国际区域经济一体化(或集团化)应运而生,它在一定程度上适应了生产力发展所带来的经济全球化与传统的民族国家主权所带来的生产要素、资源配置跨国流动障碍的矛盾。因此,经济全球化的深入发展是经济一体化形成的客观基础,区域经济一体化则为全球经济一体化的实现提供了一种区域性实践。[2]

经济全球化是世界经济发展的客观结果,经济一体化则是国家对外经济战略选择的产物。国际贸易和信息技术的发展促进了资本、技术、人员等在国家或地区之间的流动。当各国在贸易、投资等经济领域的联系更加紧密、交往更加深入,经济全球化的局面由此形成。而经济一体化并非如此,它体现的是成员国家或地区经济在机制上的统一,是以协议的方式建立起的一种条约机制和组织体制。成员国家或地区的对外经济战略选择在机制形成过程中起着至关重要的作用。

国际经济一体化体现了各国经济在机制上的统一,反映的是各国经济高度融合的状态;而经济全球化体现了世界经济在范围上的扩大,反映的是各个相对独立的国民经济之间的联系日趋紧密的事实。国际经济一体化是经济全球化的发展趋势,它的产生从广度和深度上为经济全球化的发展提供了新的动力,是世界经济走向全球一体化的必经阶段;经济全球化则是全球经济一体化的外在形式,它的发展为实现国际区域经济一体化提供了经济基础和前提条件。

---

① 姜凌:《经济全球化趋势下的南北经济关系》,四川人民出版社1999年版,第282页。
② 伍贻康、张海冰:《经济全球化与经济一体化》,《求是》2004年第1期,第57—59页。

四、20世纪90年代以来国际区域经济一体化的趋势

由全球化所带来的经济一体化是一个漫长的历史发展过程,它不可能在短时间内在全球范围内得以完成。一般来说,地理上相近的国家之间的经济联系更加密切,相互贸易和相互往来更多,相互依存度更高,相互间容易展开区域经济贸易合作。因此,区域经济一体化是全球经济一体化的表现形式和必经阶段。

(一) 区域经济一体化与全球经济一体化(或世界经济一体化)的关系

从现象上看,全球经济一体化是在国际经济发展的基础上,由于国与国在经济上越来越相互依赖和相互融合,世界经济由此成为一个不可分割的统一的整体。从基本内容和发展过程看,全球经济一体化的实质在于国际经济关系或国际生产关系的发展。正如生产关系经常落后于生产力的发展,国际经济关系也经常落后于国际经济的发展。对于全球经济一体化而言,生产一体化虽然基本上同步于经济全球化的发展,但市场一体化却还远远落后于世界经济国际化的发展。尽管如此,全球经济一体化是一种不以人的意志为转移的客观发展趋势。

区域经济一体化是全球经济一体化进程中的一个关键性阶段。具体表现为:在空间上,前者是后者的局部实践;在时间上,前者则是后者的阶段性探索。可以预见,在未来很长的时间内,生产要素在全球范围内自由流动的一切障碍尚不可能被经济全球化完全消除,全球经济一体化的实现需要相当长的一段时间。

事实上,全球经济一体化的最终形式必然是全球经济形成一个网络系统。因此,区域经济一体化与全球经济一体化在发展方向上是一致的,即两者均追求各自范围内经济活动的整合化和统一性。差别只在于前者是追求特定区域双边或多边经济的整合,后者是追求形成更宏观的全球经济的整合,也即两者的系统所涉及的空间尺度不同。

历史经验证明,期望直接通过全球多边谈判达成全球经济一体化是不现实的。第二次世界大战结束后,当时的国际社会曾就全球经济秩序安排进行过一次全面的努力,设计了包括国际经济关系协调任务在内的国际事

务全面协调机构——联合国,国际金融秩序的协调机构——国际货币基金组织(International Monetary Fund,简称 IMF),国际贸易自由化的协调机构——现行世界贸易组织的前身,关税与贸易总协定(General Agreement on Tariffs and Trade,简称 GATT)和涉及全球发展问题的世界银行。这些国际组织虽然为全球多边谈判的推进提供了机制安排,但却并没有促使全球经济一体化的实现。不可否认,全球经济一体化是一个从局部到整体、从低级到高级、由排他到开放的在空间上不断拓展的过程。欧盟就是从最初荷、比、卢三国联盟到欧共体 6 国(1958 年)、9 国(1973 年)、10 国(1981 年)、12 国(1986 年),一直到后来的欧盟 28 国(2013 年)。亚太经济合作中所执行的"开放的地区主义",更是直接表明了全球经济一体化的形成有赖于局部的区域性多边经济一体化的率先形成。

就发展阶段而言,区域合作作为一体化的一个中间阶段是全球经济一体化的一个前奏。以关税与贸易总协定谈判作为全球经济一体化的代表,自 1948 年创立到 1995 年 7 月 1 日完成其历史使命,它达成的不过是贸易层面的全球经济一体化,而以当时的欧共体作为代表的区域一体化实践已进入货币、劳务、生产以及整个经济政策的协调一致的阶段。区域组织在各个领域的一体化实践的成功引导着这些区域经济一体化的成果在各个国家和地区加以推广。因此,可以得出:区域合作是全球经济一体化的准备,后者可以将区域经济一体化的成果作为其更广泛、更普遍的全球经济体制协调的基础。

(二) 20 世纪 90 年代以来国际区域经济一体化的新趋势

自 20 世纪 90 年代以来,在经济全球化浪潮下,以自由贸易协定为核心的各种形式的区域贸易协定数量迅速增加。根据世界贸易组织的统计,自关贸总协定成立之初至 1994 年被世界贸易组织取代之时,向关贸总协定通报的区域贸易协定只有 149 个,而截至 2019 年 2 月 14 日,向关贸总协定/世界贸易组织通知的区域贸易协定的数量多达 685 个,有效运行的有471 个,占全部数量的 68.76%。① 从世界贸易组织公布的资料分析,国际区域经济一体化呈现出一些新的发展趋势。

---

① 资料来源于世界贸易组织官方网站。

1. 区域经济一体化以双边自由贸易协定为主

区域经济一体化主要分为自由贸易区协定、关税同盟、共同市场、经济同盟,以及完全经济一体化协定(Economic Integration Agreements,简称EIA)等五种形式。根据世界贸易组织的统计,在有效运行的 471 个区域贸易协定(含重复统计)中,自由贸易协定为 257 个、经济一体化协定为 158个、关税同盟为 30 个、优惠贸易协定为 26 个;占有效运行区域贸易协定的比例分别为 54.56%、33.55%、6.37% 和 5.52%。事实上,大部分国家之间签署的区域贸易协定都为自由贸易协定。据统计,自 20 世纪 90 年代以来,自由贸易协定占全部区域贸易协定的比例高达 90%,表明自由贸易协定是区域经济一体化的主流趋势。显然,自由贸易协定之所以能获得如此快速发展的重要原因在于:自由贸易协定是一种较低级的一体化形式,只要求成员之间废除关税和其他贸易壁垒,而允许对外保持原有壁垒,确保了成员对外贸易政策的独立性,具有较大的灵活性。

2. 区域经济一体化组织成员的同质性减弱,异质性或混合型趋势愈益明显,南北型区域经济一体化成为发展的新主流

20 世纪 80 年代以前,社会经济政治制度同一、经济发展水平相近、地理位置相邻和具有共同历史文化背景,是建立区域经济一体化组织的基本条件,即区域经济一体化主要是在同质的国家之间形成和发展。进入 20 世纪 90 年代后,上述传统框架被打破,北美自由贸易区于 1994 年建立,成为首个由经济最为发达的美国和发展中国家墨西哥组建的南北型区域经济一体化组织。随后,欧盟、亚太经合组织等南北型区域经济一体化组织如雨后春笋般出现并顺利运行。这表明区域经济合作和一体化有了新的重大开拓和突破,南北型区域经济一体化逐渐成为发展的新主流。其快速发展在很大程度上得益于国际生产模式的深刻变化。早期的国际生产模式为内部化生产和外部化生产。相对于前一种模式,后一种模式虽然使得发展中国家在发达国家进行生产经营的成本有所下降,但却依然制约着发展中国家生产技术复杂的投入品。随着国际生产模式向网络化国际生产转变,发达国家和发展中国家之间的生产网络开始盛行,发达国家为在本国生产的发展中国家提供了大量技术复杂的中间投入品,南北区域经济一体化因而得到了快速的发展。

3. 泛区域性和跨区域性的一体化色彩开始出现

一般而言,地理相邻的国家之间由于地缘政治和经济联系等原因,更容易签订区域贸易协定。因此,出现较早的区域贸易协定多是地理相邻国家之间缔结的。然而,随着经济全球化和一体化进程的不断推进,20世纪90年代以来,全球出现了越来越多的泛区域性和跨区域性的一体化组织。如成员数量最多达28个的欧盟、成员囊括五大洲的亚太经济合作组织等等。泛洲际的经济一体化进程也加快了节奏向前迈进,越来越多跨区域的一体化贸易投资协定在世界各大洲广泛发展。如在近年来谈判日渐成熟的跨区域巨型贸易协定有《跨大西洋贸易与投资伙伴协议》和《跨太平洋伙伴关系协定》。

4. 区域经济一体化组织的开放性趋势得到加强

过去的区域经济一体化组织,虽然对组织内成员实行自由贸易,但对组织外成员普遍设置了贸易和投资壁垒,实施区域保护主义。随着区域经济一体化趋势的加快特别是自20世纪90年代以来,区域组织的开放性特点日趋明显。欧盟的发展历程显示其开放性特点;拉美国家也多次强调要在美洲建立泛美自由贸易区。显然,越来越多的区域组织和国家认识到区域经济一体化不是多边贸易体制的"绊脚石",两者是相辅相成的。

5. 区域经济一体化的内容更广泛、标准更高

目前,除传统的货物贸易自由化及其所涉及的关税和非关税壁垒减让,新一代区域贸易协定所涵盖的领域还包括服务贸易自由化和投资自由化、国家间贸易争端解决机制、竞争政策、知识产权,甚至包括环境保护和劳工权利标准等多个方面(见表1-2),几乎涉及经贸合作的所有领域。而在区域经济一体化的范围空前拓展的同时,区域贸易协定的标准也有了提高。以《跨太平洋伙伴关系协定》为例,在实现贸易自由化方面,《跨太平洋伙伴关系协定》要求各成员百分之百地实现贸易自由化;在原产地规则方面,《跨太平洋伙伴关系协定》实行45%的附加值标准,要求享受零关税优惠的出口产品的附加值必须超过其总价额的45%。显然,《跨太平洋伙伴关系协定》的诸多标准较传统自由贸易协定有了显著提高。

表1-2　主要区域贸易协定涵盖货物贸易协议以外的领域

区域贸易协定	政府采购	卫生和植物检疫措施	服务	知识产权	投资	争端解决	劳工	竞争	环境
美国—秘鲁	Y	Y	Y	Y	Y	Y	Y	Y	Y
美国—阿曼	Y	Y	Y	Y	Y	Y	Y	Y	Y
美国—巴拿马	Y	Y	Y	Y	Y	Y	Y	Y	Y
美国—哥伦比亚	Y	Y	Y	Y	Y	Y	Y	Y	Y
欧盟—西伯利亚	N	N	Y	Y	N	Y	N	N	N
欧盟—黑山共和国	Y	Y	Y	Y	Y	Y	Y	Y	Y
欧盟—韩国	Y	Y	N	Y	Y	Y	Y	Y	Y
欧盟—格鲁吉亚	Y	Y	Y	Y	Y	Y	Y	Y	Y
中国—新西兰	N	Y	Y	Y	Y	Y	Y	N	Y
中国—新加坡	N	Y	Y	N	Y	Y	Y	N	Y
中国—智利	N	N	Y	N	N	Y	N	N	N
中国—哥斯达黎加	N	Y	Y	Y	Y	Y	N	N	N

注:"Y"表明区域贸易协定涵盖这一领域,"N"则表明区域贸易协定不涵盖这一领域。

资料来源:根据世界贸易组织的 RTA Database 整理。

6. 区域经济一体化多层次性和成员交叉重叠性加强,呈"轮轴—辐条"式新区域经济一体化模式

20世纪90年代以来,区域经济一体化组织的多层次性和成员交叉重叠性开始凸显。一个国家不仅陆续参加多个自由贸易协定,而且在既是一大型区域组织成员的同时也是某个或某几个次级区域组织成员;一个地区先后出现大量双边自由贸易协定和区域贸易协定,从而形成了错综复杂的多层次经济一体化协定网络格局。例如美国既参加了《北美自由贸易协定》,又是亚太经合组织的成员,还与秘鲁、阿曼、巴拿马等多个国家签订了自由贸易协定。欧盟也与西伯利亚、韩国等国家签订了自由贸易协定。欧共体内曾存在荷、比、卢经济联盟,成员囊括五大洲的亚太经合组织则是一个更为典型的例子。上述这种交叉重叠、错综复杂的现象是经济全球化和区域经济一体化深入发展的重要体现。该模式被称为"轮轴—辐条"式新区域经济一体化模式。

　　这种区域经济一体化模式的利益分配是不均衡的。与所有成员参与成立的自由贸易区相比,"轮轴—辐条"模式降低了成员整体的福利水平。在"轮轴—辐条"模式下,轮轴国可以获得特殊的优惠。无论是在产品出口还是吸引投资方面,轮轴国相比辐条国都处于优势地位;相比于轮轴国,辐条国则处于相对弱势的地位。不同时间加入的辐条国的收益也存在差异:相比于后加入的辐条国,先加入的辐条国收益更大。轮轴国对每一个辐条国进行了利益转移,并且伴随着辐条国数量的不断增加,"轮轴—辐条"模式的利益分配不均衡性加剧。

第二章　国际经济一体化的区域化发展及运行机制特点

在经济全球化和区域经济一体化浪潮下,由发展中国家与发达国家组建的南北型区域经济一体化组织获得了较快发展。本章首先介绍了不同类型的区域经济一体化组织的运行机制。具体以欧共体为传统北北型区域经济一体化组织的代表、以西非国家经济共同体和南方共同市场为传统南南型区域经济一体化组织的代表、以北美自由贸易区和亚太经合组织为南北型区域经济一体化组织的代表展开研究。在上述基础上,还介绍了南北型区域经济一体化组织的产生、发展及特点。最后,从成员之间的经济绩效差距、经济增长促进以及收入水平收敛发散三个方面对南北型区域经济一体化组织获得更快发展的原因进行了归纳总结。

第一节　不同类型的区域经济一体化组织的运行机制

一、传统的区域经济一体化组织的运行机制

(一) 北北型区域经济一体化组织的运行机制——以欧共体为例

欧盟的前身欧洲经济共同体(简称"欧共体")是一个具有政府间合作和超国家机制的区域经济一体化组织,其主要的组织机构包括:理事会、执行委员会、欧洲议会和欧洲法院等。其中,执行委员会兼有参与立法、监督和管理等职能;欧洲议会享有监督、提案否决和立法权;欧洲法院负责制定某些法律规范,享有强制管辖权。这些机构均由成员政府的代表组成,在条

约授权的范围内集中并行使原来由成员行使的部分国家职能,代表着欧共体的整体利益。此外,欧共体的超国家性,除了体现在其组织结构上,还体现在其立法与决策、欧盟法效力、对外关系、司法体制和财源等诸多方面。

在针对具有不同特性的不同领域时,欧共体采取了不同的决策机制。在欧共体内,一般决策程序为:执行委员会提出共同体立法的提案(动议)、征询欧洲议会的意见(咨询)和理事会以简单多数、特定多数与全体一致三种方式决议三个主要环节。在共同外交和安全政策上,理事会是主要的决策机构,动议权和决议权都属于理事会;欧委会和欧洲议会只有建议权;欧盟机构拥有执行权。这一层面上的决定原则上必须全体一致决议,但在诸如制定共同行动、共同立场等情况下可以以特定多数决议采取行动。在司法与内务合作上,执行委员会享有动议权,理事会行使决议权,欧洲议会只有建议权。具体地,对于执行委员会的决议,理事会分别以全体一致、特定多数和简单多数三种方式决议。

(二) 南南型区域经济一体化组织的运行机制——以西非国家经济共同体和南方共同市场为例

1. 西非国家经济共同体

常被视为南南合作典范的西非国家经济共同体成立于1975年。《西非国家经济共同体条约》建立了共同体的体制框架和目标,为西非国家经济共同体的建立奠定了基础。但该条约赋予共同体的权利十分有限,西非国家经济共同体并不具有超国家性质。

在共同体内,各成员地位平等,每一成员拥有一份投票权,所有决定必须一致通过。然而,共同体成员利益大都高于共同体利益,这一点具体表现在共同体的决议表决方式、决议的约束力以及各机构权力分配等方面。在决策上,共同体拥有唯一具有决策权的机构——首脑会议,其也是唯一能够对成员作出具有约束力决议的机构;在表决方式上,除《西非国家经济共同体基金议定书》第 27 条规定以过半数通过决议外,每一级机构的决议一律运用未明文规定的全体一致原则。事实上,这种各级机构无差异的、实施全体一致的原则严重阻碍了共同体的积极行动;在决议的约束力上,即使是全体一致通过的决议对成员仍不具有约束力。首脑会议通过的决议,对成员有约束力的必要条件是要获得至少 7 个签署国的批准。部长理事会的决议只适用于共同体的下属机构,而对成员则不具有约束力。因此,西非国家经济共同体实行的是成员协商一致、成员共同制定区域协调政策的机制。

2.南方共同市场

于 1994 年 12 月在巴西欧鲁普雷图召开的第 6 次共同理事会作出决定:南方共同市场将于 1995 年 1 月 1 日正式运行。该会议通过的《欧鲁普雷图议定书》规定,南方共同市场的主要组织机构包括:共同市场理事会、共同市场小组、贸易委员会等。其中,共同市场理事会是南方共同市场的最高决策机构,其主要职能是:对共同市场进行政治指导,并作出决策。共同市场小组是南方共同市场的执行机构,它的主要职责包括:(1)执行《亚松森条约》和采取必要措施落实共同市场理事会的决议。(2)就贸易开放计划、协调宏观经济政策、与第三国商签经贸协定等提出建议。贸易委员会是负责监督关税同盟运行过程中各成员达成的共同贸易政策执行情况的机构。在共同市场中,各组织机构在共同市场规定的职权范围内行使权利并履行相应的义务。

根据《亚松森条约》规定,南方共同市场的主要机制是:实行贸易开放、协调宏观经济政策和部门经济政策。

(1)实行贸易开放。《亚松森条约》把取消关税和非关税限制作为贸易开放计划的主要目标,规定在成员之间逐步、连续和自动地降低关税和取消非关税限制。

(2)协调宏观经济政策。为保证缔约国之间的公平有序竞争,成员之间对相互间宏观经济政策进行了协调。协调内容涉及多个方面,如建立本地区货币联盟的战略目标、通过欧盟建立自贸区、解决贸易争端机制等等。近年来,货物自由流通、科研一体化和加强贸易保护等议题也被纳入其中。

(3)协调部门经济政策。在成员之间应相互协调部门经济政策,以及 4 国统一协调的其他部门的政策。

二、南北型区域经济一体化组织的运行机制

(一) 北美自由贸易区的运行机制

北美自由贸易区一度是南北型区域经济一体化的典型代表。美国是北美自由贸易区的主导国,其建立北美自由贸易区意在强化自身在与欧盟等

经济体谈判中讨价还价的实力,而不需要成员让渡国家管理和调节经济的主权,因而,北美自由贸易区虽然组建了自由贸易委员会、各专门委员会和工作小组、北美自由贸易区秘书处等职权明确、相对独立的紧密型权威性管理机构,但并未形成类似于欧盟的超国家机构。尽管如此,北美自由贸易区的机制强度却并不亚于欧盟和其他区域经济组织。

三国共同签署的《北美自由贸易协定》具体规定了三国的权利和义务,规范着三国间的经济贸易关系,北美自由贸易区的一切运行都需要该协定加以约束。此外,由于各成员间的经济发展水平有较大差异,经济结构也不相同,北美自由贸易区涉及范围相当广泛,因此,为确保该协定的有效落实和自贸区的有序运转,除了需要倚重《北美自由贸易协定》这一硬性规则的约束以外,还需要在自由贸易委员会、各专门委员会和工作小组、北美自由贸易区秘书处的协调下,通过成员间平等合作和友好协商共同制定法律规范,并借助以仲裁为核心的准司法模式①。

(二) 亚太经合组织的运行机制

不同于一般的区域经济一体化组织,亚太经合组织是一种松散的区域经济一体化形态,是由发展中国家和发达国家共同组建的一个官方论坛,不具备国际经济组织的法律资格和地位,只是成员间协调和协商的机构。在该组织中,成员之间实行的是协商一致的决策机制和"协调的单边主义"的决议履行机制。

1. 亚太经合组织协商一致的决策机制

不同于世界贸易组织,亚太经合组织的任何重大决策均通过高官会、部长级会议和领导人会议等层次的协商来达成共识。亚太经合组织的这种协商方式是非正式的,协商的结果也是非约束的,但由于是一种政府行为,是领导人的政治承诺,因而具有道义上的约束性。亚太经合组织协商一致决策程序的运作过程为:成员自愿设定实现贸易和投资自由化及经济技术合作的目标,再通过多个层次的协商逐步达成共识,会后作出承诺,而非谈判达成一致。因此,亚太经合组织的决策程序要求各个级别的会议均根据协

---

① 张天桂:《欧盟、北美 FTA 和中国—东盟 FTA 运行机制比较》,《亚太经济》2008 年第2 期,第 109—120 页。

商一致原则作出决议,即全面地、普遍地采用协商一致原则作为非表决制度的决策程序,从而有助于实现各成员之间的平等参与。

2."协调的单边主义"的决议履行机制

不同于欧盟、北美自由贸易区等经济组织均是实行传统的法律约束模式的履行机制①,亚太经合组织实行的是以自愿、协商、承诺、评审为内容的"协调的单边主义"决议履行机制,即亚太经合组织成员在协商一致的基础上,根据自身情况制定目标,规范成员的行为准则。该机制的具体内容包括:(1)单边主义。"单边主义"强调根据各成员不同的经济发展水平和经济利益,各成员充分考虑本国的实际情况。(2)集体行动。为了使单边主义运行机制保证自由化目标能如期实现,亚太经合组织在协商一致的前提下,选择了成员都能接受、易于推行自由化的领域作出具体安排,要求集体行动。(3)评审机制。为了解决单边行动和集体行动带来的问题,亚太经合组织又采用了评审机制,对落实行动计划的情况进行审查和评估,并给予建议供成员调整和修改下一步行动计划时参考。

综上所述,亚太经合组织的运作机制是以自愿、非强制性机制原则为基础。它在组织决策上体现为协商一致,在决议实施上表现为"协调的单边主义"。

（三）东盟的运行机制

东盟是由东南亚十国组成的区域经济一体化组织。东盟实行的是国家代表制,不仅没有具有超国家权力的组织机构,形成的决策也不具有强制性,采取协商一致和非约束性的运作方式。目前,东盟的运行机制主要是依靠部长级会议和首脑会议等一系列高级别的会议。常务委员会是其最高级执行机构,常设职能委员会是其次一级的执行机构。

由于不同成员特殊的历史背景、国内政治因素以及相互间存在的巨大差异,东盟形成了"东盟方式"这一独特的运行机制和决策方式。该方式的主要特征包括:(1)"不干涉内政"原则。这一原则有利于消释成员之间的猜忌、增进互信。(2)协商一致原则。也就是任何提议被通过而成为东盟的决议必须是在全体成员都不持反对意见的前提条件下。有反对意见出现

---

①　传统的法律约束模式的履行机制适用于成员经济发展水平相当、经济上相互依赖和历史文化背景相似的经济组织。

时,只能依靠相互协商和寻求共同点来加以消除。随着东盟的不断推进,协商一致的决策方式不断得以完善,在政治领域出现了"当事国利益优先原则",即在主要涉及同东盟以外国家或区域集团关系的重大问题上,各成员通常向在该问题上利害关系最大的那个成员所持的观点靠拢;在经济领域则出现了"10-X"原则,指如果少数几个成员虽然表明暂不参加某议案所规定的集体行动,但也不排除以后参加;其他成员支持并且愿意参加该议案所规定的集体行动,则该议案可以作为东盟决议通过。(3)强调非正式组织和地区的合作。即东盟没有成立超国家性质的组织机构,其活动和职责主要由一系列会议来承担。(4)第二轨道的对话和协商机制。第二轨道是指由非政府组织所发起的会议。这一机制强调非官方人员通过参与非官方会议探讨有关政策问题,并发表非正式性意见,从而有助于政府安全政策的制定。

东盟的运行机制主要表现为协商、自愿、非强制性。具体表现为:东盟实行协商一致原则,所有决议完全依靠各成员的主动实施,不得强制实行。

第二节 南北型区域经济一体化组织的产生、特点及基本动因

一、南北型区域经济一体化组织的产生和发展

南北型区域经济一体化的兴起,是全球经济一体化进一步发展的重要表现。而针对这一类型的经济一体化组织的产生、特点以及基本动因的深入分析有助于我们更加深入地理解这一经济一体化模式。

在欧洲煤钢共同体成立后的六十多年时间里,区域经济一体化组织多为发达国家之间组建的北北型或是发展中国家之间组建的南南型区域经济一体化组织。1994年,墨西哥正式加入美国—加拿大自由贸易区,世界上首个南北型区域经济一体化组织正式成立。自此以后,南北型区域经济一体化获得了较大的成功。

自2004年5月1日开始,东欧10国成为欧盟的正式成员,欧盟从北北型模式转变为南北型模式。截至2019年2月14日,在世界贸易组织所通

报的 311 项区域贸易协定中,有 138 项是南北型的,远多于北北型区域贸易协定。目前,美国、欧盟与大量发展中国家签订了世界上绝大多数南北型区域贸易协定。表 2-1 列出了截至 2019 年 2 月 14 日,美国、欧盟与发展中国家已经正式签订的区域贸易协定的情况。

表 2-1 美国、欧盟与发展中国家已正式签订的南北型区域贸易协定
(截至 2019 年 2 月 14 日)

美国	北美自由贸易区、中美洲共同市场、美国—巴林、美国—智利、美国—哥伦比亚、美国—约旦、美国—摩洛哥、美国—阿曼、美国—巴拿马、美国—秘鲁、美国—以色列、多米尼加—中美洲—美国自由贸易协定
欧盟	欧盟、南方共同市场、欧盟—阿尔巴尼亚、欧盟—阿尔及利亚、欧盟—安道尔、欧盟—波斯尼亚和黑塞哥维那、欧盟—喀麦隆、欧盟—加勒比论坛国经济伙伴关系协定、欧盟—中美洲、欧盟—智利、欧盟—哥伦比亚和秘鲁、欧盟—科特迪瓦、欧盟—非洲东部和南部国家临时经济伙伴关系协定、欧盟—埃及、欧盟—法罗群岛、欧盟—北马其顿、欧盟—格鲁吉亚、欧盟—约旦、欧盟—黎巴嫩、欧盟—黑山共和国、欧盟—摩洛哥、欧盟—摩尔多瓦、欧盟—圣马力诺、欧盟—塞尔维亚、欧盟—瑞士—列支敦士登、欧盟—叙利亚、欧盟—突尼斯、欧盟—乌克兰、欧盟—加纳、欧盟—南部非洲发展共同体、欧盟与哥伦比亚和秘鲁—厄瓜多尔、欧盟—巴布亚新几内亚/斐济、欧盟—南非、欧盟—以色列、欧盟—墨西哥、欧盟—巴勒斯坦、欧盟—土耳其

注:根据世界贸易组织网站统计数据整理。

二、南北型区域经济一体化组织的特点

相比于南南型和北北型模式的区域经济一体化组织,产生于 20 世纪 90 年代的南北型区域经济一体化组织有其自身的特点。具体包括:

从组成成员来看,大多数南北型区域经济一体化组织中的发展中成员的贸易量相对较小,发达成员的贸易量则相对较大。以北美自由贸易区为例,身为北美自由贸易区成员之一的美国,在北美自由贸易区的运行中就占据着绝对的主导和支配地位。根据联合国贸易和发展会议(United Nations Conference on Trade and Development,简称 UNCTAD)的相关资料统计,美国在 2014 年占有整个贸易区约 85.0% 的贸易额,加拿大仅占有 8.7% 的贸易额,而墨西哥拥有的贸易额仅为 6.3%。[①] 美国与巴林、智利、秘鲁等发展中

---

① 对来源于联合国贸发会议的数据进行整理而得。

国家签订的区域贸易协定也具有上述特点。

从合作领域和范围来看,南北型区域经济一体化合作不仅涉及商品贸易等传统领域,还涉及更广泛和深入的一体化内容,如非关税壁垒、知识产权保护等,而这些内容在很大程度上是发达国家的政治利益在南北型区域经济一体化进程中的体现。随着近年来区域经济一体化进程的逐渐深入,欧美与发展中国家签署或正在洽谈的区域自由贸易协定涉及的范围更加广泛,涵盖经济、法律、政治和社会等诸多方面。如前几年美国积极倡导的《跨太平洋伙伴关系协定》和《跨大西洋贸易与投资伙伴协议》。[①]

从成员地位上看,发展中国家在同发达国家进行区域贸易协定谈判时具有较低地位和较少话语权,而发达国家则正好相反,从而决定了发展中国家会对发达国家作出更多的让步,经济实力较强的发达国家则拥有该经济一体化组织的主导权。如在《北美自由贸易协定》谈判过程中,墨西哥先后在金融领域和能源问题上都对美国和加拿大作出了很大的让步,即使在其极为关注的原产地规则方面,墨西哥也作出了最大的让步。[②]

从组织类型上看,南北型区域经济一体化组织中的发达成员与发展中成员之间签订的区域经济一体化协定以自由贸易协定和经济一体化协定为主。根据世界贸易组织官方数据统计,在 1990—2015 年间,发达国家和发展中国家之间共签订 228 个区域经济一体化协定,其中自由贸易协定和经济一体化协定共有 210 个,所占比重高达 92.11%;自由贸易协定为 125 个,所占的比重高达 54.82%;经济一体化协定为 85 个,所占比重高达 37.28%。[③]

从经济关系上看,一体化组织成员在经济上互补性较强。以北美自由贸易区为例,美国有雄厚的资本和先进的技术设备,墨西哥有大量的能源资源和较低成本劳动力。因此,墨西哥可以从美国引进资本和先进技术,美国则可以从墨西哥进口能源并使用其廉价劳动力,从而实现经济上的互补。

---

① 吴涧生、曲凤杰等:《跨太平洋伙伴关系协定(TPP):趋势、影响及战略对策》,《国际经济评论》2014 年第 1 期,第 5—6、65—76 页。

② 宋晓平等:《西半球区域经济一体化研究》,世界知识出版社 2001 年版,第 105—143 页。

③ 对来源于世界贸易组织的数据进行整理而得。

三、南北型区域经济一体化的基本动因

与南南型模式相比,南北型区域经济一体化组织获得了更快的发展,主要原因在于,南北型区域经济一体化组织的成员更能从南北区域合作中受益。

第一,在"南南型"和"南北型"合作组织内,成员的经济绩效差距会有很大区别:对于前者而言,该差距会逐渐拉大,而对于后者,该差距会逐渐缩小。① 以欧盟为例。从 1947 年比、荷、卢关税同盟建立开始,欧盟成员之间的人均收入差距一直在逐步缩小,截至 20 世纪 80 年代早期,这一差距仅为原先的 1/3。随后加入的新成员之间的人均收入也有收敛的趋势。以 20 世纪 80 年代加入欧盟的希腊(1981)、西班牙(1986)和葡萄牙(1986)为例。1980 年,这三国的人均收入分别为经过 1973 年扩大的欧盟所有成员的 9.14%、6.19% 和 9.02%,到 1990 年分别上升为 9.29%、8.41% 和 11.1%。② 而南南型区域经济一体化组织成员之间的发展却并非如此。肯尼亚无疑是 1967 年组建的东非共同体(East African Community,简称 EAC)中发展最快的国家,并且在整个 20 世纪 60 年代,肯尼亚几乎聚集了该共同市场的全部制造业,其产值和出口占整个区域总量的 70% 以上,坦桑尼亚和乌干达两国难以从该共同市场获得发展。

第二,"南南型"和"南北型"合作组织对成员的经济增长的促进作用不同:前者不利于成员的经济增长,而后者却有助于成员的经济增长③。针对东盟及中美洲共同市场等的研究均表明,一体化对其成员的经济增长没有明显的作用。而针对东欧 10 国入盟后的研究则得出了截然不同的结论。再对东盟和南部非洲发展共同体(Southern African Development Community,简称 SADC)的经济增长情况进行比较。自 1997 年缅甸加入东盟至今,东盟的年均经济增长率高达 6.74%,组建于 1992 年的南部非洲发展共同体的

---

① 李向阳:《全球区域经济合作的发展趋势与中国的战略选择》,《拉丁美洲研究》2005 年第 2 期,第 19—24、78 页。

② 对来源于联合国贸发会议的数据进行整理而得。

③ 李向阳:《全球化时代的区域经济合作》,《世界经济》2002 年第 5 期,第 3—9 页。

年均增长率仅为 4.69%。① 再如在东非共同体中,乌干达的制造业相对于世界平均水平的劣势程度最高,结果是乌干达比区域内其他国家更加容易遭受贸易转移损失。而在南北型合作组织中,经济发达国家更容易遭受到贸易转移的损失。

第三,在出现时间较早的南南型区域经济一体化组织中,发展中成员大多实行进口替代政策,难以从区域经济合作中获取开放收益,不利于成员收入水平收敛。而到了 20 世纪 90 年代,大量发展中国家转而采取外向型贸易政策,从区域经济合作中收获了大量的资本、先进技术等要素和资源,这在很大程度上促进了成员收入水平的收敛。

---

① 对来源于联合国贸发会议的数据进行整理而得。

第三章　国际经济一体化引起的国际
经济关系的调整和变化

国际经济一体化趋势的出现引起了国际经济关系的相应调整和变化。国家与国家之间的经济交往与联系趋于弱化,国家与国际区域经济一体化集团之间、一体化集团之间以及一体化集团组织内部成员之间的经济关系得以产生并获得发展,使得当代国际经济关系更加缤纷多彩,并引起南北经济关系的新变化。① 围绕国际经济一体化引起的国际经济关系的调整和变化的主题,本章主要涉及三个方面:第一个方面是发达国家经济一体化集团与发展中国家一体化集团间的经济关系;第二个方面是国际区域经济一体化组织内的南北经济关系;第三个方面则是国际经济一体化进程中的国家主权问题。其中,突出分析了特朗普就任美国总统后美国在涉及《跨太平洋伙伴关系协定》和《北美自由贸易协定》的国际区域经济一体化战略上作出的调整所带来的包括其在内的发达成员和发展中成员之间经济关系的变化。并结合 2009年欧洲主权债务危机和近年包括英国脱欧在内的一系列逆全球化事件,进一步分析了欧洲一体化进程中超国家权力和国家主权之间的矛盾和斗争。

第一节　发达国家经济一体化集团与发展中国家
经济一体化集团间的经济关系

一、欧盟与发展中国家经济关系的演变发展

在经济一体化进程中,欧盟一直非常重视其与发展中国家的经济关系。

---

① 姜凌:《国际经济一体化趋势下跨世纪的南北经济关系》,《世界经济》1999 年第 3期,第30—33 页。

自建立六十多年来,欧盟(及其前身欧共体)与 100 多个发展中国家保持着各式各样不同程度的经济关系,相互间签订了上百个经济与贸易协定。欧盟与发展中国家的经济关系有以下几种类型。

第一类,欧盟和位于非洲、加勒比、太平洋地区并曾经与其保有殖民与被殖民关系的发展中国家之间的关系。这是最为密切的一类经济关系。迄今为止,欧盟与上述国家之间虽然已经形成平等互利的经济关系,但它们之间的最初形式却是宗主国对殖民地不平等的主从型经济关系。这一演变大致经历了四个阶段。第一个阶段为《联系协定》时期(1958—1962 年)。《联系协定》具体涉及了欧盟与上述发展中国家的经济关系,因此在此期间,欧盟与这类发展中国家的经济关系以"联系国"(Associates)制度加以规范。① 第二个阶段为两个《雅温得协定》时期(1963—1974 年)。其间,在《雅温得协定》和《阿鲁沙协定》等新的联系协定中,共同体对新独立的其前身殖民地经济自主权的基本认可才得以改观。第三个阶段为《洛美协定》时期(1975—2000 年)。该协定是欧共体调整其与非洲、加勒比、太平洋地区独立的发展中国家经济关系的基础性协定,不容许损害签署国政治独立与主权。该协定在经贸合作方面对非洲、加勒比、太平洋地区发展中国家作出的让步,是国际经济关系的先例。虽然该协定对非洲、加勒比、太平洋地区的发展中国家同欧共体之间的不平等关系进行了进一步的改善,但南北双方不平等、不公正的经济关系并没有得到实质性转变。第四个阶段为《科托努协定》时期。根据《科托努协定》,与非洲、加勒比、太平洋地区发展中国家建立自贸区是欧盟与这些国家经济关系的最终追求目标。在此期间,欧盟与非洲、加勒比、太平洋地区发展中国家开启了南北平等合作的新模式。

第二类,欧盟与地中海地区的发展中国家之间的经济关系。这类关系是相对密切的一类经济关系。一方面,地中海地区连通了欧洲和亚洲,是欧盟扩展对外经济关系所必然涉及的地区;另一方面,地中海地区是欧盟进口石油及农产品的重要地区。欧盟与地中海地区发展中国家的关系先后经历了"巴塞罗那进程""欧洲睦邻政策""地中海联盟"几大阶段,彼此间建立起了长期稳定、互惠双赢的合作机制,开展了全方位、多领域的合作。

---

① 刘星红:《欧共体对外贸易法律制度》,中国法制出版社 1996 年版,第 190—196 页。

第三类,欧盟与亚洲及拉美地区发展中国家的关系。相比于前两种经济关系,这种经济关系最不密切。欧盟一般对这类发展中国家实行"普遍优惠制";虽然会对这类国家进行财政上的援助,但援助相对不多。进入20世纪90年代后,欧盟更加重视与这一地区的经贸合作。其中,加强与包括中国在内的东亚与东南亚国家的合作又成为欧盟对外经济关系工作中的重中之重。

大约在同一时期,欧盟和拉美国家的经济关系也有了较大的进展。欧盟于1995年与拉美"南方共同市场"达成框架协议,计划在21世纪初将建立跨越大西洋的自由贸易区付诸实践。4年后,欧盟与拉美国家举行了首届国家首脑会议,会议就进一步加强两个地区国家之间的政治、经贸和文化合作等问题,特别是建立跨大西洋的自由贸易区问题进行了磋商。至2008年,欧盟—拉美国家首脑会议已经举行了四次。近年来,除了发展贸易关系以外,欧盟还在建立资本市场、保障社会平等、保护环境等多方面与拉美发展中国家达成一致协议。

二、南北型区域经济一体化集团间的关系

在经济发达国家投身于经济一体化浪潮的同时,众多发展中国家也纷纷被卷入经济一体化浪潮。中美洲共同市场和拉美自由贸易协会同时成立于20世纪60年代初,是最早的两个南南型区域经济一体化组织。到目前为止,已向世界贸易组织通报的南南型区域贸易协定已达一百多个,几乎涵盖世界大多数国家。我们知道,发达国家参与经济一体化组织是由于科学技术和生产力发展到相当高度,以及生产的国际分工与经济生活国际化的内在要求;但对许多发展中国家而言,其组建一体化集团,主要是具有在落后的民族经济条件下利用国际条件的必要性和可能性。单个发展中国家原本就难以与经济实力强大的发达国家相抗衡,而在经济全球化浪潮下,发达国家为实现其全球战略和对外扩张,纷纷组成经济一体化集团,发展中国家更加难以在与发达国家及其一体化集团的抗衡中保证自己的合法权益。而建立区域性一体化集团以加强发展中国家间的团结协作,无疑成为众多发展中国家的重要选择。

发展中国家经济一体化集团的出现,不仅使得发展中国家之间的经济

联系带有明显的区域化色彩,而且使得南北经济的矛盾与摩擦不再仅仅反映在某个发达国家或发达国家经济一体化集团与某个(或某些)发展中国家之间,而是更多地反映在发达国家经济一体化集团与发展中国家经济一体化集团之间;南北经济关系的协调,亦更多地采取区域性的安排。① 此外,在不同的发展中国家经济一体化集团内甚至是同一发展中国家经济一体化集团内,不同发展中国家在南北经济关系中会有不同的利益诉求。结果是发展中国家一方面会继续通过加强同其他发展中国家的经济一体化合作以提高本国的地位和话语权;另一方面还会对南北经济关系的协调与联系的增强予以应有的关注。

以拉丁美洲情况考察。自 20 世纪 60 年代开始,拉丁美洲国家就非常重视加强地区经济合作和改善与美欧等发达国家或发达国家经济一体化集团的关系。五十多年里,拉丁美洲国家先后成立了安第斯集团(1969 年)、南方共同市场(1991 年)等一体化或带有一体化性质的区域、次区域经济组织。这些经济一体化组织在加强和改善本地区范围内与美国及北美自由贸易区的双边或多边经济关系的同时,与欧共体、日本也保持着较为密切的联系。1983 年安第斯集团与欧洲经济共同体(European Economic Community,简称 EEC)签署了为期 5 年的合作协定,决定成立混合委员会促进双方的合作,欧洲经济共同体对来自安第斯集团的进出口商品给予最惠国待遇,并在金融和技术上予以援助。在 90 年代初,为进一步深化本国与日本的经贸和金融信贷关系,拉丁美洲一些国家的首脑和外长频繁访日,就拉丁美洲产品进入日本市场的事宜进行商讨。南方共同市场在其正式运营的当年年底就与欧盟签署了经济合作框架协议,决定在 5 年后建成跨洲自由贸易区。1999 年 11 月,南方共同市场和智利、欧盟就建立自贸区谈判的原则、方式等问题开始磋商,并于 2001 年 7 月开始对关税和敏感商品展开谈判。

再以亚洲的情况考察。虽然同属发展中国家,但亚洲发展中国家在语言、文化和社会政治制度等方面存在较大差异,其经济一体化进程相对较为缓慢。东盟(1967 年)、海湾阿拉伯国家合作委员会(Gulf Cooperation

---

① 姜凌:《国际经济一体化趋势下跨世纪的南北经济关系》,《世界经济》1999 年第 3 期,第 30—33 页。

Council,简称 GCC)(1981 年)、南亚区域合作联盟(South Asian Association for Regional Cooperation,简称 SAARC)(1985 年)等是该地区较有代表性的发展中国家区域经济合作一体化组织。以东盟为例。东盟是其成员主要基于政治方面——而非经济方面的考虑建立的①,因此,在 20 世纪 90 年代之前,其在经济合作方面进展缓慢。直到 1992 年 1 月《新加坡宣言》的签署,标志着东盟在经济上的一体化有了新的迈进。此外,东盟还积极发展与欧、美、日等发达国家及其一体化集团的关系。1977 年 9 月,东盟与美国建立了"东盟—美国经济协调委员会";2003 年 5 月,东盟与美国正式签订了双边自由贸易协定。1980 年 3 月,东盟与欧共体成立了"东盟—欧共体合作委员会",将加强与欧洲国家的经济合作提高到新的战略位置来考虑。2003 年 10 月,东盟与日本正式签署了全面经济合作伙伴框架协议;2007 年 11 月,双方完成了双边自贸区谈判。东盟与韩国先后在 2006 年和 2007 年达成了双边货物贸易协议和服务业协定。2009 年 2 月,东盟与澳大利亚、新西兰签署了自由贸易协议。随着近年来亚太经济的崛起以及区域经济合作的加强,东盟与发达国家及其一体化集团之间的关系呈现出不断深化的态势。

三、《跨大西洋贸易与投资伙伴协议》谈判进程中的欧美与发展中国家经济关系

早在 1995 年,美国和欧盟在马德里的首脑会议上就签署了《跨大西洋新纲要》,针对相互间建立跨大西洋自由贸易区展开讨论,表明欧美希望借助建立跨大西洋自由贸易区从而构筑新的欧美同盟关系的想法已经成形。在随后的二十多年间双方就此议题进行了多次讨论,但由于多方利益难以协调等诸多原因而未有实质性进展。② 在 2008 年的金融危机和随之而来的主权债务危机分别给美国和欧盟市场带来强烈冲击之后,欧美重新审视

---

① 赵晨:《东南亚国家联盟——成立发展同主要大国的关系》,中国物资出版社 1994 年版,第 1 页。

② Will the Transatlantic Trade and Investment Partnership be a Game-Changer? 欧盟政策中心(2013 年 5 月 25 日), http://www.eucentre.sg/articles/454/downloads/PB05. Issue5 - Apr13. pdf。

自己的对外经贸政策,对建立跨大西洋自由贸易区的重要性和必要性有了新的认识。欧美于2013年2月发表了启动《跨大西洋贸易与投资伙伴协议》谈判的共同声明,并于同年6月启动谈判,将在2年内建立全球最大规模的自由贸易区作为目标。截至2016年10月底,《跨大西洋贸易与投资伙伴协议》已完成了15轮协商谈判。

在《跨大西洋贸易与投资伙伴协议》谈判过程中,欧美各方在利益上难以协调而使得整体谈判过程艰难而缓慢,但该谈判涉及一些以往贸易与投资协定并不包含的内容,并且已经产生外溢效应,对全球的贸易规则和标准乃至战略格局产生了重大影响。

第一,开创了非关税壁垒削减先河。据相关资料显示,欧美间平均关税一直低于4%。而欧美双方非关税壁垒涉及货物贸易、服务贸易及投资多个方面①,因此,《跨大西洋贸易与投资伙伴协议》的谈判重点不是关税减免,而是聚焦于非关税贸易壁垒削减上,以大大降低公司开展跨大西洋业务的成本。

第二,为国有企业设定全球标准。欧美双方将借助推动《跨大西洋贸易与投资伙伴协议》谈判将竞争政策纳入未来(尤其是与中国的)贸易协定当中,这是一项被长期搁置的目标。欧盟尝试对补贴、反垄断和并购条款等问题展开谈判。

第三,引领全球经济自由化新规则。欧美进行《跨大西洋贸易与投资伙伴协议》谈判当然离不开对经济利益方面的考虑,是为了改变自遭遇2008年金融危机与2009年主权债务危机重创后的经济颓势。然而,在世界贸易组织这一多边贸易协定停滞不前的情况下,欧美在聚焦范围相对缩小的《跨大西洋贸易与投资伙伴协议》谈判上寻求突破,以高标准为基础,制定贸易与投资等方面的国际经济新规则,试图引领未来全球经济自由化方向。

《跨大西洋贸易与投资伙伴协议》谈判在世界上两个最大的经济体——欧盟和美国之间得以推进,可以预期《跨大西洋贸易与投资伙伴协

---

① 江洋、王义桅:《TTIP 的经济与战略效应》,《国际问题研究》2014 年第 6 期,第 3、144—158 页。

议》的建立将导致欧美与发展中国家的关系发生一定的变化,具体表现在以下方面。

对于那些与美国保持同盟关系或准同盟关系的发展中国家,如墨西哥等,其与美国本身就存在相对紧密的联系,而《跨大西洋贸易与投资伙伴协议》谈判进程的进一步加深或《跨大西洋贸易与投资伙伴协议》的建立可能会为这些国家与欧盟间在贸易投资等方面的联系创造更加有利的条件,从而使得这类国家与欧美的经济联系更趋紧密。

对于长期扮演"游离"角色的国家,如印度及东盟成员等,这类国家与欧美没有太多的联系,但美国在《跨大西洋贸易与投资伙伴协议》谈判过程中的地位无疑向这些国家展示了其强大的经济实力和地位,而这有可能促使上述国家站队到美国阵营。

对于包括中国在内的新兴经济体,《跨大西洋贸易与投资伙伴协议》的建立一方面不仅会对这类国家进入欧美市场形成巨大的阻力,还会对这类国家尤其是中国的比较竞争优势、市场准入和国际话语权产生消极影响。

虽然《跨大西洋贸易与投资伙伴协议》在近些年得到了欧美双方的高度重视和积极推动,但历经多轮谈判后,《跨大西洋贸易与投资伙伴协议》建立的这一目标尚未实现,是由于受到诸多制约因素的影响。

在机制层面,欧盟多达 28 个成员,而各成员的发展历程不同,因此难以形成统一的政策。如德国更为关注隐私权保护、环境和汽车行业贸易等,英国顾虑其国家医疗体系会受到《跨大西洋贸易与投资伙伴协议》的影响,而法国更为关注农产品议题而积极反对国际标准化组织条款。从欧盟方面看,考虑到法国、德国、英国三大成员在《跨大西洋贸易与投资伙伴协议》谈判中拥有否决权,在《跨大西洋贸易与投资伙伴协议》谈判进程中欧盟会兼顾这些国家的利益;从美国方面看,美国国会未授予总体快速贸易通道特权,同时,其也担心来自欧洲的竞争。

在政治层面,虽然《跨大西洋贸易与投资伙伴协议》符合美欧经济关系发展的时代要求,是在历经金融与债务危机后抱团取暖的选择,但在涉及核心利益问题上,各方内部强大的保护主义利益集团都不肯作出让步,《跨大西洋贸易与投资伙伴协议》谈判难以为继。在互信层面,《跨大西洋贸易与投资伙伴协议》谈判进程中美欧之间及欧盟内部国家之间的矛盾暴露无遗。2013 年 6 月美国"棱镜门"事件爆发,虽然欧盟没有在《跨大西洋贸易与投资伙伴协议》谈判中对美国的监视行为提出疑虑,但这一事件极大损害了欧美之间的互信。此外,特朗普担任美国总统后,开始推行奉行保守、孤立主义的"美国优先"理念,这与欧盟大多数国家仍然遵循的多边、多元化的主流思想相抵触。

在经济模式层面,美国的经济模式为"新美国模式",该模式倡导放弃管制、削弱国家作用;欧盟的经济模式则为"莱茵模式",强调社会的公平与和谐。上述两大模式存在较大差异。《跨大西洋贸易与投资伙伴协议》的建立需要弥合这两大资本主义经济模式的生产、生活乃至思维方式,是相当具有挑战性的工作。①

而在特朗普担任美国总统后,美欧《跨大西洋贸易与投资伙伴协议》面临搁浅。特朗普打着"美国第一"或"美国优先"的旗帜对全球利益进行再分配,开始了各种形式的保护主义、分离主义的"逆全球化"以至于"去全球化"的举动,对经济全球化的深入发展与合作带来消极影响,致使全球面临以强硬的保护主义和资源要素流动壁垒为特征的逆全球化的强烈冲击,给全球经济乃至政治走向带来了巨大的不确定性,以美国为首的发达国家与发展中国家之间的经济关系有可能发生一些新的变化。

首先,美国更加明朗的贸易保护主义倾向将加剧其与发展中国家之间的不平等关系。在多年的全球化进程中,国际经济秩序和规则的制定虽然始终为欧美等西方发达国家所主导,发展中国家遭遇了美国等发达国家的贸易保护主义,但在世界贸易组织自由贸易框架下,发达国家与发展中国家之间的不平等地位在逐步得以改善。而特朗普上任后,美国从自由贸易的推动者变为贸易保护主义的拥护者,将促使美国与发展中国家之间的关系恶化。

其次,发展中国家对发达国家依赖程度加大。多年的全球化和经济一体化已经使得发达国家与发展中国家之间形成了比较紧密的相互依赖关系。而发达国家和发展中国家发展任务的不同又决定了发展中国家对发达

---

① 江洋、王义桅:《TTIP 的经济与战略效应》,《国际问题研究》2014 年第 6 期,第 3、144—158 页。

国家的依赖程度更高。发展中国家虽然一直在通过各种努力试图改善当前不合理的国际经济秩序，但并没有获得实质性的进展。《跨大西洋贸易与投资伙伴协议》虽然以失败告终，但却使得包括中国在内的发展中国家深刻意识到欧美等在国际经济秩序和规则制定方面拥有重大话语权，从而会形成发展中国家对欧美发达国家更大程度上的依赖。

最后，可能进一步加剧欧美国家与发展中国家的差距和矛盾。在世界贸易自由化浪潮下，发展中国家把握了全球化的机遇，因而获得了比较迅速的发展。"特朗普现象"的出现很可能使原本已经失衡的全球贸易收益格局趋于恶化，从而进一步加剧欧美发达国家与发展中国家的差距和矛盾。

第二节　国际区域经济一体化组织内的南北经济关系

一、北美自由贸易区对南北方成员经济关系的影响①

1994 年 1 月 1 日，美国、加拿大、墨西哥三国共同签署的《北美自由贸易协定》生效，标志着北美自由贸易区的正式启动。北美自由贸易区是首个发达国家和发展中国家共同组成的南北区域经济一体化组织。它的产生反映了当代国际经济一体化的新趋势，也标志着南北经济关系开始步入一个新的发展阶段。

（一）导致北美自由贸易区组建既有外部因素又有内部因素

首先，区域经济一体化趋势的加强是推动北美自由贸易协定建立的重要外部因素之一。自 20 世纪 80 年代以来，在经济全球化获得迅速发展的同时，欧洲和亚太地区的区域经济一体化也在加速进行。其中，欧共体内部统一大市场的建立使北美国家特别是美国深刻感受到了欧洲经济一体化进程对自身构成的挑战。美国为应对欧盟、日本等国参与区域经济合作带来

---

① 姜凌、支宏娟：《新一轮逆全球化浪潮下的南北经济一体化关系走向——基于美国退出 TPP 和重谈 NAFTA 的分析》，《四川大学学报（哲学社会科学版）》2017 年第 5 期，第 129—137 页。

的全方位挑战,将加强与周边国家的经济联系视为当时工作的重中之重,而与加拿大和墨西哥建立自己主导下的自由贸易区无疑是一个不错的选择。

美国对外贸易政策的调整则成为影响北美自由贸易协定建立的另一个重要外部因素。第二次世界大战后,美国曾经一度大力倡导自由贸易,这从美国在关贸总协定的多边谈判中的组织与推动的主导地位可以看出。然而,当美国在世界经济中的霸主地位下降、主导作用受到严重挑战时,美国开始调整其对外贸易政策,尽管在理论上或形式上仍坚持自由贸易,但在政策上已开始实施贸易保护。美国一方面继续鼓吹自由、开放、公平;另一方面却借助"超级301"和"特别301"等新贸易法案条款实施贸易保护政策。克林顿政府上台后,将贸易政策的基调设置为"公平贸易"和对等原则,强烈反对"不公平贸易",坚持美国应享受其他国家的"对等待遇",否则有权对"不公平贸易"活动进行调查,并实施报复。建立《北美自由贸易协定》是美国对外贸易政策的重要内容。

再就内部因素而言,首先《北美自由贸易协定》的建立是美、加、墨三国经济关系的内在要求。美国、加拿大和墨西哥不仅互为邻国,而且在经济上也相互依赖、相互渗透。在贸易关系方面,加拿大和墨西哥分别为美国的第一大和第三大贸易伙伴。1985年,加拿大在美国进口和出口中所占的比例分别为19.70%和21.60%,墨西哥在美国进口和出口中所占的比例分别为5.50%和6.23%。[①] 就投资关系而言,三国之间的相互投资水平也相对较高。美国是墨西哥外商直接投资的主要来源国,前者在后者吸引的外资总额中所占的比重高达67%左右。[②] 截至1990年,美国对加拿大的外商直接投资占加拿大外商直接投资总额的70%;加拿大对美国的这一比例不高,但前者却是后者的第四大投资国。[③] 加拿大和墨西哥相互间的投资往来虽然相对有限,但却具备较大的合作潜力及较快的增长趋势。

[①] 陈芝芸等:《北美自由贸易协定——南北经济一体化的尝试》,经济管理出版社1996年版,第32—33页。

[②] 杨国昌主编:《当代世界经济概论》,北京师范大学出版社1997年版,第234—235页。

[③] 陈芝芸等:《北美自由贸易协定——南北经济一体化的尝试》,经济管理出版社1996年版,第32—33页。

促使《北美自由贸易协定》建立的另一个内部因素是美国建立美洲经济圈的全球战略构想。对美国而言,拉丁美洲是其"后院",但在第二次世界大战后随着美国全球经济的扩张,与拉丁美洲国家间的经济关系日益不受美国重视。在经济全球化以及区域经济一体化趋势日益加强的形势下,美国意识到欲建立美洲经济圈,有必要调整其对拉丁美洲的经济政策。因此,在1990年6月,美国时任总统布什正式提出"美洲倡议",希望通过加强与拉丁美洲国家间的经贸联系,早日建立美洲自由贸易区。为实现这一战略构想,美国采取了与加拿大、墨西哥进行自由贸易协定谈判这一后续行动。

墨西哥自1983年起对本国经济发展战略的调整,是导致《北美自由贸易协定》形成的另一个内部因素。自1982年爆发债务危机后,墨西哥的经济便陷入困境。为有效应对危机,墨西哥在稳定经济的基础上,采取了诸如取消非关税壁垒和对部分外资的限制、增加公共投资等一系列措施进行经济战略调整。[①] 这些措施不仅使墨西哥走出危机泥潭,也加大了其对美国和加拿大的吸引力,促进了《北美自由贸易协定》的组建。

(二)《北美自由贸易协定》建立对其成员经济的双重影响

《北美自由贸易协定》建立对其成员经济同时存在着利与弊双重影响,但有利的影响更加突出。对于美国而言,《北美自由贸易协定》的实施不仅可以为其带来墨西哥廉价的劳动力和稳定的原油,更重要的是能够建立起沟通南北美洲经济的纽带,进而为实现美国的美洲经济圈全球战略奠定基础。对于加拿大而言,主要的益处在于可以通过更大的市场获得规模经济效益和发挥比较优势。对于墨西哥而言,则可以稳定地占有美、加市场,获得发展所需的大量资金以及实现产业结构升级。正是基于上述不同考虑,美、加、墨三国组建成世界上首个南北型区域经济一体化组织。《北美自由贸易协定》的建立导致美、加、墨三国经济关系发生了以下主要变化。

首先,相互依赖程度进一步提高,联系更加紧密。虽然墨西哥对美国经济依赖很深,但多年来墨西哥一直对美国怀有较大的戒心,所以在《北美自由贸易协定》签订之前,美、墨的贸易自由化程度并不高,加、墨之间的贸易

---

① 姜凌:《经济全球化趋势下的南北经济关系》,四川人民出版社1999年版,第304页。

往来在相当长的一段时间里也未有大的进展。自《北美自由贸易协定》实施后,成员之间逐步取消了相互间的贸易壁垒,促进了相互间的贸易自由化,双边贸易联系更加紧密。美国和墨西哥的双边贸易额从1994年的1012亿美元增长到2016年的5278亿美元,增幅为421.5%;受2008年全球金融危机影响,近五年的平均增长速度有较大幅度下降,为1.57%。① 加拿大和墨西哥双边贸易额从1994年的40.43亿美元增长到2016年的308.34亿美元,增幅为662.7%;近五年的平均增长速度下降为-0.08%。② 在引进外资方面,出于对投资环境以及劳动力成本等因素的考虑,美国加大了对墨西哥的投资力度。2016年美国对墨西哥的直接投资额为109.68亿美元,近五年外商直接投资增长幅度为50.3%,约占墨西哥吸收的外商直接投资总额的60%以上。与此同时,赴墨西哥投资的加拿大企业的投资额也有较快增长。2016年该投资额为17.25亿美元,同比增长了44%。③

其次,在促进成员间竞争的同时,也为它们创造了更多的就业机会。在《北美自由贸易协定》中,美、加经济实力虽然相对强大,但自《北美自由贸易协定》运行后,来自墨西哥的低成本劳动力和劳动密集型产品大举涌入,引发了美、加部分低效率企业倒闭,进而造成失业。而墨西哥的经济力量最为薄弱,其企业遭受到了来自美、加企业的冲击,失业问题同样无法避免。然而,《北美自由贸易协定》带来的成员之间贸易的增长也为成员创造了大量的就业岗位。④ 以美国为例,美国有接近200万个工作机会依赖于其与墨西哥之间的贸易。⑤ 美国的失业率由1994年的6.1%降低到2016年的4.9%,降幅达19.7%。加拿大的失业率由1994年的10.4%降低到2016年的7.0%,降幅达32.7%。⑥ 墨西哥的大量劳动力则受益于美、加两国资金和设备、技术的

---

① 资料来源:联合国贸易商品统计数据库。
② 资料来源:联合国贸易商品统计数据库。
③ 资料来源:中国经济信息网。
④ 姜凌:《国际区域经济一体化中的南北经济关系——北美自由贸易区、亚太经合组织的实证分析》,《财经科学》1999年第5期,第72—76页。
⑤ Gary Clyde Hufbauer, Cathleen Cimino-Isaacs and Tyler Moran, "NAFTA at 20: Misleading Charges and Positive Achievements", May 2014, https://piie.com/publications/policy-briefs/nafta-20-misleading-charges-and-positive-achievements.
⑥ 资料来源:国际货币基金组织经济展望数据库。

流入。墨西哥的失业率 1995 年为 6.2%，2016 年下降到 4.3%，降幅达 30.6%①。

再次，加快了成员间的产业转移，促进了成员的产业结构调整和优化升级。《北美自由贸易协定》建立后，在美国和加拿大向墨西哥转移一些劳动密集型产业和"夕阳产业"的同时，它们还将一些先进的技术和管理经验也带给墨西哥企业，促使墨西哥加快产品升级和产业结构调整，逐渐实现其产业结构的优化升级。

最后，总体上加快了成员的经济发展，相对缩小了墨西哥与美、加的经济差距②。《北美自由贸易协定》为美、加提供了更广阔的市场，促进了两国经济增长。同时，美、加转移到墨西哥的大规模投资成为助推墨西哥经济增长的重要动力。1994 年到 2016 年，美国国内生产总值年均增长率为2.39%；加拿大国内生产总值年均增长率为 2.43%；墨西哥国内生产总值年均增长率为 2.44%。③

（三）特朗普就任美国总统后《北美自由贸易协定》面临的新问题

美国新任总统特朗普并不认可《北美自由贸易协定》为美国带来的积极效应，而是将近年来美国制造业岗位的流失全部归咎于《北美自由贸易协定》等多边自由贸易协定，并于 2017 年 8 月 16 日开启了与加拿大和墨西哥的《北美自由贸易协定》首轮重新谈判。美国重新谈判《北美自由贸易协定》的诉求，主要是在经济关系上要使《北美自由贸易协定》条款对美国更为"公平"，让制造业回流美国并带来新的就业岗位。通过重新谈判，美国希望在以下几个方面作出改变：一是减少贸易逆差；二是提高原产地规则，尤其是汽车和零部件原产地规则标准；三是增加劳动者权益条款；四是防止汇率操纵行为；五是争端解决机制应尊重美国国家主权和民主；六是增加防范其他国家市场扭曲行为条款，包括第三方倾销和国企行为；七是确保政府采购和农业领域实现公平准入且互惠。如果加拿大和墨西哥拒绝重签协定

---

① 资料来源：国际货币基金组织经济展望数据库。
② 姜凌：《国际区域经济一体化中的南北经济关系——北美自由贸易区、亚太经合组织的实证分析》，《财经科学》1999 年第 5 期，第 72—76 页。
③ 资料来源：国际货币基金组织经济展望数据库。

或者美国没有从新的谈判中得到"公平交易",美国可能会"终结"长达二十多年的自由贸易协定。事实上,特朗普政府要退出《北美自由贸易协定》的说法只是一个幌子,其真正的目的是为"美国第一"或"美国优先"政策主张做铺垫,在《北美自由贸易协定》上为美国争取更有利的条件。①

在历经了13个月的拉锯式谈判之后,美国与加拿大于2018年9月30日达成了协议,双方决定联合墨西哥全面修改已运行二十多年的《北美自由贸易协定》,推出全新的《美国—墨西哥—加拿大协定》。从美加协议内容来看,《美国—墨西哥—加拿大协定》是一个里程碑式的协定,其高标准能引领国际贸易规则发展方向。

从协议文本来看,《美国—墨西哥—加拿大协定》共分为34个章节,对国民待遇与市场准入、原产地原则、海关管理与贸易便利化、贸易救济、投资、跨境贸易服务、数字贸易、知识产权、劳工标准、环境标准、监管实践、争端解决等多个领域的标准与实施作出了细致的规定。《美国—墨西哥—加拿大协定》在文本内容、价值导向、实施标准上均与《跨太平洋伙伴关系协定》高度契合,重合章节多达25处,可以说,《美国—墨西哥—加拿大协定》继承了《跨太平洋伙伴关系协定》的衣钵,体现了特朗普政府在贸易战略上对奥巴马政府的高度延续:即以高标准自由贸易协定引领国际贸易规则发展方向的雄心。

《美国—墨西哥—加拿大协定》一方面摒弃了《北美自由贸易协定》中的"自由"与"贸易";另一方面在制度设计上明显体现出美国按照自身意愿的利益分配模式,按照该模式发展的国与国协定将形成越来越多各式各样的群体,给全球经济合作活动增加更多成本,使得跨境产业链变得更加复杂,不利于跨国公司的业务发展。②《美国—墨西哥—加拿大协定》是美国政府贸易保护主义的重要体现,其出现会引起美、加、墨之间经济关系发生一定的变化。

首先,三国在劳动力市场上的关系会趋于紧张。在美、加、墨三国对《北美自由贸易协定》进行重新谈判前,特朗普政府及美国国内《北美自由

---

① 李春顶:《〈北美自由贸易协定〉的前途命运》,《世界知识》2017年第6期,第46—47页。

② 周密:《从NAFTA到USMCA:看点在哪儿》,《世界知识》2018年第20期,第11页。

贸易协定》的反对者认为,《北美自由贸易协定》的建立使得大量的制造业转移到了墨西哥,造成了美国就业机会的损失。彼得森国际经济研究所(Peterson Institute for International Economics,简称 PIIE)的研究也指出,自1993 年签订《北美自由贸易协定》以来,流失到墨西哥和加拿大的美国就业岗位已高达 85 万个。美、加、墨三国签订的《美国—墨西哥—加拿大协定》规定,到 2023 年,由时薪不低于 16 美元的工人生产的汽车及零部件的比例将上升到 40%。[1] 毋庸置疑,《美国—墨西哥—加拿大协定》的上述规定严重削弱了低薪墨西哥劳动力对昂贵美国劳动力的优势,从而对墨西哥的就业市场造成重大冲击。[2]

其次,三国之间的贸易可能有较大波动,贸易摩擦会更加突出,贸易联系趋于弱化。美国巨额贸易逆差一直是特朗普政府的关注重点。针对美国与墨西哥之间的"不平等"贸易关系,美国在《北美自由贸易协定》首轮重新谈判中就要求美、墨之间的商品贸易达到"平衡"。而要实现这一目标,墨西哥或者自愿减少对美国商品出口,或者购买更多的美国商品。而墨西哥并不愿意主动采取以上措施。同时,《美国—墨西哥—加拿大协定》原产地规定的区域内价值比例高于原来《北美自由贸易协定》的规定。以汽车出口为例:《美国—墨西哥—加拿大协定》规定加、墨两国汽车出口至美国若想免税,其北美自制比例须达到 75%;而在《北美自由贸易协定》下,其北美自制比例为 62.5%。此外,在争议解决机制方面,《北美自由贸易协定》有 3种机制,而《美国—墨西哥—加拿大协定》中《北美自由贸易协定》关于争议解决机制的第 11 章被删减(美加之间删除该机制、美墨之间做了严格限制)[3]。可以预见,《美国—墨西哥—加拿大协定》会促使三国间原有的贸易关系发生变化,加剧美、加、墨之间的贸易摩擦,弱化三国之间的贸易联系。

最后,三国之间的投资量会发生改变。仍以汽车制造业为例。《美

---

[1]　资料来源于 https://www.usatoday.com/story/news/2018/10/01/comparison-nafta-and-usmca-trade-agreeme-en-ts/1487163002。

[2]　Vox Zeeshan,Trump Is Ready to Renegotiate NAFTA,February 9,2017,https://www.co-production.net/Man-ufacturing-latest-news/trump-ready-to-renegotiate-nafta.html.

[3]　Chad,P.B.,Trump's Renegotiation Could Take the"Free"Out of NAFTA's Trade,July 19,2017,https://piie.com/blogs/trade-investment-policy-watch/trumps-renegotiation-could-take-free-out-naftas-trade.

国—墨西哥—加拿大协定》要求自 2023 年起,汽车及零部件的 40% 必须要由时薪 16 美元以上的工人生产方享受零关税。目前在墨西哥生产并对美国出口的汽车中,约有 30% 的汽车都不符合《美国—墨西哥—加拿大协定》上述关于时薪的标准。可以预见,为了符合《美国—墨西哥—加拿大协定》的免税规范,未来在墨西哥的部分零部件产能将会回流到美国和加拿大。

二、亚太经合组织内的南北经济关系的矛盾及发展

由亚太国家与地区组成的亚太经济合作组织是一个相对松散的南北型区域经济一体化组织。自 1989 年成立以来,亚太经合组织呈现出由低级向高级、由民间向官方、由非制度化向制度化的渐进发展进程。亚太经合组织的成员由初始的 12 个扩展至现在的 21 个,是参与成员数量较多的区域经济一体化组织。亚太经合组织之所以能够突破成员经济发展水平和社会政治制度的巨大差别而建立,一方面是由于它的建立顺应了经济全球化和区域经济一体化大趋势,但在更大程度上是得益于 20 世纪 90 年代以来亚太地区的迅速发展。

亚太经合组织成员在自然条件、社会制度、文化背景、经济发展水平等诸多方面存在巨大差异,这为相互间的区域经济合作增添了相当大的困难和障碍,由此形成了该组织内成员之间复杂的经济、政治关系和相对尖锐的矛盾。该区域经济合作组织内的南北经济关系,具有以下明显特点。

其一,一体化机制的松散性。绝大多数区域经济一体化组织都存在以政府为主导的一定区域范围内机制性合作执行机构,使成员以相同的方式和速度推进自由化进程。在亚太经合组织成立后,成员考虑过在其发展过程中采用制度性一体化机制,但由于亚太经合组织成员在政治、经济、文化乃至地理上存在很大差异,一体化机制难以实施,因此,发展中成员更倾向于一种相对松散并且缺乏强制约束力的机制。事实上,由于区域经济发展的需要,亚太经合组织机制化建设正在得到逐步强化。

其二,一体化安排的灵活性和渐进性。亚太经合组织各成员之间在经济发展水平和市场开放程度等方面存在较大的差距,成员之间的承受能力有所差异,这就要求在亚太经合组织的一体化安排上,要充分考虑各成员的承受能力,允许有差别。亚太经合组织一体化安排的灵活性主要体现在两

个方面:一是允许各成员达到亚太经合组织目标时间表有所差别;二是允许在贸易投资自由化进程上有所差别。此外,为实施亚太经合组织目标,允许以分步骤、渐进的方式推进,这是亚太经合组织一体化安排渐进性的体现。

其三,一体化组织的开放性。由于该区域内的大多数国家和地区的发展都是由国际市场来推动的,因此亚太经合组织自成立开始,成员就奉行"开放的地区主义",坚持在"最惠国待遇"基础上对内部次区域组织甚至对区域外国家进行开放。亚太经合组织的开放性与欧盟和北美自由贸易区的封闭性形成鲜明对比,使得发展中成员得以继续保持其独立性而获得更多的发展机会。

其四,一体化范围内次区域经济一体化组织并存。亚太经合组织内亦包含不少次区域经济一体化组织,如北美自由贸易区、东盟、澳新自由贸易区等。一方面,这些次区域经济一体化组织的存在增加了成员间协调的难度和成本;但另一方面,上述次区域经济一体化组织是亚太经合组织一体化合作机制的重要补充,推动了亚太经合组织的合作进程。此外,亚太经合组织范围内的次区域经济一体化组织是亚太经合组织内中小发展中成员增强自身经济实力和"对话"分量的重要工具。

三、《跨太平洋伙伴关系协定》对南北方成员经济关系的影响

2005 年,新加坡、文莱、新西兰和智利 4 个亚太经济合作组织成员发起了"跨太平洋战略经济伙伴关系协定"(Trans-Pacific Strategic Economic Partnership Agreement),该协定便是后来的《跨太平洋伙伴关系协定》。2008 年,美国加入《跨太平洋伙伴关系协定》框架下贸易谈判的明确表示使《跨太平洋伙伴关系协定》受关注程度大大提高,澳大利亚、秘鲁、马来西亚、越南等 7 国也先后加入《跨太平洋伙伴关系协定》谈判,《跨太平洋伙伴关系协定》不断发展壮大。而美国自加入《跨太平洋伙伴关系协定》谈判开始就全方位地主导《跨太平洋伙伴关系协定》谈判议程。[1] 2015 年 10 月 5

---

[1]　Li,C.and Hallway,J.,"China and the Trans-Pacific Partnership:A Numerical Simulation Assessment of the Effects Involved",*The World Economy*,Vol.37,No.2,2014,pp.169-192.

日,12国参加的《跨太平洋伙伴关系协定》谈判成功结束,《跨太平洋伙伴关系协定》这一自由贸易协定得以达成。2016年2月4日,12个成员代表在新西兰奥克兰正式签署了《跨太平洋伙伴关系协定》。

(一)《跨太平洋伙伴关系协定》的基本特点

首先,《跨太平洋伙伴关系协定》是涵盖领域广泛的高水平自由贸易协定。该协定不仅包括货物和服务贸易等传统的自由贸易协定条款,还涉及竞争政策、透明性、卫生植物检验等诸多非传统的自由贸易协定条款。该协定在知识产权、竞争政策、环境保护等非传统领域设立了明显超出国际通行规则的高标准。其次,《跨太平洋伙伴关系协定》是亚太经合组织框架下的自由贸易协定。《跨太平洋伙伴关系协定》的所有成员都来自亚太经合组织。发起国新加坡、文莱、新西兰和智利是参照亚太经合组织贸易自由化的目标签署了自由贸易协定。最后,《跨太平洋伙伴关系协定》是开放性的自由贸易协定。《跨太平洋伙伴关系协定》也遵循亚太经合组织所倡导的坚持开放性和不搞排他性这一基本原则。《跨太平洋伙伴关系协定》谈判进程中不断吸收新成员便是证明。

相比已有的自由贸易协定,《跨太平洋伙伴关系协定》的合作内容更加广泛,内涵和外延有了进一步拓展,《跨太平洋伙伴关系协定》是高标准、高质量的自由贸易协定。《跨太平洋伙伴关系协定》的出现显然会导致组织内发达成员与发展中成员之间的经济关系发生一些新的变化:其一,涵盖内容的广泛性,使得发达成员和发展中成员之间的经济联系可能更趋紧密。其二,在《跨太平洋伙伴关系协定》框架下,所有的商品贸易实行自由化。这一规定显然有利于参与《跨太平洋伙伴关系协定》谈判的发达成员,而不利于许多发展中成员。尽管长期来看,这客观上有助于推动发展中成员加快产业结构调整,但短期内,发展中成员的相应产业出口难免会遭受冲击。其三,会在一定程度上加剧成员之间的贸易摩擦。《跨太平洋伙伴关系协定》虽然对亚太经合组织国家持开放态度,但美国为达到排斥和鼓励战略竞争国的目的,为《跨太平洋伙伴关系协定》设置了较高的准入门槛,这实际上是一种更为严重的隐性贸易壁垒。这虽然能将包括中国在内的国家和经济体排除在外,但是对《跨太平洋伙伴关系协定》成员也是非常苛刻的,会导致成员之间出现更多的贸易摩擦。而这些摩擦在《跨太平洋伙伴关系协定》的争端解决机制尚不成熟的情况下会进一步影响成员之间的经济贸易合作,进而阻碍《跨太平洋伙伴关系协定》的谈判进程。

(二)《跨太平洋伙伴关系协定》谈判面临的新挑战

《跨太平洋伙伴关系协定》曾被美国前任总统奥巴马称为21世纪全球贸易自由化的高标准贸易协定,被视为美国亚太再平衡战略的重要一环;但特朗普总统在《跨太平洋伙伴关系协定》问题上持有与奥巴马截然相反的主张,其重要原因在于两人相悖的理论基础。奥巴马在《跨太平洋伙伴关系协定》战略上寄托了美国希望巩固霸权的期望,欲借此来摆脱美国目前游离于亚太地区各种合作机制之外的尴尬困境。① 而坚持实用主义的特朗普却更多地是从一个商人的视角考虑问题。在他看来,《跨太平洋伙伴关系协定》会剥夺美国民众大量的就业机会。而他在竞选时对选民作出的最大承诺就是将工作和就业机会带回美国。此外,美国不同种族、社会阶层在融入经济全球化和加入《跨太平洋伙伴关系协定》这类区域经济一体化的利益分配问题上存在着尖锐的矛盾。相比于美国社会的上层人士或是精英阶层,美国工薪阶层和中下层白人在全球化中不仅获益少,而且受损大。主张退出《跨太平洋伙伴关系协定》可以获得更多美国工薪阶层和中下层白人的选票支持,这是特朗普退出《跨太平洋伙伴关系协定》更加重要的原因。

然而,美国主导并积极推进《跨太平洋伙伴关系协定》意在巩固美国在亚太地区的地位,以及确立其在未来全球贸易规则体系中的主导权。同时,《跨太平洋伙伴关系协定》设定了符合最新发展趋势的国际经贸规则,反映了贸易投资自由化的趋势。② 然而,美国选择退出《跨太平洋伙伴关系协定》并将贸易政策转向能发挥美国独自优势的双边谈判。在日本的积极推动下,美国缺席的《全面与进步跨太平洋伙伴关系协定》(Comprehensive Progressive Trans-Pacific Partnership,简称CPTPP)于2018年12月30日正式生效。即使如此,并不能排除美国会选择在合适的时

---

① 刘晨阳:《"跨太平洋战略经济伙伴协定"与美国的亚太区域合作新战略》,《国际贸易》2010年第6期,第56—59页。

② Evelyn,S.D.,"The Trans-Pacific Partnership(TPP):the Chinese Perspective",*Journal of Contemporary China*,Vol.123,No.87,2014,pp.462-479.

机加入上述协定的这一情况的出现。① 不可否认的是,特朗普退出《跨太平洋伙伴关系协定》并选择双边谈判的贸易保护倾向会引起美国、《全面与进步跨太平洋伙伴关系协定》中发达成员和发展中成员之间经贸关系的改变。

第一,美国将会积极和《全面与进步跨太平洋伙伴关系协定》发展中成员开展双边自由贸易协定谈判。美国庞大的消费市场是许多经济体希望加入《跨太平洋伙伴关系协定》的主要考量。美国的一项研究表明,《跨太平洋伙伴关系协定》可以提振各经济体的经济,每年带来数百亿美元甚至上千亿美元的经济收益。② 实际上,美国退出《跨太平洋伙伴关系协定》并不意味着美国放弃了制定国际准则的机会,放弃了亚太再平衡战略。③ 特朗普本人曾誓言要"颠覆全球贸易格局",他在宣布美国退出《跨太平洋伙伴关系协定》的同时就提出了替代方案,即与伙伴国展开公平的双边自由贸易区谈判。特朗普提出双边自由贸易协定方案很可能是基于以下两点考虑:一是双边自由贸易协定谈判更容易达成共识并签订协定。二是双边自由贸易协定谈判将给美国更大的发挥空间,使美国获利更多。迄今为止,美国已经同 20 个国家签订了自由贸易协定,其中就包括澳大利亚、秘鲁、加拿大、墨西哥、新加坡、智利 6 个《全面与进步跨太平洋伙伴关系协定》成员。④

第二,美国将会提高其和《全面与进步跨太平洋伙伴关系协定》发展中成员之间的贸易协定标准。虽然由于《跨太平洋伙伴关系协定》存在机制缺陷以及美国对于其他参与方让利较多等因素促使美国放弃《跨太平洋伙伴关系协定》,但事实上,《跨太平洋伙伴关系协定》是美国主导下的自由贸

---

① Jeffrey,J.S.,TPP Can Be Fixed If You Konw What's Wrong with It,https://piie.com/blogs/trade-investment-policy-watch/tpp-can-be-fixed-if-you-know-whats-wrong-it,December 5,2016.

② Petri P.A.,Plummer G.M.and Fan Bhai,"The Trans-Pacific Partnership and Asia-Pacific Integration:A Quantitative Assessment",*Peter Institute for International Economics*,2012,pp.53—55.

③ 张玉国:《特朗普政权与美国亚太再平衡战略》,《东北亚论坛》2017 年第 2 期,第 13—24、127 页。

④ 资料来源:美国贸易代表办公室(Office of the United States Trade Reprensentative)网站。

易协定,它的许多规则是"一家之言","美国烙印"十分明显。① 如美国在《跨太平洋伙伴关系协定》谈判中在环保和劳工问题、金融监管以及知识产权法规等方面提出的苛刻要求,显然是为一己之私而量身打造的。因此,虽然特朗普大肆鼓吹《跨太平洋伙伴关系协定》之于美国的弊端并退出《跨太平洋伙伴关系协定》,但已经被"美国化"的《跨太平洋伙伴关系协定》的整体框架和内容并不会就此被推翻。事实上,美国与加拿大于 2018 年 9 月 30 日签订的《美国—墨西哥—加拿大协定》的文本在内容、价值导向、实施标准上均与《跨太平洋伙伴关系协定》高度契合,意味着美国版的贸易规则在一定程度上得到了进一步推广。② 未来可能的情况是,美国将凭借自身的经济实力与政治地位,通过以《跨太平洋伙伴关系协定》条款或者《美国—墨西哥—加拿大协定》为模板与相关国家签订或升级已有的双边自由贸易协定,迫使谈判方作出巨大让步,攫取更多的利益。

第三,《全面与进步跨太平洋伙伴关系协定》发达成员和发展中成员间紧张的经贸关系得以缓解。《跨太平洋伙伴关系协定》自被提出时就被明确为"21 世纪自由贸易协定的标杆、全球贸易合作的新标准",且其协议内容和标准更多体现美国自由贸易理念及其战略利益诉求③。美国退出后,其他 11 个成员达成的《全面与进步跨太平洋伙伴关系协定》中原样保留了大部分《跨太平洋伙伴关系协定》的内容,但冻结了知识产权保护、劳工标准等"最 TPP 的元素"20 余项条款④,而这些多是美国坚持而其他国家反对的。可见,美国的退出在很大程度上缓解了《全面与进步跨太平洋伙伴关系协定》发达成员和发展中成员间紧张的经贸关系。

---

① 吴涧生、曲凤杰等:《跨太平洋伙伴关系协定(TPP):趋势、影响及战略对策》,《国际经济评论》2014 年第 1 期,第 5—6、65—76 页。

② 杨立强、余稳策:《从 TPP 到 CPTPP:参与各方谈判动机与贸易利得变化分析》,《亚太经济》2018 年第 5 期,第 57—64 页。

③ 吴涧生、曲凤杰等:《跨太平洋伙伴关系协定(TPP):趋势、影响及战略对策》,《国际经济评论》2014 年第 1 期,第 5—6、65—76 页。

④ 孙忆:《TPP 转型与亚太经济体的应对》,《现代国际关系》2018 年第 8 期,第 56—63 页。

孙亚君:《基于引力模型的中韩自贸区贸易潜力的实证研究》,《对外经贸》2016 年第 11 期,第 17—23、26 页。

第三节　国际经济一体化进程中的国家主权问题

一、欧洲一体化进程中的国家主权问题

(一) 欧洲一体化进程及其成员主权让渡实践

在欧洲一体化进程中,一体化进程的每一次飞跃,不论是在广度上还是在深度上,都是各成员向共同体组织转让部分主权的结果,这种主权的转移或让渡是欧洲一体化发展的前提或基础。1993年《马斯特里赫特条约》(以下简称《马约》)的生效标志着欧洲的一体化进入了全面发展的新阶段,实现了从经济一体化向经济政治完全一体化的突破,欧盟国家主权让渡具备了一定的深度和广度。传统上认为只能由主权国家管理的事务和不可让与的主权权力现在已经大范围转移到欧盟的层面上。欧盟成员的主权权力呈不断减缩和日益受到限制的趋势。然而,事实上,"一体化并没有改变成员主权本身,仅仅是使主权的行使方式发生了变化"。一体化在限制和削弱成员某些主权的同时,也为成员主权的延伸和扩展提供了条件和空间。①

自1952年欧洲煤钢共同体成立以来,欧洲一体化先后经历了关税同盟、共同市场、经济货币联盟几个阶段的发展,现在正在为政治联盟积极创造条件,而欧洲一体化的每一次飞跃都是成员以更深层次主权的转移或让渡为必要条件。欧盟成员的主权让渡开始于经济层面,并涉及比较敏感的外交与安全、司法和民政以及制定法律和实施法律等政治方面的主权。具体而言,欧盟成员主权的让渡主要体现在以下几个方面。

1.在经济领域的主权让渡

欧盟成员在经济领域的主权让渡经历了从建立关税同盟和共同外贸政策,到建立内部统一大市场,再到建立经济货币联盟这一过程。

1958年1月1日,欧洲经济共同体正式成立。在欧共体时期,欧共体内部实施了重要的"三步走"政策,具体包括:取消商品流通国界,促使海关

---

① 刘世元:《区域经济一体化与国际法上国家主权》,《吉林大学社会科学学报》2006年第2期,第75—79页。

监督职能公共化;通过实行共同农业政策建立共同农业基金,调节农产品市场和价格,改革农业结构;通过建立统一货币体系和"科技共同体",使汇率、结算、储备及尖端科技开发的组织管理职能部门公共化①。到 1993 年 1 月 1 日,欧洲统一大市场形成,"经济国界"基本消失,成员之间实施商品、劳务、人员和资本自由流通。1992 年 2 月 7 日,欧盟领导人签订了《马约》。该条约规定,要在欧共体内发行统一的货币,制定统一的货币兑换率,建立一个具有独立性的欧洲中央银行体系。1999 年 1 月 1 日,具有超国家性质的货币——欧元在欧盟各成员范围内正式发行,并于 2002 年 1 月 1 日正式进入流通,成为欧元区的唯一可流通法币。

2. 在政治领域的主权让渡

早在欧洲一体化之初,各国就已经共同协调一些对外方面的政策,开始了较低水平的政治合作。于 1986 年签订的《单一欧洲法令》强调了成员的政治合作,使欧洲政治合作具有法律地位。1993 年生效的《马约》标志着共同外交和安全政策的诞生,各成员大量国内政治主权向欧盟转移。但《马约》有关共同外交和安全政策条款的有效性相对有限。1997 年签署的《阿姆斯特丹条约》进一步增加了关于共同外交和安全政策的条款。2000 年通过的《尼斯条约》更是对已有相关条款做了进一步的调整和补充,更加强调和突出欧盟的职权和主导地位,促使欧洲共同体的共同外交和安全政策的机制建设获得了大发展,使得在共同外交和安全领域的国家主权让渡取得一定成效。

3. 在法律方面的主权让渡

第一,司法和内务方面的合作。1993 年《马约》的生效启动了欧盟的司法与内务合作机制,正式确定了上述合作的基本内容和形式。《马约》主要通过引入欧洲公民身份、将司法与内务的合作列为欧盟的第三支柱以及设立欧洲刑事警察组织三大方面来推动司法和内务合作。1997 年 1 月,欧盟取消了边境检查和实现了内部人员的自由流动,建立了欧洲公民资格,赋予其选举权和被选举权以及在欧盟范围内居住和往来自由的权利、接受教育

---

① 付小随:《从欧盟看全球化过程中国家主权和职能的转移现象》,《特区理论与实践》1998 年第 8 期,第 57—58 页。

和就业的权利,并取消成员护照,统一欧洲居民身份证,等等。① 欧盟于1999 年先后召开了司法与内务部长理事会和特别首脑会议,详细探讨了司法与警务的合作。

第二,制定法律和实施法律方面的主权让渡。为推进一体化,欧盟成员在法律主权上也作出了让渡。2004 年 6 月 18 日欧盟通过了《欧盟宪法条约》草案。同年 10 月 29 日,各成员领导人签署了欧盟历史上的第一部宪法条约。生效后的宪法条约为欧盟的有效运转、各成员的主权让渡和欧洲一体化的顺利进行提供了坚实的法律保障。

(二) 欧洲一体化进程中的国家主权与超国家权力的斗争

为实现欧洲的和平与安全、重现欧洲在世界上的地位以及经济发展等现实利益,欧盟成员在自愿的基础上逐步让渡出部分国家主权,建立起超国家机构。但是,欧盟超国家权力的形成,一定程度上对各成员国家主权的行使产生了一定的限制和影响,因而,在欧洲一体化进程中,国家主权与超国家权力的斗争事件从未停止。

在第二次世界大战后,由于社会欧洲发展的需要,欧洲一体化进程在20 世纪 50 年代末 60 年代初得到快速推进。但此时的欧洲一体化运动中,就已经充满了政府间主义和超国家主义之间的斗争。英国作为当时战后的主要欧洲强国,却反对欧盟的前身——欧共体,原因在于其一方面倍加珍视自己的国家主权;另一方面也对欧共体的超国家性质抱有疑虑。随着西欧各国经济的逐步恢复,各成员对于如何分共同体这块大蛋糕持有不同的意见。由于法国享受到了农业政策的好处,所以主张继续实施农业补贴政策,而其他国家特别是收益较少的国家反对农业方面的补贴;1961—1962 年,法国驻丹麦大使伏歇领导一个特别委员会提出了意在建立一个各自拥有独立主权的国家间的联盟的"富歇计划"(Fouchet Plan),由于该计划与欧共体其他国家的诉求相去甚远,因此胎死腹中;1965 年,除法国以外的欧共体其他成员试图以财政上的让步换取法国在建立共同体的"自有财源"等的"一揽子"提案遭到了法国政府的强烈反对,欧洲区域一体化进程受挫,这

---

① 詹真荣:《欧洲一体化中的国家主权和职能的让渡现象研究》,《当代世界与社会主义》2000 年第 4 期,第 55—57 页。

次"空椅危机"(the Empty Chair Crisis)使政治紧张气氛达到顶点。

20世纪70年代英国虽有意加入欧共体,但入盟的谈判进程却并不顺利。即使在加入欧共体后,英国对农业补贴政策、财政摊款制仍多有不满,阻碍了欧洲一体化的进一步深入发展。1973—1984年,全球经历了一场严重的政治经济危机,在恶劣的经济环境下,成员的保护主义倾向日益增强,第一项经贸联盟计划归于失败,一体化进程停滞不前。

20世纪80年代中期,欧洲一体化进入以统一市场建设为标志的顺利发展时期。但一体化进程也并不是一帆风顺的。由于《单一欧洲法令》的规定强化了欧共体的超国家权力,增加了欧共体立法程序中的超国家权限,以至于引起包括英国在内的部分欧共体成员的猛烈抨击。

20世纪90年代初期,《马约》出台这一问题成为成员的争论焦点。丹麦于1992年6月2日对是否批准《马约》进行全民公决,结果遭到丹麦全民否决。英国作出的推迟全民公决的决定为《马约》的批准增添了新的阻力。在《马约》事件尚未平息之际,一场自第二次世界大战后最严重的欧洲货币危机爆发,汇率机制动荡不安,欧洲一体化陷入困境。在危机面前,各成员变得焦虑不安,采取竞相贬值货币的做法。所幸的是,在1992年9月20日,作为一向积极推动欧洲联盟国家的法国公民投票以微弱的优势通过了《马约》,使得惊惶中的成员稍稍松了一口气。然而,同年12月6日,瑞士公民对欧洲经济区的议案进行投票表决,投票结果未能通过,欧洲经济一体化的长远规划遭到搁浅。此外,由于英国对《马约》的反对,不仅欧盟的性质发生了改变,而且欧共体机构设置及决策机制出现了"柱状"结构多元体制,欧共体一体化进程有所减缓,而出现上述问题的关键原因在于部分成员不愿将主权国家的外交政策、司法和民政事务权力等让渡给共同体。

在2009年以后,希腊、葡萄牙、西班牙等国相继陷入主权债务危机。对于是否实施救援,法、德等国存在分歧。法国为了维护本国的利益而坚定支持对危机国实施救援,而德国在救援问题上则左右摇摆。就整个欧盟利益而言,欧盟应当对危机国实施相应的援助。事实上,欧盟联合国际货币基金组织和欧洲央行先后建立了一系列危机援助机制,采取了多次大规模援助行动,但由于危机国在接受援助时仅是口头答应履行减少社会福利、削减财政支出等相应责任,在接受援助之后并没有落实到具体行动上,导致救援效果不佳。英国无法无视欧盟深陷欧债危机的泥潭,采取了"否决"欧盟的财政契约、抵制欧盟的银行业联盟等措施,并且对英国是否继续留在欧盟这一问题进行思考。在2011年11月和2012年6月底,英国有多名保守党议员要求就英国退出欧盟举行全民公决和进行立法。根据民意测验,英国保守党成员中希望英国退出欧盟的比例高达3/4。① 在2016年6月的英国脱欧公投中,同意脱欧以微弱的优势胜于同意留欧。英国对欧盟的政策无疑是其争取本国利益最大化的战略与战术互动。2017年3月29日,时任英国首相特蕾莎·梅启动《里斯本条约》第50条,正式开启"脱欧之路"。

而在2016年英国脱欧公投、意大利宪法公投等震荡欧洲地缘政治格局事件接连发生后,法国、荷兰等极右翼民粹与欧盟一体化进程的矛盾也开始公开化。法国2017年大选极右翼国民阵线总统候选人勒庞极力主张法国脱离欧盟,并宣称脱欧后要引入"新法郎"。虽然最后勒庞不敌马克龙,没能成为法国总统,但其在竞选总统期间发出的脱欧论调得到了部分民众的支持,显示法国内部存在一定的疑欧情绪。在2017年荷兰大选之际,荷兰议会在2月23日就一致同意将由荷兰政府法律顾问机构"国家委员会"调查荷兰脱离欧元区的实际可行性,以及具体脱欧的步骤,大选后议会将综合讨论荷兰和欧元区关系。2017年德国大选也对欧盟产生影响,使得欧洲变数增多。

2019年1月29日,英国议会通过脱欧修正案,时任首相特蕾莎·梅获得阶段性胜利,她将重启"脱欧"协议谈判。但欧盟方面不会愿意对英国作出更多让步,欧盟对英国的态度更多的是"杀鸡儆猴"。事实上,同年3月29日的最后脱欧大限已经过去,但截至目前,伴随着特蕾莎·梅首相的辞任,英国将以何种形式离开欧盟仍是一团"迷雾",英国脱欧事件是英国和欧盟之间的一场"拉锯战"。

总之,在欧洲一体化进程中充斥着国家主权和超国家权力之间的斗争,这无疑会对经济全球化和全球一体化产生极其重要的影响。

---

① Goodman Paul, "David Cameron Is Caught between a Rock and an EU Referendum", *Daily Telegraph*, No.7, 2012.

（三）欧洲一体化进程中超国家权力和国家主权的矛盾及其实质

在欧洲一体化进程中，伴随各国在政治领域上合作程度的加深，欧盟的权力也逐渐得以增强，但由于主权国家有自己的个性和民族利益，因此，超国家机构和独立主权国家之间权力分配存在难以调和的矛盾。欧盟一体化进程的加深要求成员将更多的国家主权转移或让渡给欧盟这一超国家机构，由此一来，超国家权力和国家主权之间的斗争越来越激烈、矛盾也日益显露，从而阻碍了欧洲一体化进程的进一步推进。此外，欧盟规模的扩大意味着涉及的需要让渡或转移主权的国家数目有所增加，而这也进一步加大了主权国家之间进行协调的难度。因此，随着欧洲一体化进程的推进，成员会将伸张国家主权、维护本国利益和价值的民族主义表现得更加强烈，以至于严重阻碍欧洲一体化。

超国家权力和国家主权之间的斗争为何会如此激烈？事实上，在一体化共同利益的基础上，各主权国家根本的国家和民族利益也备受关注。表现为共同利益和各主权国家利益的冲突不断发生。在欧洲一体化进程中，超国家权力和国家主权的矛盾主要表现在以下三个方面。

1. 共同利益和个别利益的冲突

虽然一体化可能会给成员带来一体化共同利益，但这种利益并不能完全替代或满足（甚至还会排斥）成员的个别利益或特殊利益。所有成员几乎无一例外地视国家利益和民族利益为其行事的最高目标。因此，无论一体化的共同利益与成员的本国利益之间的关系如何，民族国家会担心主权的转让是否会削弱国家和政府的地位及影响、损害本国的民族利益，而优先考虑本国主权和根本利益，从而引起一体化的共同利益和各主权国家的个别利益不完全一致。

若一体化的共同利益不足以涵盖成员本国利益，成员放弃共同利益而选择维护本国的根本利益是大概率事件。欧盟的一些成员就曾经明确提出，未来的欧盟发展方向应以保持主权国家权力和利益为主，欧盟为辅，在涉及国家根本利益或重大内政问题上，必须由国家自行处理，联盟无权干涉。虽然随着欧洲一体化进程的不断推进，成员向欧盟转移或让渡了越来越多的国家主权，形成了越来越多的一体化共同利益，但由于一体化的共同利益无法完全代表各个成员的利益,成员仍然会继续维护国家利益的斗争。这些尤为突出地反映在近几年围绕"反恐""难民"和英国脱欧等问题的政策制定及执行的矛盾冲突当中。

2. 各成员权利和义务的不对等

由于各国政治经济实力客观上的不平衡,在一体化组织内存在着成员间权利和义务的不对等,因而引起矛盾和斗争。2014 年欧盟有 28 个成员,地区生产总值为 18.53 万亿美元,而经济实力最为强大的英、法、德三国的国内生产总值之和为 9.67 万亿美元,占据了整个欧盟地区生产总值的一半以上①。欧盟预算总收入的主要来源是增值税和基于成员国内生产总值征收的税金。各成员均按增值税上缴 1.4% 比例和按国内生产总值上缴 1.27% 比例给欧盟。虽然欧盟预算取之于民,也用之于民,但各成员无论是在一体化的预算的缴纳上还是分配上都不可能均衡。长期以来的主要受惠国都是经济发展较为落后的成员,如希腊、葡萄牙和西班牙,英国、德国等国基本上是欧盟预算的净支出国。

3. 在东扩问题上分歧严重

在欧盟东扩问题上,存在富国和穷国、穷国和穷国之间的矛盾。一方面,跟欧盟成员相比,中东欧国家属于穷国,当时中东欧国家的人均国内生产总值还只有欧盟的 32%,即使是中东欧 10 国中最富有的匈牙利,其人均年收入也低于欧盟内最穷的葡萄牙、希腊。粗略估计,东扩要求欧盟财政预算增加 60%,而欧盟预算两大出资国德国和英国强烈要求削减金额,东扩必然加剧这一矛盾。另一方面,如果中东欧国家入盟,欧盟的财政负担将更加严重,这无疑会造成欧盟内部那些相对穷国的受惠减少。如欧盟原本花费在共同农业政策上的支出高达 430 亿埃居,而东扩的对象大多又是高农业比重的国家,若是依旧按照东扩前的标准实施,东扩后欧盟仅在共同农业政策上就需要增加 100 亿—150 亿埃居②。再将对贫穷国家进行补贴这一第二大支出考虑进去的话,欧盟将面临相当大的压力。出于对本国国家和民族利益的考虑,法、英、德等国在东扩的对象及速度上存在巨大分歧。德

---

① 资料来源:国际货币基金组织经济展望数据库。
② 李世安、刘丽云等:《欧洲一体化史》,河北人民出版社 2003 年版,第 99—111 页。

国考虑到与中东欧国家在经济、文化、地缘上有较强的联系,从而积极推动东扩。虽然英国在推动欧盟东扩事务上也比较积极,但其坚持要适当放慢欧盟深化的步伐。法国先前因担心东扩会使其失去它在欧盟中的地理中心位置和共同农业政策改革,对东扩不积极。而后法国转变了对东扩的态度,但却在东扩对象上与其他成员出现了分歧。

二、东亚一体化进程中的国家主权问题

(一) 东亚一体化进程中国家主权让渡的依据

自20世纪90年代以来,随着国际区域经济一体化的迅速发展,东亚区域合作步入了一个前所未有的时代,出现了"10+3"(东盟+中、日、韩)、"10+1"(东盟+中)、中日韩自贸区等区域经济合作组织。虽然和欧盟相比较,东亚经济的区域整合相对滞后,一体化的整体发展水平相对较低。但是,在东亚一体化的进程中,也有国家宁愿让渡部分国家主权,其依据是什么呢?

第一,对国家利益的追逐,是促使东亚部分国家宁愿让渡部分国家主权的重要原因之一。区域经济一体化打破了原有的国家界限,促使资本、劳动力、信息等生产要素在国家或地区之间自由流动,促进国家间经济相互融合。特别是对于发展中国家而言,区域经济一体化可以为其带来先进的技术、管理经验和大量外资。东亚各国之间原本就存在较为密切的经济政治联系,一体化进一步加深了东亚国家间区域经济合作,国家间的利益关系和依赖性日益增强。在本国利益的驱使下,同时为顺应世界经济发展形势,东亚部分国家会选择让渡部分国家主权。

第二,对战争的厌恶和对和平的向往,使得东亚各国具有转让部分国家主权的可能性。历史上,中国与日本之间、日本与朝鲜之间、朝鲜与韩国之间等都发生过或大或小的战争;钓鱼岛问题、日韩竹岛(独岛)问题、中国与东南亚国家领海等问题,影响着东亚地区的安定。实行某种形式的经济联合,包括让渡部分国家主权区域经济一体化合作,东亚地区的和平及长治久安才具有稳固的基础。

第三,出于国家安全利益的需要,东亚部分国家愿意让渡部分国家主权。东亚各国之间存在各种矛盾与冲突,这就需要各国开启沟通渠道,进行

深度合作,包括部分国家主权的让渡,以化解民族矛盾,寻求最大的合作利益。

(二) 东亚一体化进程中国家主权让渡的障碍

迄今为止,在东亚区域经济合作形式和机制下,东亚区域经济一体化取得的进展有一个共同特征,即没有发生主权的让渡,没有超国家权力机构的建立。而上述共同特征表明东亚经典的一体化模式至少在短期内是不能实现的。那么,东亚一体化进程中国家主权让渡的障碍有哪些?

第一,大多数东亚国家高度敏感的"主权成本"(Sovereignty Costs)意识极大地阻碍了东亚国家制度化地推进区域经济一体化,使它们之间难以形成类似于欧盟的超国家机构。制度化的区域经济合作需要对成员的行动自主性施加约束,成员不得不为区域经济一体化承担部分国家主权的损失或让渡,这种国家主权的损失或让渡被称为"主权成本"。由于大多数东亚国家或地区在历史上都曾遭遇殖民地列强侵略,所以在一体化进程中,对涉及国家主权的问题十分敏感,尤其对"主权成本"极为敏感,因而往往将主权问题放在第一位。因此,诸如目前形成的"10+3""10+1"机制都是以政府协商作为主要合作方式,以对话为其主要表现形式,即对于成员共同关心的问题只是在定期召开的会议上展开讨论与协商,并不依靠拥有强制力的机构去保证实施。

第二,东亚各国或地区在政治制度、宗教信仰、社会等方面有较大差距,安全互信程度低,历史遗留问题多,这些给东亚区域合作带来了极大困难和阻力,影响成员向共同体转移或让渡国家主权。在政治制度上,东亚各国或地区既有实行社会主义制度的,也有实行资本主义制度的,甚至还有实行君主制的。由于政治体制的差异,主体利益的出发点不同,难免会对东亚区域经济合作有一定的顾虑。宗教信仰的多样性无疑增加了成员间相互协调的成本,使得东亚不同经济体不能像欧洲那样形成区域趋同感。此外,东亚区域内一些国家或地区间存在着历史遗留的领海领土纠纷问题,如中国与日本的钓鱼岛主权归属纠纷、日本与韩国的竹岛(独岛)纠纷等,这些问题涉及各个国家的核心利益及安全,在很大程度上使得东亚各国间政治互信不足。东亚国家和地区间政治、宗教文化等的多元性和复杂性,使得在相关问题上的看法大相径庭,加大了东亚区域合作的困难和阻力;加之一体化进程

的深入推进势必要求成员让渡部分的主权,而这是部分东亚国家或地区所难以接受的。

第三,东亚各国间综合发展水平不平衡也是东亚一体化进程中国家主权让渡的一大障碍。东亚地区既有发达国家日本、韩国,也有经济飞速发展的发展中大国中国,还有经济发展相对落后的缅甸、柬埔寨和越南等国。东亚各国之间的国内生产总值水平差异很大,人均国内生产总值也是如此,见图3-1。在产业方面,日本、韩国拥有较为发达的知识和技术密集型产业,而包括中国在内的东亚发展中国家则在劳动密集型产业上具有比较优势,东亚区域内的分工以垂直分工为主。在垂直分工中,低收入国家的企业往往从事制造业加工,在分工中处于低端;高收入国家投入信息、技术、品牌、人才等知识和技术密集型要素,在分工中处于高端。低收入国家用劳动密集型产品交换高收入国家的知识和技术密集型产品。基于上述现实,东亚各国出于对本国利益的不同考虑,也就很难在经济政策的制定上达成共识,从而制约了东亚各国经济一体化发展必须的部分主权的让渡。

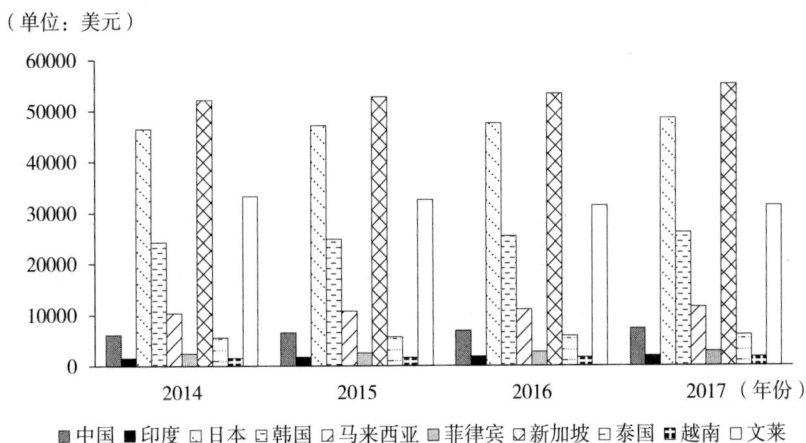

（单位：美元）

图3-1　2014—2017年东亚主要国家人均国内生产总值水平比较

资料来源:世界银行。

第四,美国出于对自身利益的考虑会极力阻挠东亚地区实现将其排除在外的区域经济合作,从而阻碍了东亚国家主权的让渡。美国在东亚地区有广泛的经济、政治和战略利益,而一旦东亚地区经济合作进展飞速,美国在东亚地区的主导权和领导地位会被弱化,甚至极有可能被排除在东亚的势力范围之外,因此,美国对东亚一体化并不支持甚至是起阻碍作用。一方面,美国通过影响东亚地区一些国家的区域政策来干扰东亚区域经济合作,如1997年日本倡议的亚洲货币合作和1999年的东亚经济核心论坛都因美国的反对而夭折;另一方面,美国通过积极支持一些跨地区的组织来干扰东亚地区的经济合作进展,如近年来美国主导推进《跨太平洋伙伴关系协定》谈判,就在很大程度上打乱了亚太自贸区等的推进。

由本篇的分析可见,随着国际分工的深入和世界市场的发展,各国(各地区)之间相互合作增加、相互依赖程度加深,形成了国际经济一体化和经济全球化并行发展的现象。1954年,经济学家丁伯根第一个提出了经济一体化的定义。自此,众多国内外学者开始对经济一体化的含义进行剖析和界定。本书将国际经济一体化概括为国家或地区之间通过削减关税和贸易壁垒或通过促进合作和政策协调,最终实现产品或生产要素在这些国家或地区范围内自由流动和合理配置。

国际经济一体化与经济全球化既相互联系又相互区别。经济全球化的深入发展是经济一体化形成的客观基础,经济一体化是经济全球化基础上的更高层次的经济融合,区域经济一体化则为全球经济一体化的实现提供了一种区域性实践。国际经济一体化体现了各国经济在机制上的统一,反映的是各国经济高度融合的状态;而经济全球化体现了世界经济在范围上的扩大,反映的是各个相对独立的国民经济之间的联系日趋紧密的事实。国际经济一体化是经济全球化的发展趋势,它的产生从广度和深度上为经济全球化的发展提供了新的动力,是世界经济走向全球一体化的必经阶段;经济全球化则是全球经济一体化的外在形式,它的发展为实现国际区域经济一体化提供了经济基础和前提条件。

由全球化所带来的经济一体化是一个漫长的历史发展过程,不可能在短时间内在全球范围内实现。一般来说,地理上相近的国家之间的经济联系更加密切,相互贸易和相互往来更多,相互依存度更高,相互间容易展开区域经济合作。因此,区域经济一体化是全球经济一体化的表现形式和必经阶段。

自 20 世纪 90 年代以来,在经济全球化浪潮下,以自由贸易协定为核心的各种形式的区域贸易协定数量迅速增加。近年来,国际区域经济一体化呈现出一些新的发展趋势:区域经济一体化以双边自由贸易协定为主;南北型区域经济一体化成为发展的新主流;泛区域性和跨区域性的一体化色彩开始出现;区域经济一体化组织的开放性趋势得到加强;区域经济一体化的内容更广泛、标准更高;自由贸易安排以"轮轴—辐条"模式为主,形成多层次的经济一体化协定网络。

在欧洲煤钢共同体成立后的六十多年间,区域经济一体化组织多为发达国家之间组建的北北型或是发展中国家之间组建的南南型区域经济一体化组织。1994 年,墨西哥正式加入美国—加拿大自由贸易区,世界上首个南北型区域经济一体化组织正式成立。自此以后,南北型区域经济一体化获得了巨大的成功。

相比于南南型和北北型模式的区域经济一体化组织,产生于 20 世纪 90 年代的南北型区域经济组织具有其自身的特点,具体表现在成员、合作领域和范围、成员地位、组织类型、成员间的经济关系等诸多方面。与南南型模式相比,南北型区域经济一体化组织获得了更快的发展,主要原因在于其成员更能从南北区域合作中受益。

国际经济一体化趋势,必然引起国际经济关系的相应调整和变化。国家与国家之间的经济交往和联系趋于弱化,国家与国际区域经济一体化集团之间、一体化集团之间以及一体化集团组织内部成员之间的经济关系得以产生并获得发展,使得当代国际经济关系更加缤纷多彩,并引起南北经济关系的新变化。

在欧洲一体化进程中,一体化进程的每一次飞跃,不论是在广度上还是在深度上,都是各成员向共同体组织转让部分主权的结果,这种主权的转移或让渡是欧洲一体化发展的前提或基础。自 1952 年欧洲煤钢共同体成立以来,欧洲一体化先后经历了关税同盟、共同市场、经济货币联盟几个阶段的发展,现在正在为政治联盟积极创造条件。而欧洲一体化的每一次飞跃都是以成员更深层次主权的转移或让渡为必要条件。欧盟成员的主权让渡开始于经济层面,并涉及比较敏感的外交与安全、司法和民政以及制定法律和实施法律等政治方面的主权。

然而,欧盟超国家权力的形成,一定程度上对各成员国家主权的行使产生了一定的限制和影响,因而,在欧洲一体化进程中,国家主权与超国家权力的斗争事件从未停止。而这形成了超国家权力和国家主权之间在共同利益和个别利益的冲突、各成员权利和义务不对等和在东扩问题上分歧严重的矛盾。

迄今为止,在东亚区域经济合作形式和机制下,东亚区域经济一体化取得的进展有一个共同特征,即没有发生主权的让渡,没有超国家权力机构的建立。事实上,成员主权观念的伸张会在相当程度上阻碍区域一体化的深入推进,因为区域一体化的深化会要求民族国家向区域组织"转移"或"让渡"部分主权。事实上,在东亚一体化进程中,大多数东亚国家存在高度敏感的"主权成本"意识,东亚各国在政治、社会、宗教等方面的差距极大,安全互信程度低,历史遗留问题多,各国间综合发展水平不平衡和美国因素等都是东亚国家主权让渡的障碍。

第 二 篇

国际区域经济一体化进程中的南北贸易关系

本篇从南北贸易关系的历史发展演变开始,对国际区域经济一体化进程中的南北型贸易关系和南南型贸易关系进行了分别讨论,在总结了南北贸易一体化的特点、问题和新的变化的基础上,具体从以下三个方面进行了探索:第一,利用动态博弈的方法,演绎出影响南北关系变化的原因;第二,采用聚类和因子的分析方法分别对南北国家进行综合评价,总结归纳影响因素的重要性;第三,以亚太经合组织为例,利用时空数列模型对国际区域经济一体化南北贸易的增长趋势进行演算,预测南北贸易关系的发展趋势。

第四章　国际区域经济一体化与南北
　　　贸易一体化的发展演变

　　本章对比分析了南南型贸易一体化发展和南北型贸易一体化发展及其优劣,提出南南型贸易一体化的结果并不是南方国家所期望达到的,更没有国家工业化进程的加速。同时,指出了南北型贸易一体化的特点、现状及问题。介绍了南北贸易一体化的最新发展背景,分别从美国的经济政策、中国的"一带一路"建设、亚投行、亚洲区域一体化、英国脱欧等方面进行了分析。

第一节　国际区域经济一体化进程中南北
　　　　贸易关系研究的主要文献及评述

一、国际区域经济一体化进程中南北贸易关系研究的主要文献

　　关于国际区域经济一体化进程中的南北贸易关系研究,系统的理论很少,基本没有形成完整的体系,主要是单就某一个方面的关系形成机制做了较为深刻的研究。国内涉及相关问题的研究较少。国外理论中目前看来比较有代表性的有以下几种。

(一) 不平等交换理论

　　汉斯·辛格(Hans Singer,1950)与劳尔·普雷维什(1962)首先提到不断恶化的南方的贸易条件。因为初级产品的生产依赖土地等自然资源,且资源供给有限和规模报酬递减。长期而言,产品价格上升。反之亦反。认为初级

产品收入弹性一般都小于1。① 阿尔吉里·艾曼（Emmanuel,1972）则认为南北的不平等交换来源于工资不对等。② 威廉·阿瑟·刘易斯（Lewis,1969）利用模型使用了另一种途径解释南北的不平等贸易,即便南方和北方拥有同样的初级产品劳动生产率,其价格也会更低,结果是南方的贸易条件恶化。得到的结论是必须发展现代化农业,使其拥有较高的农业生产率才能使得发展中国家脱贫致富。③ 罗纳德·芬得雷（Findlay,1980）则认为:短期贸易均衡决定于出口产品的供需,根据模型,发展中国家改善贸易条件才能从发达国家的贸易中获益。④ 米格尔和伍顿（Miguel和Wooton,1985）加入了南方的最优关税问题。⑤ 萨维德拉·瑞瓦诺（Saavedra-Rivano,1983）则考虑了资本和人力资源的流动。模型结论得到发达国家可以从这两种要素的流动中收益,而发展中国家从人力资源中获益,但如果资本继续流向南方国家则可能受损。⑥

（二）递增规模经济与南北不平衡发展理论

杨小凯等（2000）认为:技术差异是不平衡发展的关键。⑦ 保罗·克鲁格曼（1981）用规模经济的理论解释了南北的不平衡发展问题。⑧ 阿米塔瓦·克里希纳·杜特（Dutt,1988）将克鲁格曼的思想进行了深入研究,指出生产中的技术经验转化为关键因素,发达国家生产高技术产品的同时积累

① Prebisch,R.,"The Economic Development of Latin America and Its Principal Problems", *Economic Bulletin for Latin America*,No.7,1962,pp.1–22.

Singer,H.W.,"The Distribution of Gains between Investing and Borrowing Countries", *American Economic Review*,Vol.40,No.5,1950,pp.473–485.

② Emmanuel,A.,"Unequal Exchange:A Study of the Imperialism of Trade",*Asian Studies Review*,Vol.16,No.2,1972,pp.266–271.

③ Lewis,W.A.,*Aspects of Tropical Trade 1883–1965*,Wicksell Lectures,Stockholm,1969.

④ Findlay,Ronald,"The Terms of Trade and Equilibrium Growth in the World Economy", *American Economic Review*,No.70,1980,pp.291–299.

⑤ Miguel,M.A. and Wooton,I.,"Tariff Policy and Equilibrium Growth in the World Economy",*Journal of Development Economics*,Vol.19,No.1,1985,pp.187–198.

⑥ Saavedra-Rivano,N.,"The Choice between International Labor and Capital Mobility in a Dynamic Model of North-South Trade",*Journal of International Economics*,Vol.14,No.3,1983, pp.251–261.

⑦ 杨小凯等:《新兴古典经济学和超边际分析》,中国人民大学出版社2000年版。

⑧ Krugman P.R.,"Trade Accumulations and Uneven Development",*Journal of Development Economics*,Vol.8,No.81,1981,pp.149–161.

经验提高生产水平,发展中国家则只是在原来的基础上进行简单的重复,导致南北经济差异越来越大①。

(三) 南北贸易中的环境要素相关理论

环境规制和贸易之间的关系已经引起了学术界的极大关注,其影响贸易的投资流向和贸易的模式。由于在发达国家,其法律增加了污染密集型产品的生产成本,因此企业为规避环境规制,将污染密集型产业进行转移。而发展中国家劳动力便宜、环境规制宽松,因此成为污染密集型产业的转移目的地,发展中国家由此变成"污染天堂"。由于环境规制是一个内在化的成本,环境规制和环境成本成正相关②,发展中国家在生产污染品方面具有更高的比较优势,出口污染密集型产品带来的收益更大。伯塞尔和惠勒(Birdsall 和 Wheeler,1993)、詹姆斯·布兰德和泰勒·斯科特(Brander 和 Scott,1998)指出环境规制是一种新的贸易壁垒。③ 骏介(Shunsuke Managi,2009)指出环境规制是一种保护本国产业的方式,会改变贸易流向,因此环境规制相似的国家之间更容易产生较大的贸易量,尤其是发达国家之间。环境规制还会改变两国之间污染密集型产业的结构。④ 詹姆斯·托比(Tobey,1990)把环境规制加入赫克歇尔-俄林理论,他认为环境规制也可以看成要素禀赋,其构成了出口产品的比较优势,同时他还指出国家之间环境规制的差异越大,越容易出现产业之间的贸易⑤。

---

① Dutt,A.K.,"Inelastic Demand for Southern Goods,International Demonstration Effects and Uneven Development",*Journal of Development Economics*,No.29,1988,pp.111-122.

② David Popp,"Energy, the Environment, and Technological Change",*NBER Working Paper*,No.2,2009,pp.873-937.

③ Birdsall,N. and Wheeler, D.,"Trade Policy and Industrial Pollution in Latin America: Where are the Pollution Havens? ",*Journal of Environment and Development*, Vol. 2, No. 1, 1993,pp.137-149.

Brander,James A. and Scott Taylor, M.,"Open Access Renewable Resources:Trade and Trade Policy in a Two-country Model",*Journal of International Economics*, Vol. 44, No. 2, 1998, pp.181-209.

④ Shunsuke Managi,"Does Trade Openness Improve Environmental Quality? ",*Journal of Environmental Economics and Management*,No.58,2009,pp.346-363.

⑤ Tobey,J. A.,"Effects of Domestic Environmental Policy on Patterns of International Trade",*Environment,Government Policies & International Trade*,Vol.4,No.2,1990,pp.119-123.

中国学者在这个领域的研究主要围绕两个方面:其一,国家之间污染密集型产业直接投资的流向对环境规制的作用(李小平等,2008;彭水军等,2010;曾贤刚,2010)①;其二,环境规制引起的挤兑效应和补偿效应(傅京燕,2010)②。目前,国内相关研究主要为环境规制对企业技术创新、投资流向以及贸易竞争力方面的影响。

二、国际区域经济一体化与南北贸易关系研究评述

(一) 关于研究的方法

现有的研究主要集中于对区域经济一体化贸易增长和福利增长的静态分析,很多以时空数列模型来分析,较少涉及增长效应的动态演变过程。但是,贸易的变化应该在多个国家间的相互作用下进行分析,而不是将各个国家分割开来分析时空数列的走势,因此本书没有使用向量自回归(Vector Auto Regression,简称 VAR)模型来考察各国的贸易增长在时间上的相关性。当所讨论的影响因素不仅仅是时间,还需考虑系统中是否存在空间相关(Spatial Auto Correlation)时,就必须由向量自回归模型延伸至时空数列模型。时空数列模型分析可以同时处理 N 个区域的时空数列问题,其特点是将来自 N 个区域相关的位置、地区或者国家之间的空间关系纳入模型之中,并以加权矩阵(Weighting Matrix)描述各个位置间的空间关系,构建更合适的模式,以提高预测准确度。已经有一些学者将时空数列模型应用于经济问题的分析上,比如:探讨旅游人数变动的趋势(Heifer 和 Dustsheet,1980)③;考虑降雨量对河水流量的影响(Aromatic,1985;

---

① 曾贤刚:《环境规制、外商直接投资与"污染避难所"假说——基于中国 30 个省份面板数据的实证研究》,《经济理论与经济管理》2010 年第 11 期,第 65—71 页。

李小平、卢现祥、朱钟棣:《国际贸易、技术进步和中国工业行业的生产率增长》,《经济学(季刊)》2008 年第 2 期,第 449—564 页。

彭水军、刘安平:《中国对外贸易的环境影响效应:基于环境投入—产出模型的经验研究》,《世界经济》2010 年第 5 期,第 140—160 页。

② 傅京燕:《环境规制、要素禀赋与贸易模式:理论与实证研究》,经济科学出版社 2010 年版。

③ Dustsheet, S. J. and Heifer, P. E., "A Three Stage Iterative Procedure for Space-time Modeling", *Pyrotechnics*, No.22, 1980, pp.35-47.

Dustsheet 和 Ramos,1987)[1]等。

（二）关于区域经济一体化对南北贸易关系影响

主要集中在对中国—东盟自由贸易区（China and ASEAN Free Trade Area,简称 CAFTA）、美加自由贸易协定（Canada-United States Free Trade Agreement,简称 CUSTA）和《北美自由贸易协定》《跨太平洋伙伴关系协定》等区域经济一体化组织和协议上。

中国—东盟经济合作专家组（ASEAN-China Expert Group on Economic Cooperation,简称 ACEGEC）于 2001 年 10 月提出的研究报告认为,中国和东盟双方贸易互补性强、贸易潜力大,建立中国—东盟自由贸易协定对双方是共赢[2]。专家组运用全球贸易分析（Global Trade Analysis Project,简称 GTAP）模型测算,中国—东盟自由贸易区建成后双方的出口额增幅可达 50% 左右,东盟国家和中国的国内生产总值年增长率将分别提高 0.9% 和 0.3%。徐婧（2008）的研究同样发现,中国—东盟自由贸易区成立后,中国和东盟五国的双边进出口贸易流量都有所上升。[3] 曹亮等（2013）利用赫克曼（Heckman）两阶段估计法测算了中国—东盟自由贸易区的建立对中国进口贸易的影响,研究表明,在 2004 年以后,中国从东盟成员和非东盟成员进口的贸易额年平均增长分别为 20.44% 和 16.18%。[4] 杨和马丁内兹（Yang 和 Martinez-Zarzoso,2014）测算出对中国出口贸易整体上呈现显著的贸易创造效应。[5]

---

[1]　Aromatic,L. A.,*Time Series in M Dimensions：Past,Present,and Future in：Time Series Analysis：Theory and Practice 6*（O.D. Anderson,J.K. Cord and E.A. Robinson）,Amsterdam：North-Holland,1985,pp.241−261.

Dustsheet, S. J. and Ramos, J., " A Space-time ARMA Modeling of Vector Horologic Sequences",*Water Resource Bulletin*,Vol.22,No.6,1987,pp.967−981.

[2]　ASEAN-China Expert Group on Economic Cooperation（ACEGEC）（2001）, " Forging Closer ASEAN-China Economic Relations in the Twenty-First Century",Annex2："Feasibility of a Free Trade Area between ASEAN and China",http://www.aseansec.org/asean chi.pdf.

[3]　徐婧：《CAFTA 对中国和东盟贸易扩大效应的实证研究》,《世界经济研究》2008 年第 10 期,第 63—68、89 页。

[4]　曹亮、蒋洪斌、陈小鸿：《CAFTA 的贸易创造和贸易转移效应研究》,《宏观经济研究》2013 年第 6 期,第 29—34 页。

[5]　Yang,S. and Martinez-Zarzoso,I.," A Panel Data Analysis of Trade Creation and Trade Diversion Effect：The Case of ASEAN-China Free Trade Area",*China Economic Review*,No.29,2014,pp.138−151.

在美加自由贸易协定和《北美自由贸易协定》达成后,相关国家贸易增长的研究也较为丰富。在《北美自由贸易协定》和美加自由贸易协定的推动下,依金额计算,2007 年墨西哥和加勒比海地区国家占美国纺织品进口市场的比重超过 2/3。其中加勒比海地区国家 80%的服装出口销往美国(Baird 等,2012)①。这些在很大程度上得益于《北美自由贸易协定》和美加自由贸易协定(Annul 和 Mikhail,2009)②。但是,贸易额的增加不一定带来福利的增长。甘德拉·米科威和罗迪尼·保罗(Miljkovic 和 Paul,2003)分两阶段考察了美加自由贸易协定和《北美自由贸易协定》对北美三国农产品贸易流的影响,结论认为《北美自由贸易协定》并没有增加区域内贸易的福利效果。并且,相关国家的贸易流量虽然增长了,但学者们对是否存在贸易创造效应持有不同意见。③ 戴维·古尔德(Gould,1998)、克鲁格·安妮(Kruegel Anne,1999)和金伯利·克劳辛(Causing,2001)均采用了引力模型进行分析,结果都没有发现北美区域经济一体化的贸易转移效应。④ 而美国国际贸易委员会(United States International Trade Commission,简称 USITC)(1997)与福考等(Fukao 等,2002)则在纺织品和服装的贸易中找到了贸易转移效应。⑤ 不

---

① Baird, Vijayanagar, Angel Aguiar and Robert McDougall, "Global Trade, Assistance, and Production:The GTAP Data Base", *Center for Global Trade Analysis*, Purdue University, 2012.

② Annul Data and Mikhail Ultraviolet, "NAFTA and the Realignment of Textile and Apparel Trade:Trade Creation or Trade Diversion", *Review of International Economics*, Vol. 17, No. 1, 2009, pp. 172-189.

③ Dragan Miljkovic and Rodney Paul, "Agricultural Trade in North America:Trade Creation, Regionalism and Regionalism and Denationalization", *The Australian Journal of Agricultural and Resource Economics*, Vol. 47, No. 3, 2003.

④ David Gould, M., "Has NAFTA Changed North American Trade?", *Economic Review*, Vol. 83, No. Q1, 1998, pp. 12-23.

Kruegel Anne, "Trade Creation and Trade Diversion under NAFTA", *NBER Working Paper*, 1999, p. 7429.

Causing, K. A., "Trade Creation and Trade Diversion in the Canada-United States Free Trade Agreement", *Canadian Journal of Economics*, No. 3, 2001, p. 34.

⑤ United States International Trade Commission(USITC), *The Impact of the North American Free Trade Agreement on the U. S. Economy and Industries: A Three Year Review*, U. S. International Trade Commission Publication, Washington, D. C., 1997.

Fukao, K., Okubo, T. and Stern, R., "An Econometric Analysis of Trade Diversion under NAFTA", *Revision Copy*, 2002, p. 431.

少学者从宏观层面定量评估了《跨太平洋伙伴关系协定》对成员带来的影响(Claude,2011;Laetrile 等,2011;Scotch 等,2013)①。与克劳德(Claude,2011)一样,万璐(2011)运用可计算的一般均衡(Computable General Equilibrium,简称 CGE)模型进行过量化研究,对已经加入谈判的《跨太平洋伙伴关系协定》成员可能受到的影响进行了分析。② 就《跨太平洋伙伴关系协定》对太平洋地区纺织品服装贸易流量的潜在影响进行了定量评估。研究发现《跨太平洋伙伴关系协定》的贸易创造效应将增加美国从《跨太平洋伙伴关系协定》成员(尤其是越南)的服装进口,并且扩大中国和东亚国家向亚洲地区《跨太平洋伙伴关系协定》成员(尤其是越南)的纺织品出口。托萨迪·阿雷塔等(Todsadee Areerat 等,2012)则考虑了《跨太平洋伙伴关系协定》的扩张趋势,对中国、日本和韩国加入《跨太平洋伙伴关系协定》情形下的经济效应进行了评估。③ 朱润东(2012)同样考虑了《跨太平洋伙伴关系协定》的扩张趋势,并且利用时空数列模型与福利地图研究《跨太平洋伙伴关系协定》扩张过程中各国福利收益的变化,结论是,《跨太平洋伙伴关系协定》区域内国家聚合于同一群落之中而产生的福利收益呈加速增长趋势。④

与欧盟和北美的区域经济一体化进程相比较,亚太经合组织起步较晚,但它的发展一直备受学术界的关注。李荣林、高越(2010)研究影响亚太经合组织成员建立自由贸易区的因素时发现,建立自由贸易区能够降低成员之间的关税水平,提高消费者的福利水平,两国结成自由贸易区的福利收益

---

① Bairfield Claude,"The Trans-Pacific Partnership:A Model for Twenty-First-Century Trade Agreements",*American Enterprise Institute for Public Policy Research International Economic Outlook*,No.7,2011,p.2.

Peter Laetrile,Michael Plummer and Fan Bhai,"The Trans-Pacific Partnership and Asia-Pacific Integration:A Quantitative Assessment",*East-West Center Working Papers*,2011,p.119.

Scotch,J.J.,Schwarzkopf,B. and Muir,J.R.A.,*Understanding the Trans-Pacific Partnership*,Peterson Institute Press All Books,2013.

② 万璐:《美国 TPP 战略的经济效应研究——基于 GTAP 模拟的分析》,《当代亚太》2011 年第 4 期,第 60—73 页。

③ Todsadee Areerat,Hiroshi Kameyama,Shoichi Ito and Koh-en Yamauchi,"Trans Pacific Strategic Economic Partnership with Japan,South Korea and China Integrate:General Equilibrium Approach",*American Journal of Economics and Business Administration*,Vol.4,No.1,2012,pp.40-46.

④ 朱润东:《TPP 扩张过程中的福利收益分配趋势分析——基于时空数列模型的探讨》,《经济评论》2012 年第 6 期,第 92—99 页。

或损失依赖于成员的贸易创造和贸易转移的大小。贸易创造越大,贸易转移越小,则净福利收益就越大。① 闫云凤(2016)则从增加值贸易角度将总出口进行分解,测度和比较亚太经合组织9个主要经济体的贸易增加值,结果表明各成员在世界贸易中的地位和贸易失衡情况基本没有改变,但出口对各成员经济增长的贡献却下降了。② 亚太经合组织建立至今,已有30年,一些学者对它带来的经济效应进行了评估。李坤望等(2005)对亚太经合组织成员在1950—2000年的经济增长收敛性进行了经验分析。研究发现,亚太经合组织的出现与发展明显促进了该地区经济增长的长期收敛性,大大提高了区域内经济增长收敛速度。③ 宫占奎(2006)对亚太经合组织进行了中期评估,主要研究和分析亚太经合组织在关税、非关税措施、服务业、投资四个领域推进自由化所取得的成绩。现有的研究,既有涉及对亚太经合组织成员贸易增长、降低关税和福利增长等方面的研究,亦有对亚太经合组织取得这些成绩的因素的分析。④

第二节　南北贸易一体化的发展演变

一、南南型和南北型贸易一体化发展历程及对比选择

南北贸易一体化指南北方国家之间在国际贸易领域全面减少或消除国际贸易障碍,逐步形成统一世界市场的趋势。

(一) *南南型贸易一体化*

南南型贸易一体化指南方发展中国家之间签订优惠贸易协定,用以达到贸易自由化的形式。20世纪50年代开始,第二次世界大战过后经济发

---

① 李荣林、高越:《APEC成员间建立FTA的影响因素研究》,《世界经济研究》2010年第11期,第75—80页。

② 闫云凤:《全球价值链视角下APEC主要经济体增加值贸易竞争力比较》,《上海财经大学学报》2016年第1期,第75—84页。

③ 李坤望、陈雷:《APEC经济增长收敛性的经验分析》,《世界经济》2005年第9期,第28—32页。

④ 宫占奎:《APEC进程中期评估问题研究》,《世界经济与政治论坛》2006年第1期,第7—12页。

展较为落后的国家开始萌发出相互间加强经济合作的想法。60年代,中美洲共同市场和拉丁美洲自由贸易联盟正式诞生,标志着南南型贸易一体化组织正式成立。截至目前,全世界范围内已经有超过一百个的南方国家经济一体化集团,包括安第斯条约集团、加勒比共同体、南方共同市场等。

南南型区域经济一体化形式的演变大体可以分为以下四个阶段:初步创建阶段、飞速扩张阶段、停滞反思阶段和逐渐恢复阶段。

1. 初步创建阶段

第二次世界大战后,中心—外围理论占据了当时的主导地位。发展中国家普遍认为不合理的国际经济秩序是阻碍本国经济发展的最重要原因。发展中国家要实现经济发展的突破,必须切断与发达国家的经济联系,实行内向型的工业化战略。从全球经济外围到经济中心,对发展中国家而言是极其困难的,本国市场狭小、生产水平低下等重要问题急需更多的发展中国家参与进来群策群力,开展南南合作。

如今看来,20世纪60年代的南南型区域经济一体化组织还是非常稚嫩的。由于属于刚刚起步的创建阶段,新成立的南南型区域经济一体化组织数量很少,规模也很有限,在互利互惠的前提下如何达到互帮互助目的是进行南方国家间合作的一大难题。实际上,这个阶段南南地区经济一体化组织并没有采取过多的措施来增加内部贸易,加强经济合作,而是为今后更深更大的南南地区经济一体化做准备。

2. 飞速扩张阶段

20世纪70年代是南南型区域经济一体化的飞速发展时期。这个时间段里,成立了各类各样的南南型区域经济一体化组织,包括西非经济共同体(1974年)、西非国家经济共同体(1975年)等。除此之外,还有一些60年代的初始一体化组织在原有的基础上进行了改革和升级,目的在于扩大经济效益、提高经济效率,例如,1973年加勒比共同体成立,其前身是加勒比经济发展联盟;1975年东南亚国家联盟共同签署了曼谷协定,决定成立自贸区,是更优于之前简单的国家联盟关系,开始加强地域间的国家经济合作;1980年拉丁美洲一体化联盟成立,其前身是拉丁美洲自由贸易联盟。

南南型区域经济一体化在这个时期出现高速发展的原因是:(1)得益于石油对国家工业化进程的贡献效应,以欧佩克为首的示范带动了发展中国家通过欧佩克采取集体行动,干预世界石油市场,获得更大的利润收益。(2)经历了战后的缓慢重建,20世纪70年代进入加速发展期。这样的繁荣使得这个时期对南方国家来说是发展的黄金期,进而增强了南方国家之间发展南南合作的信心和决心。(3)发展中国家贸易量走高。生产力提高和经济增长促使发展中国家间的产品需求增加,贸易量的提高成为必然性。

3. 停滞反思阶段

到了20世纪80年代,南方发展中国家之间的区域经济一体化有了良好的发展,使得他们有理由在这一个十年对南南型区域经济一体化寄予更多美好的期盼。但是,事与愿违,南南型区域经济一体化陷入了长期停滞,特别是在20世纪80年代中前期更是处于严重停滞状态。很多计划中的和即将达成合作意向的区域经济一体化进程相继停滞,开放市场和经济合作的协议取消,南南型区域经济一体化出现严重危机。

经济危机引发的债务危机是出现停滞反思的缘由。在发展中国家尝到经济快速发展的甜头之后,潜移默化地淡化了经济高速发展背后的危机,实行大局举债进一步提高经济发展速度,当20世纪80年代到来时,危机彻底爆发后,发展中国家的经济发展也彻底陷入了停滞状态。在考虑到包括中国在内的高速发展国家,80年代,发展中国家的年均经济增长率仅为3.3%,几乎是70年代的一半。债务危机和经济危机的爆发,迫使发展中国家为解决国内经济问题而作出一切努力,优先考虑与发达国家的关系寻求经济援助,而南南贸易合作退居次要位置;发展中国家普遍实行的经济紧缩和进口削减,也大大抑制了南南贸易。除此而外,债务危机带来的国际支付困难恶化,也造成了南方国家一体化进程中注资不足,支付结算安排难以得到有效执行。

除此之外,受历史遗留问题的影响,频繁发生的地区性冲突和战争,也会对南南型区域经济一体化的实现和发展产生负面影响。宗教、历史、文化、政治体制等问题在发展中国家地区中更加凸显,往往更可能导致由这些国家参与的区域经济一体化的中断和解体。

4. 逐渐恢复阶段

在各发展中国家经历长期停滞以后,逐渐走出了债务危机的阴影,南南型区域经济一体化组织在20世纪90年代逐渐恢复过来。体现在以南方共同市场为例的一些新的区域性经济集团的产生,并且初步陷入停滞的一些南南型区域经济一体化组织得到恢复,一体化组织和团体数量大幅增加,发展中国家间经贸关系不断加强。这一时期南南型区域经济一体化逐步恢复的原因主要有:(1)冷战后以苏联为首的社会主义阵营的解体,经济全球化和区域经济已成为世界经济发展的趋势;(2)以亚洲"四小龙"为代表的部分发展中国家或地区,以及北方发达国家的经济一体化,其成功经验使发展中国家更有效地学习和跟进;(3)由于韩国等国家外向型经济发展的成功,广大落后发展中国家普遍放弃现有的传统内向型发展战略,促进了开放市场和经济合作。

(二) 南北型贸易一体化

南北型区域经济一体化即发展中国家与发达国家之间进行的区域经济一体化模式。

20世纪90年代以前,世界范围内已经存在的区域经济一体化组织大多是发达国家间或发展中国家间组建,这多是由于历史遗留下来的矛盾冲突、经济发展理念和各个经济体经济需求结构不同导致的。1994年,北美自由贸易区正式接纳发展中国家墨西哥,美、加、墨三国组成的北美自由贸易区正式成立,是世界上首个南北型区域经济一体化组织,标志着发达国家和发展中国家经济合作交流进入一个新阶段。之后的时间里,南北模式的区域经济一体化也开始蓬勃发展起来。

南北型区域经济一体化组织的特点区别于以往的南南型和北北型模式。第一个特点,发达国家占据区域一体化组织的主导地位。例如,美国签订的南北型贸易协定中,单独和一些较小经济体达成协定的占七成到八成。在北美自由贸易区,美国占据了绝对的优势地位。虽然《北美自由贸易协定》对成员的约束远高于世界贸易组织,其第11章规定,允许企业利用"保护投资者权利"控制政府;加入北美自由贸易区后,墨西哥国内竞争加剧,产业政策受到严重制约,对美国的经济依附性加重,且宏观经济政策独立性日渐丧失。《北美自由贸易协定》对墨西哥农业的冲击效应也非常明显,同时,墨西哥脆弱的金融市场受到巨大冲击。在《跨太平洋伙伴关系协定》谈判中,美国的主导倾向,以及与日本的谈判博弈也十分明显(虽然美国由于自身原因,退出《跨太平洋伙伴关系协定》)。在世界贸易组织多哈回合谈判中,美国主导地位受到制约,这也是美国绕开世界贸易组织,出现贸易保护主义和反全球化倾向的原因之一。第二个特点,北方发达国家和南方发展中国家的合作不仅仅只是从贸易方面开展,在关税和贸易壁垒之外,发达国家还想获取到更广泛和深入领域的合作,自由化程度加深以达到远期的更大利益。第三个特点,北方发达国家在南北型区域经济一体化中会反映出一定的政治意图。欧盟和美国与发展中国家签订一些区域贸易协定时,涉及越来越多的法律、政治和社会各个方面的关税减让问题。第四个特点,南北一体化协议普遍能使发展中国家作出更多的让步。发达国家利用自身强大的经济实力,可以获得谈判的强势地位,获得更大的效益。例如,在南北一体化协议中,发展中国家的成员不享有免于保护性制裁的待遇。

(三) 南南型和南北型的对比选择

总体来看,南南型贸易一体化的结果并不是南方国家所期望达到的,更没有国家工业化进程的加速,因为传统的南南型区域经济一体化存在几个弊端:(1)发展中国家整体生产水平接近,国内市场较小,商品结构单一类似,难以达到互补互助的效果;(2)发展中国家由于经济发展水平接近,难以形成上下游的分工关系;(3)发展中国家经济政治文化宗教差异较大,导致区域内的政策难以协调;(4)存在较为严重的贸易转移效应。

对比上述缺点,由发展中国家和发达国家组成的南北型区域经济一体化的发展模式有下面几个优点:(1)发达国家整体经济总量大,商品结构丰富,国内市场广阔,可以容纳较多的发展中国家产品的进出口;(2)由于存在生产力水平差异,容易产生投资转移,吸引发达国家投资,加速发展中国家经济发展的步伐;(3)在各种生产要素的流动过程中,有利于发达国家先进技术制度的学习和引进。

自由贸易区是南北型区域经济一体化的基本组织形式,南北国家合作采用的最多的一种经济一体化形式,其优点主要有以下几点:(1)自由贸易区自由化程度低,可以更加高效地达成协定,避免成员在贸易和经济政策协调方面的困难;(2)自由贸易区的市场开放程度较低,发展中国家对本国经济的监管和调控力度较大,可以避免区域经济一体化进程中对发展中国家成员造成不良影响;(3)自由贸易区可以保证发展中国家与一体化以外国家原有的贸易关系,最大限度地降低贸易转移效应。

客观来讲,南北型区域经济一体化存在一些问题,南方国家和北方国家之间因利益各异导致政策协调困难。在一部分规模较小、地缘较为接近的一体化组织协调的困难程度较轻,比如北美自由贸易区,美加墨自由贸易区较为有效地克服了这一问题;但在涉及范围广阔、南北方成员较多诸如亚太经合组织却很难克服这一问题,各利益主体纠缠,容易使得这类南北型区域经济一体化组织陷入难以协调的困境。

二、南北贸易一体化特点、现状和问题

南北贸易一体化通常利用非关税壁垒的数量、关税水平、区域性贸易组织参与情况、对外贸易依存度等贸易一体化指标来衡量贸易一体化的程度。

自 20 世纪 50 年代以来,在世界范围内产生了一种新潮流,北方发达国家和南方发展中国家的生产力得到了极大的发展,国内市场已经不再满足其国家自身的经济发展和消费需求,以致寻求跨越国界的国家间的经济贸易合作的动机日益强烈。

目前,南北贸易的发展趋势和特点可概括为:第一,南北贸易发展进入新的调整时期,国际经贸在经济增长中的作用日益凸显。第二,以北方发达国家为中心,南北贸易格局不变,南方发展中国家也在国际贸易中逐渐发挥一定作用。中心—外围形式继续存在并保持。第三,多边贸易体制面临新的问题,各种类型和形式的贸易保护主义抬头。第四,国际贸易结构更加复杂多变,贸易和投资的界限不再清晰,跨国公司在国际经济贸易中发挥更为显著的作用,多种形式的反自由化和经济全球化冲突明显。

伴随全球范围内生产力水平的持续提升和差异化扩大,南北贸易一体化呈现出以下几个问题和现象。

首先,南北贸易一体化进程中,进行交易的经济主体,分属不同的国家或地区,尤其是广大的南方发展中国家,包括社会制度、法律、意识形态、宗教信仰和贸易习惯等方面都各不相同,从历史上来看,这些都会导致冲突的发生,对于一体化的推动设置了重重阻碍,会影响经济利益的实现。

其次,在发达经济体和发展中经济体之间进行贸易时,不仅涉及交易双方,还涉及运输、商检、质量管理、海关等有关部门的干预,利用国家自身定制的法律法规设置不同的标准,大大阻碍了贸易自由化的进行。

再次,南北贸易一体化中,南方发展中国家由于底子薄、经济总量小、政治话语权弱等问题,发展容易受到发达国家支配或者国家关系变化的影响,尤其是当国际关系多变、贸易环境不佳的情况下,发展中国家一旦贸易状态不稳定会影响国家经济正常发展;反观北方发达国家,经济总量大,受到外界环境变化的影响较小,在南北贸易一体化进程中可以占据非常有利的谈判地位,使得双方利益不对等加剧。

又次,一体化协定属于国家间协商,世界上对这方面的标准界定还很不完善,导致自由化可能仅停留在表面,各种类型的新式贸易保护对南北贸易一体化的发展形成巨大阻碍。贸易保护手段是现阶段发展中国家受到外部发展阻碍的主要原因。受全球经济危机影响,传统经济组织受到一定程度的影响,国际经济市场竞争加剧。

最后,北方发达国家习惯于经济大国的地位,不希望在南北贸易一体化进程中被发展中国家迎头赶上,对自己形成威胁,故而会在一体化进程中制造不必要的困难,结果导致南北矛盾加深,使得出现世界经济发展放缓的局面。

三、南北贸易一体化的新发展

(一) 当前世界经济与贸易新趋势和特征

2008 年美国金融危机过去了 10 年,世界经济没有显示出强劲的发展势头。尽管 2017 年全球经济呈现较好的复苏态势,但世界经济发展的不平衡和各种矛盾冲突加剧,逆全球化和贸易保护的思潮涌动。2015 年,由于有效需求普遍不足、商品价格大幅下滑、金融市场动荡频发、全球贸易持续低迷等不利因素,世界各经济体的经济增长普遍低于预期。发达经济体总体保持缓慢复苏,但基础并不牢固。2016 年,全球经济呈现企稳迹象,金融市场信心回升,商品价格反复波动,大部分主要经济体货币对美元小幅升值,然而,实体经济依然脆弱,市场需求和宏观经济政策效应依然不容乐观,世界经济难以面对高风险、低增长的经济发生根本性变化。发达经济体复苏放缓,美国经济好于其他发达国家。欧元区政府负债率开始下降,债务危机风险降低。但是,英国的"脱欧"增加了欧洲经济的不确定性。日本经济政策效应衰退,经济增长动力进一步减弱。新兴经济体总体反弹乏力,巴西、俄罗斯等国家工业产出萎缩,增长前景不容乐观。世界经济具体情况见表4-1。

表4-1　2014—2017 年世界经济增长趋势　　　　（单位:%）

年份 国家或地区	2014	2015	2016	2017
世界经济	3.4	3.1	3.2	3.8
发达国家	1.8	1.9	1.9	2.3
美　国	2.4	2.4	2.4	2.3
欧元区	0.9	1.6	1.5	2.3
英　国	2.9	2.2	1.9	1.8
日　本	0	0.5	0.5	1.5
新兴经济体和发展中国家	4.6	4.0	4.1	4.8
俄罗斯	0.6	-3.7	-1.8	1.7
中　国	7.3	6.9	6.5	6.9
印　度	7.3	7.3	7.5	7.4
巴　西	0.1	-3.8	-3.8	1.0
南　非	1.5	1.3	0.6	1.3

资料来源:《世界经济展望》;国际货币基金组织。

在国际贸易方面,2017 年全球贸易明显复苏。据世界贸易组织统计,2017 年世界贸易额增长 4.7%,创 2011 年以来最大增幅,并超过当年实际经济增长率(3.0%)①,贸易量增速低于经济增长率的"Slow Trade"现象时隔 3 年首次消除。从全球整体货物贸易额来看,出口额为 17.198 万亿美元、进口额为 17.572 万亿美元,分别增长约 11%。具体来看,发达国家出口增长 3.5%、进口增长 3.1%,发展中国家出口增长 5.7%、进口增长 7.2%

————————

①　根据 2019 年 4 月 2 日世界贸易组织公布的"2018 年全球贸易量",较上年增加 3.0%,增幅较 2017 年回落 1.6 个百分点。受中美贸易摩擦直接影响,全球贸易增速放缓。2019 年增幅将进一步回落,预计降至 2.6%。

(见表4-2),其中亚洲成为2017年全球贸易亮点,其出口增长高达6.7%、进口增长高达9.6%。[1]

表4-2 2014—2017年世界贸易增长趋势 （单位:%）

年 份	2014	2015	2016	2017
世界货物贸易量	2.8	2.5	1.8	4.7
出口到发达国家	2.1	2.3	1.1	3.5
出口到发展中国家和新兴经济体	2.7	2.4	2.3	5.7
进口到发达国家	3.4	4.3	2.0	3.1
进口到发展中国家和新兴经济体	2.4	0.6	1.9	7.2

资料来源:世界贸易组织。

2017年以来,世界经济回暖,国际需求复苏,2018年世界经济增速预测值为3.7%。根据世界贸易组织数据,2017年世界贸易景气指数达到102.6,为2011年4月以来最高值。[2] 但由于贸易保护主义、逆全球化倾向和全要素生产率增速下降等因素,特别是美国特朗普政府贸易保护主义的影响,全球性贸易摩擦加剧,全球贸易增长及经济回暖的良好势头受到冲击。

在上述全球环境下,当前世界经贸形势主要出现以下新的趋势和特点。

其一,世界贸易进入相对强势复苏轨道,全球经济加快增长,世界贸易和投资正在恢复。据统计,多年来国际贸易的增长速度快于国内生产总值的增长速度。1990年以来国际贸易平均增长率为5.1%,是全球国内生产总值增长率的两倍。但2011年以来,国际贸易增速连续5年下滑。据世界贸易组织报告,2016年世界贸易增长率仅为1.8%,2012—2016年的平均增长率仅为2.3%,低于同期世界国内生产总值增长水平。2017年以来,随着金融环境的改善和市场需求的复苏,国际贸易恢复增长动力。2017年世界贸易增长率4.7%,超过当年实际经济增长率3%。

---

① 资料来源:世界贸易组织。
② 资料来源:中国商务部网站。

需要关注的是,在全球贸易投资发展受到巨大阻力的条件下,非理性贸易保护等新贸易保护主义却悄然兴起,如果将《跨太平洋伙伴关系协定》《跨大西洋贸易与投资伙伴协议》归类于一种更高标准的贸易准则的话,美国则是利用了这种制度化的规则制定来实行贸易保护主义,其实质是一种非理性的贸易保护主义。

其二,新兴经济体整体发展停滞,世界经济增长动力欠缺。2008年美国金融危机以来,中国等新兴经济体成为世界经济增长的重要力量。长期以来新兴经济体和发展中国家的经济增长速度明显高于发达经济体(见表4-1),新兴经济体和发展中国家对世界经济增长持续作出贡献。此外,统计数据显示,近年来,新兴经济体和发展中国家的经济增长率不断下降,从2010年的7.5%下降到2017年的4.8%。发展中国家和新兴工业化国家的发展普遍面临经济增长的瓶颈,经济增长速度普遍低于过去20年。

具体表现为:第一,以俄罗斯和巴西为首的众多资源出口型国家经济增长受限于国际原材料价格的波动,经济缺乏增长动力。2015年,国际原材料价格持续低迷、投资力度下滑严重、政府财政紧张,导致资源型国家经济难以持续正常发展。第二,由于众多低收入国家和非洲国家自身经济增长的脆弱性,导致其增长前景衰弱。第三,中国增长速度放缓,不能为世界经济发展提供更多推动力。第四,受到发达经济体的新贸易政策限制和新贸易壁垒约束,广大南方发展中国家经济体经济发展受到制约。新兴经济体和发展中国家占世界人口的80%以上,总经济也占世界总量的60%。回顾20世纪,南方发展中国家经济快速发展,拉动世界经济增长。但是,由于本国经济的特点和发展局限性,也容易受到全球货币和商品价格变化带来的外部影响,部分新兴经济体和发展中国家经济增长停滞,增长明显减弱。

其三,全球竞争性货币贬值,资本流通动能不足。第一,宽松的货币政策使得货币贬值,在后危机时代,各国都想尽快走出经济低谷,量化宽松也可能会导致全球负利率时代。量化宽松货币政策作为临时性的非常规货币政策,首先被美国、日本等西方发达国家所采用。主要发达经济体采取的宽松货币政策对发展中国家产生了外溢效应。现在看来,除了美国近年开始渐进退出量化宽松货币政策,其他多数国家延续多年的货币竞争性贬值的现象尚无放缓迹象,宽松的货币政策已经成为近年来应对全球经济放缓的主要政策。这也表明全球经济增长仍然缺乏内在动力。负利率会扭曲金融市场的正常反应和有效性。例如,日本央行决定采取负利率时,许多国家发行的债券收益率都下降了。

第二,负利率的主要国家仍处于"通缩"的威胁之下。通常来说,通货膨胀的货币政策会导致通货膨胀,促进经济增长。但是,当前世界经济走势恰恰相反。2008 年美国金融危机爆发后,世界各国央行进入量化宽松"放水"时代。然而,许多经济体特别是发达经济体陷入了"通货紧缩"的威胁之中。新兴经济体和发展中国家增长速度放缓也使通货紧缩一度在全球蔓延(见表4-3)。

表4-3　全球主要央行基准利率

国家或地区	利　率	当前值(%)	变动基点	公布日期
美　国	联邦基金基准利率	1.00	持平	2017/7/26
欧元区	再融资利率	0.00	持平	2017/7/20
英　国	官方银行利率	0.25	持平	2017/6/15
日　本	无担保隔夜拆借利率	−0.10	持平	2017/7/20
瑞　士	3M LIBOR 目标利率	−0.01	持平	2017/6/15
加拿大	隔夜目标利率	0.75	+25	2017/7/12
澳大利亚	现金利率	1.50	持平	2017/7/4
新西兰	官方现金利率	1.75	持平	2017/6/22
丹　麦	定存利率	−0.75	−25	2015/2/5
瑞　典	附买回利率	−0.50	持平	2017/7/4
挪　威	关键政策利率	0.50	持平	2017/6/22

资料来源:彭博(Bloomberg)数据库。

第三,货币流通的放缓是货币注入下没有通货膨胀而造成通货紧缩的主要原因。2008 年美国金融危机爆发后,主要发达经济体普遍实行宽松的货币政策,货币注入下的市场流动性大大增加。没有通货膨胀的原因,一方面是由于货币的流通速度放缓。货币的速度是指一定时期内货币单位的平均周转次数。货币流通越快,流通所需的货币量就越少,反之亦然。全球资本流动正在放缓,这意味着资本利用率低,资本投入产出率低。另一方面,作为超额准备金的银行体系中的部分资金非常大。随着资本流动的放缓,大量的货币资本仍停留在银行体系中,而没有进入实体经济。因此,市场流动性的增加不能产生流通效率,自然不能提振通货膨胀,拉动经济增长。

第四,大宗商品价格继续下滑,资源型国家进行经济结构调整存在困难。根据世界银行"商品价格展望"显示,2011 年以来,能源、非能源、贵金属、金属、农产品等主要商品价格指数全面进入下滑态势(见表4-4),全球宏观经济持续低迷。传统资源型国家由于其经济结构相对简单,主要以出口能源和原材料为主,大宗商品价格的下跌,对其经济增长产生了重大影响,出现了经济结构调整困难、经济增长动力减弱的情况。

表 4-4　大宗商品价格指数(以 2010 年价格指数为 100)

年　份	2011	2012	2013	2014	2015	2016	2017	2018
能　源	129	128	127	118	65	55	68	87
非能源	120	110	102	97	82	79	84	85
贵金属	136	138	115	101	91	97	98	97
金　属	113	96	91	85	67	63	78	83
农产品	122	114	106	103	89	87	87	87

资料来源:世界银行。

第五,发达经济体复苏似有若无,世界经济增长的引力弱化。2008 年金融危机之后,新兴经济体发展较快,一度成为世界经济增长的主要动力。从 2013 年开始,随着美国经济强劲复苏,欧盟和日本实施宽松的货币政策,发达经济体再次成为世界经济增长的动力,从近期发展趋势来看,发达经济体经济的增长,成为世界经济增长的动力,但其缺乏可持续性。

综上所述,从上述几个方面来看,世界经济进入缓慢增长的新常态,国际贸易也迎来了一个缓慢发展的新时期。从目前来看,世界经济仍将长期处于持续低速增长的状态。原有的经济增长动力和动力的减弱,将增加世界经济增长的风险和压力,世界贸易关系需要有新的突破。

(二) 世界主要经济体和一体化组织的新变化

1. 美国及其贸易保护主义

就美国而言,2016 年 11 月 9 日特朗普在美国总统大选中胜出,其激进的政策主张及贸易保护主义给世界带来更多的不确定性。比如货币政策与美联储政策方面,特朗普对货币政策的主张不明确。他认为美联储的低利率政策将带来负面影响,如资产价格泡沫和股市虚假繁荣。他同时认为低利率有利于长期融资,加息将抬高美元汇率,从而损害美国的竞争地位,增加偿债难度。税收方面,将个人所得税档从 7 个降到 3 个,分别为 12%、25% 和 33%。企业所得税从 39% 下降到 15%,并废除遗产税。据他介绍,年收入低于 2.5 万美元的个人和低于 5 万美元的夫妇无须缴税。在国际贸易中,特朗普强烈反对自由贸易,将《北美自由贸易协定》和《跨太平洋伙伴关系协定》描述为"历史上最大的盗窃和灾难",说这是由一群想要掠夺美国的特殊利益集团推动的。并强调说,美国很多社区多年来一直处于衰退之中,全球化的浪潮彻底摧毁了美国的中产阶级。而美国的贸易保护主义倾向及挑起的贸易争端,让世界经济前景的不确定性增加。

简单来说,特朗普需要打造的是低利率的经济环境,尽可能降低税收,增加人民可支配收入,增加非贸易壁垒。显而易见,在这样的计划中容易导致贸易规模减小和政府负债增加,甚至影响到局部产业的调整和失业的增加,在这样的国家经济调整变化过程中或许会推动新的国际贸易关系的形成。

2. 中国及"一带一路"倡议的推进

中国经济新常态下的一个重要战略性任务是深化改革、调整经济结构、转换驱动要素,保持经济中高速持续增长。在深化对外开放方面,党的十八届三中全会通过的《中共中央关于全面深化改革若干重大问题的决定》明确指出,"推进丝绸之路经济带、海上丝绸之路建设,形成全方位开放新格局"。党的十九大后又进一步提出,推动形成全面开放新格局;中国开放的大门只会越开越大。在开放的大背景下,在继续对亚太地区开放的同时,实行对西、南、北开放战略,形成开放的新格局。按照国际区域经济一体化的发展趋势,加快实施以周边为基础的放射性的自由贸易区战略,实现货物、资本和劳动力的自由流通。中国在结合自身经济发展形式的状态下尝试寻找一种新型的贸易关系来适应世界经济的发展。

"一带一路"建设务必遵循世界区域经济一体化的潮流,形成两个"开放新格局":国内区域经济协调发展新格局和全方位对外开放新格局。前者要打破地方、部门保护主义和市场割据,对内对外全面开放,实现国内区域和跨区域经济一体化;后者通过实施自由贸易区战略,与周边国家和地区实现对外区域经济一体化,与相关国家和地区共建"欧亚共同经济空间"。"一带一路"倡议提出以来,取得了良好的进展。2019 年 4 月,第二届"一带一路"国际合作高峰论坛在北京举行,包括中国在内,38 个国家的元首和政府首脑以及联合国秘书长和国际货币基金组织总裁共 40 位领导人出席圆桌峰会。来自 150 个国家、92 个国际组织的 6000 余名外宾参加了论坛。设立了"一带一路"标准信息平台、"一带一路"应对气候变化南南合作计划等合作机制,并达成多项协议,中国同意大利等国共同设立新型合作基金、开展第三方市场投融资项目。

3. 人民币国际化及亚洲基础设施投资银行(Asian Infrastructure Investment Bank,简称 AIIB)

人民币于 2016 年加入国际货币基金组织的特别提款权(Special Drawing Right,简称 SDR),其权重为 10.92%,仅次于美元、欧元。根据 2016 年年末数据,国际货币基金组织官方外汇储备币种构成中人民币占比为 1.07%,居全球第 8 位。根据环球同业银行金融电讯协会(Society for Worldwide Interbank Financial Telecommunications,简称 SWIFT)统计数据,截至 2017 年 3 月,人民币国际支付比例达到 1.78%,居第 6 位。同时,中国人民银行已与 38 个国家和地区的中央银行或货币当局签署了超过 3.3 万亿元人民币的双边本币互换协议。赤町等(Akatoshi 等,2016)认为,2005—2016 年期间,人民币成为东亚大部分国家的隐形"货币锚",国际化进程明显。① 成立于 2016 年的亚洲基础设施投资银行作为亚洲政府间多边发展机构,法定资本金是 1000 亿美元,总部设在北京。其主要着眼于基础设施建设,旨在促进亚洲地区的互联互通和经济一体化,并加强与亚洲其他国家和地区的合作。截至 2019 年 4 月,亚投行成员已达 93 个,已批准了 15 个国家的 39 个贷款或投资项目,达 79.4 亿美元。亚投行的建立和运转,对"一带一路"建设,以及人民币的国际化有着重要的意义。

---

① Akatoshi, I., et al., "Choice of Invoice Currency in Japanese Trade: Industry and Commodity Level Analysis", *Discussion Papers*, 2016.

4. 亚洲区域一体化

根据 2018 年 4 月 8 日的《亚洲竞争力 2018 年度报告》显示,亚洲整体竞争力增强,经济增速为 5.6%。亚洲主要经济体的发展趋势、综合竞争力等方面不断增强。亚洲各经济体之间在发展阶段和资源禀赋等方面存在差异,经济互补性较强,合作大于竞争。"一带一路"建设和亚投行对亚洲区域一体化形成了良好的促进作用。对亚洲基础设施建设、扩大投资需求、促进亚洲金融市场发展方面具有明显的正效应。博鳌亚洲论坛 2019 年 3 月 26 日发布的《亚洲经济一体化进程 2019 年度报告》称,在全球贸易保护主义势力抬头的背景下,亚洲经济体积极促进一体化进程,亚洲经济整体上对自身的依存度大幅提升。报告指出,贸易摩擦使亚洲区域贸易自由化进程加快。2017—2018 年 17 个新协定签署,70 个双边协定正在进行中;2018 年 3 月,除美国以外的其他 11 个《跨太平洋伙伴关系协定》成员签署了《全面与进步跨太平洋伙伴关系协定》。此外,区域全面经济伙伴关系谈判、中日韩自贸区谈判均在加快。从 2017 年起,亚洲进口情况明显好转,2018 年这一势头得到进一步增强。

5. 英国脱欧

2012 年欧债危机的爆发已经开始暴露出欧盟体系本身的不足,即统一货币与分散财政体制之间不可调和的矛盾。"英国脱欧"更加揭示了欧洲各国之间的文化差异,责任分配不均,各国政治观念的差异。这也使得欧洲一体化面临严峻的挑战,并可能给全球贸易体系带来较大的负面影响。

世界多极格局将面临调整。随着各国民粹主义的兴起,国际形势日趋复杂。在英国脱欧后,作为多极世界重要一极的欧盟将被削弱,处理国际事务的能力将会减弱。俄罗斯总统普京一直反对欧盟东扩和北约吸收独联体成员,因为欧盟地位的弱化可以为俄罗斯获得新的战略利益。美国在国际事务中的主导地位将进一步加强。由于欧盟和英国削弱了全球政治格局中的博弈力量,美国将进一步加强在国际政治、军事、经贸等方面的发言权。由于英镑和欧元相对走弱,美元的主导地位将进一步巩固,从而加强美国对全球政治经济形势控制的讨价还价能力。

第五章　新时期南北贸易关系
变迁博弈解析

　　2017年,随着美国实施贸易保护政策以及英国启动脱欧程序等事件的发生,似乎意味着一轮新的国际大格局变化的开端。作为发展中国家的代表,中国也继续向着"一带一路"倡议的方向前进着。当今世界经济的发展中,国际贸易依然是最为重要的推动力之一,南北贸易关系的发展变化也重新引人关注。这里尝试使用一种新的方式来重新解析南北贸易关系的历史变化,并基于变迁原理对当今南北贸易关系的新变化作出探索。

第一节　新时期南北贸易关系变迁的背景

　　国际贸易形势和关系发生新的变化,一部分原因在于世界各国经济的发展,另一部分原因在于各个经济势力利益需求的变化。

　　从图5-1可以看出,在国际贸易中货物贸易额和服务贸易额走势是大致相同的,且服务贸易总额远小于货物贸易总额;另外,服务贸易历史较短。所以货物贸易更具有历史研究价值。

　　纵观1948—2018年世界货物贸易进出口总额的变化,可以发现第二次世界大战后世界各国进入了一个快速良性发展的阶段,国际贸易保持持续发展的态势,在这70年中出现过几次暂时性的衰退;总体而言,国际贸易的高速发展依赖于世界各国经济的持续发展以及各国间贸易自由度的提高。

　　具体而言,在1948—2018年这个时间段里,国际贸易的发展速度并不一样,所以据此大致可以分为四个阶段。

　　第一个阶段:高速发展(1948—1973年)

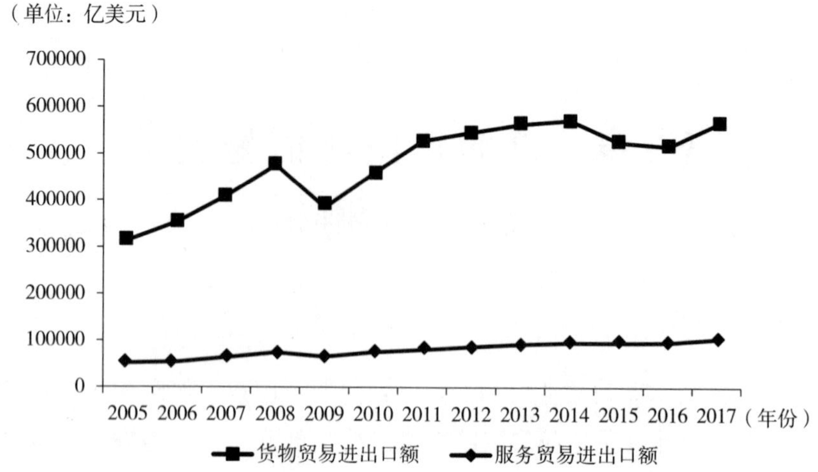

（单位：亿美元）

图 5-1　2005—2017 年货物和服务贸易进出口额

资料来源：世界贸易组织数据库。

在 1948—1973 年这 25 年间,世界范围的货物国际贸易进出口总额从 1200 亿美元增加到 11750 亿美元,增长了接近 10 倍,每年平均增长率为 9.9%,这一增长速度超过了国际贸易历史上的最高增长速度,高速发展的原因在于战后世界经济在和平的环境下迅速发展。

第二个阶段:缓慢发展(1973—1985 年)

1973 年以后,国际贸易的增长速度有了明显放慢趋势,直到 1985 年国际贸易进出口总额才达到 39690 亿美元,这 12 年仅增长了 3 倍多,年平均增长率仅为 8.4%。能源危机、世界经济进入衰退周期、国家债务危机、货币制度变化导致大范围的高通货膨胀率,使得国际贸易发展大幅度减慢。在这个时期,由于国际贸易的发展速度放缓,各国尝试找出新的思路去扩大国际贸易,经济区域集团化应运而生,也就使区域经济一体化进入了飞速发展的阶段。

区域经济一体化是因为生产力水平由于现代科技的高速发展得到了极大的提升,国家间寻求更高层次的合作来增强彼此的经济竞争实力,促使在部分地区的国家之间建立起一种较为稳定和基础的新经济同盟,最后达成具有区域性质的一体化形式,再者国际政治形势在这段时间发生了巨大的变化,国家间寻求新的合作形势。一体化组织中具有代表性的有亚太经合组织、北美自贸区和欧盟等。

第三个阶段：大发展时期(1985—2008 年)

借上一个发展阶段打下的基础，国家间的一体化模式推动了大发展的到来，直到金融危机爆发之前，受到主要以出口为导向的新兴工业化国家的迅速发展影响，国际贸易在世界范围内再一次快速发展，平均增长率达到了惊人的速度(9.8%)。在这段时间内，发展中国家的对外贸易得到了极大的发展，以远超发达国家的发展速度迅速在世界市场上挤占了相当不小的份额。

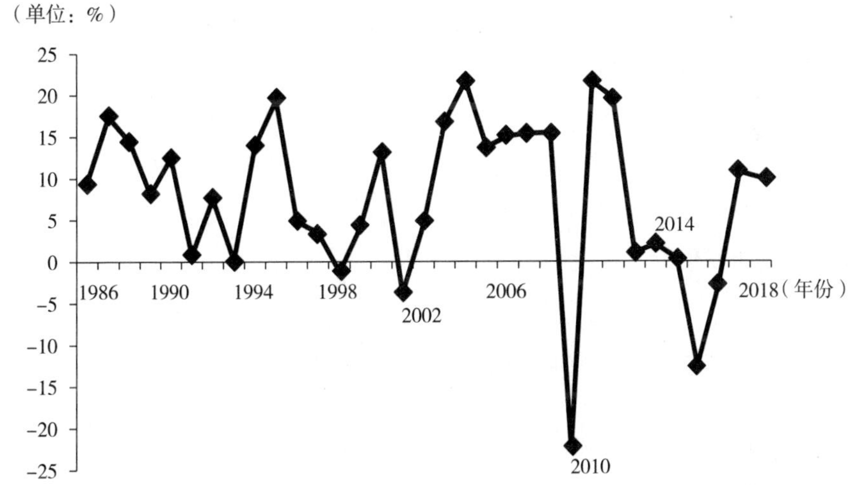

（单位：%）

图 5-2　1986—2018 年世界货物贸易年增长率

资料来源：世界贸易组织数据库。

第四个阶段：新时期(2008 年至今)

在此期间，个别年份的增长率甚至超过往年，同时零或负增长率也时常发生(见图 5-2)：在 2004 年和 2010 年达到了 22% 的年增长率，2009 年却是-22% 的年增长率。

根据世界贸易组织发布的《2018 年世界贸易统计报告》，2017 年，全球货物贸易量增长 4.7%，为 6 年来最高；货物贸易额增长 11%。除中东以外，所有地区货物贸易量都出现增长，其中亚洲贸易量增幅最大(8.1%)。工业制成品占所有货物出口的比重达 70%，化工产品、办公用品和通信产品及汽车产品占制成品出口的 44%。排名前三的货物贸易国分别是中国、美国和德国,三国货物出口总额约为5.3万亿美元,占全球总出口的30%。欧盟仍是最具活力的自由贸易区,占全球出口的比重达1/3;欧盟和北美合计占全球制成品出口的48%。

2017年,全球服务贸易全面复苏,服务贸易出口增长8%、进口增长6%。运输行业服务贸易出口增长9%;知识产权(Intellectual Property,简称IP)相关服务出口增长10%,并带动其他商业服务出口增长。排名前三的商业服务出口国分别为美国、英国和德国,出口总额约为1400亿美元;美国、中国和德国则是排名前三的进口国。与知识产权相关的服务贸易以发达国家之间的贸易为主,但一些发展中经济体服务贸易规模增长迅速。新加坡年增长率为36%;中国年增长率为28%,位居第二。最不发达国家在全球服务贸易出口中所占份额为0.6%,自2005年以来仅增长了0.3%。

新的贸易发展思路代表的是尝试和变革,在这条道路上势必会是一条摸索前进的路,在这种新的国际大环境下,各国间的贸易关系,尤其是南北贸易关系的变化就值得探索了。

第二节　新时期南北贸易关系的变迁

根据上文所述,新时期指金融危机后至今的时期,世界范围内的国际贸易在内容和形式上与以往相比发生了较大的变化。

南北贸易关系方面,在第二次世界大战后七十多年间发生了不小的变化,尤其是从20世纪80年代起,国际货币体系从单一美元为中心的布雷顿森林体系走向多元化的牙买加体系,加之世界政治的两极格局解体,促使了南北贸易关系发展开始多元化,不再拘泥于之前追求发达国家自己发展、发展中国家抱团抗衡的局面;自由的环境为南北贸易的新发展创造了条件。

从南北关系战后历史来看,大致可以分为两个阶段:第一个阶段是战后以美国和苏联为主导的两大阵营之间的冷战,南北方国家对立较多;第二个阶段是苏联解体后世界格局多极化发展的态势,南北国家的关系相对缓和。

南北贸易总量方面,在20世纪90年代以前,南北国家间的贸易量较少。从2004年到2017年,在南南型、南北型和北北型三种贸易形式中,有发展中国家参与的两种类型贸易总量都有明显的增长,至少翻了一番,并且南北型贸易总量跃居第一位。而在发达国家之间的贸易总量却在这十年间涨幅微小,仅为40%左右。说明发达国家在国际贸易的发展中推动作用正在逐步变小,发展中国家成为最近十年带动国际贸易发展的主力军和关键因素,见图5-3(a)、图5-3(b)。

（单位：亿美元）

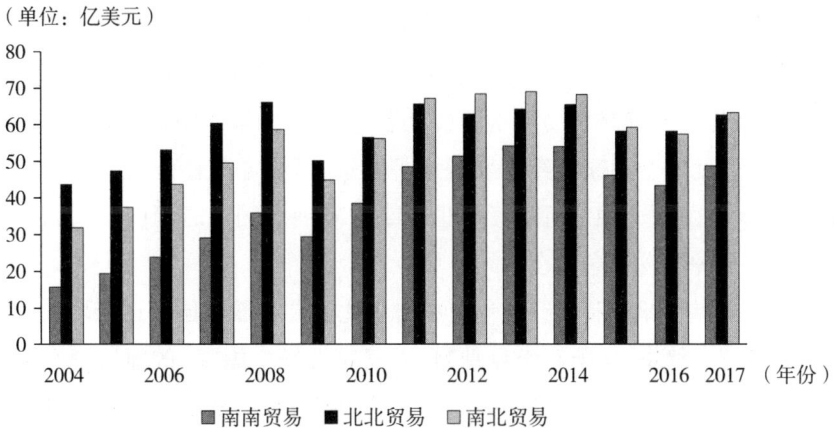

图 5-3(a)　2004—2017 年三种类型国际贸易总量

资料来源:世界贸易组织数据库。

（单位：%）

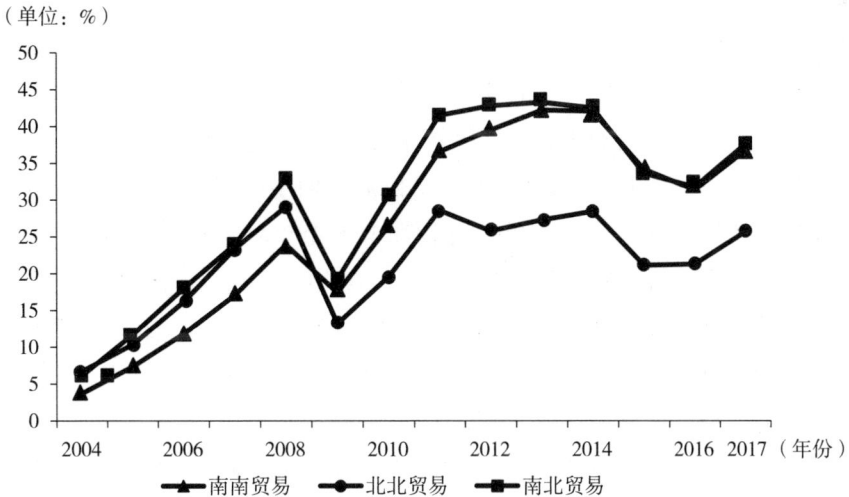

图 5-3(b)　2004—2017 年三种类型国际贸易增长量

资料来源:联合国贸易商品统计数据库(UN COMTRADE)。

在新时期南北贸易关系主要呈现以下几大特点：

其一，世界范围内的国际贸易总量继续呈现上升的发展趋势，但是呈现为波动增长的态势，而且波动率较大，体现出世界经济的不稳定性，并对国际贸易影响巨大。

其二，北方发达国家依旧引领国际贸易的走势，尤其是南北贸易也主要受到发达国家的主导，从图5-3（b）中可以看到，北北贸易和南北贸易的走势几乎相同，也印证了发达国家主导国际贸易的情况。

其三，发展中国家之间的联系在新时期愈发紧密，在发达国家市场收紧、设置花样繁多的非贸易壁垒的情况下，发展中国家之间正在寻求更多的合作。由于发展中国家的经济发展水平普遍较低，金融体制也并不十分完善，受到世界范围金融危机的影响也较小。发展中国家之间的南南贸易在新时期以一种爆发的态势在持续发展。

其四，在新的时期，曾经倡导贸易自由化的北方发达国家逐步增设各种类型的非贸易壁垒，以防止来自别国（尤其是发展中国家）的廉价商品对本地市场份额的挤压和生产者的冲击。发展中国家正在逐步开发南方自身市场以满足自身生产经济发展需要的市场份额。

一、南北方国家的矛盾与碰撞

宏观方面，经济全球化在南北方国家间引发了矛盾与碰撞；微观方面，存在资本与劳动、盲目与计划、贫穷与富裕、投机造成的破坏性与经济稳定性等方面的矛盾。由于现有全球经济制度与经济规则较为滞后，造成经济全球化缺乏管理与政策协调，世界经济发展方向不明确。而南北方国家经济矛盾产生的根源是快速发展的功能性全球化与滞后发展的制度性全球化。这是由于各自开拓市场的需要导致。发达国家在经济全球化中寻求更加广泛的市场，并伴随资本主义在全球范围的扩张；同时以美国为代表的部分国家，在检点和反思其在全球化进程中的得失，进而对包括与发展中国家经济贸易关系在内的全球化战略重新加以调整。发展中国家寻求加入经济全球化，则为利用全球化的外部条件与市场来发展本国经济。发展中国家面临开放的进度与本国产业生存之间的权衡，更为重要的是整体经济是否会因部分关键部门的开放而付出更高代价。既要积极参与全球化进程，又要避免其带来的冲击,因此需要控制开放的步骤,才能从经济全球化中受益,是广大南方国家所必须妥善面对的。

二、南北方国家的机遇与挑战

第一,经济全球化增加了南北方国家经济发展的不稳定因素。南北国家经济相互依存关系也随经济全球化而加强。目前,部分发展中国家或地区存在经济结构矛盾突出、宏观调控体系不完善、金融体制缺陷、监管力量薄弱、过早开放金融市场等问题,而全球资本流动的加快与金融投机的加剧对这些国家或地区会造成严重冲击,造成金融危机,继而也会严重影响发达国家。

第二,经济全球化使贫富差距不断扩大,其中既包括南北方国家之间贫富差距不断扩大,也包括南北方国家内部贫富差距不断扩大。已经到了令人吃惊的程度。而造成这一结果的主要原因是不合理的国际经济秩序。

第三,经济全球化条件下贸易保护主义重新抬头。贸易自由化是经济全球化的重要表现形式,以世界贸易组织为代表的多边贸易体制通过“一揽子”协议来规范各种贸易行为,减少了人为设置的贸易障碍和壁垒,促进了贸易自由化和世界经济的增长。但经济贸易发展的不平衡性及收益分配的差异性,各种贸易保护主义思潮仍然不时地回潮,并在各国的贸易政策中顽强地表现出来。特别是面对金融危机和主权债务危机,各种关税和非关税壁垒纷纷抬头。美国特朗普政府上任后的逆全球化思维及其在国际商品贸易、投资、技术等服务贸易领域的新贸易保护主义举措,更是大有开历史倒车之势头。

第四,经济全球化使全球宏观调控面临新的挑战。经济全球化在世界经济依存度日益增强的基础上形成,又深刻影响着各国的宏观经济运行。经济全球化造成的较高的对外依存度,使得防控外来的不利冲击影响,成为各国宏观经济调控的重要内容。外部市场变动复杂且竞争加剧,当一国经济严重依赖外贸时,必须防止外部市场变动对国内经济的干扰。实现本国的国际收支大致平衡,应当成为各国宏观经济调控的重要目标。而在南北国家的贸易与投资日益密切、国际产业价值链分工的环境下,各国政府为改善国际收支而干预外贸往来和外资流动的能力有所减弱,也成为不争的事实。

第五,经济全球化使南北国家的相互依附性日益增加。尽管发达国家的经济发展离不开发展中国家,由于在资金、人才和技术等生产要素方面,发达国家占据着明显的优势,因此无疑是经济全球化的主导者和规则制定的决策者,在南北经济关系中占据主动地位,而发展中国家与之相比则处于不利地位。

三、新时期南北贸易关系新框架的构建

在新时期中,国际贸易关系较为多变和复杂,难以使用以往的某一理论来加以解释和说明,本书尝试使用一种新的方式归纳新时期南北贸易关系的变化关系和规律。

在国际贸易自由化的进程中,特别是 20 世纪下半叶以来,国家间主要依靠国际经济一体化组织的形成来加深联系,而建立在优惠贸易安排基础之上,是国际经济一体化组织的普遍特征。而诸如关税同盟、自由贸易区、共同市场甚至是经济与货币联盟等不同程度的经济一体化形式,都是国家和地区间达成贸易更加自由化的优惠贸易安排而形成的。

优惠贸易安排的数量在过去的 25 年增加了 5 倍以上,到 2015 年达到了 400 个以上的数量。优惠贸易安排不仅在数量上增长迅速,然而在世界经济发展的大趋势下,条款的涵盖范围也在不断发展和变化。根据最近几年世界贸易组织年度数据报告显示,由于平均最惠国需要提供给世界贸易组织成员的非歧视性关税急剧下降,在优惠贸易谈判中,避免高额最惠国关税已经在谈判者心中不再占有那么重要的地位,取而代之的是国家间的贸易规避和贸易壁垒相关的政策,这说明在新时期,花样繁多的非贸易壁垒和贸易规避正在成为主角。

四、南北贸易关系中的权利不对称

在超世界贸易组织范围下的南北关系中,表面上看,贸易规则中的灵活性提供了足够的空间,让国家自己去制定和部署刺激经济发展政策;但是,实际上优惠贸易安排下却大大限制了南方国家的政策空间。因为,每一项优惠贸易安排的实现都不可能绝对公平,一定存在强势的一方和弱势的一

方,国家和地区间都有着争夺更大利益的共同目标,优惠贸易安排的目的便是希望把原本的零和博弈变成非零和博弈,使得协议双方共同受益。

尽管南北的优惠贸易安排协议的数量一直在激增,但是也逐渐出现许多不可避免的问题。例如,美国在与其他国家和地区希望达成优惠贸易安排的时候,一般会使用"竞争性贸易自由化"的政策手段,迫使其他国家通过竞争的方式进入美国广阔市场;并要求贸易伙伴进行经济和政治改革,鼓励其他国家采取美国式的商业法律和规则,或者至少是美国商业所能适应的规则。贸易问题政治化,以自由贸易协定作为筹码,鼓励其他国家支持美国的外交政策和安全战略,或从更为广义的角度支持美国的价值理念,成为美国国际经济贸易战略的一个显著特征。

由于美国在世界范围内处于绝对领先的经济地位,可以以自己的意念为主导制定优惠贸易安排内容,迫使南方国家必须作出选择同意与否,南方国家在这种情况下会遇到两种结果:第一种,不同意签署以美国意念为主导的优惠贸易安排,在和其他已同意协定的国家竞争美国市场时失去优势,被排除在外;第二种,同意美国主导的优惠贸易安排的主要内容,在不放弃美国这个经济大腿的情况下作出不利于本国的让步。最终的结果就显而易见了,使得南方国家在美国的压力与竞争下被迫签订不利于自身发展的南北优惠贸易安排,美国在协定中得到最大的获益。在南方发展中国家和北方发达国家签订优惠贸易安排的时候通常会遇到这样的情况,这便是对南方国家的一种歧视政策。这是通过南北的不对称,国家之间权利的不平衡使发达的国家和集团在南北贸易中获取更大的收益。因为经济弱小的南方国家不能分配利益,也没有拥有自主选择贸易的权利,他们也不能代替其他国家的贸易地位,所以这种"对外贸易的影响效应"更加增进了经济强大的国家讨价还价的能力。

在布雷顿森林体系瓦解后,在美国经济地位下降的情形下,美国、哥伦比亚、秘鲁和厄瓜多尔在安第斯地区贸易问题上进行谈判。开始阶段,美国与哥伦比亚和秘鲁进行的双边谈判进展并不顺利,美国转而向其他安第斯地区国家寻求合作谈判,给哥伦比亚和秘鲁带来谈判压力,因为这两个国家都不能接受其他安第斯共同体中的成员和美国达成优惠贸易安排或者其他更深层次的整合而将自己排除在外。所以,如果哥伦比亚和秘鲁与美国达成协议,这两个国家就必须同意和接受一些难以接受的条款,其中包括涉及一些敏感的领域,例如知识产权、农业自由化等将对这两个安第斯国家导致一系列有负面影响的条款。但他们不得不同意美国提出的条件,最终,哥伦比亚和秘鲁分别单独和美国签署了优惠贸易安排。这一现象在很大程度上说明了南北贸易关系本质上是一个零和博弈,在一方受益的情况下必然导致另一方的受损,同时又随着贸易协议的签署,优惠贸易安排使得市场份额增加,加大了总收益,最终达成了自由化非零和博弈,最终的获益方大多为北方发达国家。南北不对称依赖于北方国家利用经济歧视的能力和南部国家自身的发展压力,迫使它们接受限制性条款。

五、南北权力不对称扩散和政策空间挤压

新时期的世界经济大环境下,多边贸易谈判更加容易陷入僵局,以美国为代表的北方国家一直追求在超世界贸易组织的范围内进行更多的双边贸易及与贸易有关的协定。世界贸易组织产生的共识决策——"最惠国待遇"阻碍了贸易自由化的类型。因此,北方发达国家希望能出现在区域或者双边贸易行为中可能产生更大胆、更具有侵蚀力的优惠贸易规则。然而,新的超世界贸易组织条款就如同可以作为北方发达国家轻易优先进入南方国家市场的交换条件一样,相比较下,南方国家需要付出极为高昂的代价去换取进入北方国家的市场,也就是会让步牺牲掉南方国家自身的许多重要的发展政策和传统工具。

但是,虽然南方国家一直声称南北的优惠贸易安排会限制它们自身政策的实施和阻碍发展的空间,那为什么南北的优惠贸易安排数量还在增加呢? 西方经济学家主要有两种解释:

第一种解释是尼安斯和特伦普(Niacin 和 Trumper,2015),他们认为南方国家的领导人可能希望他们的国家签订类似这样的协议来引导本国落后和不景气的经济进行改革,但事实上却恰恰相反,最终通常限制了这些国家的政策实施和发展空间。

根据尼安斯和特伦普(2015)的研究,如果南方国家决心在协议中进行改革,南方国家就必须增强改革实施的可信度和可行性。此外,南北的优惠贸易安排可以推动创造相对有利的政治环境去支持经济改革,因为没有北

方发达国家协定签署下的支撑,南方国家也很难实现预期效益和经济改革。不过确实存在这样的国家,尤其是新的民主国家还没有拥有相对稳定的领导者,对于这样的南方国家而言就会使其在南北协商中有较大的政治空间去阻挠经济的改革。例如,欧盟与南方共同市场以及东盟的谈判就没有取得决定性的成果和进展,因为这些地区对包括知识产权、投资方式和服务贸易等问题在内的方面是否自由化的问题,大多存在较强的持续性抵制。另外墨西哥、秘鲁、哥伦比亚在和美国进行协定谈判中,也存在抵制程度更严重的情况。

第二种解释关于最近南北贸易关系的变化似乎更合理,其指出是由于南北权力的不对称导致北方国家拥有变换游戏规则、迫使南方国家加入南北贸易协定的能力。2000 年,美国贸易代表成功实施这一政策打开了南北贸易的新市场,2002 年又通过了相关立法,立法规定美国行政部门对各项优惠贸易安排拥有通过否决权,但不能对协定内容提出修改和改变,这才使得其"竞争性自由化贸易政策"得以实施。立法后的几年里,美国成功地与智利、新加坡、中美洲国家、秘鲁、哥伦比亚、巴拿马和韩国等签署协定,一方面说明放松的竞争性自由化政策起到作用;另一方面使得优惠贸易安排内固有的对南方国家的歧视性体现了出来,使得美国可以有效地在世界范围内进行施压,迫使更多的国家参与这种竞争性的自由化,使得更多的国家和美国产生更深的经济联系和整合。

特朗普上台以来,美国脱离世界贸易组织多边规则的单边行动使其与以世界贸易组织为代表的多边贸易谈判机制之间的矛盾日益显现。从国际贸易角度看,世界贸易组织在占全球贸易量95%以上的 164 个国家和地区之间建立了一整套规则,例如"最惠国待遇""国民待遇""约束关税""禁止数量限制""透明度"等。但美国限制钢铁和铝进口的措施,以及对中国产品加征关税,都明显违反了"约束关税"和"最惠国待遇"等基本规则。2017年 4 月,美国政府在总统特朗普指示下宣布对进口钢铁和铝产品启动所谓的"232 调查",即根据美国《贸易扩展法》第 232 条,美国商务部有权对进口产品是否损害美国国家安全启动调查。特朗普政府决定于 2018 年 3 月正式对进口钢铁和铝产品分别加征 25%和 10%的关税。2017 年 8 月,美国贸易代表宣布在技术转让、知识产权和创新等领域对中国开展"301 调查",并依据调查认定结果采取相应的单边报复和制裁措施。2018 年 7 月 6 日和 8 月 23 日,先后启动对中国 340 亿美元和 160 亿美元输美产品加征 25%的关税;9 月 24 日,进一步公布对中国 2000 亿美元产品加征 10%的关税清单;并在 2019 年 5 月 8 日宣布将 2000 亿美元产品的惩罚性关税提高到 25%。特朗普担任美国总统后,其反全球化的经济政策已与世界贸易组织所倡导的多边主义形成了强烈的冲突与对立。无论是依据"232 调查"对全球钢铝产品大幅加征关税,还是挥舞"301 大棒"对中国进口产品大规模征税,以及威胁要对欧盟、日本、韩国产品征税,从而迫使他们坐下来重新谈判双边贸易协定,无疑都是脱离世界贸易组织多边规则的单边行动。作为世界贸易组织重要成员,美国无视规则的存在,引起其他成员的连锁反应,必将对世界贸易组织造成极大损害。

第三节　南北贸易关系的动态博弈

从优惠贸易安排的进程中不难发现南北关系的变化呈现出较为明显的时间性和阶段性,其中的衍变涉及双边国家甚至多边国家的经济政治的博弈。南北贸易关系变化的历史进程是国家间多轮的动态博弈过程。所以,这里主要以对优惠贸易安排的研究展开有关动态博弈的分析,并根据南北贸易关系的历史发展进程分为两个阶段的三种博弈模型来进行分析讨论。

考虑到优惠贸易安排的发展进程,主要研究时间集中在 1985 年至今。两个时间阶段以 2008 年金融危机为界限。在前一个阶段是国际贸易飞速发展的阶段,在这二十多年之中,南北贸易关系是在发展中成熟、变化中探索,北方发达国家和南方发展中国家都努力探索如何在国际贸易的大蛋糕中分得更多利益份额,因此在这个阶段的博弈模型将分两种来进行讨论。

一、北方国家"单干"博弈模型

如果一个南方国家由于对南北双方之间优惠贸易安排中的内容不认同,则北方国家会选择单干,并选择其他相对来说更愿意开放本国市场和贸易更自由化的国家签署协定。南方国家的竞争国签署协定并打开了发达国家的市场,因此就可以通过这样的方式来对没有参与协定的南方国家施压,这是一种极其明显的歧视和权利的不对等,借此达到逼迫南方国家必须达成不利于其自身的双方优惠贸易安排。格鲁伯(Gruber,2000)将这种现象称为"单干"(见图5-4)。

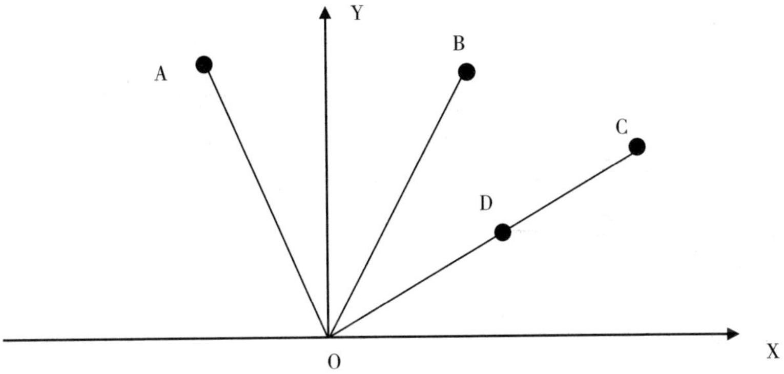

图5-4 "单干"博弈模型图

在这个"单干"博弈模型图中,X轴代表南方国家在南北贸易中产生的经济效用,Y轴代表北方国家在南北贸易中产生的经济效用,A、B、C、D四个点分表代表不同种南北贸易的方式产生的不同效用组合。

以上这种在《北美自由贸易协定》中的谈判涉及的南北贸易非对称关系在现实的世界经济范围内是一种非常典型的特性。因此,以美国为代表的北方发达国家很容易去推动和实现它们自身想要在许多领域达到的谈判目标,包括农业、投资政策和知识产权等在内的敏感行业。同时,这也使得给以墨西哥为代表的南方发展中国家自治政策带来许多负面的影响。

例如,《北美自由贸易协定》也限制墨西哥在包括保护公共卫生等方面及其他重要领域的许多政策自主权,由于《北美自由贸易协定》的签订,涉及知识产权领域的变化,使得墨西哥政府不能顺利全面地应对20世纪90年代的艾滋病病毒传播并为其公民提供免费的药物,也不能独立防止1994年药物的价格上涨速度远高于通货膨胀率带来比索贬值的恶果,药物只能通过私营部门提供,对于那些没有医疗保险的人民来说就很难得到有效治疗了。究其根源,墨西哥不能有效地应对公共健康挑战的困难是与《北美自由贸易协定》的签订有关系的,因为协定在很大程度上限制了其自治公共卫生政策的实施。

相比较而言,同样作为南方国家的巴西在应对严格的知识产权制度和管理公共卫生挑战的时候就成功许多,在应对发生在 20 世纪 90 年代末和 21 世纪初的艾滋病病毒传播的时候采取的措施就更加有效和全面了。因为它通过了一项法律,名为巴西公民免费药物治疗,通过使用成本更低的替代药物来防止艾滋病病毒治疗项目的不可持续性,与此同时,在这一过程中,巴西修改其知识产权制度,实施包括医疗当局审查专利、申请强制许可等措施,使得其在应对公共卫生方面拥有更多的权力,进而更容易获得和使用成本更低的替代药品,并使其更加容易地进入市场被购买和使用。

其他南北优惠贸易安排,如美国与哥伦比亚和秘鲁的优惠贸易协议在安第斯谈判中出现僵局,如图 5-5 中描述的机制,美国和安第斯集团会谈后在涉及知识产权和农业自由化在内的问题上产生了严重分歧。随后美国很快与玻利维亚和厄瓜多尔达成双边协议,而集团中剩下来的哥伦比亚和秘鲁,考虑到这样的结果对本国很不利的情况下与美国谈判,只能接受美国提出的贸易协定才能达到当前的最小损失结果,因为不接受协定的结果是任何一个安第斯集团国家都不可以负担的。其中,原安第斯集团国家委内瑞拉由于一些其他政治经济因素没有和美国达成协议,退出了安第斯集团,成为"单干"博弈模型中选择不被迫妥协的南方国家,委内瑞拉对美国的出口走势(见图 5-5)也印证了图 5-4 的模型。2006 年,委内瑞拉放弃与美国达成优惠贸易协定后,贸易额迅速被其他竞争国家挤占,从而大幅度下降。因此,美国成功地利用这种情况对安第斯集团国家产生压力,尽管在开始和安第斯集团的谈判中没有达到自己想要的结果,但是通过施压后分别签署的协定还是使美国达到了其想要的在包括知识产权、农业自由化等领域的有利条款。因此,哥伦比亚和秘鲁在美国的压迫下只能妥协退让,在一些关键领域向美国开放,使得美国获取更大的利益,掌控更多的经济命脉。

美国和韩国优惠贸易安排也是如此,逻辑也如同图 5-4 所示,在开始阶段,韩国一直没有与美国在贸易协定方面达成共识,美国希望通过协定开放本国市场以提高和韩国的贸易总量为条件换取韩国方面开放农业和金融等领域市场。在协商阶段,美国同样采取拖延的方式,不退让自身的利益同时并不急于与韩国达成一致,但随着韩国国内生产力的大力发展和过剩以及急于进入美国市场这一巨大压力的出现,韩国不得不妥协让步,与美国签

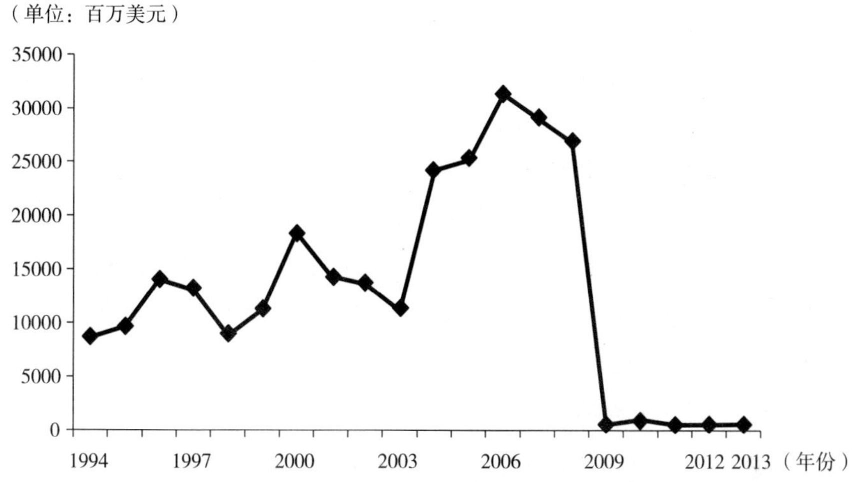

（单位：百万美元）

图 5-5　1994—2013 年委内瑞拉对美国的出口贸易额

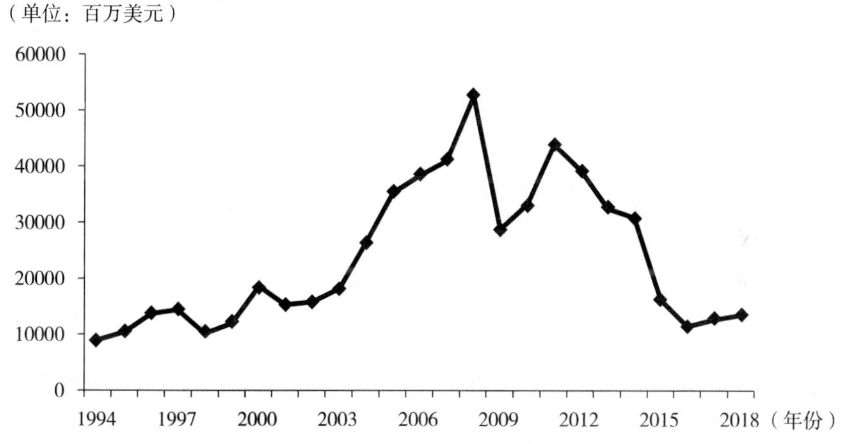

（单位：百万美元）

图 5-6　1994—2018 年美国从委内瑞拉的进口贸易额

资料来源：联合国贸易商品统计数据库。

订协议，尽管韩国政府知道开放包括农业、金融等领域市场会给本国带来许多不利影响。

在南北贸易关系的谈判中对南方国家的负面影响也同样反映在北方国家，北方发达国家反对完全开放南方国家具有竞争优势的相关领域。根据世贸组织《关税与贸易总协定》对于贸易的第二十四条规定，优惠贸易安排需要涵盖几乎所有贸易，这在理论上使得如农业等领域从优惠贸易安排中排除基本是不可能的。但是,对于"几乎所有"贸易的解释已经变得相当模糊了,北方国家想方设法想要将敏感领域排除出自由化的范畴。在日本与一些南方国家包括新加坡、马来西亚、泰国和菲律宾等国家签署优惠贸易安排,主要农产品的商品几乎占了日本农产品进口的一半左右。

自由化的贸易是非零和博弈:它将使得每一方都受益。尽管如此,我们依然知道国家实力的强弱会直接影响到贸易收益的大小,使得发达国家获得远超过发展中国家的利益。因此,正如图5-4所示,南北的优惠贸易安排是一个非零和博弈的安排,增加了协定国家整体的福利,但在非零和博弈中又存在一个零和博弈,使得更有实力的国家额外多获得收益。这一博弈是由国家间的权力不对称引发的,北方发达国家使得南方发展中国家被迫在选择脱离与北方国家签署优惠贸易安排独立存在(竞争对手享受优惠待遇)和随大流加入优惠贸易安排(以让渡部分敏感领域为条件)两者中作出选择,因此,南方国家出于自身国家的发展和利益,一般都会同意协定而作出限制他们政策空间和选择的决定。

二、南方国家"等待"博弈模型

如图5-7所示,在一轮博弈的南北优惠贸易安排的谈判中,即便在其他方面是对等的,权利的不对称在绝大多数的情况下意味着南方国家会输掉这场零和博弈,从而不能得到贸易自由化后带来的福利增加。然而,其他的事情并不总是这样的,在"单干"博弈模型后,南方国家顺利进入北方国家市场,同时也在想方设法逐渐减缓甚至磨灭权利不对称的歧视对待所带来的压力和负面影响,还可以反过来在新的博弈中对北方国家产生压力和影响,相较于上文提到的"单干"博弈模型,这就产生了"等待"博弈模型。

同样还是北美自由贸易区,其协定的签署同样对欧盟和日本产生了压力,迫使他们努力与墨西哥达成相关优惠贸易安排协议,目的让他们的跨国公司可以在墨西哥市场与美国公司进行公平竞争。在欧盟与墨西哥签署优惠贸易安排后,它增强了对日本的压力和歧视,使得日本不得不在最短的时间内寻求与墨西哥重新签署协定,墨西哥正式加入北美自贸区是1994年,日本对墨西哥的出口贸易受到了一定程度的影响,从图5-8中可以发现,其在1994年贸易量出现了明显的拐点,呈现下降趋势,说明同样是北方发

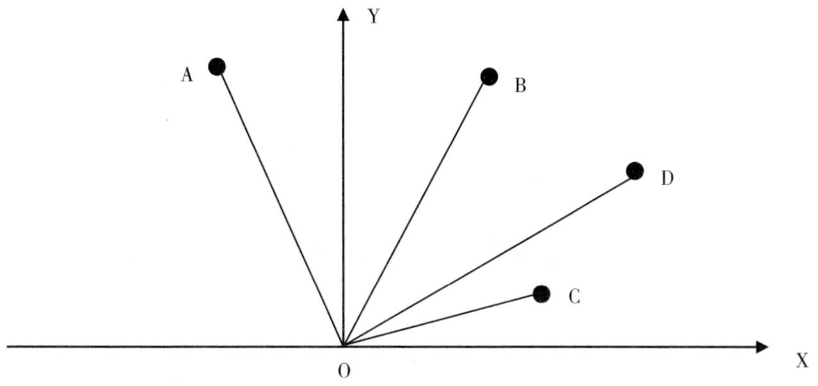

图 5-7　"等待"博弈模型图

达国家的日本在墨西哥市场受到了来自美国的挤占。另外,墨西哥在签署了《北美自由贸易协定》后,尽管主要条款和规定基本是由美国来主导制定,墨西哥却可以利用其来对欧盟和日本施压。欧盟在墨西哥的总贸易份额从 20 世纪 90 年代初期的 11% 左右下降到 2001 年的 6.5%。欧盟失去墨西哥市场的最主要原因就是《北美自由贸易协定》的存在,继而欧盟开始持续和墨西哥进行优惠贸易安排的谈判,并尽一切努力去完成和结束谈判。《北美自由贸易协定》提供了一种贸易自由化的模式,欧盟也希望得到同样的待遇,但墨西哥同样从《北美自由贸易协定》中增强自身的谈判实力和地位,可以很好地利用它抵制一些关键的负面经济影响的条款。

同样,美国在建立了和哥伦比亚、秘鲁、东盟之间的特惠贸易关系后,引发了来自欧盟的行动。因此,欧盟也很快与这三个国家集团达成了优惠贸易安排。这些背后的逻辑是在等待博弈行为中,北方发达国家承受压力,需要寻求在尽量短的时间内与南方国家达成贸易协定,而南方发展中国家却可以保持观望态度,等待协定内容产生足够的吸引力,以寻求在协定中实现自身利益最大化。因此,可以认为,"单干"博弈中南北优惠贸易安排提高了南方国家的地位和他们讨价还价的权力,使得在"等待"博弈中,北方国家继续采用"单干"博弈的形式是受到限制的。

在图 5-7"等待"博弈模型图中,X 轴代表南方国家在南北贸易中产生的经济效用,Y 轴代表北方国家在南北贸易中产生的经济效用,A、B、C、D

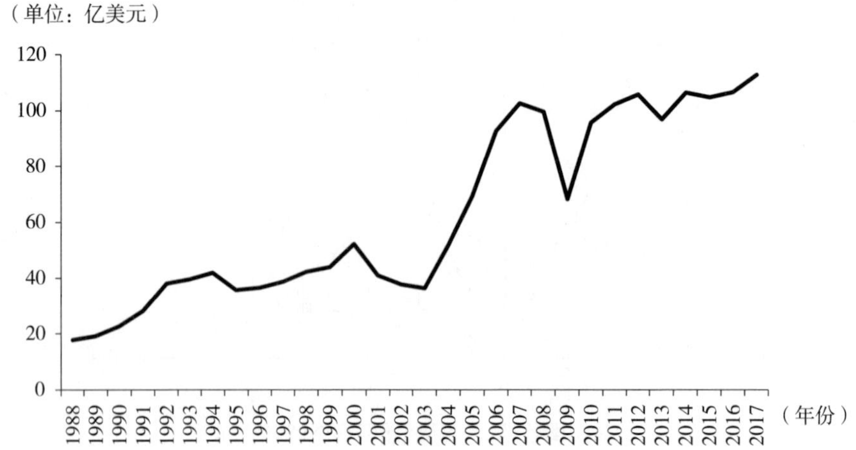

（单位：亿美元）

图 5-8　1988—2017 年日本对墨西哥的出口贸易额

资料来源：联合国贸易商品统计数据库。

四个点分表代表四种南北贸易的方式从而产生的不同效用。如同之前一轮"单干"博弈模型图中提到的一样，点 C 代表签署优惠贸易安排前南北方国家的平衡贸易状态，而当北方国家选择和其南方国家的竞争国家签订协议后"单干"博弈则出现点 A 的情况，如果此时南方国家选择妥协而和北方国家签署协定，则达到点 B 的情况。不同的是，在图 5-7"等待"博弈模型图中，由于南方发展中国家市场已经与部分北方发达国家市场相连，所以当北方国家选择"单干"博弈的时候，情况并没有顺利变化到点 A 的情况，而是依旧保持在点 C 处，甚至北方发达国家的效用比点 C 更差。因此北方国家倾向于公平合作，实现共赢来避免不必要的损失。在这种情况下，南方国家可以选择的情况变成了不理想的点 C 和更为理想的点 D，南方国家在"等待"博弈中占据了比较有利的位置。

对比而言，在"单干"博弈的南北优惠贸易安排中，如果南方国家坚持不与北方国家签订协议则会导致南方国家的贸易经济受到极大的影响，贸易成本急剧增加，从而只能选择被迫让步与北方国家签订协议。另外，因为南方国家通过优惠贸易安排已经成功地打开了北方发达国家的市场，则能反过来向其他的北方国家施加压力，导致其他北方国家如果不和南方国家签订协议则会在与已签订协议的北方国家的竞争中遭受巨大的经济影响，极大地降低竞争力。所以,在"等待"博弈中,南方发展中国家有能力向其余北方国家施加压力,等待最有利于自己的优惠贸易安排的到来。

　　按照这个逻辑,就能解释为什么乌拉圭回合谈判是比较成功的,而多哈回合谈判却没有取得进展。首先,以美国和欧盟为代表的北方发达国家采用退出 1947 年《关贸总协定》的办法打破并改变当前的南北贸易关系的平衡状态,这样迫使南方发展中国家必须作出选择,要么同意世贸组织的完全不同于原先的协定,要么继续留守由于太多国家撤离而导致已经没有太多经济意义的《关贸总协定》。再者,在多哈回合谈判中并没有像之前乌拉圭回合谈判那么顺利,北方发达国家不能顺利地利用权力的不对等来轻易左右博弈的走向,就如同"等待"博弈中演绎的一般,南方发展中国家可以承受拒绝带来的后果,从而去继续保持现状以谋求更大的利益。当然,北方国家可以继续背弃世界贸易组织去建立新的规则,但同样会带来大量的技术问题和连带负面影响。

　　第二种类型的效用是一轮博弈中的南北优惠贸易安排提供给南方国家从北方国家的竞争中反转这种不对称歧视的压力,因为北方发达国家跨国企业需要获取世界市场的份额、扩展市场规模、抗衡其他发达国家企业的挑战和竞争,所以,北方国家的跨国企业会推动和影响国家政府去签署达不到利益目标甚至需要作出部分退让的优惠贸易安排,以达到减少和磨灭其带给跨国企业的负面影响和歧视性对待。事实上也确实如此,美国、欧盟、日本等北方国家签署的很多优惠贸易安排都来源于其国家企业公司的推动,目的是消灭美国、欧洲和日本等进入新兴和发展中经济体的行业歧视。因此,通过南北国家的"单干"博弈后,使得南方国家可以利用产生的对北方国家跨国公司的歧视对待现象,在"等待"博弈中为南方国家自身谋取更多更大的利益。

　　除了《北美自由贸易协定》带来的影响,这种南北优惠贸易安排的连带效应也扩散到拉丁美洲的其他国家、亚洲东部和东南部国家,这也迫使欧盟为了应对美国和日本所拥有的贸易优惠也和包括哥伦比亚、秘鲁、韩国与东盟在内的国家签订了优惠贸易安排,目的在于能够重新实现公平竞争,从而导致欧盟降低了和南方国家讨价还价的地位。就像韩国在"单干"博弈的时候与美国达成优惠贸易安排,由于欧盟想要继续保持与美国在韩国市场的公平竞争和在韩国企业状况的持续恶化,韩国在和欧盟进行"等待"博弈的时候就极大地提高了讨价还价的谈判能力。因此,欧盟未能在谈判过程中实现一些想要达成的重要目标。日本也承受了二轮博弈带来的负面效应,面对美国和欧盟陆续签署的优惠贸易安排,日本在墨西哥的进口产品中所占的比例从 1994 年的 6.1%下降到了 2000 年的 3.7%,日本的出口带来了 35.4 亿美元的损失,同时,由于欧盟和墨西哥之间减少了钢铁的税率,导致日本钢铁出口行业承受了 3 亿美元/年的损失。这一系列的损失和潜在的威胁促使日本也需要尽快签署更多的优惠贸易安排。事实上,日本确实在短时间内和墨西哥签署了优惠贸易安排以达到和美国、欧盟同样的市场进入门槛,随之付出的代价是墨西哥强势地否决了协定中日本提出的几个关键条款。

　　总的来看,在优惠贸易安排的一轮博弈是大幅度增强南方国家在"等待"博弈中的讨价还价能力的最重要原因。在"单干"博弈中,南方国家和北方国家的市场得到了进一步的结合,使得南方国家可以在"等待"博弈中忽视北方国家如果采用"单干"博弈带来的压力;并且,南方国家还可以在"等待"博弈中反转这种带有歧视性的压力,因为北方国家需要尽快达成协定来使自己重新回到公平竞争的环境中去。

三、新时期博弈模型

　　新时期下,国际贸易的增长速度骤降,新型贸易壁垒和非贸易壁垒也层出不穷,"单干"博弈和"等待"博弈已经不能够解释现阶段南北方国家的贸易关系变化行为,如美国退出《跨太平洋伙伴关系协定》,中国重点打造"丝绸之路经济带"和"21 世纪海上丝绸之路",并组建亚洲基础设施投资银行,英国"脱欧"等预示着贸易关系在发生着不同以往的新变化,在影响南北贸易关系的因素中,已经并不只有经济因素了,政治因素和目的也逐步占据愈发重要的地位。

　　从这些经济大事件的发生目的来看,美国和英国作为北方发达国家希望能够脱离贸易一体化组织,重新成为个体去影响国际贸易行为,因为无论是美国还是英国都和其他很多国家签订过优惠贸易安排,甚至是和某一个国家拥有两份或以上的不同程度的贸易一体化协定,在脱离某一项优惠贸易安排以后,它们的国内市场受到的影响会比预计中小很多,更重要的是还能逃出一些来源于"等待"博弈协定中对本国很不利的条款。

相对而言,中国作为南方国家,希望在基础设施等领域寻求更多的合作关系,南方发展中国家希望能够作出"抱团"行为,去寻求在全球范围内更大的话语权,达到类似"单干"博弈模型中北方国家的位置,以抹平贸易权利的不对等。

如图5-9所示,新时期博弈模型图中,X轴代表南方国家在南北贸易中产生的经济效用,Y轴代表北方国家在南北贸易中产生的经济效用,A、B、C、D、E、F六个点分表代表不同南北贸易关系下南北方国家效用的不同组合点。在没有进行新时期博弈的时候,南北关系的组合点在点D,此时分为两种情况。

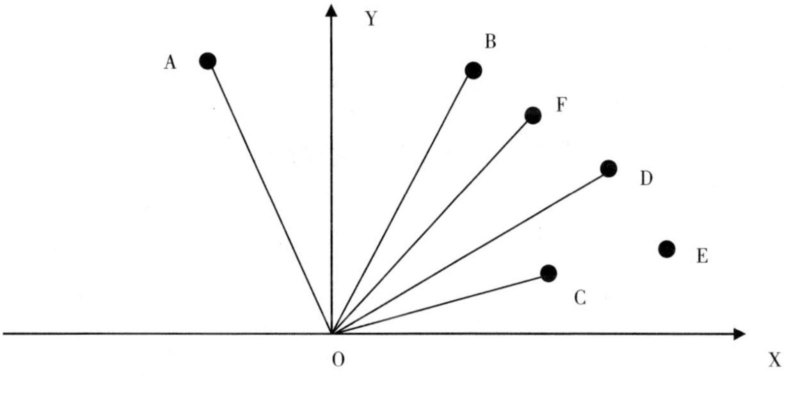

图5-9　新时期博弈模型图

第一种情况,北方发达国家选择打破签署的协定,脱离原来的贸易一体化关系,此时,由于北方国家还和很多其他国家保持优惠贸易安排,并不会对北方国家在南方国家市场上的贸易份额有太大的影响,更是可以甩掉一些原来进行了被迫退让的协议条款内容,最终的南北贸易关系应该是在点F。

第二种情况,南方发展中国家为了增强与北方发达国家团体相抗衡的整体实力而选择"抱团"的话,在全球范围内更加强大的经济贸易实力就重现了北方发达国家在"单干"模型中的地位,可以有资格和能力向其他国家施压,从而使得南北贸易关系组合点从点D移动到点E。

但是,在新时期博弈模型中,这不能算是一次完整的博弈,而是两次分开的博弈选择过程,并没有能够达到博弈的平衡点,其最后的博弈平衡点应该是在点 E 和点 F 的中间地带,而且南北贸易关系在达到最终的暂时平衡前可能会出现一段时期的波动。

在新时期北方发达国家出于经济因素或是政治因素考虑,愈发走向了"单干"博弈的一方,而反观南方发展中国家之间的联系,确实变得更加紧密。但无论是北方国家还是南方国家,其出发点都是希望自身能够在接下来的国际贸易中得到更大的权利,从而赢得更多的利益。

以上的分析,主要讨论了优惠贸易安排中南北关系的变化机制,借用两轮动态博弈的新框架来阐述不同阶段的南北国家的关系,说明南北优惠贸易关系并不是完全决定于南北力量的不对等而产生的贸易关系不对等,而是从一个更新颖的长期视角展示了两种情形:"单干"博弈模型中北方国家主导和"等待"博弈模型中南方国家优势。

新框架认为,博弈的阶段决定了贸易协定的结果和贸易关系的发展,南北方国家实力的不对称被很好地体现在了"单干"博弈中,面对北方国家选择"单干"博弈的情况下,南方国家如果选择不签署协定就意味着将带来更大的经济损失,所以不得不签署协定并作出退让。尽管发展中国家和新兴经济体签署了较为不利的优惠贸易安排,却反过来可以在"等待"博弈中对其他北方国家施加压力,其他处于竞争关系的北方国家迫切地想要得到公平竞争的机会,否则也会导致巨大的经济损失,使北方国家也必须为签署协定作出让步和妥协。所以,对于发展中国家和欠发达国家而言,可以尝试调整南北贸易的政策,在签订优惠贸易安排后在接下来协定签署时占据优势和好处,由此可见,主导协定并不是北方发达国家的专利。在这种新的框架下不难发现,未来可能会出现新形式的南北贸易关系并最终达到消除权利不对称的优惠贸易安排。

在最后的新时期框架下,来自北方发达国家和南方发展中国家的两种不同力量可能会通过波动的形式逐渐收敛到一个处于"单干"博弈和"等待"博弈平衡点的某一中间位置,成为双边和多边最终都能接受的结果。在这里进行一个大胆的推测,新时期的南北贸易关系会呈现一种波动式的发展趋势,总体趋势良好,有利于双方利益,但是过程会更加复杂多变,最终一定能达到一个短时间的发展均衡点。

第六章　新时期南北贸易关系中的
国家竞争力评价

第一节　不同时期南北贸易关系聚类分析

聚类分析是对样品或变量进行分类的一种多元统计方法,目的在于将相似的事物归类,规定变量间的相似性测度换算成的距离($d_{ij} = 1 - c_{ij}$,其中,d_{ij}表示变量i和变量j之间的相关或相似系数)看作类与类之间的距离;然后将距离最近的两类合成新的一类,每次减少一类,重新计算新类和其他各类的距离;以此重复进行最近类的合并,直至所有的变量(或样品)合并成一类。

聚类分析主要分为5个步骤:定义样品间的距离,以及类与类之间的距离;令每个挂测记录各成为一个类别;计算类与类之间的距离,并将距离最近的两个类合并为一个类,类的数目减1;如果当前的类的数目大于1,重复第三步;结束聚类过程。

从上述的聚类步骤可以看出,定义样品之间和类之间的距离是关键,有多种距离的计算方法,在此选择欧氏距离:

$$d_{ij} = \sqrt{\sum_{k=1}^{p} (x_{ik} - x_{jk})^2} \, d_{ij} = \sqrt{\sum_{k=1}^{p} (x_{ik} - x_{jk})^2} \tag{6.1}$$

一、大发展初期

根据上文分析,1985年是南北贸易大发展的开始,选取1985年进行聚类分析可以很好地判别当年世界各国的实际情况,在国家的选取方面考虑到数据的真实性和有效性,在发展中国家当中选取了中国、印度和墨西哥作为研究国家;发达国家选取了美国以及欧洲的英国、法国、意大利和德国,亚洲的日本作为研究国家。原始数据均来源于世界贸易组织数据库和联合国贸易商品统计数据库,并经过计算得到。

变量影响因子包括出口占比、外商直接投资净流出、外商直接投资净流入、国内生产总值、国内生产总值增速、进口占比、国内生产总值平减指数、货物贸易占比、税收占比、贸易占比、服务贸易占比、政府教育支出占比、政府消费支出占比等,涵盖国家经济发展、国际贸易、国民素质、政府行为等各方面。

利用 SPSS 18 中的 K 均值聚类,选取 2 作为聚类值,通过最大 10 次迭代得到结果,见表 6-1、表 6-2 和表 6-3。

表 6-1   聚类成员

案例号	国 家	聚 类	距 离
1	中 国	1	11.423
2	德 国	2	12.314
3	法 国	2	4.595
4	印 度	1	15.517
5	美 国	1	15.577
6	英 国	2	9.620
7	日 本	1	16.876
8	意大利	2	9.800
9	墨西哥	1	43.067

表 6-2   最终聚类中心

变 量	聚 类	
	1	2
出口占比	10.04	23.65
外商直接投资净流出	0.17	0.93
外商直接投资净流入	0.43	0.49
国内生产总值	27.86	28.13
国内生产总值增速	6.37	2.74
进口占比	10.12	24.09

续表

变　　量	聚　　类	
	1	2
国内生产总值平减指数	15.67	5.56
货物贸易占比	18.66	41.04
税收占比	14.69	20.63
贸易占比	20.16	47.74
服务贸易占比	4.17	9.78
政府教育支出占比	2.84	4.48
政府消费支出占比	12.93	20.25

表6-3　最终聚类中心间的距离

聚　　类	1	2
1		43.369
2	43.369	

从结果中可以看到,聚类数为2的聚类中,中国、印度、墨西哥、美国和日本为第一类,德国、法国、意大利和英国为第二类。很明显,聚类结果的区域性极强,第二类的四个国家全部为欧洲国家,并且中国、印度、墨西哥这三个发展中国家也同时被分在了第一类中。根据结果可以得出以下结论。

随着欧盟东扩成员的增加,以及欧元的运转,欧洲国家向着统一的国际贸易标准快速发展,欧洲国家之间由于地缘较近的关系共同发展迅速。可以明显发现,即便在1985年世界范围内外商直接投资水平非常低的情况下,欧洲国家的外商直接投资流量也数倍于第一类的国家。

在第二类的欧洲国家的聚类得分中,最高分为贸易占比和货物贸易占比,说明在这个南北贸易关系大发展的初期,欧洲发达国家已经非常依赖国际贸易来带动本国的经济发展。

反观第一类的国家中,通过聚类成员的距离来观察,中国和印度在这一类中最具代表性,距离最小;而墨西哥距离最远,最不具备代表性。聚类得分中发现,国内生产总值是影响最大的因子,代表这一时期中国、印度还是以主要靠提高本国经济为主的发展方式,国际贸易还处于不是特别重要的地位。

从最终聚类中心间的距离看出,两个类别的国家间距离较大,分别具有很强的代表性。

二、大发展中期

根据上文分析,2000 年是南北贸易大发展的中期,是大发展时期迅速发展的稳定时期,选取 2000 年进行聚类分析可以很好地判别大发展时期世界各国的实际发展情况。在国家的选取方面考虑到数据的真实性、有效性和对比参考性,选取的国家基本相同,在发展中国家当中选取了中国、印度和墨西哥作为研究国家;发达国家选取了美国以及欧洲的英国、法国、意大利、德国和俄罗斯,亚洲的日本作为研究国家,唯一的不同在于加入了俄罗斯,原因在于俄罗斯经历了国家政治体系的变革后极具研究价值;并且考虑到在 21 世纪,全球范围内对环境的要求逐步提高,故加入了二氧化碳排放这个指标进入变量作为重要参考。原始数据均来自世界贸易组织数据库和联合国贸易商品统计数据库,并经过计算得到。

参考变量包括:二氧化碳(Carbon Dioxide,简称 CO_2)排放、出口占比、外商直接投资净流出、外商直接投资净流入、国内生产总值、国内生产总值增速、健康支出、进口占比、平减指数、商品贸易、军费支出、税收、贸易占比、服务贸易占比、政府教育支出、政府消费支出。

利用 SPSS 18 中的 K 均值聚类,考虑到俄罗斯的特殊性,故在此选取 3 作为聚类值,通过最大 10 次迭代得到结果,见表 6-4、表 6-5 和表 6-6。

表 6-4 聚类成员

案例号	国　家	聚　类	距　离
1	中　国	2	19.636
2	德　国	2	17.668
3	法　国	2	12.424
4	印　度	3	8.440
5	俄罗斯	1	0

续表

案例号	国 家	聚 类	距 离
6	美 国	3	6.354
7	英 国	2	17.299
8	日 本	3	9.353
9	意大利	2	9.599
10	墨西哥	2	16.345

表6-5　最终聚类中心

变 量	聚 类		
	1	2	3
二氧化碳排放	1.56	0.42	0.47
出口占比	44.06	26.19	11.35
外商直接投资净流出	1.22	6.18	0.95
外商直接投资净流入	1.03	5.52	1.46
国内生产总值	27.58	28.32	28.97
国内生产总值增速	10.00	4.68	3.57
健康支出	5.42	7.38	8.29
进口占比	24.03	25.78	12.39
平减指数	37.70	2.99	1.51
商品贸易	57.84	45.49	19.04
军费支出	3.55	1.74	2.27
税 收	13.73	17.22	13.83
贸易占比	68.09	51.97	23.75
服务贸易占比	10.64	10.38	5.43
政府教育支出	2.94	4.36	4.74
政府消费支出	15.09	17.18	14.48

表 6-6 最终聚类中心间的距离

聚　　类	1	2	3
1		45.164	77.923
2	45.164		44.588
3	77.923	44.588	

　　从结果中可以看到,聚类数为 3 的聚类中,俄罗斯单独为第一类,中国、德国、法国、英国、意大利和墨西哥为第二类,印度、美国和日本为第三类。很明显可以看到,聚类结果和 1985 年大发展初期的时候有很大的区别,第一类的俄罗斯因国家体制变革而有别于其他国家,并且中国和墨西哥的贸易特点更加趋近于欧洲发达国家,印度更加趋近于美国和日本。根据结果可以得出以下结论。

　　俄罗斯在这个时期的聚类中形成了单独的一类,国家的发展模式有别于其他的国家,明显可以看出在这个阶段的俄罗斯国际贸易是推动国家增长的最重要途径,但是出口占比远超进口占比,存在国际贸易的严重失衡。政府在经济发展过程中扮演的角色也和其他两类有所不同,各类政府支出较低,但军费支出较高,国内生产总值平减指数也远超其他两类国家,国家的经济发展略显畸形。

　　在第二类国家中,包含了中国和墨西哥两个很大的发展中国家,有别于1985 年,这两个发展中国家的经济发展模式和欧洲的发达国家更为接近,在经济发展方式上更加趋同,国际贸易依旧占据经济增长的重要支点,且贸易形势更加平衡全面,说明中国和墨西哥在这 15 年内的国际贸易方式和国家开放程度都有了长远的发展和进步。

　　同样在第二类国家中,德国、法国、英国和意大利依旧保持差不多的经济发展模式,也进一步说明欧洲在一体化的进程中发展良好,并取得了不错的成果。从第二类国家的聚类距离上看,中国是距离最大的,说明中国的经济状况和欧洲发达国家存在一定差别,而反观墨西哥,发现其聚类距离和欧洲国家基本处于同一水平,说明其发展模式与欧洲国家更为接近。

　　在第三类国家中,包含了美国、日本、印度,且国家聚类距离都在 10 以内,说明其特征最为明显和接近,最具代表性。首先是美国和日本两个经济强国,在国家的特性中,国际贸易对经济的推动力相对较低,国家的经济发展也较为平稳,国际直接投资在国民生产总值中的占比也远低于其他两类,处于经济中慢速平稳发展的态势。再者是印度,印度是发展中国家的强国,但国内的各项经济指标浮动较大,形势也最为复杂,在这个时期还在寻求更适合本国的发展模式。

三、新时期

根据上文分析,2015 年是南北贸易关系变化的新时期,选取 2015 年进行聚类分析可以更为真实地反映新时期世界各国的实际变化情况。在国家的选取方面考虑到数据的真实性、有效性和对比参考性,选取的国家和 2000 年相同,在发展中国家当中选取了中国、印度和墨西哥作为研究国家;发达国家选取了美国以及欧洲的英国、法国、意大利、德国和俄罗斯,亚洲的日本作为研究国家。原始数据均来自世界贸易组织数据库和联合国贸易商品统计数据库,并经过计算得到。

参考变量包括:出口占比、外商直接投资净流出、外商直接投资净流入、国内生产总值、国内生产总值增速、健康支出、平减指数、商品贸易、军费支出、税收、贸易占比、服务贸易占比、政府消费支出。

利用 SPSS 18 中的 K 均值聚类,考虑到新时期各国贸易情况特征的多元化,故在此选取 4 作为聚类值,通过最大 10 次迭代得到结果,见表 6-7、表 6-8 和表 6-9。

表 6-7　聚类成员

案例号	国　家	聚　类	距　离
1	中　国	1	8.046
2	德　国	2	11.359
3	法　国	3	6.098
4	印　度	1	9.681
5	俄罗斯	1	12.745
6	美　国	4	8.203
7	英　国	3	7.192

续表

案例号	国 家	聚 类	距 离
8	日 本	4	8.203
9	意大利	3	7.970
10	墨西哥	2	11.359

表 6-8　最终聚类中心

变　　量	聚　　类			
	1	2	3	4
出口占比	23.53	41.07	29.24	15.10
外商直接投资净流出	1.23	2.15	-0.03	2.46
外商直接投资净流入	1.61	2.12	1.40	1.05
国内生产总值	28.80	28.38	28.54	29.93
国内生产总值增速	4.01	2.09	1.40	1.91
健康支出	20.45	38.34	29.20	16.71
平减指数	3.38	2.25	0.61	1.56
商品贸易	35.48	69.74	43.40	25.10
军费支出	3.07	0.93	1.78	2.11
税　收	10.64	12.67	24.14	15.66
贸易占比	43.98	79.41	58.44	31.80
服务贸易占比	7.55	10.76	16.61	7.30
政府消费支出	13.92	15.78	20.75	17.15

表 6-9　最终聚类中心间的距离

聚　类	1	2	3	4
1		55.541	26.638	19.721
2	55.541		39.448	73.695
3	26.638	39.448		39.780
4	19.721	73.695	39.780	

从结果中可以看到,聚类数为 4 的聚类中,中国、印度和俄罗斯为第一类,德国和墨西哥为第二类,法国、英国和意大利为第三类,美国和日本为第四类。很明显,聚类结果和 2000 年大发展中期的时候有很多相同的地方也有很多不同的地方,第一类的国家全部为新兴工业化国家,墨西哥的贸易特点依旧延续趋近于欧洲发达国家,美国和日本更具有相似性。根据结果可以得出以下结论:在新时期,国家间的纯地域性被彻底打破,更多的国家间联系来自贸易协定,中国、印度和俄罗斯同属于金砖国家,在聚类分析中被首次归为一类则很好地说明了这个问题。国际商品贸易已经不是唯一推动国家经济发展的力量了,各项指标较为均衡,经济发展速度最快。

第二类国家,墨西哥和德国是当前最依赖国际贸易带动经济发展的一类国家的代表。

第三类国家为欧洲主要发达国家,服务贸易很发达,明显优于其他几类国家,政府支出多源于税收多,由于欧盟的存在,英国、法国、意大利在国际贸易方面继续保持较高的同步性。

第四类国家包括日本和美国,在对比 2000 年的时候,其明显扩大了国际贸易在经济中的比例,说明新时期国际贸易的地位在老牌传统强国美国和日本的地位持续上升,有不容忽视的作用。

四、各时期聚类对比分析

1985 年大发展初期、2000 年大发展中期、2015 年新时期三个阶段的聚类结果发现,各时期的最终聚类中心距离都较大,呈现出典型性和代表性,这就表明各时期确实存在各自不同的特点和分类。

中国、印度:在第一次聚类分析结果中可以看到,在 1985 年的聚类结果中,中国和印度还处在国际贸易的低水平阶段,国内市场作为本国国内生产总值增长的最主要源泉;在第二次聚类分析结果中可以看到,中国在 2000 年左右国际贸易已经取得了突飞猛进的进展,得益于改革开放二十多年的成就,印度并没有完全采取贸易导向型的策略,本国经济还没有很好地融入世界经济圈内;2015 年,新时期的第三次聚类分析,中国和印度再一次被分在了一个类别当中,同为金砖国家的两国开展了更多的互助双赢的合作,国际贸易并没有成为这两个国家的唯一经济推动力,而是在寻找一条更平稳多元的发展道路。

美国、日本:从 1985 年、2000 年和 2015 年三次聚类分析结果来看,美国和日本在这三个时期都具有极高的相似度。美国、日本是第二次世界大战以后的超级大国,一直拥有巨大的经济总量,本国市场和国际市场都相对非常成熟,本国的经济增长也不必要着重依赖国际贸易进行,但是,国际贸易依旧是其经济增长的一个重要的推动因素。

德国、法国、意大利、英国:聚类分析的三个时间节点都处在欧洲一体化进程的阶段,这四个欧洲发达经济体也在三次聚类分析中体现出了惊人的相似性,尽管在 2015 年的第三次聚类分析中,德国的经济贸易特征有别于其他几个国家,是由于德国的经济地位在欧盟中处于领先的地位,国际贸易总量也超过其他欧盟国家。总体而言,欧盟国家的经济贸易特征基本相当。

俄罗斯:作为原来的军事超级大国向现在的经济大国转变,俄罗斯正在经历国家经济模式的转变,在 2000 年和 2015 年两次聚类分析中可以看出,俄罗斯的国际贸易已经凸显其重要的地位,是拉动其经济进步的重要元素。

墨西哥:在三次聚类分析中,墨西哥的类型判定最为复杂,唯一的特点就是国际贸易占据其本国发展最为重要的位置,作为美国的邻国,墨西哥的国际贸易很大程度上受到美国的影响。

第二节　国家贸易竞争力的因子分析模型

因子分析是一种降维、简化数据的技术,它通过研究众多变量之间的内部依赖关系,探求观测数据中的基本结构,并用少数几个"抽象"的变量来表示其基本的数据结构。这几个抽象的变量被称作"因子",能反映原来众多变量的主要信息。原始变量是可观测的显在变量,而因子一般是不可观测的潜在变量。

一、指标选取

反映一个国家经济综合水平的指标很多、很复杂,依据科学性、合理性、可比性和可操作性的原则,兼顾联合国贸易商品统计、世界银行和联合国数据库所能提供的统计资料,选取了比较主要和常见的 30 个指标进行对比分析。这些指标涵盖国家的综合经济实力、人民经济生活状况、国家贸易状况、国家科学技术竞争力等多个方面。

根据上文的聚类分析结果,这里选取中国作为发展中国家典型代表,选取美国作为发达国家典型代表,选取德国作为欧盟国家典型代表,分别进行因子分析。

二、数据来源

各项指标原始数据取自联合国贸易商品统计、世界银行和联合国数据库,考虑到大发展时期和新时期的延续性和差异性,各项指标数据的时间选取为2000—2015 年,由国际数据部分中的部分指标整理而得。

由于原始数据指标单位不同,所以需要对所选指标数据进行标准化处理以消除由观测量纲的差异所造成的影响,标准化后的指标分别记为 $ZX1$、$ZX2$…… $ZX30$,本书使用SPSS 18 统计分析软件进行数据计算,计算结果见表 6-10、表 6-11、表 6-12、表 6-13、表 6-14、表 6-15。

三、中国

表 6-10　解释的总方差

成分	初始特征值			提取平方和载入			旋转平方和载入		
	合计	方差的%	累计%	合计	方差的%	累计%	合计	方差的%	累计%
1	9.736	48.680	48.680	9.736	48.680	48.680	7.305	36.526	36.526
2	6.435	32.177	80.857	6.435	32.177	80.857	6.562	32.809	69.335
3	1.488	7.441	88.298	1.488	7.441	88.298	3.792	18.962	88.298
4	0.884	4.422	92.720						
5	0.533	2.667	95.386						
6	0.339	1.695	97.082						
7	0.216	1.080	98.162						
8	0.188	0.938	99.100						

续表

成分	初始特征值			提取平方和载入			旋转平方和载入		
	合计	方差的%	累计%	合计	方差的%	累计%	合计	方差的%	累计%
9	0.103	0.515	99.615						
10	0.035	0.176	99.792						
11	0.019	0.096	99.888						
12	0.012	0.061	99.949						
13	0.006	0.030	99.979						
14	0.003	0.017	99.996						
15	0.001	0.004	100.000						

表 6-11　旋转成分矩阵[a]

	成　分				成　分		
	1	2	3		1	2	3
总贸易占比	0.927	-0.021	0.339	服务业就业率	-0.129	0.962	-0.073
出口占比	0.917	-0.023	0.348	服务业附加值	-0.283	0.908	-0.219
商品贸易占比	0.915	-0.132	0.370	关税比率	-0.364	-0.894	-0.146
进口占比	0.910	-0.018	0.313	政府消费	-0.367	-0.809	-0.374
高科技产品出口占比	0.857	0.394	-0.010	存款占比	0.480	0.764	0.372
国内生产总值增速	0.776	-0.292	0.360	外商直接投资净流出	-0.210	0.746	-0.002
二氧化碳排放	0.673	-0.559	0.053	制造业附加值	0.571	-0.641	0.371
经常账目平衡	0.665	0.071	0.413	国内生产总值平减指数	0.352	-0.070	0.895

续表

	成 分				成 分		
	1	2	3		1	2	3
外商直接投资净流入	0.628	-0.489	0.411	自然资源租金	0.313	0.189	0.887
研发支出	-0.112	0.974	-0.017	真实利率	-0.339	0.038	-0.878

注:提取方法:主成分分析法。

旋转法:具有 Kaiser 标准化的正交旋转法。

a. 旋转在 4 次迭代后收敛。

根据因子分析结果,2000—2015 年中国的贸易经济发展影响因素可以大致划分为三个部分:

第一个部分主要是进出口贸易量,这说明在当前阶段,中国需要保证足够多的国际贸易量来维持经济水平的提高,还处于靠数量来支撑的发展状态;其中高科技产品的出口也不容忽视,提高产品的科学技术水平也是当下的发展目标。可以看出产业结构调整正在进行,现实中初级产品出口还是较多,附加值整体偏低,通过调整产业结构来合理规划进出口商品贸易是合理的。

第二个部分主要是国家科研发展和服务行业的发展,科学研究的重要性日益凸显,科学技术水平的提高意味着产品附加值的提升;服务行业也是高附加值的行业,产业结构的调整和升级也印证了其重要的地位,和第一个部分的分析相互印证。

第三个部分主要是国家宏观调控的方面,中国走的是具有社会主义性质的市场化竞争道路,国家宏观调控不可或缺,但调控力度需要控制在一定范围以内,也具有较高的影响性,同时兼具社会主义的国家调控来引导市场走向,以及资本主义市场化带来的良性竞争。

简而言之,中国从大发展时期向新时期良好过渡,还是需要依靠较多的国际贸易,并需要及时调整贸易产品的结构,增加附加值较高的产品和行业,并进行适当合理的国家宏观调控。

根据因子分析结果中的得分系数矩阵,可得最终的因子得分公式为:

$$F = 0.365 \times F_1 + 0.328 \times F_2 + 0.190 \times F_3 \qquad (6.2)$$

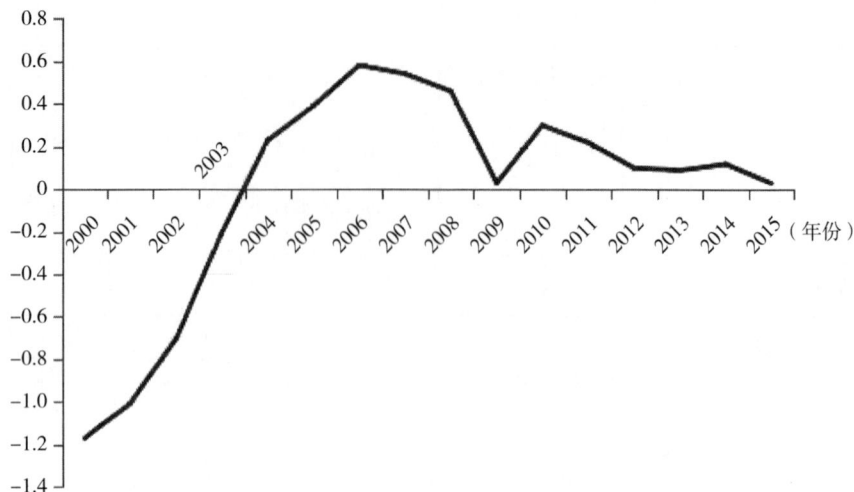

图 6-1　2000—2015 年中国经济贸易得分示意图

由图 6-1 可知,中国在大发展时期的表现是与日俱增的,经济贸易状况逐年提高,当新时期到来时,国家的发展处于较强的波动期,波动频率较高,调整的意图非常明显。新时期,全球市场处于一个更为复杂的环境下,需要去适应新的环境、寻找新时期国际贸易发展的新模式阶段。

四、美国

表 6-12　解释的总方差

成分	初始特征值			提取平方和载入			旋转平方和载入		
	合计	方差的%	累计%	合计	方差的%	累计%	合计	方差的%	累计%
1	12.627	52.613	52.613	12.627	52.613	52.613	8.828	36.784	36.784
2	4.116	17.152	69.765	4.116	17.152	69.765	4.737	19.739	56.523
3	2.711	11.294	81.059	2.711	11.294	81.059	4.191	17.462	73.985
4	1.806	7.526	88.584	1.806	7.526	88.584	3.504	14.600	88.584
5	0.925	3.856	92.440						
6	0.665	2.771	95.211						
7	0.461	1.921	97.132						

续表

成分	初始特征值			提取平方和载入			旋转平方和载入		
	合计	方差的%	累计%	合计	方差的%	累计%	合计	方差的%	累计%
8	0.281	1.170	98.302						
9	0.151	0.630	98.932						
10	0.133	0.553	99.485						
11	0.047	0.195	99.681						
12	0.041	0.172	99.852						
13	0.019	0.080	99.933						
14	0.013	0.055	99.988						
15	0.003	0.012	100.000						

注:提取方法:主成分分析法。

表 6-13　旋转成分矩阵[a]

	成分					成分			
	1	2	3	4		1	2	3	4
商品贸易占比	0.952	0.046	0.138	-0.117	经常账户平衡	0.396	-0.863	-0.116	-0.007
进口占比	0.932	0.235	0.103	-0.163	自然资源租金	0.079	0.765	0.237	-0.415
出口占比	0.915	-0.326	0.068	-0.124	科研支出	0.528	-0.689	0.092	-0.412
服务贸易占比	0.892	-0.376	-0.081	-0.219	外商直接投资净流入	0.167	0.107	0.909	0.010
二氧化碳排放	-0.841	0.395	0.259	0.106	真实利率	-0.438	0.194	0.825	0.052
关税水平	-0.801	0.054	0.224	0.310	税收占比	0.040	0.095	0.754	0.599
高科技产品出口	-0.795	0.490	0.297	0.178	服务业附加值	0.336	-0.606	-0.639	-0.298
中央政府债务	0.744	-0.513	-0.410	-0.035	工业附加值	-0.418	0.602	0.631	0.225

注:提取方法:主成分分析法。

　　旋转法:具有 Kaiser 标准化的正交旋转法。

　　a.旋转在 4 次迭代后收敛。

根据因子分析结果,2000—2015 年美国的贸易经济发展影响因素可以大致划分为四个部分:

第一个部分主要是国际贸易总量,说明当前阶段,美国也依旧需要一定的国际贸易量推动经济发展,此外,环境保护、关税水平、科技产品也都是需要注意的地方;还有,政府的教育支出以及债务也是需要关注的;简要来说,美国经济贸易发展最重要的一环是需要横向均衡发展,而不是单一的纵向发展。

第二个部分主要是美国在经济发展的时候需要注意控制货币,通货膨胀和紧缩较为关键,经常账户的收支平衡也需要时刻关注,由于美元的全球性地位,美国货币政策的变化也会牵动整个世界的经济变化。

第三个部分主要是美国吸引了全球范围的投资,这对美国和世界起到了一定的经济推动作用,是其全球化经济中不可或缺的环节,也是经济全球化进程的一部分。

第四个部分主要是美国国内存款,更多的存款保证更大力度的投资。

简要来说,美国从大发展时期向新时期良好过渡,需要建立在强大的贸易基础上,其国家经济贸易的发展需要全面地开发和拓展,继续保持世界霸主的地位;国内需要合理把控货币数量、吸引更多存款,并继续保持对海外投资的吸引,更加科学地推动经济贸易的发展壮大。

根据因子分析结果中的得分系数矩阵,可得最终的因子得分公式:

$$F = 0.368 \times F_1 + 0.197 \times F_2 + 0.175 \times F_3 + 0.146 \times F_4 \qquad (6.3)$$

由图 6-2 可见,美国在 2000 年到 2015 年的 16 年间国家的经济贸易发展遇到了很大的瓶颈,发展过程波折反复,波动性很大,作为世界经济的中心和领头羊,需要承担更多的责任。在新时期,美国还没有找到健康发展的道路,本身需要找出更加合理的经济贸易发展方式去平稳发展。但令人遗憾的是,现任特朗普政府却是走向了一条以邻为壑、零和博弈的新贸易保护主义的道路。

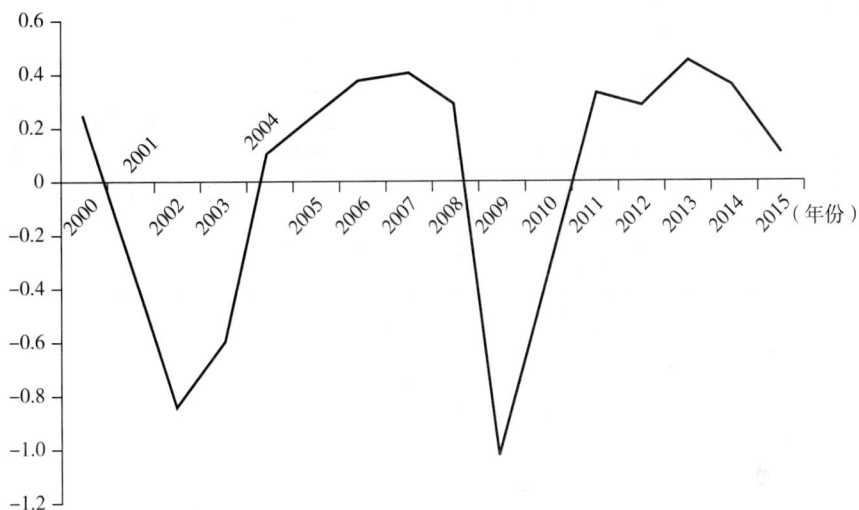

图 6-2 2000—2015 年美国经济贸易得分示意图

五、德国

表 6-14 解释的总方差

成分	初始特征值			提取平方和载入			旋转平方和载入		
	合计	方差的%	累计%	合计	方差的%	累计%	合计	方差的%	累计%
1	12.445	54.109	54.109	12.445	54.109	54.109	11.242	48.878	48.878
2	3.961	17.220	71.329	3.961	17.220	71.329	3.917	17.029	65.907
3	1.997	8.683	80.012	1.997	8.683	80.012	2.417	10.510	76.418
4	1.579	6.866	86.878	1.579	6.866	86.878	2.015	8.762	85.180
5	1.006	4.376	91.254	1.006	4.376	91.254	1.397	6.074	91.254
6	0.609	2.649	93.903						
7	0.508	2.209	96.112						
8	0.406	1.764	97.876						
9	0.188	0.818	98.694						
10	0.155	0.676	99.370						
11	0.071	0.307	99.676						

续表

成分	初始特征值			提取平方和载入			旋转平方和载入		
	合计	方差的%	累计%	合计	方差的%	累计%	合计	方差的%	累计%
12	0.048	0.210	99.887						
13	0.019	0.082	99.968						
14	0.006	0.024	99.993						
15	0.002	0.007	100.000						

注:提取方法:主成分分析法。

表 6-15　旋转成分矩阵[a]

	成　　分				
	1	2	3	4	5
政府教育支出	0.971	−0.033	0.005	−0.082	0.119
服务业就业率	0.964	−0.026	0.184	−0.060	0.028
二氧化碳排放	−0.958	−0.086	−0.148	0.078	−0.194
服务贸易占比	0.955	0.175	0.013	−0.125	0.146
科研人员	0.954	0.120	0.039	−0.156	0.146
经常账户平衡	0.906	0.021	0.268	−0.228	−0.165
研发支出	0.901	0.011	−0.067	−0.086	0.311
贸易占比	0.892	0.332	0.263	−0.041	0.079
就业率	−0.889	−0.133	−0.078	−0.056	−0.311
商品贸易占比	0.839	0.369	0.376	−0.009	0.026
农业附加值	−0.831	0.227	−0.126	−0.219	0.299
总存款	0.811	0.419	0.335	−0.112	0.059
服务业附加值	−0.020	−0.959	0.072	−0.089	−0.175
工业附加值	0.166	0.946	−0.055	0.133	0.128
国内生产总值增速	−0.012	0.889	0.071	0.234	−0.309
最终消费支出	−0.515	−0.667	−0.342	0.195	−0.137
自然资源租金	−0.047	0.106	0.929	0.054	−0.026
高科技产品出口	−0.510	0.018	−0.765	0.086	−0.234
关税水平	−0.440	0.311	−0.551	0.138	0.229
外商直接投资净流入	−0.225	−0.032	−0.136	0.815	0.086

续表

	成　分				
	1	2	3	4	5
外商直接投资净流出	0.128	0.381	0.042	0.806	0.121
国内生产总值平减指数	0.563	-0.225	-0.176	-0.566	0.273
税　收	0.481	0.126	0.062	0.227	0.784

注:提取方法:主成分分析法。

　　旋转法:具有 Kaiser 标准化的正交旋转法。

　　a. 旋转在 6 次迭代后收敛。

　　根据因子分析结果,2000—2015 年德国的贸易经济发展影响因素可以大致划分为五个部分,由于后两个部分的主成分的影响力不到 10%,故只讨论前三个部分。

　　第一个部分的影响力超过 50%,主要是科研教育和服务业,说明当前阶段,德国主要是通过增加科学研究和教育方面的投入,提高商品和服务的科学技术水平,以达到增强国家经济实力的目的。政府的科研教育支出偏向性强,简要来说,德国经济贸易发展与美国有区别,最重要的一环是需要提高科技水平方面纵向发展。

　　第二个部分主要是服务业附加值和工业附加值,这一点和第一个主成分内容相匹配,由于德国在经济贸易发展中注重科学技术水平的提高,所以服务业和工业的附加值必然会极大地提高。

　　第三个部分主要是关于自然资源租金,由于德国处于欧盟的核心地域,并且是这个发达经济区域的中心,从政府到企业再到个人都需要提高资源的管理和经济发展与资源利用的协调。

　　简要来说,德国从大发展时期向新时期的长期发展是基于在有力的科学技术水平的基础上,大力发展和扩大本国的科技优势,带来贸易产品的更高附加值,使得德国在全球的经济贸易发展中继续领先并拥有主动权。

　　根据因子分析结果中的得分系数矩阵,可得最终的因子得分公式为:

$$F = 0.489 \times F_1 + 0.170 \times F_2 + 0.105 \times F_3 + 0.088 \times F_4 + 0.061 \times F_5$$

$$(6.4)$$

由图 6-3 可知,德国从大发展时期到新时期的过渡是最为顺利和合理的,经济贸易状况在稳步中逐年提高,新时期到来时,国家的经济贸易发展依旧可以保持增长,且波动较小,是新时期国家发展的理想状况。新时期,科学技术水平在全球经济大市场中处于极其关键的地位,利用科技的领先去创造更高的附加值,从而带动国家经济贸易进入良性的发展模式。

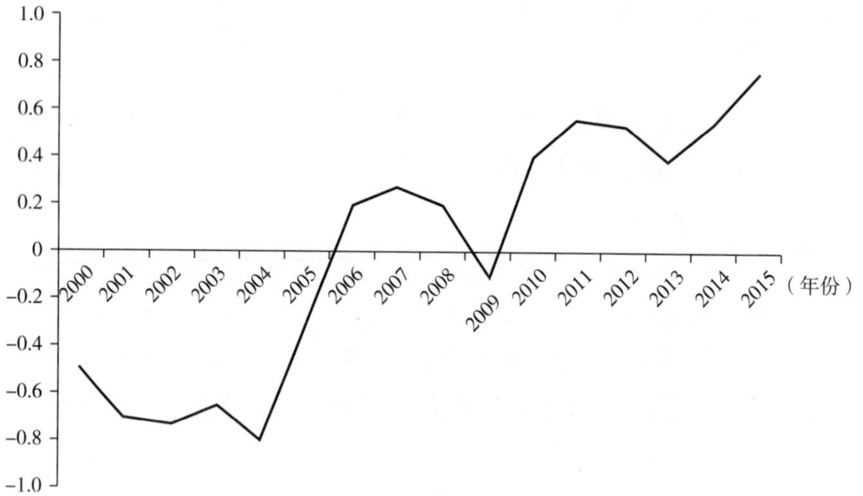

图 6-3 2000—2015 年德国经济贸易得分示意图

总体而言,进入 21 世纪以后,世界经济趋向于全球化发展,但是全球化发展并不是简单的模式化的趋同,而是技巧性同化。

以中国为例,改革开放使得中国从 20 世纪 80 年代开始进行着突飞猛进式的发展,然而进入 21 世纪后,中国的经济发展并没有继续保持这一高速,世界经济大环境突然变幻莫测,国际贸易环境错综复杂,简单粗犷的发展方式已经不能满足中国自身的经济进步了。对比印度来说,中国目前的发展方式可能更为科学:积极调整产业结构以优化进出口商品的种类,有目的性地着力于高附加值产品的生产出口,强调科学进步带来的生产力水平提高和附加值提升;而印度则着重于商品出口的数量和技术的直接引进,导致本国国际贸易和经济发展容易受到国际贸易环境波动的影响。不过,从因子分析得分表中可以看出,中国在新时期的发展还处在不稳定的阶段,还没有完成彻底的生产贸易模式的转变,还需要继续摸索发展。

以美国为例,其代表了老牌北方发达国家的发展道路,由于其强劲的经济实力和国际贸易的优势地位,出口产品技术含量高、附加值高,牢牢占据了国际贸易市场的主动权。日本和美国一样,在国际贸易商品的结构上,做到了高附加值且横向发展,并不着力在自己的优势商品上,而是致力于瓜分各类商品的世界市场份额。这样的贸易发展模式使得第二次世界大战后的老牌资本主义强国占尽了便宜,瓜分了最大的一块利益蛋糕,并且一直延续着这样广而不深的发展方式。但是,从美国的因子分析结果来看,新时期,美国的国际贸易发展陷入了极大的不稳定波动中,因为广而不深的发展方式使得老牌资本主义国家的部分产业生产力被南方发展中国家赶上甚至超越,不再具有技术优势;再者,失去部分市场掌控力后,这类北方发达国家也尝试去寻找方式重新夺回曾经属于自己的那部分利益蛋糕。

德国可以说是新时期南北贸易典型的成功例子,同样作为北方发达国家,不同于美国、日本等国,德国一直在高精技术领域保持世界领先地位,这一领域的商品也是国际贸易市场上的最高附加值产品,掌握着产品优势的同时也一直引领技术的前沿,在自己擅长的领域控制住市场,从而不受市场波动带来的负面影响。从德国的因子分析结果也可以看到,新时期中,德国一路繁荣发展,在南北贸易一体化的关系变化中笑到了最后。

简而言之,现阶段的全球市场是趋于统一的,在新时期的南北贸易一体化进程中,发达国家和发展中国家都有不同的发展应对方式,利用好自身的优势,扩大自身在整个世界市场的产品优势地位能减少受到市场波动带来的负面效应,也能扩大产品附加值并带来更高的利益回报。现阶段的南北贸易关系也是复杂多变的,贸易关系的变化加入了更多的影响因素,环境、政治等都是需要考虑进去的。

第七章 国际区域经济一体化进程中的
贸易增长趋势分析

——基于时空数列模型以亚太经合组织为例的探讨

本章以修正的时空数列模型来探讨区域经济一体化发展对各国贸易增长产生的影响,揭示贸易增长在各国间分配的时空演变趋势。结果发现,根据经济环境划分出的群落分布的确能直观表现出随着亚太经合组织的不断扩张各成员的贸易增长在时空上是如何演变的。经济与贸易环境的时空差异是区域经济一体化带来的贸易增长效应在各成员间显现差异的主要原因。

第一节 问题的提出及相关文献

20 世纪 90 年代以来,区域经济一体化组织数目不断增加,成为全球区域合作的热点。成立于 1989 年的亚太经合组织,是亚洲太平洋地区级别最高、影响最大的区域性经济组织。亚太经合组织主要讨论与全球及区域经济有关的议题,如涉及亚太地区的贸易和投资自由化、便利化、经济技术合作、能力建设和多边贸易体制建立等。1994 年在印度尼西亚茂物举行的亚太经合组织领导人非正式会议上提出了茂物目标(Bogor Goals),该目标要求发达成员在 2010 年前、发展中成员在 2020 年前实现贸易和投资自由化。亚太经合组织的不断发展,发挥了区域内经济互补性的优势,鼓励了资本、技术等生产要素和服务、货物等商品的跨国流通,并促进多边贸易体系开放,减少贸易与投资壁垒,持续推动区域经济发展与繁荣。随着亚太经合组织的成员不断增加,其影响力也迅速扩大。同时,其所带来的经济福利也不断扩大。文莱、马来西亚、菲律宾、新加坡和泰国之间的商品关税已取消 99.11%。①

　　以亚太经合组织的发展为例,作为全球经济增长的主要动力和引擎之一,截至 2016 年,亚太经合组织 21 个成员的对外贸易总额和经济总量分别占全球的 58.98% 和 62.69%。② 亚太地区发挥成员比较优势,采取双边和多边措施促进贸易投资自由化,共享供应链和市场,显著推动经济增长,对美国金融危机后全球经济复苏起到重要作用。近十余年来,中国与该组织成员贸易往来保持一定增速。从 2004 年对亚太经合组织成员进出口 0.84 万亿美元,到 2016 年增加到 2.29 万亿美元。③ 数据与实证分析都表明亚太经合组织的建立促进了其成员的贸易增长,这种贸易增长效应的出现使广大发达国家与发展中国家开始重新思考区域经济合作。亚太经合组织作为全球最重要的发展中国家与发达国家组成的区域经济一体化组织之一,对亚太经合组织贸易增长效应的理论分析与实证研究能够为各种经济伙伴关系协定的制定、发达国家与发展中国家展开区域经济合作提供参考与借鉴,也有利于发展中国家产业结构升级和对外贸易政策完善,以便在加入南北型区域经济一体化后获得更多的好处,对中国已经签订和正在谈判的其他区域贸易协定也具有重要的现实意义。

　　与欧盟和北美的区域经济一体化进程相比较,亚太经合组织起步较晚,但它的发展一直备受学术界关注。李荣林等(2010)研究影响亚太经合组织成员建立自由贸易区的因素时发现,建立自由贸易区能够降低成员之间的关税水平,提高消费者的福利水平,两成员结成自由贸易区的福利净收益取决于成员的贸易创造和贸易转移的差异。贸易创造越大,贸易转移越小,则净福利收益就越大。闫云凤(2016)则从增加贸易值角度将总出口进行分解,测度和比较亚太经合组织 9 个主要经济体的贸易增加值,研究发现在世界贸易中,各成员的地位和贸易失衡情况变化较小,但出口对各成员经济增长的贡献却下降了。亚太经合组织建立至今,一些学者对它带来的经济效应进行了评估。李坤望和陈雷(2005)对亚太经合组织成员在 1950—

---

　　① 刘鸣:《2015 年东盟经济共同体:发展进程、机遇与存在的问题》,《世界经济研究》2012 年第 10 期,第 81—86、89 页。

　　② 资料来源:根据世界贸易组织和世界银行的数据计算得出。

　　③ 资料来源:根据中国统计局公布的数据计算得出。

2000 年的经济增长收敛性进行了经验分析。研究发现,亚太经合组织的出现与发展显著促进了该地区经济增长的长期收敛性,同时,大幅度提高了区域内经济增长的收敛速度。宫占奎(2006)对亚太经合组织进行了中期评估,主要研究和分析亚太经合组织在关税措施、非关税措施、服务业、投资四个领域推进自由化所取得的成绩。

现有的研究,既有涉及对亚太经合组织成员贸易增长、降低关税和福利增长等方面的研究,亦有对亚太经合组织取得这些成绩的因素的分析,但这些研究主要集中于对区域经济一体化贸易增长和福利增长的静态分析,大多基于时间数列模式,较少涉及增长效应的动态演变过程。但是,贸易的变化应该在多个成员间相互作用下进行分析,而不是将各个成员分割开来分析时间序列的走势,因此本书没有使用向量自回归模型来考察各成员的贸易增长在时间上的相关性。当所讨论的影响因素不仅仅是时间,还需考虑系统中是否存在空间相关时,就必须由向量自回归模型延伸至时空数列模型。后者可以同时将 N 个区域相关的位置、地区或者成员之间的空间关系纳入模型之中的时间数列问题分析,并以加权矩阵描述各个位置间的空间关系,以提高预测准确度。已经有学者将时空数列模型应用于经济问题的分析上,比如:探讨旅游人数变动的趋势(Deutschmark 和 Heifer,1980);考虑降雨量对河水流量的影响(Aromatic,1985;Deutschmark 和 Ramos,1987);传染病的调查(Martin 和 Open,1975;Reyna 等,1988)。

本章以时空数列模型来探讨亚太经合组织与美加自由贸易区的成员自1989 年亚太经合组织与美加自由贸易区成立至 2014 年的贸易增长效应的时空演变过程,对于时空模型的构建主要参考朱润东和吴柏林(2010)对美加自由贸易区和北美自由贸易协定的贸易增长效应的分析①。目前还没有文献对亚太经合组织和美加自由贸易区各成员贸易增长趋势进行动态分析。本章的研究能够为亚太经合组织和美加自由贸易区的进一步发展提供思路,也能为各种经济伙伴关系协定的制定、发达国家与发展中国家展开区域经济合作提供参考与借鉴。

---

① 朱润东、吴柏林:《CUSTA 与 NAFTA 的贸易增长效应分析——基于时空数列模型的探讨》,《数量经济技术经济研究》2010 年第 12 期,第 118—132 页。

第二节　时空数列模型的构建

时间数列通常用来考察变量间的自回归和时间相关关系,而没有将这些数据搜集的位置因素纳入对结果影响的考虑范围,即没有将空间相关纳入考察范围内。空间相关是指观察值在邻近不同区域间呈现某种系统性相关的现象,用于解释这些交错的空间关系所发展起来的一种新的分析方法,即时空数列模型,其最大的特点是利用加权矩阵来对各个位置间的关系加以描述。

一、时空自回归移动平均模式模型的构建

$$Y_t = \begin{pmatrix} y_1(t) \\ y_2(t) \\ \vdots \\ y_N(t) \end{pmatrix}, \ t = 1,2,\cdots,T \tag{7.1}$$

假设空间中有 N 个固定位置,则 Y_t 的时空自回归移动平均模式模型（Space-Time Auto Regressive Moving-Average Model,简称 STARMA）,可表示为:

$$Y_t = \sum_{k=1}^{p} \sum_{l=0}^{\lambda_k} \varphi_{kl} \, W^{(l)} \, Z_{t-k} + \sum_{k=1}^{q} \sum_{l=0}^{m_k} \theta_{kl} \, W^{(l)} \, \partial_{t-k} + \partial_t \tag{7.2}$$

记做 STARMA（ p , λ_1 , λ_2 , $\cdots$, λ_p , q , m_1 , m_2 , $\cdots$, m_q ）,其中,

q :移动平均（MA）阶数;

p :自我回归（AR）阶数;

m_k :第 k 个移动平均的空间阶数;

λ_k :第 k 个自回归项的空间阶数;

θ_{kl} :时间落后 k 期,空间落后 l 期的移动平均项系数;

φ_{kl} :时间落后 k 期,空间落后 l 期的自回归项系数;

$W^{(l)}$:空间阶数为 l 的加权系数矩阵,通式为:

$$W^{(l)} = \begin{pmatrix} w_{11}^{(l)} & w_{12}^{(l)} & \cdots & w_{1N}^{(l)} \\ w_{21}^{(l)} & w_{22}^{(l)} & \cdots & w_{2N}^{(l)} \\ \vdots & \vdots & \ddots & \vdots \\ w_{N1}^{(l)} & w_{N2}^{(l)} & \cdots & w_{NN}^{(l)} \end{pmatrix} \text{且 } W^{(0)} = I_N \quad (7.3)$$

∂_t :时间 t 时的随机误差项,假设服从多变量常态分布,且具有下列性质:

$$E(\partial_t, \partial_{t+\xi}) = G \text{ , if } \xi = 0 \quad (7.4)$$

$$E(\partial_t, \partial_{t+\xi}) = G \text{ , if } \xi \neq 0 \quad (7.5)$$

为了简化问题与计算方便,一般假设 $G = \delta^2 I_N$ 。

二、空间阶数与加权矩阵

时空数列模型构建首先需要依照研究主题的性质与资料的空间关系来决定每个位置与相邻位置的空间阶数(Spatial Order)和加权矩阵。本书确定空间阶数和加权矩阵具体过程如下。

(一) 决定空间阶数

参照贝萨格(Besag,1974)的研究方法,在确定空间阶数后,对具有相同空间阶数者,以等值加权(Equal Scaled Weighting)定义加权矩阵,从而实现在规则的空间系统(Regularly Spaced System)中对特定位置与邻近位置,决定异度空间的线性系统及二度空间的个装系统的阶数。对特定位置可在上述定义方式的基础上稍作改进,即只考虑其与邻近位置的距离,对于距离相近者则给予相同空间阶数。此外,在分析非空间系统的问题时,"空间"与"空间关系"应另行给予特殊且适当的定义。

(二) 定义加权矩阵

决定空间阶数之后,接着要定义加权矩阵。一般有三种方法:即以等值加权法、距离倒数的函数、资料的属性关系,分别用于规则的空间系统、不规则的空间系统,以及抽象空间系统权数的决定。这里仅对规则的空间系统与不规则的空间系统进行介绍。

在规则的空间系统中,贝萨格(1974)对于空间阶数相等者给予相同的权数,称它为"等值加权"。基本原则为,与一特定位置有相同距离者,定义

为相同的空间阶数,而空间阶数相等者定义为相同的权数。其表示方式如下:

$$w_{ij}^{(l)} = \frac{1}{n_i^{(l)}} \qquad\qquad (7.6)$$

若位置j相对于位置i的空间阶数为l,其他则为0。其中$w_{ij}^{(l)}$为$w^{(l)}$中第(i,j)个元素;$n_i^{(l)}$为相对位置i,其空间阶数为l的位置个数。因为等值加权的缘故,$w^{(l)}$中不全为0的列,且满足$\sum_{j=1}^{N} w_{ij}^{(l)} = 1$,加权矩阵$w^{(l)}$不对称。

事实上,绝大多数的空间系统都是不规则的,基于距离越近者影响越大这一原则,以两位置间的距离倒数作为权数,距离越近者其权数越大。若d_{ij}表示位置i与位置j之间的距离,较常使用的函数有下列几种:

$$w_{ij}^{(l)} = \frac{1}{d_{ij}} \qquad\qquad (7.7)$$

$$w_{ij}^{(l)} = \frac{\dfrac{1}{d_{ij}}}{\sum_{j=1}^{N} \dfrac{1}{d_{ij}}} \qquad\qquad (7.8)$$

$$w_{ij}^{(l)} = \frac{\dfrac{1}{d_{ij}}}{(d_{ij} + C)^{\partial}}, \partial > 0, c > 0 \qquad\qquad (7.9)$$

这样的定义方式,可能会造成$\sum_{j=1}^{N} w_{ij}^{(l)} \neq 1$,但$W^{(l)}$为对称。

第三节 时空数列模型的认定与诊断

不同于时间数列模型的构建过程,即采用博克斯和詹金斯(Box 和 Jenkins,1976)所提出的三阶段程序建立,时空数列模型的构建过程更为复杂。普茨和安德费(Putsch 和 Heifer,1980)提出的模型阶数认定方法是对博克斯和詹金斯(1976)的推广。本书所使用的方法是对普茨和安德费(1980)进行改良,并参考集群分析的概念。

一、模型阶数的认定（**Order Identification**）

这里首先对模型中的参数（p，λ_1，λ_2，$\cdots$，λ_p，q，m_1，m_2，$\cdots$，m_q）进行确定。我们的研究方法是利用样本的时空自我相关函数（Space-Time Auto Correlation Function，简称 STACF）及时空自我偏相关函数（Space-Time Partial Auto Correlation Function，简称 STPACF）。

（一）计算时空自我相关函数

设 $\Gamma(s) = E[Z(t)\,Z(t+s)\,']$，时空共变异函数（Space-time Co Variance Function）可表示为：

$$\gamma_{lk}(s) = E\left\{\frac{\left[W^{(l)}Z(t)\right]\left[W^{(k)}\,Z(t+s)\right]}{N}\right\}$$
$$= tr\left\{\frac{W^{(k)}\quad W^{(l)}\,\Gamma(s)}{N}\right\} \tag{7.10}$$

我们将 STACF 定义为：

$$\rho_{lk}(s) = \frac{\gamma_{lk}(s)}{[\gamma_{ll}(0)\,\gamma_{kk}(0)^{\frac{1}{2}}]} \tag{7.11}$$

（7.11）式为时间落后 S 期时，空间阶数 l 与 k 的自我相关函数。通常我们以：

$$\Gamma(s) = \sum_{t-1}^{T-s}\frac{z(t)\,z(t+s)\,'}{T-s} \tag{7.12}$$

估计 $\Gamma(s)$，因此（7.10）式中 $\gamma_{lk}(s)$ 的估计式为：

$$\widehat{\lambda}_{lk}(s) = \frac{\sum_{j=1}^{N}\sum_{t=1}^{T-s}\left[\sum_{j=1}^{N}W_{ij}^{l}\,Z_j(t)\right]\left[\sum_{j=1}^{N}W_{ij}^{k}\,Z_j(t+s)\right]}{N(T-s)} \tag{7.13}$$

则样本的时空自我相关函数定义为：

$$\widehat{\rho}_{lk}(s) = \frac{\widehat{\gamma}_{lk}(s)}{[\widehat{\gamma}_{ll}(0)\,\widehat{\gamma}_{kk}(0)]^{\frac{1}{2}}} \tag{7.14}$$

（二）计算时空自我偏相关函数

时空自我偏相关函数由 Sleepwalker 方程式来决定，其一般式如下：

$$\gamma_{b0}(s) = \sum_{j=1}^{p}\sum_{l=0}^{\lambda_p}\varphi_{jl}\,\gamma_{bl}(s-j) \tag{7.15}$$

其中 $s = 1, 2, \cdots, k$；$h = 0, 1, \cdots, \lambda$ 构成一组联立方程式,以矩阵方式表示成:

$$
\begin{pmatrix} \gamma(1) \\ \gamma(2) \\ \vdots \\ \gamma(k) \end{pmatrix} = \begin{pmatrix} \Gamma(0) & \Gamma(-1) & \cdots & \Gamma(1-k) \\ \Gamma(1) & \Gamma(0) & \cdots & \Gamma(2-k) \\ \vdots & \vdots & \vdots & \vdots \\ \Gamma(k-1) & \Gamma(k-2) & \cdots & \Gamma(0) \end{pmatrix} \begin{pmatrix} \varphi_1 \\ \varphi_2 \\ \vdots \\ \varphi_k \end{pmatrix}
$$

其中,

$$
\gamma(k) = \begin{pmatrix} \gamma_{00}(k) \\ \gamma_{10}(k) \\ \vdots \\ \gamma_{\lambda0}(k) \end{pmatrix}, \varphi_k = \begin{pmatrix} \varphi_{k0} \\ \varphi_{k1} \\ \vdots \\ \varphi_{kl} \end{pmatrix}
$$

$$
\Gamma(k) = \begin{pmatrix} \gamma_{00}(k) & \gamma_{01}(k) & \cdots & \gamma_{0\lambda}(k) \\ \gamma_{10}(k) & \gamma_{11}(k) & \cdots & \gamma_{1\lambda}(k) \\ \vdots & \vdots & \vdots & \vdots \\ \gamma_{\lambda0}(k) & \gamma_{\lambda1}(k) & \cdots & \gamma_{\lambda\lambda}(k) \end{pmatrix} \tag{7.16}
$$

(7.16)式中的 φ_{kl},$s = 1, 2, \cdots, k$,$l = 0, 1, \cdots, \lambda$ 的值,即为样本的时空自我偏相关函数。

根据(7.15)式及(7.16)式解出样本时空自我相关函数和时空自我偏相关函数后,再参考表 7-1 确定时间及空间阶数,构建出一个暂时适合的模式,然后进行第二个阶段——估计参数。

表 7-1　时空数列模型时空自我相关函数和时空自我偏相关函数理论值的特征

模　型	时空自我相关函数的理论值	时空自我偏相关函数的理论值
白干扰	不显著	不显著
STAR $(p, \lambda_1, \lambda_2, \cdots, \lambda_p)$	渐渐消失	时间落差 p 期后消失空间落差 λ_p 期后消失
STMA $(q, m_1, m_2, \cdots, m_q)$	时间落差 q 期后消失空间落差 m_q 期后消失	渐渐消失
STARMA	渐渐消失	渐渐消失

当我们计算时空自我偏相关函数时,算式中的 λ_p 为事先所决定空间阶数的最大值。普茨和安德费(1980)就提出,在一般情况下,值取到 2 阶已经足够,若讨论的空间系统较大时,可增加到 3 阶或 4 阶。因为值太大,会将真正的渐近关系过度复杂化,同时也容易造成计算上的问题。

二、参数估计

在初步的模型确定之后,接着是对此模型中的参数进行估计,使得残差值达到最小。通常采用最大似然估计法(Maximum Likelihood Estimation,简称 MLE)和条件最小平方法(Conditional Least Square Estimation,简称 Conditional LSE)这两种方法实现。

(一)最大似然估计法

假设 ∂_t 为未知随机误差项,服从均值为 0,方差为 $\sigma^2 I$ 的多变量正态分布,须用已知的 Z_t 代入,

$$\partial_t = Z_t - \sum_{k=1}^{p} \sum_{l=0}^{\lambda_k} \varphi_{kl} W^{(l)} Z_{j-k} + \sum_{k=1}^{q} \sum_{l=0}^{m_k} \theta_{kl} W^{(l)} \partial_{t-k} , \, t = 1,2,\cdots,N \tag{7.17}$$

以求出 ∂_t 的估计值。当在某些条件与 N 足够大时,条件最小平方法与真实最大似然估计法相当接近,并且在计算上较为节省时间。

(二)条件最小平方法

因为 MLE 和 LSE 均在误差平方和最小化的条件下求得,在 α_t 为正态分布的假设下,两者应相等。现在以 STAR(Z_t)为例,说明如何以条件最小平方法求出参数估计值。STAR(Z_t)模式如下:

$$Z_t = \Phi_{10} Z_{t-1} + \Phi_{11} W^{(l)} Z_{t-1} + \Phi_{20} Z_{t-2} + \Phi_{21} W^{(l)} Z_{t-2} + \alpha_t,$$
$$t = 3,4,\cdots,T \tag{7.8}$$

将上式写成一般线性回归模式,即 $Z = X\Phi + \alpha$,即:

$$\begin{pmatrix} Z_1 \\ Z_2 \\ Z_3 \\ \vdots \\ Z_T \end{pmatrix} = \begin{pmatrix} 0 & 0 & 0 & 0 \\ Z_1 & W^{(l)}Z_1 & 0 & 0 \\ Z_2 & W^{(l)}Z_2 & Z_1 & W^{(l)}Z_1 \\ \vdots & \vdots & \vdots & \vdots \\ Z_{T-1} & W^{(l)}Z_{T-1} & Z_{T-2} & W^{(l)}Z_{T-2} \end{pmatrix} \begin{pmatrix} \Phi_{10} \\ \Phi_{11} \\ \Phi_{20} \\ \Phi_{21} \end{pmatrix} + \begin{pmatrix} \alpha_1 \\ \alpha_2 \\ \alpha_3 \\ \vdots \\ \alpha_T \end{pmatrix} \tag{7.19}$$

误差项可以以矩阵表示为 $\alpha = Z - X\Phi$，另 Q 表示误差平方和，则：

$$Q = \alpha'\alpha = (Z - X\Phi)'(Z - X\Phi)$$
$$\quad = Z'Z - 2\Phi'X'Z + \Phi'Z'Z\Phi \quad\quad\quad (7.20)$$

欲使误差平方和最小，利用条件最小平方法

$$\frac{\partial Q}{\partial \Phi} = -X'Z' + X'X\Phi = 0$$

$$(X'X)\,\widehat{\Phi} = XZ \quad\quad\quad\quad\quad\quad\quad\quad (7.21)$$

$$\widehat{\Phi} = (X'X)^{-1}X'Z$$

即可将参数估计出来。

第四节　模型检验与数据选取

当初步的模型选取且参数估计出来之后，我们必须诊断这个模型是否适合解释这组资料。可能造成模型不合适的原因有两个：第一，此模型可能对数据解释不够充分，使残差未能达到白干扰（White Noise）。第二，模型过度复杂，模型中存在不必要的参数。

一、检查残差值是否为白干扰

通常观察残差值的时空自我相关函数与时空自我偏相关函数是最有效的方法，若两者皆不显著，则残差值为白干扰，即此模型已将数据充分解释。当我们判定残差值为非白干扰时，此残差值可能为另一个 STARMA，我们必须求出此模型以便修正初步的模型，使其残差值达到白干扰为止。

二、检验参数是否显著不为 0

当估计的参数被检验为不显著时，必须将它从模型中去除，得到一个简化的新模型，并重新估计参数及检验模型。我们检验的方法如下：

$H_0: \varphi_{ij} = 0, H_1: \varphi_{ij} \neq 0$

φ_{ij} 为 Φ 中的一个元素，其检定统计量为：

$$F = \frac{(TN - K)\left[S.(\widehat{\Phi}) - S.(\Phi)\right]}{S.(\Phi)} \quad\quad\quad (7.22)$$

其中，$\hat{\Phi}$ 为 H_1 成立时，Φ 为最小平方估计量；$\hat{\Phi}$ 为 H_0 成立时，Φ 为最小平方估计量。

在虚无假设成立的条件下，$F \sim F_{1,TN-K}$，假设显著水平为 5%，若 $F < F_{1,TN-K}$，则不拒绝 H_0，即 φ_{ij} 应从模型中除去。对 Φ 中每一个元素 φ_{ij} 使用上述方法检验，以剔除不必要的参数。

我们不断将新的候选模型重复进行确认、估计和检验，直到模型通过检验程序：即参数净检验均显著不为 0，且残差值达到白干扰，就可以得到最合适的模型。

三、数据选取

为了对亚太经合组织成员间的空间阶数与加权矩阵 $W^{(l)}$ 作出合适的估计，本节选取了亚太经合组织和美加自由贸易区主要成员的经济资料作为样本。这些成员包括：中国、澳大利亚、加拿大、智利、印度尼西亚、日本、韩国、马来西亚、墨西哥、新西兰、秘鲁、菲律宾、俄罗斯、新加坡、泰国、美国和越南。所选取的经济变量为经常账户余额占国内生产总值比重、就业人口的人均国内生产总值、15 岁以上就业人口比例、劳动力总数、国内生产总值增长率、通货膨胀率、储蓄率和资本形成率，时间跨度为 1991—2014 年。数据来源于世界银行数据库、经济合作与发展组织（Organisation for Economic Co-operation and Development，简称 OECD）、经济数据库和经济预测系统（Economy Prediction System，简称 EPS）全球统计数据库。表 7-2 为主要国家经常账户余额的增长率。

表 7-2　9 国 1991—2014 年间经常账户余额占国内生产总值比重增长率

（单位:%）

国家＼年份	澳大利亚	加拿大	中国	日本	韩国	俄罗斯	新加坡	美国	马来西亚
1991	16.3	6.9	2.8	13.7	14.4	15.5	14.2	14.8	1.6
1992	17.2	6.3	3.5	14.3	15.0	19.8	14.0	13.8	1.4
1993	22.9	7.8	3.6	16.5	17.7	17.5	14.6	16.0	1.8
1994	24.7	7.5	4.1	14.8	19.3	18.9	16.7	22.6	2.1

续表

国家＼年份	澳大利亚	加拿大	中国	日本	韩国	俄罗斯	新加坡	美国	马来西亚
1995	28.2	8.5	3.8	13.1	29.7	19.3	21.1	21.1	2.2
1996	26.4	8.7	4.7	15.2	28.4	19.9	17.2	23.4	2.4
1997	27.9	12.8	4.8	17.5	36.5	19.4	21.8	26.7	2.7
1998	37.5	13.2	5.9	17.6	37.6	21.4	24.1	27.4	2.8
1999	27.3	14.1	6.4	16.8	33.6	20.4	20.7	27.9	2.7
2000	22.5	13.8	6.3	17.5	28.4	22.5	24.2	28.8	2.6
2001	23.8	12.9	6.2	16.9	31.3	23.2	23.1	27.8	2.9
2002	25.6	15.4	6.7	16.4	29.8	22.1	24.8	26.6	2.8
2003	23.4	14.6	6.1	16.6	27.6	21.7	24.3	25.9	2.7
2004	21.9	13.8	6.3	17.1	26.9	22.3	24.5	25.4	2.7
2005	24.5	15.1	6.4	17.9	25.7	21.8	24.8	24.8	3.1
2006	23.2	16.3	7.3	15.8	26.8	23.4	24.2	25.2	3.6
2007	23.9	14.8	7.5	14.7	27.0	20.3	25.0	25.3	3.8
2008	16.8	9.0	7.9	9.9	11.4	15.4	21.6	16.4	2.1
2009	16.3	8.5	8.4	8.4	15.0	14.5	20.7	13.5	2.2
2010	13.2	7.7	8.0	8.6	12.7	13.6	20.1	14.6	2.9
2011	14.9	8.8	8.1	8.7	13.3	13.6	22.2	14.8	2.1
2012	14.7	9.2	8.5	8.3	12.7	12.5	23.8	13.7	2.3
2013	18.2	8.1	8.6	9.7	18.4	12.8	24.1	15.8	3.4
2014	16.4	8.2	9.4	14.3	16.5	11.9	24.7	16.8	3.6

资料来源：根据世界贸易组织和世界银行的数据整理。

　　亚太经合组织的成立大致经历了三个阶段：(1)初期阶段(1989—1992年)，该阶段亚太经合组织建立完成区域性经济组织的基本构架。(2)快速发展阶段(1993—1997年)，该阶段亚太经合组织的部长级会议升级为经济体领导人非正式会议。(3)调整阶段(1998年至今)，亚太经合组织进程受到1997—1998年亚洲金融危机的影响，对贸易投资自由化开始转向慎重态度,成为受危机冲击严重国家和地区的普遍选择。根据表 7-2 所示,在 1990—1998 年间,8 个主要亚太经合组织成员的经常账户余额占国内生产总值比重的变化趋势均为先快速增长再过渡到平稳增长,拐点在 1998 年前后。主要原因在于亚太经合组织成立后,各成员首先受益于亚太经合组织成立后的显著福利收益,经历了快速增长阶段,但该阶段终结于 1997 年东南亚金融危机。在 2003 年以后,新加坡、中国和马来西亚的经常账户余额占国内生产总值比重的增长率又呈现出加速增长态势,日本则不断回落,其他成员基本表现为稳定增加。

第五节　实证分析

在实证分析中,空间距离用所研究 17 个成员的经济与非经济环境的相似程度抽象,采用这一度量方式的空间距离,可以暗示这 17 个成员之间环境的空间相关关系。在此基础上定义出福利地图(Welfare Map)。然后,利用集群分析(Cluster Analysis)与多元尺度分析(Multi-Dimensional Scaling,简称 MDS)方法,确定时空数列在福利地图上的空间阶数。

这里 17 个成员的群落关系通过集群分析的 K-Means 方法加以确定。经集群分析指定 5 群落进行分类。[①] 其中,群落阶次表明各成员环境的相似性,福利地图可以刻画出这些成员在亚太地区进行国际经贸合作所获得经济类福利收益的相似程度:两成员间的经济环境相似度与彼此之间互相影响程度正相关。两成员福利收益可以分配为同档次的依据是:由经济一体化引起的某一成员经济类福利增长,可能同时影响到同群落内其他相似的成员。

通过对 17 个样本成员按 4 群落进行群落划分,结果见表 7-3。在 1990—2004 年间,印度尼西亚、日本和俄罗斯为一群,美国为一群,澳大利亚、加拿大、智利、韩国、马来西亚、墨西哥、新西兰、秘鲁、菲律宾、新加坡、泰国和越南为一群,中国为一群。

---

　　① 根据 STACF 和 STPACF 所得空间阶数分别为 4 阶和 5 阶,但经过群落分析后发现空间阶数为 4 阶的模拟程度更高,故选用 4 阶作为最终空间阶数。

表7-3 群组划分

年份＼组群	第一组群	第二组群	第三组群	第四组群
1990—2004	印度尼西亚、日本、俄罗斯	美国	澳大利亚、加拿大、智利、韩国、马来西亚、墨西哥、新西兰、秘鲁、菲律宾、新加坡、泰国、越南	中国
2005—2010	印度尼西亚、日本、菲律宾、马来西亚、泰国	美国、墨西哥、加拿大	俄罗斯、智利、秘鲁、越南	中国、澳大利亚、韩国、新西兰、新加坡
2011—2014	日本、俄罗斯、中国、韩国	美国、加拿大、澳大利亚、新西兰、新加坡	智利、秘鲁、墨西哥	泰国、印度尼西亚、马来西亚、菲律宾、越南

资料来源：根据世界贸易组织和世界银行的数据整理。

2005—2010年间,日本、菲律宾、马来西亚、印度尼西亚、泰国为一群,墨西哥、加拿大和美国为一群,澳大利亚、韩国、新西兰、新加坡和中国为一群,智利、秘鲁、俄罗斯、越南为一群。2002年东盟自由贸易区成立之后,东南亚各国的贸易关系加强,因此在群落上表现为日本、菲律宾和马来西亚等为一群。受益于美加自由贸易区的发展,美国、加拿大和墨西哥三国之间的贸易量不断增速,相互带动了就业和经济的发展,在群落上表现为这三个国家为一群。澳大利亚、新西兰和中国之间的贸易关系较为紧密,作为资源进口型国家,中国向澳大利亚进口了大量的铁矿石、煤炭等原材料,此外,新西兰在地理位置上与澳大利亚相邻,二者间的贸易往来也较多,经济上存在一定的相关性,因此在群落上表现为一群。智利、秘鲁、俄罗斯和越南作为后来加入亚太经合组织的国家,在群落上属于同一群。

2011—2014年间,中国、俄罗斯、日本和韩国为一群,澳大利亚、新西兰、加拿大、新加坡和美国为一群,智利、墨西哥和秘鲁为一群,泰国、印度尼西亚、马来西亚、菲律宾、越南为一群。近十年的群落分布更多地表现为发达国家之间的结盟,发展中国家之间的合作,例如第二组群、第三组群、第四组群;也表现出了国家间的战略合作,如第一组群。

本篇从南北贸易关系的历史发展演变开始,对南北型贸易关系和南南型贸易关系进行了分别讨论,总结了南北贸易一体化的特点、问题和新的变化。具体讨论主要分为三个方面:第一,利用动态博弈的方法,演绎出影响南北关系变化的原因;第二,采用聚类和因子的分析方法分别对南北国家进行综合评价,总结归纳影响因素的重要性;第三,以亚太经合组织为例,利用时空数列模型对区域经济一体化进程中南北贸易的增长趋势进行演算,预测南北贸易关系的发展趋势。具体来说:

博弈分析主要讨论了优惠贸易安排中南北关系的变化机制,借用两轮动态博弈的新框架来阐述不同阶段的南北国家的关系,说明南北优惠贸易关系并不是完全决定于南北力量的不对等而产生的贸易关系不对等,而是从一个更新颖的长期视角展示了两种情形:"单干"博弈模型中北方国家主导和"等待"博弈模型中南方国家优势以及新时期南北国家两种模型的力量对抗。新时期,来自北方发达国家和南方发展中国家的两种不同力量可能会通过波动的形式逐渐收敛到一个处于"单干"和"等待"博弈平衡点的某一中间位置,成为最终双边和多边都能接受的结果。

聚类和因子分析结果发现:现阶段的全球市场是趋于统一的,在新时期的南北贸易一体化进程中,发达国家和发展中国家都有不同的发展应对方式,利用好自身的优势,扩大自身在整个世界市场的产品优势地位能减少受到市场波动带来的负面效应,也能扩大产品附加值并带来更高的利益回报。现阶段的南北贸易关系也是复杂多变的,贸易关系的变化加入了更多的影响因素,环境、政治等都是需要考虑进去的。

以修正的时空数列模型来探讨亚太经合组织扩张过程对各成员贸易增长产生的影响,揭示贸易增长在各成员间分配的时空演变趋势。结果发现,根据经济环境划分出的群落分布的确能直观表现出随着亚太经合组织的不断扩张各成员的贸易增长在时空上是如何演变的。各类区域经济一体化组织使各成员在贸易关系上表现得更加紧密,相互带动了经济的发展。经济与贸易环境的时空差异是区域经济一体化发展带来的贸易增长效应在各成员间显现差异的主要原因。

第 三 篇

国际区域经济一体化进程中的
南北货币金融关系

本篇主要对国际区域经济一体化进程中的南北货币金融关系加以讨论。首先,对国际经济一体化与区域货币金融合作进行概述,界定了货币金融合作的概念,对国际经济一体化条件下区域货币金融合作的必然性进行了概括。并对区域货币金融合作的相关理论进行评述。其次,对几个典型的区域经济一体化组织中的南北货币金融关系进行分析,例如欧盟和北美自由贸易区等其中的南北经济关系的发展与矛盾。再次,以东亚区域货币金融合作为例,以最优货币区理论为基础,对其合作实践的发展与现状,以及背后的经济基础进行探讨,并在此基础上,引入东亚区域货币金融合作中的人民币区域化问题。

第八章　国际经济一体化与区域货币金融合作

本章在分析国际经济一体化条件下区域货币金融合作必然性,以及国际区域货币合作理论及模式的基础上,结合欧洲经济一体化、北美自由贸易区和跨太平洋伙伴关系协定等国际区域经济一体化的实践,以及2008年美国金融危机爆发后的反危机国际货币金融协调,就国际区域经济一体化南北货币金融合作的发展与矛盾进行了分析。

第一节　国际经济一体化条件下区域货币金融合作的必然性

货币金融合作并没有一个统一的标准的定义,从不同的角度看货币金融合作有不同的含义表达。在牛津大学字典中,对于合作的解释是为实现统一目标而进行的共同工作。国际货币金融合作便是朝着统一货币目标而进行的共同工作。这其中涉及的主要内容包括:共同的货币目标是什么、共同工作的方式或机制是什么、共同工作的内容是什么等等。

戴金平和万志宏(2005)认为,国际货币金融合作"是在多国或两国之间进行的关于维持汇率稳定和金融市场稳定发展的各种形式的合作。货币合作的目标是实现双边或多边汇率的稳定和金融体系的稳定与发展,合作的手段包括货币政策、财政政策协调、共同干预市场等,合作的形式可以是机制化的,也可以是非机制化的。"①根据此定义,货币金融合作有广义和狭

---

① 戴金平、万志宏:《APEC的货币金融合作——经济与政治分析》,南开大学出版社2005年版,第4页。

义之分。狭义的货币金融合作仅仅是指汇率机制的合作,而广义的货币金融合作包括的内容更为广泛,一般来说可以划分为三个层次:第一个层次是货币金融合作的初级阶段,主要表现为通过简单的信息交流、专家往来讨论如何实现双边的金融稳定等。第二个层次是汇率机制合作。在这个阶段,有相应的具有制度的组织机构和基金保障市场,通过多边的汇率合作谋求稳定的汇率机制。第三个层次是统一货币。在合作区域内由统一的中央银行实施统一的货币政策。

随着全球经济一体化进程的加快,区域货币金融合作将成为新的潮流。在经济、金融的发展形势下,为避免金融动荡,各国必须加强区域货币金融合作。

首先,经济一体化条件下宏观经济稳定与微观经济效率提高促使区域货币金融合作。在经济全球化和金融国际化背景下,金融合作与货币协调是区域一体化成员经济与制度领域和空间的一系列功能性调整与制度性变迁的组合,它具有宏观经济稳定与微观经济效率提高的功能。具体表现为:其一,货币协调意味着与汇率波动相关的低效或无效问题得以解决,区域内货币政策的协调或单一货币(交换媒介和记账媒介)的使用,有利于交易成本的节约和宏观经济的稳定。其二,货币协调要求相关国家或经济体经济政策的广泛合作与协调。经济全球化和区域一体化决定了各国经济相互依赖性加强,宏观经济政策"溢出效应"普遍存在。协调乃至统一的货币政策,有助于解决逆效合作、机会主义及其"搭便车"行为,进而提高资源的配置效率。在区域经济一体化合作进程中,合作形态由低级逐步向高级发展,合作领域逐步由实体经济领域向货币金融领域扩展,这是一个动态的、逐步递进的过程。随着区域经济一体化的推进,区域成员间的贸易不断扩大,对于实施货币金融合作、采用共同货币区的需求越来越迫切。

其次,国际货币体系的多元化发展趋势催化区域货币金融合作。在现行的国际经济条件下,单纯地以美元作为国际结算货币和储备货币的风险较大,因为美元汇率波动频繁且幅度加大,这对于大部分储备货币都是美元以及在国际结算中用美元作为主要结算货币的国家很不利,会导致美元储备价值缩水和国际贸易风险剧增。对于发展中国家而言,有可能还会导致货币错配风险。因此,现有的国际货币金融体系不足以支撑国际经济发展的需要,改革国际货币金融体系迫在眉睫。在此背景下,对于区域经济的稳定和发展而言,最好的选择莫过于进行区域货币金融合作。

最后,金融危机与风险的防范要求促使区域货币金融合作的发生。20世纪70年代以来,世界经济遭受的经济波动和金融危机日益频繁。1997年亚洲金融危机影响之大、危害之深、范围之广令人触目惊心;而始发于2008年的美国次贷危机演化的国际金融危机,更是震撼全球。国际金融危机的频频发生使得各国的金融偏好开始由激进型转变为稳健型,而这往往需要同一个区域内多国的金融协调合作才能实现。原因在于,一是金融危机的传染性。区域一体化内的国家间往往拥有紧密的金融关联和经济贸易往来,所以当一国发生金融危机后,邻国的宏观经济也会较快恶化,从而也出现危机。二是区域金融稳定的公共产品特性。这意味着,金融危机的防范和解救不仅要借助全球性国际组织的帮助,区域性的金融协调合作和制度安排有着特殊的意义。区域货币金融协调合作的目的是发展区域内经济与金融,稳定金融秩序与金融市场,避免合作国经济的内外失衡,抵御对称性与非对称性投机冲击;防止金融危机与金融风险的蔓延。为了达到上述目的,各国只有经过货币政策的国际协调合作,才能谋求长远利益而持续稳定发展。

第二节　国际区域货币合作理论及模式评述

随着国际经济贸易的迅速发展,货币问题日益成为人们关注的对象。国际区域货币合作理论既来自实践的需要又经历着实践的检验,发展至今已历时四个世纪有余。

一、国际区域货币合作理论的产生

16世纪商品经济日渐扩大,由于地区之间货币不统一,限制了商品生产和交换的进一步扩大。人们在经济交往中渴望统一货币的愿望促使了早期国际区域货币合作思想的产生。后来随着商品经济的加速发展,货币兑换的不稳定和国际储备的矛盾性不断显现,理论界对此的认识也逐步深入。

首先,早期的共同货币思想。伴随着资本主义工业革命后国际分工的发展和国际贸易的广泛进行,克服贸易交往货币兑换等带来的不便,寻找不同国家所普遍接受的支付和结算手段,开始成为经济学家和各国政要们关注的问题。从19世纪到20世纪上半叶,国际上寻求货币协调合作乃至共同货币的探索,产生了诸如马克思等许多具有影响力的货币思想。根据马克思的观点,在货币的五项职能中,世界货币是货币具有的国际职能,是在国际商品流通中充当一般等价物。

其次,凯恩斯的国际货币协调思想。凯恩斯是20世纪共同货币理论的重要奠基人。其共同货币理论主要反映在其提出的《关于国际清算联盟的建议》。该建议的核心是建立一个超国籍的中央银行"国际清算联盟",推出国际银行货币"班柯",并以此为中心形成货币联盟。凯恩斯的主见对当时乃至于当代重大的国际货币合作和货币改革都产生了非常重要的影响。

此后,米德(Meade,1951)、库珀(Cooper,1968)等先后对货币政策国际协调进行了研究。前者认为,国家之间在宏观经济政策上的冲突问题是无法避免的,需要各国协调政策加以解决[1]。后者则进一步从理论上指出国际间进行政策协调的必要性,并认为一国的货币政策具有溢出效应,即除了会影响本国经济运行,也会影响到其他国家。[2] 因此在开放经济条件下,各国若是期望得到较为理想的实施效果,在制定货币政策时不得不考虑国际间的协调。

布雷顿森林体系崩溃后,奥伯斯特菲尔德和罗戈夫(Obstfeld 和 Rogoff,2000、2002)以及科尔塞蒂和佩森蒂(Corsetti 和 Pesenti,2001、2005)等基于哈马达(Hamada,1974)、坎佐内里和格雷(Canzoneri 和 Gray,1985)等学者建立的第一代描述国际货币政策协调的博弈模型的基础,在新开放经济的

---

① Meade, J. E., *The Theory of International Economic Policy*, London: Oxford University Press, 1951.

② Cooper, R., *The Economics of Interdependence*, New York: McGraw-Hill, 1968.

宏观经济学理论框架下提出了新一代的政策协调模型。① 他们虽然认可进行国际货币政策协调可能会增进社会福利,但却指出这种福利增加在数量上是很有限的(刁节文,2006)。②

二、国际区域货币合作的不同模式划分

在长期的历史演进过程中,不同的国际区域根据它们各自的情况和特征,形成了多种不同的货币合作模式。大致可以分为强制型货币合作模式和协议型货币合作模式两大类,而后一类又分为完全货币联盟模式和不完全货币联盟模式。目前完全货币联盟模式主要包括单一货币联盟模式和货币替代联盟模式;而不完全货币联盟模式则主要有通货自由流通联盟模式和多重货币合作模式两种。③

强制型货币合作模式指货币区的形成依靠国家政治权利的扩张而实现,即通过战争等强制方式而建立的货币联盟。该货币合作模式主要依据货币主权观理论。在这一合作模式下,货币的使用范围会随着国家疆界或政治影响力的拓展得以延伸。

协议型货币合作的完全货币联盟模式,主要包括单一货币联盟和货币替代联盟两种模式。单一货币联盟模式是指区域内成员从法律上承诺放弃

---

① Obstfeld, M. and Rogoff, K., "New Directions for Stochastic Open Economy Models", *Journal of International Economics*, No.50, 2000, pp.117–153.

Obstfeld, M.and Rogoff, K., "Global Implications of Self-oriented National Monetary Rules", *Quarterly Journal of Economics*, 2002, pp.503–535.

Corsetti, G. and Pesenti, P., "Welfare and Macroeconomic Interdepence", *Quarterly Journal Economics*, 2001, pp.421–445.

Corsetti, G.and Pesenti, P., "International Dimensions of Optimal Monetary Policy", *Journal of Monetary Economics*, No.52, 2005, pp.281–305.

Hamada, K., "Macroeconomic Strategy and Coordination under Alternative Exchange Rates", in Dornbusch, R.and Frenkl, L. eds., *International Economic Policy*, Baltinore John Hopkins University Press, 1974.

Canzoneri, M. B. and Gray, J. A., "Monetary Policy Games and the Consequences of Noncooperative Behavior", *International Economic Review*, No.26, 1985, pp.547–564.

② 刁节文:《国际货币政策协调:理论研究、实践进展及中国的选择》,《上海立信会计学院学报》2006年第4期,第66—71页。

③ 张洪梅、刘力臻:《国际区域货币合作的欧元模式研究》,经济科学出版社2009年版,第43—52页。

本国主权货币的发行,而由联盟内各国公认的超国家机构在区域内发行使用单一货币,并实行统一的货币政策的货币合作形式。最优货币区理论被认为是该模式最重要的理论基础,最早由蒙代尔和麦金农(Mckinnon)于1960年提出。欧元区的建立是最优货币区理论的最佳实践。欧洲货币一体化由最初的欧洲支付同盟、欧洲货币协定、欧洲货币体系以及共同市场建立,到货币联盟直至最终形成共同货币区,是各成员相互协调合作的产物。在这个艰难的过程中,各成员的贸易往来增多,交易成本降低,要素广泛流动、产品和服务充分流通。

货币替代联盟模式则是指在政府法定或私人部门的事实选择下,区域内其他成员自愿放弃本国货币的发行和使用权,而由区域内某种强国货币充当区域共同货币的合作方式。拉美地区部分国家实行或曾经实行的美元化较具代表性(张洪梅,2008)。①

协议型货币合作的不完全货币联盟模式,则主要包括通货自由流通联盟模式和多重货币合作模式两种形式。通货自由流通联盟模式是指该协调合作成员之间实行相互钉住的汇率安排,各国货币可在联盟内同时自由流通,各国货币当局要共同维护汇率的稳定。以此作为向组成货币联盟的一种过渡。多重货币合作模式则是指区域内国家在次区域货币协调合作的基础上,再逐步过渡到区域单一货币联盟的合作方式。根据世界发展的现实情况,多重货币合作模式具有较强的可行性和可操作性,它为许多具有货币国际协调合作需要,但短期内组成货币联盟条件又不够成熟的区域内国家,提供了一条进行货币协调合作的渐进发展路径。

第三节　国际区域经济一体化南北货币
金融合作的发展与矛盾

随着区域内实体经济一体化的推进和国家间相互贸易的扩大,各国实施金融合作、采用共同货币的利益越来越大,世界各国对区域金融合作

---

① 张洪梅:《国际区域货币合作的欧元模式研究》,东北师范大学2008年博士学位论文。

的需求也越来越迫切。下面将分析几个典型的区域经济一体化组织,包括欧盟、北美自由贸易区、亚太经合组织以及最新的《跨太平洋伙伴关系协定》。

一、欧洲经济一体化进程中的区域货币金融合作

欧洲经济一体化历时半个世纪的发展,先后经历了部门合作、自由贸易、关税同盟、共同市场、货币合作及经济与货币联盟等几个阶段。在欧洲经济一体化的整个发展进程中,经济合作是基础,货币合作是经济合作发展到一定阶段的产物。货币合作的出现又反过来促进经济合作的继续发展。

(一) 欧洲经济一体化进程中的货币合作——欧元区的成立与发展

1970 年,时任卢森堡首相的维纳尔牵头提交了《维纳尔报告》,该报告被历史赋予了极高的评价。该报告介绍了如何在 10 年内分阶段实现统一货币的构想,这是第一份有关在欧洲实现统一货币的正式官方文件。然而,受当时欧洲经济一体化进程的限制,《维纳尔报告》的观点显得过于超前。1972 年欧共体提出蛇形浮动汇率机制①,该汇率机制运行了 6 年,总的来说取得了不错的成绩。1978 年 2 月,欧洲理事会通过了关于建立欧洲货币体系的协定,并于 1973 年 3 月正式生效。欧洲货币体系的建立代表着欧洲货币一体化迈出了实质性的一步。随着欧洲经济一体化的深入发展,统一货币问题终于在 20 世纪 80 年代末提上日程。1989 年 4 月,欧共体委员会主席德洛尔(Jacques Delors)牵头向委员会提交了《德洛尔报告》(The Delors Report),决定从 1990 年 7 月 1 日起分三阶段实施欧洲经济与货币联盟。1992 年 2 月,共同体首脑联合签署了欧洲经货联盟条约草案《马斯特里赫特条约》(Matriarchs Treaty),简称《马约》。该条约具体化了《德洛尔报告》

① 1971 年年底,“十国集团”在华盛顿达成“史密斯协议”,规定将各国货币与美元汇价波幅从原来的 1% 扩大为 2.25%。1972 年 3 月,欧共体部长理事规定欧共体成员间货币汇率允许波幅为“史密斯协议”的一半,即 ±1.125%。“史密斯协议”规定的汇率波幅如蛇洞,欧共体所限定的汇率波幅如蛇,由于后者较前者要窄,因此欧共体的汇率机制就可以造成“蛇在洞中行”的态势。

里提到的实施经货联盟三个阶段的任务,即第一阶段:1990年7月1日—1993年12月31日,在这期间加强成员的货币政策和汇率协调,所有成员加入稳定汇率机制(Exchange Rate Mechanism,简称ERM);第二阶段:1994年1月1日—1998年12月31日,建立欧洲货币局;第三阶段:1999年1月1日—2002年7月1日,建立欧洲中央银行,正式实行单一货币政策,并逐步收回各国原有货币,使欧元成为欧洲货币联盟内的唯一法定单位。

(二) 欧元区的挑战

自欧元问世以来,国际地位和影响不断提高,但随之而来的则是不断出现的问题,尤其是2009年年底希腊率先爆发的债务危机,在整个欧元区境内迅速传染蔓延到葡萄牙、意大利、西班牙、爱尔兰等国。其公共债务和财政赤字在国内生产总值中所占的比例均大大违背了欧元区所要求的限额,国际三大评级公司先后数次下调这些国家的主权信用评级,引起国际金融市场动荡不安,使世界经济特别是欧洲经济的一体化受到巨大冲击。欧洲债务危机的根源在于其部分成员因收支失衡而引发的债务支付困难。这些国家自然资源短缺,实体经济发展相对滞后,产业结构较为单一落后,生产力水平甚至明显低于许多新兴市场经济体,政府财政税收收入十分有限。但由于采取的高福利政策等多方面因素,政府保持着过高的支出水平。收支二者的差距使得政府大量依赖于借债,最终无以为继,危机爆发无法避免。同时,欧元区本身的体制性缺陷是欧债危机发生和深化的制度性原因。欧元区成员经济发展严重不平衡,各成员财政机制缺乏约束力,欧元区集中的货币财政政策与成员分散的财政政策之间存在着体制性矛盾和利益分歧。这种货币财政政策的二元化还引发道德风险,使各国在执行扩张性财政政策时的副作用由整个欧元区稀释承担,给各国政府以财政扩张的激励,从而成为危机产生的温床。除此而外,欧元区尽管是一个货币联盟,但并非一个完美的政治联盟,各成员存在的利益分歧,往往使得应对危机的决策不利、救援缓慢,从而丧失了最佳救助时机,加剧了危机的破坏程度。就欧洲经济一体化单一货币的情况作如下分析。

1. 成员受益不均衡

货币一体化是经济发展到一定阶段的产物,反过来又会促进经济的发展。就整体而言,货币统一有助于欧洲的发展,但具体到各个成员,利益得失则不尽相同。以德国为例,作为欧洲最大的经济体,它在世界经济中的地位可见一斑。自欧元启动以来,德国的国内生产总值增长率一直位列欧洲最后,人均国内生产总值也不升反降。而对一些原本经济实力没那么强的一些国家(如爱尔兰、西班牙、卢森堡等国)而言,欧元的启动使得他们瓜分了一部分德国的市场优势,以低廉的劳动力价格优势吸引了大量的资本流入,使得它们的经济快速增长,成员受益不均在欧元区普遍存在。

2. 统一货币政策引发选择困境

欧元区成立后,欧洲中央银行统一制定货币政策,这很难满足所有成员的经济需求。张洪梅和刘力臻(2009)对国际区域货币合作的欧元模式进行研究,利用泰勒提出的货币政策规则对欧元区的统一货币政策带来的效果进行定性分析,发现欧元区制定的统一利率政策对各成员的效果大相径庭。2001—2003年间欧洲央行连续降息,这对需要通过提高利率来冷却经济的爱尔兰等国不利;2005—2006年间欧洲央行连续升息的举措对德国等通货膨胀过于低下的国家而言又过紧,因而应该需要降低利率来刺激经济。由此可见,统一货币政策的实行导致了欧元区的南北国家经济发展出现了明显的不平衡。

3. 复杂的政治环境阻碍了欧元区的发展

欧盟执委会主席巴罗索的经济顾问格罗韦说过:"如果没有政治统一,欧元区就好比一座无顶之阁。这将令人感觉越来越不舒服,房子里的很多人迟早都要离开的。"[①]根据马克思主义经济学原理,当上层建筑适应经济基础的需要时,会对现有的经济基础起到巩固作用,反之,则起到破坏作用。在欧元区内部,政治一体化发展滞后,这成了货币一体化发展中的一个障碍。在众多国际大问题上,欧盟国家并不是意见统一,而是立场对立,甚至出现新老欧洲之争,这让许多相信货币一体化会推动政治一体化的民众大失所望,进而对欧洲货币一体化的运行产生怀疑。此外,欧元区面临的外部政治环境特别是与美国的关系也发生了很大变化。欧元的出现改变了美元

---

① Duisenburg,"Preface",*Financial Times*,Jan.8,1999.

一家独大的国际货币体系格局,对美元构成了直接威胁,因此不断受到来自美国的排挤和打压,这给欧元带来了很大的压力和风险。

综上所述,尽管欧元的成立是国际货币合作领域的成功典范,但日益多变的国际形势和复杂的区域环境使得欧元的发展面临着许多亟待解决的问题。欧元区各成员各方面的差异使得受益不均,欧洲央行统一的货币政策实施也面临选择困境,复杂的政治环境更是加剧了欧元前进路上的坎坷,这些问题都说明在看到货币合作所具有的重大意义之外,也要充分认识到它的局限性,不能奢求通过货币联盟来解决所有问题。

二、北美自由贸易区的南北经济金融关系

1994年1月1日,北美自由贸易区正式成立,这给南北国家通过利用自由贸易区进行合作开创了先河,具有一定的示范效应。

(一) 北美自由贸易区各成员相互经济金融关系的变化

1. 北美自由贸易区给各成员带来的机遇

北美自由贸易区的建立,对美国、加拿大、墨西哥三个成员的经济发展都产生了积极的影响。针对美国而言,一是扩大了对加拿大、墨西哥两国的贸易。2017年美国与这两国的货物贸易额大约为11395亿美元,占美国全年货物贸易总额的29.28%。二是对美国制造业的全球供应链有积极影响。美国制造商将工厂迁移到墨西哥和加拿大,利用墨西哥和加拿大相对廉价的劳动力和丰富的资源生产中间产品,然后再从墨西哥和加拿大以最终产品的形态进口到美国,实现规模经济效应,增强国际竞争力。三是就业变动使美国的劳动力配置朝高端演进,实现产业结构快速升级。北美自由贸易区的建立使美国国内各产业间的劳动力重新配置,使得劳动力从进口产业转移到出口产业。由于美国和墨西哥的比较优势不同,最终会使美国的劳动力配置朝高端方向调整。

北美自由贸易区的成立一方面扩大了加拿大与美、墨两国的贸易规模;另一方面,也促进了加拿大与美、墨两国的双边投资规模。1993年美国在加拿大的直接投资为906.0亿美元,2016年上升到3920.7亿美元,占加拿大吸收外国直接投资的47.5%,占加拿大当年国内生产总值的25.6%。反过来,1993年加拿大在美国的直接投资为676.8亿美元,2016年上升到

4743.7亿美元,加拿大对外直接投资的45.2%选择美国为目的地国家。而且美国资本进入的同时,也带来了技术进步和劳动生产率的提高。墨西哥也从北美自由贸易区受益匪浅,不仅扩大了墨西哥与美、加两国的贸易总量,而且促进了其国内经济的增长,从1993年到2017年,墨西哥的国内生产总值从5040亿美元上升到11508亿美元,增长1.28倍。虽然墨西哥经济的增长不能全归因于北美自贸区的建立,但北美自贸区的运行对墨西哥国内经济的发展确实起到了积极的作用。除此之外,还吸引了大量外资,1993年美国在墨西哥的直接投资为152.21亿美元,加拿大在墨西哥的直接投资为5.30亿美元;2016年美国在墨西哥的直接投资上升到876.35亿美元,加拿大在墨西哥的直接投资上升到167.80亿美元。伴随着资本的进入,墨西哥引进了先进技术和管理经验。此外,北美自贸区的运行提高了墨西哥当地工人的工资水平,截至2016年年末,全国最低日工资为73.04比索,折合人民币大约25.94元。这样墨西哥已成为世界上最具发展潜力和发展最快的国家之一。

2. 各成员间相互经济金融关系的变化

通过以上的分析,北美自由贸易区所带来的成员相互经济金融关系的变化,相应地表现在四个方面:

第一,促进各成员间的贸易增长,相互依赖性进一步加深。近几年来,北美自由贸易区在商品贸易进出口总额方面居世界贸易地区份额首位,约占世界进出口总额的1/4,远远高于排名第二的欧盟的相应总额。

第二,促进了成员间的产业结构调整。墨西哥拥有丰富且廉价的劳动力,而美国、加拿大的比较优势在于资本密集型产品,因此美、加把劳动密集型产业和部分"夕阳产业"转移到墨西哥,而将新兴产业和高科技产业留在美、加国内。这种成员间的产业调整促进了美、加产业结构的升级和墨西哥国内的资本重组,提高了资本的有机构成和使用效率。

第三,为成员创造了更多的就业机会。自《北美自由贸易协定》生效后,各成员的国内失业率有着不同程度的改善,表8-1列出了美、加、墨三国失业率的变动情况。

表 8-1　1990—2018 年美、加、墨失业率的变化趋势　（单位:%）

年份 国家	1990	1997	2000	2014	2015	2016	2017	2018
加拿大	8.1	9.1	6.8	6.9	6.9	7.0	6.3	5.8
美　国	5.6	4.9	4.0	6.2	5.3	4.9	4.4	3.9
墨西哥	—	4.1	2.6	4.8	4.3	3.9	3.4	3.3

资料来源:国际劳工组织:《国际劳动统计年鉴》,中国统计出版社 2019 年版。

第四,成员间的经济差距缩小,发展水平加快。《北美自由贸易协定》的运行,在一定程度上促进了其成员的经济增长,图 8-1 列出了美、加、墨国内生产总值的变动情况。墨西哥能够仅仅只花费了 18 个月,就迅速从 1995 年年初的金融危机中复苏,很大程度上归功于北美自由贸易区的建立。

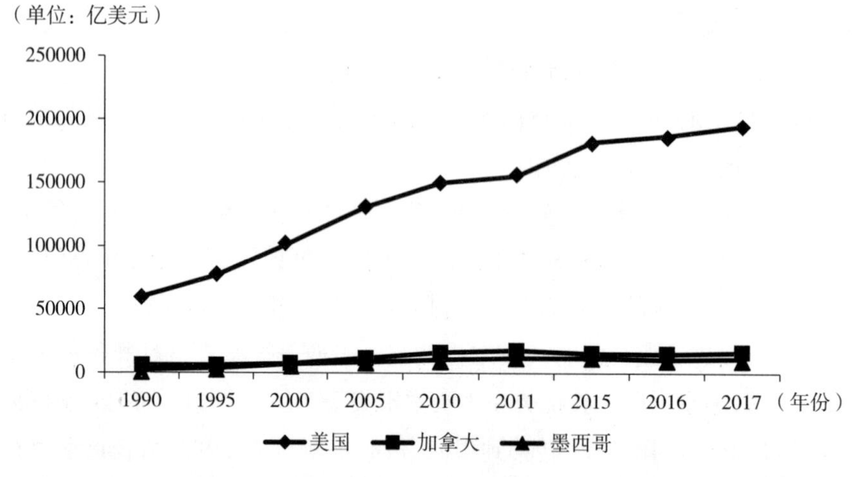

（单位：亿美元）

图 8-1　1990—2017 年美、加、墨国内生产总值

资料来源:世界银行。

3.北美自由贸易区的矛盾

由于美、加、墨三国的经济发展水平存在较大差距,在调节和协调成员间的经济利益时存在一定难度,这就导致三国之间存在较大的矛盾。

北美自由贸易区的运行巩固了美国的世界地位,扩大了其经济影响,但也给美国带来了一定的负面影响。首先,在贸易方面,北美自由贸易区的建立确实增加了美国对加、墨两国的出口,但增加的数量远远不如加拿大和墨西哥对其出口的增量,这就导致美国与加、墨两国的贸易逆差年年攀升。其中对墨西哥的逆差达 600 亿美元。在工资方面,企业随时以将工厂搬到墨西哥相威胁,不断压低工人的工资,使得工人的实际工资增长幅度远远低于企业利润的增长幅度。

《北美自由贸易协定》生效以来,对加拿大经济也产生了一些负面影响。在收入方面,收入差距逐渐扩大。在 1994—2013 年期间,该国收入最高的 10% 的份额和收入最低的 10% 的份额的差距从原来的 8.14 倍扩大到 10.54 倍。在社会福利方面,《北美自由贸易协定》的生效带来了前所未有的竞争压力,政府不得不大幅地缩减各种社会福利。1997 年 1 月失业救济金为 490.97 万美元,而到了 2016 年 12 月失业救济金只有 351.31 万美元。在投资方面,《北美自由贸易协定》中要求,如果成员法律影响企业的未来收入,企业可以直接控告政府并索求赔偿,这种过度保护投资者的规定限制了政府的权利,使得政府不能有效地保护环境以及公共福利。

对墨西哥而言,在享受益处的同时也付出了一定的代价。首先,在工业方面,墨西哥国内企业受到强烈冲击。由于各种贸易壁垒的逐步消失,更多、更好、更便宜的各类进口产品蜂拥而入,这必然加大墨西哥国内企业面临的竞争力度,使得一些本土企业在竞争的大浪潮中无法维持下去。其次,在农业方面,由于越来越多的农产品从美国进口,导致墨西哥国内的小农阶级几乎消失殆尽,造成严重的失业问题。再次,在独立性方面,由于墨西哥的经济过度依赖美国,使得墨西哥的独立性变差。最后,在环境方面,墨西哥的空气污染日益严重。北美自由贸易区在推动墨西哥制造业快速发展的同时,并没有就工业对环境及人口增加而相应地提高足够的环保基建投资,自然资源受到破坏,生态环境日益恶化。

正是由于这些因素,使得特朗普将《北美自由贸易协定》视作"是有史以来签署的最糟糕的贸易协定",并以实际行动在 2018 年 9 月 30 日,以《美国—墨西哥—加拿大协定》取代了这项协定。

(二) 北美自由贸易区中的货币合作

欧元区的成立对美元在国际货币体系及国际金融市场上的霸权形成了巨大的挑战。因此,美国试图通过建立美元区来维护美元在国际货币体系和全球经济中的核心地位。

1. 美元化对美国成本与收益的影响

美元化使美国的经济和政治责任增大,美联储承担了美元化国家金融系统的监督和管理职责。当加拿大、墨西哥的经济总量达到一定规模时,它们的经济波动传递到美国,使得美国的货币政策自主权受到削弱。美国在承担相应义务的同时,也获得了巨大的收益。一是可以得到数目不菲的铸币税收入;二是美元流通边界的扩大能够内生化原来需要外部交易才能完成的信贷活动,美国银行和金融机构业务可以得以扩展,并减少对非预期冲击的调整成本。

2. 美元化对加拿大和墨西哥成本与收益的影响

在加拿大和墨西哥实施美元化,会让它们失去货币政策的独立性和对汇率的控制、失去铸币税收入以及中央银行,这导致加拿大和墨西哥将无法使用货币政策调控国内宏观经济,减弱抵御外部冲击的能力,加大国民收入和就业巨大波动的风险;此外,中央银行的不复存在,也不利于本国银行体系的稳定。美元化在给加拿大和墨西哥带来风险的同时也伴随着大量的收益。首先,降低了外汇交易成本与风险;其次,加拿大和墨西哥的政府债券将会以美元标价,引起信用评级的变化;再次,将有效降低通货膨胀和通货膨胀预期;最后,美元化有利于各国经济的进一步发展。

墨西哥和加拿大在1999年先后提出实行经济美元化。虽然墨西哥和加拿大不会像巴拿马、波多黎各、厄瓜多尔和萨尔瓦多一样,放弃本国货币,实现完全美元化,但可以存在一定程度的美元化。

《北美自由贸易协定》的签订加快了美、加、墨三国的发展进程,奠定了该区域货币合作的经济基础。目前,北美是全球货币合作经济基础最好的次区域,无论从政策协调还是政治意愿方面都具有良好的条件。其中存在的问题主要在于美国政府的合作意愿。例如,在1994年墨西哥比索危机中,美国政府就是因为担心过多承担对墨西哥的义务,会不利于本国经济的发展,因而迟迟不肯兑现其承诺,使危机愈演愈烈。

《美国—墨西哥—加拿大协定》签订之后,美国对加拿大和墨西哥在原《北美自由贸易协定》之下持续增长的贸易逆差将在新的《美国—墨西哥—加拿大协定》框架之中得到改善。这将进一步巩固美元的主导地位,为促进美国、加拿大、墨西哥形成北美的区域货币合作奠定基础。

三、2008年美国金融危机爆发后的反危机国际货币金融协调

在2008年美国金融危机爆发后,为应对危机缓解冲击,国际社会的货币金融政策协调合作主要通过以下几个方面进行:

第一,充分利用各种多边机制,交流信息,沟通政策。首先,政府联合快速出手稳定市场,设立共同紧急救助资金。通过财政计划向银行注资和提供信贷担保,挽救金融机构。其次,通过七国集团(Group of Seven,简称G7)和二十国集团(Group of Twenty,简称G20)财政部部长、央行行长会议、"二十国集团首脑会议"、国际货币基金组织和世界银行年会等各种重要国际会议,加强信息的沟通和货币金融政策的协调。

第二,建立货币互换协议和联合调息行动。为应对美国金融危机带来的经济衰退和流动性问题,美联储与欧洲央行建立了货币互换协议。2008年10月之后近七年时间里,美联储会同西方其他主要国家的央行采取联合行动,实行所谓"量化宽松"的货币政策,增发流动性,并不断降低基准利率甚至达历史最低水平。2015年后,随着经济的复苏,为防范流动性过剩可能带来的通胀风险,又开始实行退出"量化宽松"的货币政策,逐渐缩减流动性增发规模,由此带动众多国家进入一个逐渐提高基准利率的时期。

第三,与"金融稳定论坛"积极合作,为监察和保持全球金融稳定而采取行动。在2009年伦敦会议结束后该论坛宣布接纳其余未加入金融稳定论坛的二十国集团成员成为其新成员,并更名为金融稳定委员会(Financial Stability Board,简称FSB)。该机构的主要职能是对全球金融监管体系进行改造。

四、《跨太平洋伙伴关系协定》中南北经济金融关系的展望

《跨太平洋伙伴关系协定》,也被称作"经济北约",是由新西兰、新加坡、智利和文莱四国发起,旨在促进亚太地区贸易自由化的一组多边关系的自由贸易协定。2016年2月4日,包含美国、日本等发达国家和文莱、马来西亚、越南等发展中国家在内的12个国家在奥克兰正式签署了《跨太平洋

伙伴关系协定》。

（一）《跨太平洋伙伴关系协定》的显著特点

第一，覆盖区域广。目前，该协定成员既有发达国家和地区如新加坡、新西兰、澳大利亚、加拿大，也有发展中国家和地区如文莱、智利、马来西亚、墨西哥、秘鲁和越南，地域涉及太平洋，连接四大洲，是空间上超越区域性的广域经济一体化组织。

第二，谈判的初期一度由美国主导。主要体现在两个方面：首先，美国的提案成为该协定构建的基础；其次，该协定谈判结果形成的法律文本，要由美国国会投票通过。

第三，非内向性、非排他性。一般的区域经济一体化合作要求对内加强合作、消除生产要素流动障碍，为对外设置壁垒。但是，该协定主张该区域的一体化合作应以开放的、不以损坏各成员与区域外国家之间的经贸联系为前提。

第四，次区域一体化合作。许多成员以前就以次区域经济一体化的形式进行过合作，如东盟、澳新自由贸易区以及东亚或东北亚经济圈等等。从发展的角度来说，这些次区域一体化组织的一体化进程对《跨太平洋伙伴关系协定》的合作无疑具有推动作用。

第五，综合性的高标准贸易协定。《跨太平洋伙伴关系协定》除涵盖贸易自由化协议之外，还包括服务贸易和投资自由化等二十多个议题，贸易自由化程度之高以及谈判议题覆盖范围之广形成了该协定的"高标准"。

第六，充分体现了全球价值链分工的诉求。随着科技进步以及贸易成本的下降，以产品内分工的模型将生产的链条分布在不同的经济体内，即"全球价值链"，其发展程度的高低依赖各成员的均衡协调发展。《跨太平洋伙伴关系协定》设立了"发展"这一章节，目的在于帮助不发达国家最大化地利用该协定所创造的机会，均衡各成员的协调发展，体现了该协定可持续发展性以及实现更广泛增长的长远目标。

美国总统特朗普在2017年1月签署行政令，宣布美国退出《跨太平洋伙伴关系协定》。此后，在日本的积极主导推动下，除美国以外的其他11个国家于2017年11月就继续推行《跨太平洋伙伴关系协定》达成一致，并将《跨太平洋伙伴关系协定》更名为《全面与进步跨太平洋伙伴关系协定》。

该协定基本沿用了原《跨太平洋伙伴关系协定》的协定结构,保留了原协定当中95%的内容。《全面与进步跨太平洋伙伴关系协定》形成了以日本为主导的新结构,仍然保留了原有《跨太平洋伙伴关系协定》的大部分特点。但由美国主导变为由日本主导,其世界影响力和市场份额由于美国的退出而有所下降,《全面与进步跨太平洋伙伴关系协定》的执行情况将由于其影响力下降而存在变数。

(二)《跨太平洋伙伴关系协定》的货币金融合作缺乏力度,长期以来缓慢前行

《跨太平洋伙伴关系协定》的货币金融合作不多,主要体现在两方面。其一是经济技术合作与能力建设。例如建立金融培训机构,提高发展中经济体的金融经营和管理能力等,服务于贸易与投资的自由化与便利化。其二是初级阶段的货币与金融合作。例如建立预警和预防机制、成立金融预警小组、建立紧急资金援助机制、对地区大额资本流动进行监督等。

《跨太平洋伙伴关系协定》难以拓展货币金融合作的原因主要包括三方面:第一,协定缺乏约束机制;第二,协定中经济体的多样性成为货币金融合作的阻力;第三,主导权争夺战成为货币金融合作的障碍。

就《跨太平洋伙伴关系协定》原12个成员中的6个发展中国家——文莱、智利、马来西亚、墨西哥、秘鲁和越南而言,如果协定得以实施的话,在一定程度上会损害这些发展中国家的利益。首先,该协定使经济地位不平等的国家使用同样的游戏规则,这必将会使发展中国家面临"不平等"的待遇。其次,该协定要求大幅度降低配额、关税以及其他贸易保护政策的影响,这会导致发展中国家不发达的工业面临国外企业的激烈竞争,而该协定禁止发展中国家利用贸易政策去保护本国工业,这势必会对国内工业造成一定打击。

总之,就国际货币政策协调的实践历史可以看出,从基于一般规则的全球协调模式走向以规则协调为主、随机协调为重要补充的区域协调模式,正在成为区域经济一体化发展条件下国际货币金融协调合作的新趋向;由某个经济强国左右主导政策协调过程和结果的状况,开始逐渐被区域内各国就货币金融政策协调的规则、时间及目标等重要方面进行的共同商讨所取代。适宜世界经济全球化、多极化的现状,以及不同区域经济一体化水平的

差异,区域性货币协调合作的方式可以采取不同的选择。在推动区域性国际货币协调的进程中,应注重加强区域内乃至全球性的国与国之间的国际金融监管和协调。

第一,加强与新兴市场国家的国际货币金融政策协调。主要出于两方面的考虑:一是近年来新兴市场国家的经济发展迅速,在国际政治经济事务的决策中具备了更多的话语权,甚至影响了世界政治与经济格局;二是全球性议题不断增多,全球治理成为必然趋势,而发达国家与发展中国家的利益和命运也日益交融依赖。因此,无论针对处理国际经济问题的任何讨论都不能忽视新兴市场国家对全球金融稳定的作用和影响。

第二,利用多边机制推动和加强国际货币金融政策协调。应利用现有的国际多边平台,通过积极推动国际金融机构改革,致力于减少国际货币基金组织对他国支持时所附加的约束条件,并且在采用国际行为守则,提高信息和增强金融监督和监管时,平等对待发展中国家与发达国家。此外,还应加强地区和跨地区的国际经济组织建立和完善,使得它们在推动区域国际货币合作当中发挥更为重要的作用。

第九章　经济一体化进程中的东亚
区域货币金融合作

　　1997 年亚洲金融危机的爆发,使亚洲地区各经济体深刻意识到加强区域内货币金融合作的必要性。在金融危机的爆发和救援过程中单纯地依靠货币基金组织这样的全球性金融机构的救助是远远不够的,必须建立区域内自己的货币金融合作组织。基于以上共识,1997 年以后东亚区域内的货币金融合作进入了一个崭新的阶段。本章首先分析了东亚区域货币金融合作的发展历程及其现状;其次通过区域市场一体化程度、区域经济结构和宏观经济相似性、区域经济冲击对称性等三个方面的指标分析,认为东亚地区大致具备了货币金融合作的基础,但形成单一货币区的条件还不成熟。需要进一步加强东亚各经济体在要素流动和资本一体化方面的调整和合作。

第一节　东亚区域货币金融合作的发展与现状

一、东亚区域货币金融合作的发展现状

　　目前还没有一个统一的、真正一体化的框架,合作在多种框架下以多种渠道和多种方式进行,主要在东盟、东盟“10+1”、东盟“10+3”和东亚峰会的组织平台和框架下进行。

　　1997 年亚洲金融危机出现以后,东亚各国和东亚各经济体进一步认识到加强区域货币金融合作的重要性,并采取了一系列尝试性的措施,就货币金融合作达成初步共识。日本政府提议建立亚洲货币基金组织(Asian Monetary Fund,简称 AMF)来抵御危机。具体是由中、日、韩三国及东盟国家共同筹资 1000 亿美元建立共同基金,帮助遇到危机的国家摆脱困境。

1998年10月,东盟各国签订了《理解条约》,建立东盟监督机制,旨在加强东盟集团内部的决策能力。同期,日本在"亚洲货币基金"的基础上提出"新宫泽构想"计划,建议成立总额为300亿美元的财政援助计划,其中的150亿美元主要用来恢复亚洲各国的经济,另外150亿美元满足亚洲地区对短期资本的需求。同年12月,时任菲律宾总统埃斯特拉达在东盟首脑会议上首次提出在亚洲实行单一货币的构想,成为亚洲货币的首次动议。

进入21世纪以来,东亚区域货币金融合作速度加快,并取得了实质性的进展和成果。2000年5月,《清迈协议》的签署,标志着亚洲区域货币金融合作正式进入实质性推动阶段,其主要内容包括:扩大货币互换规模。货币互换机制包括两个层次:多边货币互换机制和双边货币互换机制。双边货币互换机制是东盟"10+3"各经济体与中、日、韩每两个经济体之间签订的货币互换协议。例如,日本与韩国、泰国和马来西亚达成双边货币互换协议,互换金额达到135亿美元。根据双边货币互换协议,协定方可以在协定金额内借得国际货币的期限长达90天,并且可以展期7倍于90天的时限。此外,还包括建立地区性磋商机制。成立预防货币危机产生的监督机构,对成员的经济发展、金融市场等方面进行长期跟踪监督,防止制定可能导致危机发生的政策;建立一个联络人员网络促进东亚地区监督机制。2001年5月,在东盟"10+3"财长会议上达成建立东盟"10+3"早期预警系统的共识。同年11月,时任中国国务院总理朱镕基在第五届东盟"10+3"首脑会议上提出在未来10年内建立中国—东盟自贸区的倡议。2002年7月,日本财务大臣盐川正十郎在亚欧会议(Asia-Europe Meeting,简称ASEM)上提出以单一货币为目标的亚洲货币体系议案,该议案描述了亚洲货币体系的模式及进程。同年10月,泰国政府在世界经济论坛东亚经济峰会上提出了成立"亚洲债券基金"的畅想。2003年6月,亚洲债券基金正式启动。同年8月,东盟"10+3"金融部长会议达成建立"10+3"金融合作基金的计划,旨在提高区域内经济监督的效率并强化区域内经济预警机制。2005年,第八届东盟"10+3"财长会议在伊斯坦布尔召开,就改善《清迈协议》中的货币互换机制达成可操作性的共识。2007年5月,第十届东盟"10+3"财长会议在东京召开,会议就在东亚范围内设立共同外汇储备基金达成共识,目的是为了帮助解决危机国家短期资金流动困难的问题。2009年2月，在泰国召开东盟"10+3"特别财长会议，决定将区域外汇储备基金规模进一步扩大至1200亿美元。同年12月28日，东盟与中日韩"10+3"财长和央行行长以及中国香港金融管理局总裁宣布正式签署《清迈倡议多边化协议》（Chiang Mai Initiative Multilateralization Agreement，简称CMIM），并在2010年3月24日正式生效。在2010年4月召开的第十六届东盟峰会及系列会议上，东盟"10+3"金融高官决定在2011年5月设立"东盟中日韩宏观经济研究办公室"作为清迈协议资金运用的监督管理机构，这是亚洲区域化货币合作的关键一步。2012年5月3日，第十五届东盟"10+3"财长和央行行长会议就区域金融安全网建设问题进行了探讨，并将清迈倡议多边化机制下的区域外汇储备基金规模从原来的1200亿美元增加到2400亿美元，提高与国际货币基金组织贷款规划的"不挂钩比例"。2013年第十六届东盟"10+3"财长和央行行长会议在印度德里举行，会议审议通过了将东盟"10+3"宏观经济研究办公室（Asean+3 Macroeconomic Research Office，简称AMRO）升级为国际组织的协议草案，继续加强"10+3"宏观经济研究办公室的机构能力，使其切实履行经济监测职能。其具体协议于2014年10月完成签署。2015年11月18日，在第二十七届东盟峰会后举行的新闻发布会上，东盟领导人宣布将建成以政治安全共同体、经济共同体和社会文化共同体三大支柱为基础的东盟共同体。同年12月31日，东盟共同体正式成立。2016年，第十九届东盟"10+3"财长和央行行长会议同意当年启动五年一次的《清迈倡议多边化协议》定期评估，并探讨《清迈倡议多边化协议》融入全球金融安全网有关问题。2017年5月，日本举行第二十届东盟与中日韩"10+3"财长和央行行长会议，会上再一次重申继续加强《清迈倡议多边化协议》作为区域金融安全网重要组成部分的作用，欢迎《清迈倡议多边化协议》与国际货币基金组织首次联合救助演练取得的成果，期待《清迈倡议多边化协议》定期评估取得进展。2018年12月，韩国、中国、日本及东盟各国代表在韩国东南部釜山市召开的一场会议上作出决定，同意对区域金融保护网络——《清迈倡议多边化协议》进行修改，以更好地应对可能发生的金融危机。

二、东亚区域货币金融合作存在的问题

从以上东亚区域货币金融合作的发展历程中可以看出,亚洲区域化货币金融合作已经取得一些成绩,但就近几年的发展来看,钓鱼岛纷争、南海争端、美国霸权主义等问题限制了东亚货币合作的快速健康发展。从亚洲区域化货币金融合作现状来看,其进展缓慢主要表现在以下几个方面。

(一) 货币互换机制未能发挥预期效果

双边货币互换机制作为一种救助机制,宗旨是在危机来临时向成员提供适当帮助以解决其短期国际收支或流动性方面的问题。但从建立以来,该机制并未发挥建立时各成员预期的作用。首先,货币互换协议的条件过于严格。按照《清迈协议》的规定,可以立即提供给资金流动性困难的国家的额度只有双边贸易的20%,剩余的80%则需要国际货币基金组织贷款或与救助项目相挂钩。这将会导致需要救助的国家在短期内很难筹集到需要的资金额度,因而双边货币互换机制很难具有现实操作性。例如,在金融危机中遭到冲击的韩国,本可以通过《清迈协议》机制与东亚其他国家的货币互换筹集到185亿美元的资金缓解本国流动性短缺,但由于其中仅有37亿美元资金可以脱离国际货币基金组织的贷款条件限制,因此,韩国不得不放弃《清迈协议》的救助机制,转而通过与美联储的300亿美元货币互换协议来缓解国内流动性短缺问题。其次,《清迈协议》资金规模有限。目前,《清迈协议》互换货币资金规模达到2400亿美元,虽然总额有所上升,但受现有的组织框架及贷款条件的限制,可用于被救援国在短期内抵御投机资本的冲击、防御危机再次发生的资金额度并不多。

(二) 各国汇率协调机制未取得实质性进展

有效的货币合作机制不仅要有坚固的危机防范和救助机制,还需要制定关于地区性汇率的协调与合作机制。由于汇率协调与合作机制涉及诸如放弃一部分主权等敏感问题,使得东亚地区的汇率协调与合作至今未取得实质性进展。

第一,各国汇率制度的不完善。印度尼西亚和菲律宾作为较弱小的经济体,而又采用独立浮动制度,在金融危机中,极易受到国际资本的投机性冲击;在实行有管理的浮动汇率制度国家中,除了中国、新加坡经济实力较

强可以相对维持汇率的较小波动外,其他国家如柬埔寨、老挝、缅甸等由于经济实力不强,没有大量外汇储备作为支持,仍存在较大的外汇风险;越南为传统钉住汇率,缺乏弹性,极易形成汇率风险;由于货币局制度与美元紧密联系,汇率制度僵化,进而使文莱的汇率不能随着贸易结构的变化而变化,不利于该地区贸易的长期健康发展。

第二,亚洲货币单位计划失败。2006年亚洲开发银行参考欧洲货币单位的计价方法曾经研制并推行亚洲货币单位(Asia Currency Unit,简称ACU),目的是将亚洲货币单位作为区域内衡量汇率稳定性的一个指数,监控东亚地区的汇率并在东亚各国进行推广。但是亚洲开发银行最终并未公布亚洲货币单位实施的具体计划,曾经被各国一度看好的亚洲货币单位计划无果而终。虽然计划的失败与美国和国际货币基金组织的干涉不无关系,但根本原因在于东亚各国尤其是主导国家在亚洲货币单位问题上存在极大的分歧,这也说明亚洲区域化货币合作仍旧面临较大挑战。

第二节　东亚区域货币金融合作的经济基础

目前,东亚区域货币金融合作方面已取得了较大的成就,本节试图在最优货币区理论基础上分析影响和制约东亚货币金融合作的经济因素。

一、东亚地区市场一体化程度分析

结合最优货币区理论,分别从东亚区域贸易一体化程度、要素市场一体化程度和金融一体化程度三个方面来分析东亚区域的市场一体化程度。

(一) 贸易一体化程度

建立最优货币区的目的之一在于避免区域内成员货币币值大幅度波动,维持相对价格的稳定,这就要求区域内各国或地区的对外贸易很大程度上是在区域内完成的,不然就难以稳定区域内的相对价格水平,并且还会产生新的汇率风险。因此,在一般情况下,区域内国别或地区之间的经济联系越密切,建立货币联盟的成本越低。反映贸易联系程度的指标主要有贸易依存度、区域内贸易份额指标和贸易密度指数,下面将分别从这三个指标介绍东亚区域内的贸易一体化程度。

　　贸易依存度是一国或地区与贸易伙伴的进出口总额占该国或地区国内生产总值的比例,反映了区域内国家间贸易的相互依赖程度。表9-1 显示了 2009—2017 年间东亚各国与东盟的贸易依存度指数,从中可以看出东亚经济体对东盟的贸易依存度很高,例如新加坡,其与东盟的贸易依存度一直在 50% 以上。此外柬埔寨、老挝、马来西亚等国对东盟的依存度也很高。值得注意的是日本对东盟的贸易依存度在逐年提升,并且自 2011 年以来大于中国对东盟的贸易依存度,说明日本正加大与东盟的经济联系,试图减少对中国经济的依赖。

表 9-1　东亚国家与东盟的贸易依存度指数 （单位:%）

国家＼年份	2009	2010	2011	2012	2013	2014	2015	2016	2017
文　莱	22.58	18.79	19.66	19.68	24.79	22.58	20.49	24.41	23.06
柬埔寨	20.17	17.70	20.45	23.35	21.97	19.63	29.73	27.40	30.00
印度尼西亚	9.59	11.33	11.03	10.94	10.46	10.19	7.42	7.36	7.75
老　挝	44.29	38.34	31.41	24.87	34.62	29.50	34.47	29.48	31.09
马来西亚	35.57	37.93	36.28	36.94	36.94	35.25	34.94	32.74	35.98
缅　甸	19.52	13.98	14.11	11.02	15.95	18.01	17.54	14.91	17.16
菲律宾	10.32	13.92	10.47	9.88	8.47	8.98	8.84	10.13	12.46
新加坡	73.12	89.56	74.74	72.46	68.82	66.45	62.36	52.33	55.27
泰　国	21.02	27.38	27.63	27.20	24.67	25.41	26.49	22.89	22.94
越　南	20.87	23.01	25.45	24.59	23.09	21.91	21.66	20.05	22.15
中　国	3.63	4.02	3.97	3.78	3.79	3.54	3.18	4.04	4.21
日　本	3.17	4.01	4.35	4.38	4.91	4.98	5.77	3.80	4.28
韩　国	8.98	10.21	11.16	11.32	10.35	9.32	8.89	8.40	9.74

资料来源:东盟统计数据库(ASEAN Stats Database)。

　　区域内贸易份额指标可以直观地反映出某一区域内的贸易关联程度。其计算公式为区域间各国或地区相互出口(进口)总额占各国或地区对世界出口(进口)总额的比重。从区域内进出口贸易占比(见表9-2 和表9-3)中可以看出,东亚国家与东盟间的进出口额占其进出口总额比例很大。此外,区域内贸易份额总体呈上升趋势,这说明东亚地区的贸易一体化的深度正不断加强。

　　贸易密度指数可以反映东亚区域内贸易与世界对东亚各经济体贸易的相对水平。贸易密度指数越高,表示区域内部的贸易联系越紧密。从表9-4中可以看出,东亚区域内贸易联系相当紧密。

表9-2　东亚各国对东盟的出口额占本国总出口额比例　（单位:%）

年份 国家	2005	2006	2007	2008	2009	2010	2011	2012	2013	2014	2015	2016	2017
文 莱	24.01	24.77	28.09	24.16	16.60	12.40	13.93	13.18	23.10	19.77	19.51	24.78	30.77
柬埔寨	4.67	6.69	6.44	7.13	12.93	8.19	8.14	9.70	7.90	5.37	8.06	8.64	9.95
印度尼 西亚	18.47	18.34	19.54	19.83	21.13	21.14	20.69	22.01	22.26	22.54	22.34	23.30	23.29
老 挝	84.80	68.52	60.74	73.01	80.62	60.35	54.78	56.64	45.04	54.07	52.86	44.49	50.84
马来西亚	26.08	26.06	25.71	25.91	25.73	25.37	24.56	26.78	28.02	27.89	28.20	29.39	29.04
缅 甸	49.93	61.16	57.77	58.18	50.41	53.28	60.64	52.40	48.60	39.53	37.52	29.67	28.04
菲律宾	17.33	17.28	15.92	14.44	15.23	22.47	17.97	18.86	15.96	14.83	14.56	14.92	15.56
新加坡	31.32	30.85	31.74	32.07	30.26	39.03	31.15	31.78	31.39	31.17	32.28	29.39	28.20
泰 国	21.77	22.16	21.42	22.57	21.31	23.83	24.40	24.72	25.93	26.11	28.88	25.38	25.21
越 南	17.61	16.78	16.01	16.22	15.09	14.33	14.02	15.23	13.70	12.33	11.15	9.79	10.05
中 国	8.02	7.74	7.65	7.64	8.04	7.46	7.76	8.27	8.96	9.24	9.30	12.21	12.33
日 本	13.63	12.44	12.31	13.88	14.26	13.28	15.48	16.85	16.49	15.77	19.90	14.82	15.16
韩 国	8.30	8.84	8.53	9.88	11.13	11.21	12.65	13.83	14.68	13.94	14.55	15.04	16.60

资料来源:东盟统计数据库。

表9-3　东亚各国对东盟的进口额占本国总进口额比例　（单位:%）

年份 国家	2005	2006	2007	2008	2009	2010	2011	2012	2013	2014	2015	2016	2017
文 莱	49.13	50.09	49.76	47.88	51.22	50.65	52.63	43.63	51.04	49.15	43.40	48.33	43.12
柬埔寨	36.35	33.91	34.91	36.21	37.26	34.94	36.06	36.98	30.71	29.40	33.61	37.29	38.68
印度尼 西亚	30.03	31.74	31.95	31.73	28.65	34.74	28.91	28.08	28.95	28.57	21.05	25.67	25.07
老 挝	51.63	85.22	81.07	82.68	85.84	78.52	71.09	60.11	75.79	74.39	56.10	74.32	71.25
马来西亚	25.53	25.16	25.40	24.03	25.70	27.16	27.77	27.94	26.74	25.72	26.52	24.58	25.68

续表

年份\国家	2005	2006	2007	2008	2009	2010	2011	2012	2013	2014	2015	2016	2017
缅 甸	54.91	55.53	50.66	45.54	53.66	47.47	46.75	42.60	35.34	43.73	41.54	37.69	39.58
菲律宾	18.71	19.74	23.19	25.27	25.39	27.94	23.63	22.87	21.76	23.88	24.27	26.18	26.37
新加坡	26.05	26.12	25.02	23.38	24.02	24.05	21.36	21.02	20.88	20.60	21.49	21.49	22.33
泰 国	18.27	18.52	17.86	16.83	20.00	25.91	21.03	20.74	17.77	18.99	21.16	20.34	20.10
越 南	27.42	30.95	25.03	24.47	19.60	19.34	19.59	18.43	16.16	15.47	14.38	13.68	13.32
中 国	7.92	8.21	8.15	7.73	8.11	8.49	8.19	7.79	7.82	7.70	7.98	12.37	12.80
日 本	14.13	14.02	13.68	13.89	14.15	16.81	14.95	14.28	14.75	14.80	17.53	15.21	15.32
韩 国	9.33	8.78	8.26	8.40	10.62	11.89	10.35	10.59	10.24	9.83	10.49	10.91	11.25

资料来源:东盟统计数据库。

表9-4　2017年东亚国家间贸易密度指数

国 家	文莱	中国	印度尼西亚	日本	柬埔寨	韩国	老挝	缅甸	马来西亚	菲律宾	新加坡	泰国	越南
文 莱	0												
中 国	0.72	0											
印度尼西亚	0.10	1.58	0										
日 本	9.53	1.46	2.12	0									
柬埔寨	0.10	2.40	16.36	0.62	0								
韩 国	6.30	1.54	1.64	2.77	1.29	0							
老 挝	0	2.13	0.40	0.61	1.93	0.59	0						
缅 甸	0.01	3.33	19.60	1.14	0.17	0.91	0.06	0					
马来西亚	9.57	1.53	19.78	1.63	1.21	1.26	0.19	1.25	0				
菲律宾	1.01	2.13	27.94	2.57	0.50	3.01	0.01	0.23	2.92	0			
新加坡	4.47	1.01	18.28	1.77	0.80	1.12	0.28	3.01	8.15	3.47	0		
泰 国	9.40	1.24	13.19	3.29	3.09	1.03	24.97	15.73	4.33	3.42	3.05	0	
越 南	0.23	2.43	7.75	1.78	2.47	6.94	16.26	0.80	2.50	1.18	2.70	4.17	0

资料来源:东盟统计数据库;国际货币基金组织。

（二）要素市场一体化程度

最优货币区理论认为要素市场的调节机制可以消除区域内因工资、物价等因素变动造成的影响。要素市场越灵活,即劳动力和资本越易流动,这些国家或地区组成最优货币区的成本就越低。

区域内劳动力的流动不仅受经济因素的影响,很大程度上还受制于非经济因素。一般而言,在语言、文化、宗教信仰差异小的区域内,劳动力越易流动;各国颁布的促进劳动力流动的相关政策法规也会起到很大的积极作用。在这方面,东亚区域内的劳动力流动性不如欧盟,因为欧盟区域内的国家无论是在文化还是在语言上差异较小,并且经济发展水平也更接近。反观东亚,经济发展水平参差不齐,语言文化差异性大,这不利于劳动力在东亚区域内的自由流动。

表9-5显示2003—2017年东亚部分经济体劳务输出情况,从中可以看出,尽管东亚劳动力流动受制于诸多因素,流动性较小,但东亚经济体区域内的劳动力流动性在不断加强,这主要体现在两个方面:一是东亚经济体区域内劳务输出量逐年增加。例如缅甸2003年劳务人员输出是4000人,到2017年这一数据变为162000人,增加了40倍之多。二是东亚经济体区域内劳务输出占对外劳务输出总额的比例逐年增加。以印度尼西亚为例,2003年印度尼西亚劳务人员总输出29.4万人,输出到东亚区域内的有11万人,可知印度尼西亚输出到东亚的劳动力占其对外输出总额的37%;2017年,印度尼西亚劳务人员总输出达26.2万人,其中的93%发生在东亚区域内。从区域内劳动力流动角度来看,东亚区域内劳务人员多是向较发达区域流动,例如新加坡、马来西亚、日本等国(见表9-5和表9-6),这表明经济发展可以促使劳动力流动,这对东亚而言具有很大的发展空间。

表9-5　2003—2017年东亚部分经济体劳务输出情况　(单位:万人)

国家\年份		2003	2004	2005	2006	2007	2008	2009	2010	2011	2012	2013	2014	2015	2016	2017
柬埔寨	总流出	0.2	0.1	0.2	0.7	0.9	0.9	1.5	3.0	2.6	3.5	2.3	2.5	4.1	8.5	9.6
	流出到东亚	0.2	0.1	0.2	0.7	0.9	0.9	1.5	3.0	2.6	3.5	2.2	2.4	4.1	8.6	9.6
印度尼西亚	总流出	29.4	38.3	47.4	68.0	69.7	64.5	63.2	57.6	58.7	49.5	51.2	43.0	27.6	23.4	26.2
	流出到东亚	11.0	15.6	29.7	32.7	35.0	31.1	25.6	26.7	33.9	33.7	34.4	30.6	22.5	21.1	24.4

续表

年份 国家		2003	2004	2005	2006	2007	2008	2009	2010	2011	2012	2013	2014	2015	2016	2017
缅甸	总流出	0.4	0.2	0.3	0.6	0.8	1.2	0.6	0.5	1.8	6.8	6.7	6.5	9.5	14.6	16.2
	流出到东亚	0.4	0.2	0.3	0.6	0.8	1.2	0.6	0.5	1.8	6.8	6.7	6.5	9.5	14.5	16.2
菲律宾	总流出	65.2	70.5	74.0	78.8	81.1	97.4	109.2	112.4	131.9	143.5	146.9	143.1	—	—	—
	流出到东亚	25.2	26.4	25.5	21.9	21.3	21.5	25.5	27.4	40.6	46.3	46.6	40.9	—	—	—
泰国	总流出	14.8	14.9	14.0	16.1	16.2	16.2	14.8	14.4	14.8	13.4	13.1	12.0	11.7	11.4	11.5
	流出到东亚	12.1	11.7	10.7	11.6	10.5	9.8	8.4	8.3	9.4	8.6	8.0	7.7	6.4	7.4	7.9
越南	总流出	7.5	6.7	7.1	7.9	8.3	8.7	7.3	8.6	8.8	8.0	8.8	10.7	11.6	12.6	13.5
	流出到东亚	7.4	5.9	6.2	—	—	7.1	5.2	6.7	8.0	7.2	8.1	9.7	10.8	11.9	12.8

资料来源：International Labour Migration Statistics Database in ASEAN：Outflow of Nationals for Employment by Sex and Country of Destination。

表 9-6　2017 年东亚部分经济体向东亚各国输出劳务情况（单位：人）

国　家	柬埔寨	印度尼西亚	缅甸	泰国	越南	中国
文　莱	0	6623	0	1299	0	3678
柬埔寨	—	0	0	569	0	2207
中　国	15	84	0	398	0	—
印度尼西亚	0	—	0	1724	0	10910
日　本	2280	538	3331	9196	54504	2
韩　国	5967	3728	5676	12609	5178	118
老　挝	0	0	0	1842	0	15957
马来西亚	27	88984	3325	7141	1551	15482
缅　甸	0	12	—	647	0	2143
菲律宾	0	12	0	172	0	3130
新加坡	138	13379	355	5399	0	2210
泰　国	87909	6	148942	—	0	1026
越　南	0	4	0	567	—	3735

资料来源：International Labour Migration Statistics Database in ASEAN：Outflow of Nationals for Employment by Sex and Country of Destination；中国贸易外经统计年鉴。

　　在资本流动方面,区域内资本流动性越强,越有利于提高区域内各经济体共同抵御外界冲击的能力,维护区域内经济金融环境的稳定。在东亚,由于各经济体对资本项目的控制,使得资本流动受到较多的限制,导致东亚各经济体间的资本流动水平存在较大差异。此外,东亚各经济体之间的资本流动并未呈现出明显增加趋势,并且分布严重不均。由表9-7可以看出,东亚各国的流入资本大多来自区域外。其中区域资金流入最大且占总流入比例最高的是印度尼西亚,在2017年流入的外商直接投资约达230.64亿美元,其中的51.48%来自东盟各国;其次区域资金流入最大的国家是新加坡,但其占外商直接投资总流入的比例却很低,2017年只有6.38%来自东盟各国。其他国家如文莱、柬埔寨、老挝、缅甸、菲律宾等国的外商直接投资资金流入量虽然逐年增加,但总量依然很低。东亚地区内投资流动不足、国家分布不均衡,是区域货币金融合作的一大障碍。

表9-7　2010—2017年东盟各国外商直接投资流入情况

(单位:百万美元)

国家 \ 年份		2010	2011	2012	2013	2014	2015	2016	2017
文莱	外商直接投资总流入	625.39	1208.30	864.81	725.47	568.18	171.32	-150.44	460.15
	来自东盟的外商直接投资	89.52	67.47	31.47	-57.98	141.20	86.65	-64.66	535.27
柬埔寨	外商直接投资总流入	782.55	891.75	1557.13	1274.90	1726.53	1700.97	2279.67	2732.15
	来自东盟的外商直接投资	348.99	223.82	523.02	298.85	372.48	425.41	635.77	603.49
印度尼西亚	外商直接投资总流入	13770.19	19241.61	19137.87	18443.84	21810.42	16642.15	3920.65	23063.62
	来自东盟的外商直接投资	5904.21	8334.45	7587.88	8721.11	13083.72	9228.63	9907.49	11873.41
老挝	外商直接投资总流入	332.59	466.85	294.38	426.67	913.24	1079.15	1075.69	1695.38
	来自东盟的外商直接投资	135.38	75.00	73.64	104.61	137.94	221.83	196.64	171.16

续表

国家 \ 年份		2010	2011	2012	2013	2014	2015	2016	2017
马来西亚	外商直接投资总流入	9155.88	12000.89	9399.97	12297.38	10875.31	10179.99	11290.27	9447.21
	来自东盟的外商直接投资	525.63	2664.32	2813.90	2187.50	2283.98	2931.35	2098.71	2165.88
缅甸	外商直接投资总流入	2248.79	2058.20	1354.20	2620.90	946.22	2824.48	2989.48	4002.43
	来自东盟的外商直接投资	25.50	84.60	151.20	1186.80	683.62	2230.65	1682.89	2590.45
菲律宾	外商直接投资总流入	1298.00	1815.94	2797.01	3859.79	5814.57	5639.16	8279.55	10057.39
	来自东盟的外商直接投资	40.22	−74.10	145.77	−41.71	137.10	57.30	608.26	722.21
新加坡	外商直接投资总流入	57214.10	39162.60	60426.90	60379.60	74420.30	61284.80	77456.20	62016.70
	来自东盟的外商直接投资	5715.10	1353.00	12117.90	4556.20	5214.10	3416.30	6519.40	3957.80
泰国	外商直接投资总流入	14746.67	2473.69	12889.04	15935.96	3720.21	8027.49	2810.18	8045.51
	来自东盟的外商直接投资	2220.92	952.22	−745.35	528.21	−1466.77	1413.72	2003.37	1824.12
越南	外商直接投资总流入	8000.00	7519.00	8368.00	8900.00	9200.08	11800.00	12600.00	14099.98
	来自东盟的外商直接投资	1300.88	1517.34	1262.55	2078.59	1547.08	2153.46	2306.61	2531.17

资料来源:东盟国家数据库。

（三）金融一体化程度

金融一体化程度越高,越能有助于及时调整暂时性的国际收支失衡。当一个国家内出现流动性危机时,它能从区域伙伴国获得融资支持,及时应对流动性危机带来的严重后果。由于东亚各国和地区的经济发展水平差异较大,大多数经济体资本市场发展还相对滞后,使得东亚地区金融市场的发展对少数发达经济体有较大依赖,但是这并不代表东亚货币合作的金融市场一体化基础不存在。

　　表9-8列出了东亚部分经济体在1996—2017年间银行贷款利率和存款利率差额的平均值、标准差和变异系数(标准差和均值的比值),揭示了东亚各经济体银行信贷市场存贷利率的差异和波动程度。从中可知,东亚各国的存贷利率差异较大,缅甸的存贷利差的平均值是4.99%,而日本的存贷利差的平均值只有1.39%,相差3.6个百分点。这些在一定程度上说明了东亚地区信贷市场基本上处于分割状态。

表9-8　1996—2017年东亚各国银行存贷利差

指标 国家	平均值 (%)	标准差	变异系数
中　国	3.13	0.30	0.10
日　本	1.39	0.53	0.38
韩　国	1.63	0.37	0.23
缅　甸	4.99	0.46	0.09
马来西亚	2.78	0.88	0.32
菲律宾	4.23	0.84	0.20
新加坡	4.59	0.78	0.17
泰　国	3.29	0.65	0.20
越　南	3.52	1.28	0.37

资料来源:世界银行。

　　选择股票市场交易总额占国内生产总值的比值作为衡量金融市场在国民经济中地位的指标。由表9-9可知,东亚各国金融市场在国民经济中的地位差异较大,中国尤为突出,2017年中国的股票市场交易总额占国内生产总值的140.32%,而马来西亚、菲律宾的这一比例分别只有43.67%和10.78%,这体现出了东亚地区金融一体化过程中存在的市场导向性差异。随着东亚区域内各经济体金融市场的改革与发展的积极推进,东亚金融市场一体化建设已初具规模,尽管还无法与欧元区和美国相比,但也为当前东亚各国进行汇率协调提供了必备的市场基础。

表 9-9　1993—2017 年股票交易总额占国内生产总值的比例（单位:%）

国家 年份	中国	日本	韩国	马来西亚	菲律宾	新加坡	泰国
1993	8.99	20.60	53.71	21.17	12.13	137.64	67.58
1994	12.08	21.80	62.53	16.04	21.74	120.47	55.24
1995	10.55	21.00	32.94	67.79	19.79	72.76	34.80
1996	35.63	24.60	29.42	25.43	30.79	62.50	3.65
1997	38.59	23.61	30.48	42.59	24.71	74.02	11.76
1998	27.64	25.93	42.60	36.79	14.55	68.27	19.94
1999	18.73	44.47	157.24	53.14	23.35	124.48	29.45
2000	62.13	50.76	88.20	55.99	9.10	99.29	15.29
2001	34.55	39.55	70.16	22.67	3.95	79.62	25.81
2002	23.00	42.11	95.40	25.51	2.63	68.57	30.74
2003	23.37	52.36	67.19	41.48	2.91	97.25	68.66
2004	26.16	71.81	68.75	43.44	3.54	97.04	67.63
2005	17.16	91.22	133.58	31.10	5.19	91.53	47.44
2006	42.11	121.37	132.37	42.50	7.49	125.77	43.75
2007	177.51	145.86	170.83	79.90	16.23	211.85	42.88
2008	84.93	123.24	118.46	35.67	7.10	131.63	36.40
2009	153.25	73.94	186.87	39.97	8.51	131.92	44.97
2010	135.36	74.92	148.90	45.01	11.15	129.34	65.24
2011	88.13	70.00	160.87	43.74	12.21	99.81	58.09
2012	58.73	53.95	129.59	39.33	14.27	90.14	60.12
2013	80.11	117.99	101.86	43.98	16.40	92.82	83.33
2014	114.09	99.92	90.96	42.20	14.82	65.48	76.83
2015	355.42	127.11	133.81	37.63	13.14	67.65	68.66
2016	163.00	105.68	113.15	33.12	11.76	60.71	78.93
2017	140.32	118.59	131.43	43.67	10.78	67.80	74.57

资料来源:世界银行。

二、东亚地区经济结构和宏观经济相似性分析

上文分别从东亚区域贸易、金融和要素市场三个方面分析了东亚区域的市场一体化程度。本部分主要从宏观经济指标与经济结构指标的一致性来判断东亚地区的现状以及与构建单一货币区条件之间的差距。

（一）东亚地区的经济结构及增长率

表9-10　2017年东亚经济体经济结构的差异性

指标\国家	人均国内生产总值（美元）	国内生产总值增长率（%）	国际商品贸易			
			出口/国内生产总值（%）	进口/国内生产总值（%）	出口增长率（%）	进口增长率（%）
文　莱	28290.59	1.33	49.57	35.60	-20.97	15.65
柬埔寨	1384.42	7.10	60.84	64.27	11.96	15.47
印度尼西亚	3846.86	5.07	20.18	19.16	16.27	15.73
老　挝	2457.38	6.89	34.34	41.49	-0.11	16.36
马来西亚	9944.90	5.90	71.39	64.45	14.80	15.63
缅　甸	1298.88	6.76	20.90	28.30	17.25	22.59
菲律宾	2988.95	6.68	31.02	40.92	21.20	25.54
新加坡	57714.30	3.62	170.06	145.63	13.36	8.83
泰　国	6593.82	3.91	68.15	54.32	9.92	14.43
越　南	2343.12	6.81	94.87	94.02	21.16	20.73
中　国	8826.99	6.90	20.08	18.34	7.92	15.97
日　本	38428.10	1.71	17.77	16.84	8.17	10.54
韩　国	29744.00	3.06	43.09	37.69	15.80	17.80

资料来源：东盟各国数据来自 ASEAN Macro-economic Database，ASEAN Merchandise Trade Statistics Database，ASEAN Foreign Direct Investment；中日韩三国数据来自《2018年中国统计年鉴》。

东亚地区经济结构存在较大差异。从人均来讲，日本、新加坡、韩国、文莱等国的人均国内生产总值超过10000美元；中国、泰国、马来西亚等国的人均国内生产总值在5000美元以上；柬埔寨、老挝、缅甸、越南等国的人均国内生产总值仍未达到3000美元（见表9-10）。由此可见，区域内各国经

济发展极不均衡,人均差距达数十倍。从对外贸易方面讲,柬埔寨、马来西亚、新加坡、泰国和越南等国的对外贸易占国内生产总值的比例超过100%,特别是新加坡,进口贸易额和出口贸易额占国内生产总值的比例分别高达145.63%和170.06%;而印度尼西亚、缅甸、中国和日本等国的进出口贸易额占国内生产总值的比例不超过50%。此外,东亚各国和地区的对外贸易增长速度有快有慢,差异较大。但是从经济增长率上看,由图9-1可知,东亚各国或地区的经济增长率波动趋势大体相同,这表明东亚国家或地区间经济结构虽然不同,但经济趋同性较强,具备货币合作的经济基础。

（单位：％）

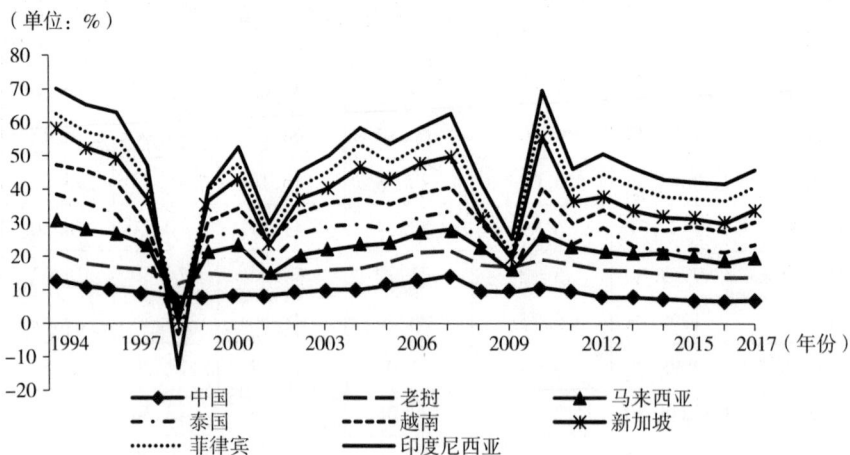

图9-1　1994—2017年部分东亚国家和地区的国内生产总值增长率

资料来源:世界银行数据库。

(二) 宏观经济政策目标

最优货币区理论对宏观经济政策也有一定的要求。例如在财政、货币以及其他社会经济政策方面进行协调和合作,实现一定程度的一致性。区域内各成员之间的政策目标越是相似,则政策协调就越容易,货币汇率合作就越易成功。衡量各方政策是否一致的重要指标有失业率、财政赤字占国内生产总值的比率和国债占国内生产总值的比率等。1996年年底,欧洲货币联盟各国通过《稳定与增长公约》,明确规定了成员必须符合预算赤字占国内生产总值的比例低于3%,国债占国内生产总值的比例低于60%的标准。从表9-11中可以看出,东亚经济体在2005—2018年期间大部分年份的财政赤字占国内生产总值的比例在3%之下,表明东亚各经济体有机会进行进一步合作,协调彼此的宏观经济目标。

表9-11　2005—2018年东亚经济体财政赤字占国内生产总值的比率

（单位:%）

年份\国家	2005	2006	2007	2008	2009	2010	2011	2012	2013	2014	2015	2016	2017	2018
文莱	6.17	21.99	15.04	24.29	3.92	8.55	28.45	17.47	15.93	7.68	-1.03	-19.69	-18.13	-12.80
柬埔寨	-0.61	-1.50	0.64	0.12	3.33	3.53	3.78	-6.82	-6.89	-3.81	-2.59	-2.67	-3.08	-3.00
印度尼西亚	-0.98	-0.99	-1.43	-0.08	-1.58	-0.73	-1.14	-2.31	-1.69	-2.15	-2.59	-2.49	-2.51	-1.90
老挝	-0.89	-3.90	-2.58	-4.06	-2.40	-2.15	-1.87	-1.37	-4.01	-3.97	-4.57	-5.14	-5.67	-5.40
马来西亚	-3.28	-3.20	-3.29	0.82	0.22	1.01	0.32	-4.50	-3.90	-3.38	-3.21	-3.12	-2.98	-3.60
缅甸	-2.70	-3.60	-3.10	-2.10	-4.40	-5.50	-3.60	1.70	-1.60	-1.00	-4.40	-2.50	-2.60	-2.50
菲律宾	-0.67	-0.99	0.81	-0.88	-3.72	-3.49	-2.04	-2.30	-1.42	-0.58	-0.92	-2.44	-2.22	-3.21
新加坡	-0.53	0.51	3.02	1.44	-0.93	0.17	1.22	1.62	1.24	1.31	0.57	-1.13	-0.30	0.39
泰国	-1.54	2.31	-1.69	-1.06	-4.44	-2.63	-4.42	-4.54	-2.01	-3.00	-2.58	-3.49	-3.49	-2.51
越南	-1.59	-1.62	-2.01	-1.94	-5.84	-3.35	-1.78	-5.36	-6.61	-6.33	-6.28	-5.64	-6.71	-6.50
中国	-1.22	-0.76	0.57	-0.40	-2.23	-1.64	-1.10	-1.61	-1.85	-1.76	-3.37	-3.79	-3.77	-4.20
日本	-3.90	-0.83	-2.35	-2.84	-7.29	-6.50	-7.87	-7.46	-6.91	-5.38	-3.55	-3.42	-3.68	-3.16
韩国	0.86	1.07	2.17	1.52	0.02	1.53	1.69	1.24	1.35	0.57	-0.01	1.03	1.39	1.70

资料来源:ASEAN Finance and Macro-economic Surveillance Unit Database;《2018年中国统计年鉴》;世界银行。

（三）通货膨胀率的相似性

通货膨胀率接近的国家或地区更容易实现货币一体化,因为通货膨胀相似的国家和地区才能彼此保持固定汇率,组成货币联盟。

图9-2显示了东亚部分经济体在1996—2017年间的通货膨胀率。从中可以看出,东亚各国或地区的通货膨胀率变化趋势大体一致。1997年爆发的东南亚金融风暴迅速席卷了泰国、马来西亚、菲律宾、韩国等国,使得这

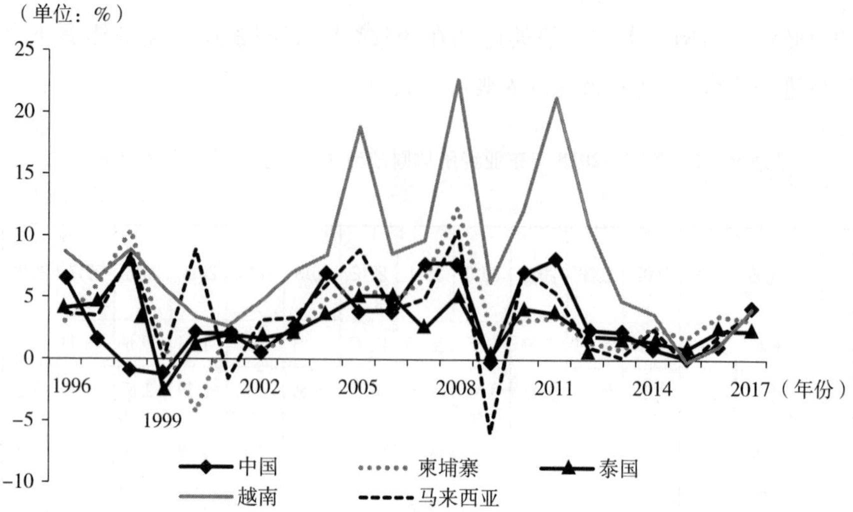

（单位：%）

图 9-2　1996—2017 年东亚部分经济体的通货膨胀率

资料来源：世界银行。

些国家的通胀率急速上升。2008 年全球金融危机爆发，严重影响了东亚各国的宏观经济，使得东亚各经济体的通胀率普遍上升达到最大值。此外，通过计算东亚经济体通货膨胀率之间的相关系数对东亚通胀的相似性进行进一步说明。

从表 9-12 可以看出，东亚各国或地区间的通货膨胀率的相关性相对较高，例如柬埔寨与马来西亚之间的通胀率相关系数高达 0.82，泰国与韩国、马来西亚和菲律宾之间的通胀率相关系数也分别高达 0.78、0.65 和 0.78。东亚经济体间通胀率的相似性说明东亚在一定程度上已具备成为最优货币区的条件。

表 9-12　1996—2017 年东亚经济体通货膨胀率的相关系数

国　　家	文莱	中国	日本	柬埔寨	韩国	马来西亚	菲律宾	新加坡	泰国	越南
文　莱	1.00									
中　国	0.55	1.00								
日　本	0.14	0.27	1.00							

续表

国　　家	文莱	中国	日本	柬埔寨	韩国	马来西亚	菲律宾	新加坡	泰国	越南
柬埔寨	0.31	0.41	0.46	1.00						
韩　国	0.33	0.24	0.04	0.55	1.00					
马来西亚	0.11	0.27	0.56	0.82	0.43	1.00				
菲律宾	0.45	0.18	0.15	0.67	0.75	0.65	1.00			
新加坡	0.46	0.63	0.17	0.49	0.23	0.24	0.24	1.00		
泰　国	0.42	0.43	0.34	0.70	0.78	0.65	0.78	0.38	1.00	
越　南	0.26	0.55	0.15	0.71	0.33	0.49	0.41	0.80	0.45	1.00

资料来源:世界银行。

三、东亚地区经济冲击对称性分析

根据蒙代尔的观点,若是区域内各经济体间面临的冲击及对冲击的反应都是对称的,此时就没有必要实行独立的宏观经济政策,各经济体加入货币联盟的成本相对较低。

纵观对东亚区域经济对称性冲击的研究,发现随着时间的推移,东亚地区正在向拥有建立最优货币区的条件转变。石建勋等(2012)从供给与需求两方面的经济结构冲击对称性视角,对东亚8个经济体之间的冲击相关系数、冲击规模与调整速度进行了实证分析,证实了东亚区域不同经济体之间存在着不同的对称性,具有双边和次区域货币合作的经济基础。从表9-13中可以看出,就冲击规模而言,东亚8个经济体的供给冲击平均值要比欧盟10国高出很多,说明东亚经济体在1980—2009年间与欧盟1960—1990年间的水平相比相差比较大,意味着东亚货币合作的成本还相对较大。但是东亚对冲击的调整速度却远远快于欧盟,这将会在一定程度上弥补结构冲击规模较大的缺陷,使东亚货币合作的成本相对不会太大。

表 9-13　东亚 8 国与欧盟 10 国供给与需求冲击的规模和调整速度

东亚 8 国 (1980—2009 年)	供给冲击		需求冲击		欧盟 10 国 (1960—1990 年)	供给冲击		需求冲击	
	规模	调整速度	规模	调整速度		规模	调整速度	规模	调整速度
中　国	0.032	0.953	0.046	0.939	比利时	0.028	0.668	0.020	0.508
印度尼西亚	0.054	0.936	0.053	1.000	丹　麦	0.022	1.104	0.017	0.135
日　本	0.101	0.332	0.004	0.556	法　国	0.034	0.243	0.014	0.101
韩　国	0.061	0.749	0.009	0.729	德　国	0.022	1.193	0.015	0.659
马来西亚	0.049	1.005	0.043	0.983	爱尔兰	0.021	1.222	0.038	0.382
菲律宾	0.052	0.916	0.029	0.900	意大利	0.030	0.427	0.036	0.380
新加坡	0.049	1.063	0.028	1.153	荷　兰	0.033	0.692	0.019	0.511
泰　国	0.123	0.482	0.011	0.876	葡萄牙	0.061	0.426	0.026	0.367
					西班牙	0.957	0.083	0.015	0.123
					英　国	0.018	0.425	0.019	0.016
平　均	0.065	0.805	0.028	0.892	平　均	0.033	0.684	0.022	0.318

资料来源:石建勋、钟建飞、李海英:《外部供需冲击视角下的东亚货币合作可行性研究》,《财经研究》2012 年第 3 期,第 43 页。

　　上文从区域市场一体化程度、区域经济结构和宏观经济相似性、区域经济冲击对称性等三个大的方面对东亚区域货币合作的经济基础进行了分析。在市场一体化方面,东亚各经济体经济联系较为密切,存在较高的贸易依存度和贸易密度指数;要素流动存在不足但发展速度快;金融一体化已具雏形。在区域经济结构和宏观经济相似性方面,东亚国家或地区间经济结构虽然不同,但经济趋同性较强;东亚各国或地区间的通货膨胀率的相关性相对较高。在经济冲击对称性方面,与欧盟相比在冲击规模上较大但调整速度快。以上指标反映出东亚地区具备了货币金融合作的基础,但形成单一货币区的条件还不成熟。需要进一步加强东亚各经济体在要素流动和资本一体化方面的调整和合作。

　　从东亚货币金融合作的发展历程中可以看出,亚洲区域化货币金融合作已经取得一些成绩,但其发展进程比较缓慢;从其发展现状来看,东亚货币金融合作在很多方面的发展不容乐观,例如货币互换机制未能发挥预期效果、各国汇率协调机制未取得实质性进展等。

第十章 东亚区域货币金融合作中的 人民币区域化问题①

东亚区域货币金融合作进程缓慢的重要原因在于缺乏相应的领导者和推动者。伴随着中国经济实力的增强,中国不仅在亚洲乃至全世界的影响力逐步增大,使得人民币的地位也变得越来越重要。在东亚区域货币金融合作进程中,人民币有望成为东亚区域主导货币,这将进一步扩大人民币的影响力,对人民币国际化的实现产生推动作用。

第一节 人民币具备成为东亚主导货币的潜质

在东亚区域货币金融合作进程中,货币竞争不可避免,实力较强的货币会在竞争中胜出,担任东亚合作中的主导货币,进而在维护区域经济稳定中发挥重要作用。一国货币成为区域主导货币是该国货币国际化进程中的一个重要步骤,是一国生产力、综合国力、国际政治经济文化地位在货币领域的反应。自改革开放以来,中国经济发展迅速,创下一个又一个奇迹,使中国的国际地位逐年提升,人民币有望成为东亚区域货币合作的主导货币。

一、中国经济实力的显著崛起

货币的竞争,本质是国家经济实力的较量。一个国家的经济实力在一定程度上可以通过一国的国内生产总值反映出来。2010 年中国超越日本成为世界第二大经济体,自此以来,中国的国内生产总值稳居世界第二位。

---

① 徐玉威:《人民币周边化问题研究》,西南财经大学出版社 2018 年版。

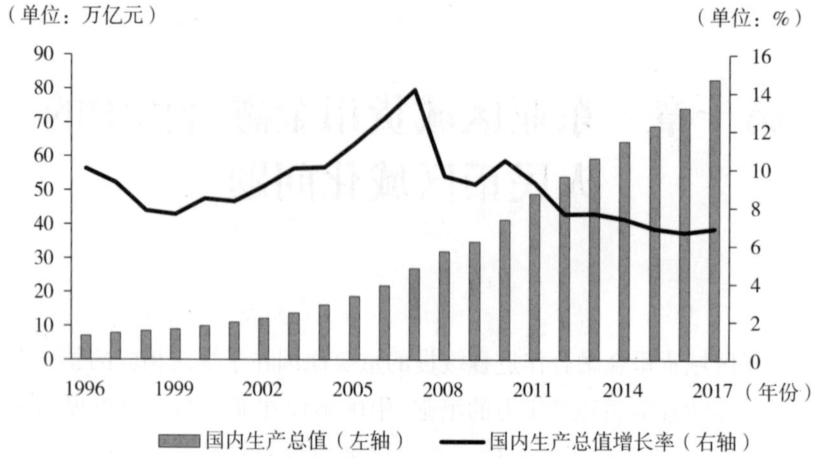

（单位：万亿元）   （单位：%）

图 10-1　中国的国内生产总值及其增长率

资料来源：中国统计局。

图 10-1 列出了中国近二十年的国内生产总值及增长速度的情况，从中可
以看出，中国的国内生产总值是逐年增加的。据中国统计局统计，2017 年
中国国内生产总值为 827122 亿元，比上年增长 6.9%，占世界的比重为 15%
左右。中国经济不但规模大、增长速度快，而且增长速度还很稳定。参考麦
金农和施纳布尔（Mckinnon 和 Schnabl，2003）研究中国发挥地区稳定器作
用的方法，计算经济体的年产出增长率变化，若是变化率变动越小，则该经
济体也越稳定。① 表 10-1 比较了中国及东亚国家和地区的国内生产总值
年增长率的变动系数，从中可以看出，中国的国内生产总值增长率的变动系
数很小，为 0.17。其中，日本的变动系数为 0.88，是东亚国家或地区生产总
值增长率变化较大的国家之一，这说明日本虽然作为一个经济大国，但是
其经济发展势头不稳定，波动大，很难维护亚洲区域内的稳定。因此，中
国持续发展的经济表明，中国不断增强的经济实力和稳定的增长态势为其
充当周边区域的稳定器提供了保障。

---

　　① ［美］罗纳德·I.麦金农、贡特尔·施纳布尔：《东亚经济周期与汇率安排》，何为译，
中国金融出版社 2003 年版。

表 10-1　2010—2016 年中国及东亚国家的国内生产总值增长率变化

国家 ＼ 指标	平均值	标准差	变动系数
文　莱	-0.04	2.33	-65.02
中　国	8.10	1.35	0.17
印度尼西亚	5.55	0.55	0.10
日　本	1.46	1.29	0.88
柬埔寨	6.98	0.44	0.06
韩　国	3.48	1.30	0.37
老　挝	7.79	0.48	0.06
缅　甸	7.41	1.32	0.18
马来西亚	5.39	0.84	0.16
菲律宾	6.31	1.19	0.19
新加坡	5.41	4.26	0.79
泰　国	3.63	2.53	0.70
越　南	6.03	0.48	0.08

资料来源：世界银行，2017 年 10 月《世界经济展望数据库》(World Economic Outlook Database)。

二、中国拥有充足的外汇储备

充足的外汇储备能为一国货币成为区域主导货币提供充足的清偿能力，它有利于维持外汇市场和汇率的相对稳定。表 10-2 显示了 2000—2018 年中国及东亚部分经济体的外汇储备及变动情况。2006 年中国外汇储备余额达 10684.93 亿美元，首次超过日本的 8796.81 亿美元，成为拥有外汇储备最多的国家。2018 年中国的外汇储备达 30918.81 亿美元，比 2000 年的 1682.78 亿美元增长了 17 倍多。此外，韩国、新加坡也拥有较多的外汇储备，截至 2018 年年末，外汇储备余额分别达到 3987.80 亿美元和

2874.66 亿美元,2000—2018 年间分别增长了 314.83% 和 259.51%。

表 10-2　2000—2018 年主要年份东亚部分经济体的外汇储备

(单位:亿美元)

年份 国家	2000	2005	2010	2011	2012	2013	2014	2015	2016	2017	2018
日本	3549.02	8342.75	10614.90	12581.70	12271.50	12372.20	12310.10	12070.19	11883.27	12322.44	12389.35
韩国	961.30	2103.17	2914.91	3042.55	3232.07	3416.50	3587.85	3631.49	3663.08	3844.53	3987.80
新加坡	799.61	1159.60	2255.03	2375.27	2590.94	2728.64	2566.43	2475.34	2463.65	2796.90	2874.66
文莱	4.08	4.92	15.63	24.87	32.85	33.99	34.71	32.11	33.22	33.00	32.21
柬埔寨	5.02	9.53	32.55	34.50	42.67	45.16	56.26	68.83	83.93	112.62	133.73
中国	1682.78	8215.14	28660.79	32027.90	33311.20	38395.50	38591.68	33451.94	30297.76	31588.77	30918.81
印度 尼西亚	285.02	331.40	929.08	1065.39	1088.37	963.64	1088.36	1032.68	1134.93	1268.57	1174.25
老挝	1.39	2.34	7.03	7.41	7.99	7.22	8.75	10.43	8.47	12.34	—
马来 西亚	283.30	698.58	1048.84	1317.8	1377.84	1334.44	1145.72	939.79	930.72	1008.78	998.50
缅甸	2.23	7.71	57.17	70.04	69.64	85.54	42.28	43.51	46.19	49.11	53.47
菲律宾	130.90	159.26	553.63	672.90	734.78	756.89	720.57	739.64	734.33	732.28	710.40
泰国	320.16	506.91	1675.30	1673.89	1733.28	1613.28	1512.53	1512.66	1661.57	1961.21	1992.96
越南	34.17	90.51	124.67	135.59	255.73	258.93	341.89	282.50	365.27	490.76	554.53

资料来源:国际货币基金组织国际金融统计(International Financial Statistics,简称 IFS)。

三、中国与东亚各经济体经济联系密切

一国货币向其他国家和地区渗透的过程,总是伴随着国际贸易、金融投资的往来。一国同区域内其他国家之间贸易联系越大,投资往来越密切,则该国货币成为本地区的主导货币的可能性就越高。

(一) 中国与东亚经济体贸易联系较大

中国是东亚若干国家的第一大贸易伙伴国,同时也是它们贸易顺差的最大来源国,它们对中国的出口助推了其经济的发展。随着中国经济发展方式的转变、扩大内需和推动国际贸易收支平衡等战略的推进,中国市场对东亚国家和地区的重要性日益增加。2016 年,中国是东亚 4 个国家和地区

的第一大出口目的国,是 12 个国家和地区的第一大进口来源国,其中,中国
是韩国、新加坡、印度尼西亚、缅甸的第一大出口国和进口国(见表 10-3),
这在一定程度上体现了中国市场对东亚国家和地区的重要影响。表 10-4
是中国与东亚国家和地区在 2010 年和 2016 年的进出口贸易及贸易平衡情
况,从中可以看出,东亚国家和地区对中国贸易中存在着巨大的贸易顺差。
在 2010 年和 2016 年,分别有 9 个和 5 个东亚国家和地区分享了中国的贸
易顺差 2921.74 亿美元和 1934.20 亿美元,说明东亚国家和地区充分分享
了中国市场的利益。其中,2016 年,对中国贸易存在顺差的国家或地区有:
日本、韩国、老挝、马来西亚、泰国 5 个国家和地区,韩国享受最大的贸易顺差。

表 10-3　2016 年中国在东亚国家和地区对外贸易额的排名情况

国家(地区)	出口目的国	进口来源国
日　本	2	1
韩　国	1	1
新加坡	1	1
文　莱	8	3
柬埔寨	6	1
印度尼西亚	1	1
老　挝	2	2
马来西亚	2	1
缅　甸	1	1
菲律宾	4	1
泰　国	2	1
越　南	2	1

资料来源:国际货币基金组织贸易方向统计(Direction of Trade Statistics,简称 DOTS)。

表 10-4　中国对周边邻国和地区的进出口贸易情况

(单位:百万美元)

国家 (地区)	2010 年			2016 年		
	出口	进口	贸易平衡	出口	进口	贸易平衡
日　本	120262.43	176304.03	-56041.60	129410.00	145670.69	-16260.70
韩　国	68810.57	138023.82	-69213.25	93728.95	158974.53	-65245.60

续表

国家 （地区）	2010 年			2016 年		
	出口	进口	贸易平衡	出口	进口	贸易平衡
新加坡	32333.27	24582.61	7750.66	44511.67	26014.25	18497.42
文　莱	367.60	639.33	−271.73	511.03	221.55	289.48
柬埔寨	1347.27	94.73	1252.54	3930.16	830.51	3099.65
印度尼西亚	21973.46	20759.72	1213.74	32126.13	21414.04	10712.09
老　挝	476.45	562.01	−85.56	987.10	1359.61	−372.51
马来西亚	23816.91	50375.26	−26558.35	37671.78	49269.64	−11597.90
缅　甸	1449.23	960.99	488.24	8188.68	4097.71	4090.97
菲律宾	352.67	16198.86	−15846.19	29842.67	17395.89	12446.78
泰　国	1994.98	33201.10	−31206.12	37195.08	38532.34	−1337.26

资料来源:国际货币基金组织贸易方向统计。

为了检验中国与东亚国家和地区的贸易联系,本书利用贸易强度指数(Trade Intensity Index,又称贸易密度指数)来检验中国与东亚国家和地区间贸易的联系,计算公式为:

$$T\Pi_{ij} = \frac{\left(\dfrac{X_{ij}}{X_{it}}\right)}{\left(\dfrac{X_{wj}}{X_{wt}}\right)} \tag{10.1}$$

其中,X_{ij} 表示 i 国对 j 国的出口,X_{it} 代表 i 国在 t 年的总出口;X_{wj} 表示世界对 j 国的出口,而 X_{wt} 表示 t 年全世界的出口额。贸易强度指数 $T\Pi_{ij}$ 代表了 i 国对 j 国的出口占其出口总额的比重与世界对 j 国的出口占世界总出口的份额之比。如果 $T\Pi_{ij}$ 大于1,说明 i 国与 j 国之间的贸易强度大,表明两国之间的贸易关系比较密切;如果 $T\Pi_{ij}$ 小于1,说明 i 国与 j 国之间的贸易强度偏小,表明两国之间的贸易关系较为疏远;如果 $T\Pi_{ij}$ 等于1,表明两国之间的贸易关系既不密切也不疏远,可以称两国间的贸易关系是中性的。

根据(10.1)式,本书计算了中国与东亚国家和地区 2010 年至 2016 年的贸易强度指数(见表 10-5),发现近 7 年内,东亚所有的国家和地区与中国的贸易强度指数都大于1,这说明中国与东亚国家和地区的贸易关系是比较密切的。

表 10-5　2010—2016 年中国与周边国家和地区的贸易强度指数

年份 国家	2010	2011	2012	2013	2014	2015	2016
日　本	1.85	1.82	1.68	1.63	1.60	1.79	1.76
韩　国	1.63	1.59	1.54	1.53	1.58	1.67	1.50
新加坡	1.14	1.03	1.04	1.13	1.13	1.41	1.17
文　莱	1.21	1.21	1.88	1.84	2.12	2.15	2.46
柬埔寨	1.30	1.92	1.72	1.85	1.64	1.48	1.60
印度尼西亚	1.46	1.51	1.50	1.55	1.63	1.02	1.22
老　挝	1.40	1.08	1.43	2.18	2.03	2.29	2.03
马来西亚	1.31	1.31	1.32	1.51	1.71	1.33	1.25
缅　甸	3.69	3.68	3.24	3.30	3.36	4.04	4.05
菲律宾	1.38	1.51	1.52	1.65	1.71	1.12	1.10
泰　国	1.16	1.22	1.26	1.25	1.32	1.13	1.10
越　南	2.40	2.37	2.40	2.64	2.80	2.06	2.24

资料来源:国际货币基金组织贸易方向统计。

（二）中国与东亚国家和地区投资往来密切

随着中国经济的发展,中国对外的直接投资额每年都在大幅度增加。截至 2017 年年底,中国在亚洲设立的境外企业数量超过 2.2 万家,占 56.3%,主要分布在中国香港、新加坡、日本、越南、韩国、印度尼西亚、老挝、泰国、柬埔寨、马来西亚、阿拉伯联合酋长国、蒙古国等。在中国香港地区设立的境外企业超过 1.2 万家,占到中国境外企业总数的三成,是中国设立境外企业数量最多、投资最活跃的地区。2017 年年末,中国对外直接投资存量 18090.4 亿美元,占全球外国直接投资流出存量份额的 5.9%,分布在全球 189 个国家和地区。存量规模较上年末增加 4516.5 亿美元,在全球存量排名跃升至第 2 位,较上年前进 4 位。[1]

表 10-6 详细显示了 2006—2016 年间中国对东亚区域内直接投资的具体流向。从中可以看出,新加坡、马来西亚、印度尼西亚、越南、韩国、泰国 6

---

[1]　中华人民共和国商务部、中华人民共和国国家统计局、国家外汇管理局:《2017 年度中国对外直接投资统计公报》,中国统计出版社 2018 年版,第 41 页。

国包含在中国对外直接投资流量前 20 位的国家里面,分别占中国对东亚区域投资的 2.50%、1.44%、1.15%、1.01%、0.88%和 0.88%。

表 10-6 中国对东亚经济体的直接投资流量情况 (单位:万美元)

年份 国家 (地区)	2006	2007	2008	2009	2010	2011	2012	2013	2014	2015	2016
菲律宾	930	450	3369	4024	24409	26719	7490	5440	22495	-2759	3221
韩 国	2732	5667	9691	26512	-72168	34172	94240	26875	54887	132455	114837
柬埔寨	981	6445	20464	21583	46651	56602	55966	49933	43827	41968	62567
老 挝	4804	15435	8700	20324	31355	45852	80882	78148	102690	51721	32758
马来西亚	751	-3282	3443	5378	16354	9513	19904	61638	52134	48891	182996
缅 甸	1264	9231	23253	27670	87561	21782	74896	47533	34313	33172	28769
日 本	3949	3903	5862	8410	33799	14942	21065	43405	39445	24042	34401
泰 国	1584	7641	4547	4977	69987	23011	47860	75519	83946	40724	112169
文 莱	—	118	182	581	1653	2011	99	853	-328	392	14210
新加坡	13215	39773	155095	141425	1118550	326896	151875	203267	281363	1045248	317186
印度尼西亚	5694	9909	17398	22609	20131	59219	136129	156338	127198	145057	146088
越 南	4352	11088	11984	11239	30513	18919	34943	48050	33289	56017	127904

注:表中数字为负的表示境外子公司、联营公司、境外企业归还当期或以前年度境内投资者的数额
　大于当期境内投资者对外的投资。
资料来源:《2016 年度中国对外直接投资统计公报》。

第二节　中国积极推动人民币区域化

　　人民币区域化进程的推进会给中国带来诸多利益,例如,人民币成为区域主导货币有助于降低汇率风险,降低交易成本,加大国际贸易与投资的往来,同时还能带来国际铸币税等。此外,人民币区域化的顺利实现也将有利于亚洲和世界的金融稳定与发展。因此中国应借助东亚区域货币合作积极推进人民币区域化和国际化。

一、扩大中国与东亚区域的货币互换期限和规模

　　随着国际金融危机的频繁出现,为了规避风险,各国储备的外汇呈现出

（单位：亿美元）   （单位：%）

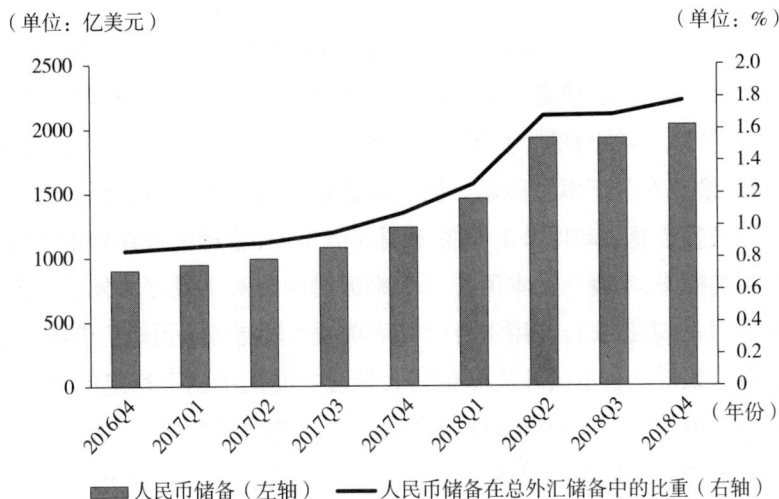

图 10-2　人民币储备情况

资料来源：国际货币基金组织官方外汇储备货币构成数据库。

多元化的现象。人民币自 2016 年 10 月 1 日正式被纳入特别提款权货币篮子之后，国际货币基金组织也扩展了"官方外汇储备货币构成"的范围，单独列出人民币外汇储备的持有情况。根据国际货币基金组织官方外汇储备货币构成季度数据显示，各国持有的外汇储备中人民币储备持续增加（见图 10-2），截至 2018 年第四季度，官方外汇储备币种构成调查报送国持有的人民币储备规模为 2027.9045 亿美元。

近几年来，中国与东亚经济体的联系不断加强。一方面，随着"一带一路"倡议的推进，很多大型的基础设施建设项目需要人民币融资，对人民币的需求大大提高；另一方面，人民币跨境支付系统（Cross-border Interbank Payment System，简称 CIPS）的成立降低了人民币的清算成本，促进了人民币进一步流通。可以看出，人民币作为交易货币和国际清算手段越来越受到各国的认可，在东亚发挥着重要的作用。

人民币成为其他国家储备货币的一个捷径是货币互换。近年来中国人民银行与国外央行之间签订了一系列的货币互换协议，这是人民币在对外投资和贸易计价结算之外新的流出渠道。货币互换对扩大境外人民币流通范围、境外人民币存量和实现人民币周边国际化具有重要的作用。

227

货币互换调换的是货币,其主要目的在于减低筹资成本以及汇率变动可能带来的损失。一般来讲,货币互换是指在两国央行之间进行的,通过两国签署货币互换协议,稳定外汇市场。具体来说,货币互换具有以下功能:第一,增加外汇市场干预能力,节约外汇储备。一国外汇储备的主要目的是干预市场,维持本国汇率的稳定。当一国面临外部冲击时,对央行而言,最直接的办法就是通过动用外汇储备干预外汇市场,通过央行在外汇市场上的外汇买卖操作,实现稳定本国货币汇率的目的。对于世界上外汇储备相对不足的国家,若是央行动用本身就很稀缺的外汇储备干预外汇市场,则干预的最终结果可能是本国外汇储备的大量流失而汇率仍不稳定的局面,货币危机也就由此产生。如果这些国家通过与其他国家的货币互换,特别是当互换的对方国家货币既是国际货币又是本国外汇储备货币的主要币种时,本国央行就可以通过互换所得到的外汇来干预外汇市场,从而节约本国的外汇储备。第二,增加流动性,缓解央行面临的资金压力。一国央行流动性多是通过增加或减少国内流动性资金规模进行控制的。当一国发生金融危机等事件时,国内普遍存在资金短缺状况,此时央行可以通过货币互换来增加流动性。在金融危机爆发时期,往往是央行货币互换协议最多之时。通过货币互换,资金充裕的国际央行向资金相对短缺的国家提供流动性,并由资金需求国央行承担信贷风险,从而避免因直接向境外银行贷款而可能带来的风险。而且,央行双边的货币互换,在一定程度上还能遏制国际金融危机的传染。因为通过货币互换,非危机国向危机国央行提供额外的流动性支持,遏制危机国短期内的资金流动性枯竭,增强国家干预金融市场的能力,增加投资者对危机国金融市场的信心,避免通过投资者的信心形成危机传染。从这个意义上来说,货币互换可以是央行应对金融危机的一种应急手段,通过互换增加流动性,降低危机国金融市场的动荡,避免金融危机的进一步扩散。第三,扩大本币的使用范围和推动本国货币国际化的进程。

作为创建《清迈协议》多边化合作机制的重要国家,2001年12月6日,中国签署了第一份货币互换协议,即与泰国银行签署的金额为20亿美元的货币互换协议。从此以后,中国政府开始不断与世界各地的央行签订本币互换协议,这一方面是为了维护地区金融稳定并推动区域间的金融合作,另一方面也是为了满足人民币国际化进程中的客观需求。截至2017年7

月底,中国人民银行与 32 个国家和地区的中央银行或货币当局签署了双边本币互换协议,协议总规模约 33437 亿元人民币。

从表 10-7 中可以看出,2008 年金融危机之前,中国与泰国、韩国、马来西亚、印度尼西亚、菲律宾和日本等 6 个国家签署了货币互换协议,按美元计价的总金额达 175 亿美元。在这一阶段的货币互换协议中可以明显地发现,绝大部分都是以美元作为协议货币,与对方国开展货币互换,只有与日本的货币互换是人民币对日元的互换,以美元计值金额为 60 亿美元。这一特点说明在这一段时间内,人民币的可兑换性不强,在周边国家被接受度不高,但中国越来越多的外汇储备又对这些国家有着强大的吸引力,想通过与中国以美元为协议货币的互换交易,弥补国内外汇储备不足的缺陷,从而增强本国央行的国际清算能力。而对中国而言,通过货币互换也可进一步深化中国与这些国家的货币金融合作关系。2008 年金融危机后,中国与周边国家签署的货币互换协议大量增加。自 2008 年 12 月 12 日,中国人民银行与韩国央行签署 1800 亿元人民币与 38 万亿韩元的货币互换协议以来,到 2016 年 3 月 7 日与新加坡签署的 3000 亿元人民币与 640 亿新加坡元的双边本币互换协议,在这一阶段,中国与周边国家签署的大量货币互换协议动因主要有两个:一是防范美国金融危机和欧债危机的传染,维护区域稳定,加强双边金融合作,促进贸易和投资,加快经济发展速度;二是中国欲借助这种方法扩大人民币的国际使用范围和规模,摆脱对美元等货币的过度依赖,这也可以从这一阶段的货币互换协议为双边货币互换,不涉及第三方国家货币这一特点体现出来。

表 10-7　中国与东亚国家签署的货币互换协议

协议伙伴	签署日期	规模和币种
泰　国	2001 年 12 月 6 日	20 亿美元,美元——泰铢
日　本	2002 年 3 月 28 日	30 亿美元,人民币——日元
韩　国	2002 年 6 月 24 日	20 亿美元,人民币——美元
马来西亚	2002 年 10 月 19 日	15 亿美元,美元——林吉特
菲律宾	2003 年 8 月 30 日	10 亿美元,美元——比索
印度尼西亚	2003 年 12 月 30 日	10 亿美元,美元——印度尼西亚卢比

续表

协议伙伴	签署日期	规模和币种
印度尼西亚	2006 年 10 月 17 日	40 亿美元,美元——印度尼西亚卢比
日　本	2007 年 9 月 20 日	30 亿美元,人民币——日元
韩　国	2008 年 12 月 12 日	1800 亿元,人民币——韩元
马来西亚	2009 年 2 月 8 日	800 亿元,人民币——林吉特
印度尼西亚	2009 年 3 月 23 日	1000 亿元,人民币——印度尼西亚卢比
新加坡	2010 年 7 月 23 日	1500 亿元,人民币——新加坡元
韩　国	2011 年 10 月 26 日	3400 亿元,人民币——韩元
泰　国	2011 年 12 月 22 日	700 亿元,人民币——泰铢
马来西亚	2012 年 2 月 8 日	1800 亿元,人民币——林吉特
新加坡	2013 年 3 月 7 日	3000 亿元,人民币——新加坡元
印度尼西亚	2013 年 10 月 1 日	1000 亿元,人民币——印度尼西亚卢比
韩　国	2014 年 10 月 11 日	3600 亿元,人民币——韩元
马来西亚	2015 年 4 月 17 日	1800 亿元,人民币——林吉特
新加坡	2016 年 3 月 7 日	3000 亿元,人民币——新加坡元
蒙古国	2017 年 7 月 6 日	150 亿元,人民币——蒙古图格里克
韩　国	2017 年 10 月 11 日	3600 亿元,人民币——韩元
泰　国	2017 年 12 月 22 日	700 亿元,人民币——泰铢
马来西亚	2018 年 8 月 20 日	1800 亿元,人民币——林吉特
日　本	2018 年 10 月 26 日	2000 亿元,人民币——日元
印度尼西亚	2018 年 11 月 16 日	2000 亿元,人民币——印度尼西亚卢比

资料来源:根据中国人民银行网站的相关新闻整理所得。

随着中国经济的崛起,综合国力的提升,人民币币值相对稳定,这吸引了世界各国人民的目光。特别是人民币又加入了特别提款权货币篮子,这最终导致世界对人民币的需求大幅度增加。因此,在此背景下,中国应继续扩大人民币与其他货币的互换规模。货币互换不仅可以扩大人民币向国外市场的合法流出,增加境外人民币存量,还会提高人民币在国际贸易和投资中的使用比例。

二、积极参与东亚货币合作

中国作为亚洲强国,不断以其增强的经济实力、巨大的市场容量和消费能力以及负责任的大国形象成为区域发展中的动力源和稳定器。中国经济的快速发展打破了东亚地区原有的经济平衡,"中国威胁论"悄然兴起。在这种情况下,中国积极参与东亚货币合作,既能发挥中国对东亚地区的引擎作用又能借以牵制中国,使周边经济体安心,因此,中国参与东亚货币合作逐渐成为东亚各国和中国的共同选择。早在1990年马来西亚总理马哈蒂尔提出组建"东亚经济集团"的倡议时,中国就表达了积极热情的态度。1997年东盟"10+3"机制启动后,中国更是积极参与了各个层次的地区合作,并建立了"以邻为善、以邻为伴"的外交战略。

积极参与东亚货币合作,是推动人民币走出去的一条有效途径。同时,中国参与东亚货币合作可以推动国内的金融改革,增强金融体系的稳健性。首先,中国参与东亚货币合作可以减少汇率波动风险。其次,中国参与东亚货币合作可以降低金融风险发生的可能性。最后,降低通货膨胀率和利率水平,促进经济稳步增长。因此,作为东亚最大的发展中国家,中国不仅应该继续参与东亚合作,还应采取积极有效的对策推动东亚货币合作的发展。

(一) 积极倡导"东亚共识"

"联合才有出路"合作理念是区域货币合作的重要前提。正是在这种理念下,第二次世界大战后西欧各国摒弃前嫌,在不断克服各种障碍的道路上谋求合作,最终建立了货币联盟。在东亚,1997年亚洲金融危机过后,东亚各国也普遍意识到需要联合起来才能共同防御和抵抗金融危机,进而形成"东亚共识"。但是与欧盟的合作理念相比,东亚的合作意识具有短期性。在危机期间和危机结束初期,东亚各国的合作意识非常强烈,但随着时间的推移和彼此间利益分歧的增多,合作的进程开始放缓。当然,这与东亚地区经济发展水平、政治体制、历史文化、宗教信仰的不同相关,但不可否认的是,这种合作意识的不稳定已经很大程度上影响了东亚合作的进程。

中国作为地区性大国,应充分发挥本国的影响力,通过官方对话、会晤、协商等机制以及民间交流等方式,积极倡导东亚共识。在面对东亚地区不同的利益取向的问题时,中国应宣传欧洲当年所秉持的"合则两利、分则两败"的信念。东亚地区既有经济高速增长的国家,也有世界上相对落后的国家,但彼此之间休戚相关,一荣俱荣、一损俱损。只有求同存异,谋求互利共赢才能维护东亚地区汇率的稳定和金融安全。虽然当前东亚合作受到各种现实条件的限制,但只要东亚有共同的理念,共同寻求合作,那设计一个有效、符合东亚地区情况、有东亚特色的货币合作方案,促进东亚货币一体化还是很有前景的。

(二) 积极参与构建东亚货币合作模式

东亚地区各经济体之间在经济发展水平、历史文化、宗教信仰以及意识形态方面差异巨大,这决定了东亚货币合作是不可能完全复制欧元的成功之路的。东亚地区应结合自己的实际情况,有所扬弃地借鉴欧洲经验,设计出一种适合自身特点的货币合作模式。

对于东亚货币合作的路径选择问题,目前学术界主要有两种观点。一是主张东亚货币合作效仿欧洲,从起点较低、争议较少、各经济体都关心的经济领域入手,在此基础上再循环渐进地向其他领域发展,最后实现经济货币联盟乃至政治联盟的目标。二是主张一开始就寻求很多的区域共识,在政治、经济、安全、文化等各个领域广泛开展协调与合作,以便形成一个全方位的区域合作网络。对此,本书认为第二种观点会使区域有限资源更加分散,各种领域合作齐头并进,会影响各经济体合作的深度,不利于区域意识的形成与深化。因此,在东亚货币合作的路径上,本书认为还是应该借鉴欧洲经验,从难度小、层次低的经济领域入手,再逐步向难度大、复杂的领域延伸,一步一个脚印,循环渐进,从低到高依次推进。

从整体上看,东亚地区并不满足最优货币区理论的要求,但是在某些次区域,其还是比较满足构建最优货币区的标准的。有学者们主张首先在中国大陆、港、澳、台之间和东盟以及日韩之间分别形成中华经济圈、东盟经济区和日韩经济区。虽然,目前就哪些次区域先开展货币合作尚未达成共识,但有一点是肯定的,那就是东亚货币一体化的路径将表现为在较为成熟的次区域先组建货币区,再逐渐过渡到整个东亚区域。

(三) 协调中日在货币领域的合作

目前,东亚货币合作更多的是以东盟作为区域合作的倡导者、发起者和主导者,由于东盟成员大多为发展中国家,很难在东亚货币合作中发挥轴心国的作用,因此,东亚货币合作取决于中、日两国的态度。中、日两国是东亚最大的两个经济体,缺少其中一个的参与和支持,都对东亚货币合作有着巨大的影响。由于中、日两国之间关系一直都很脆弱,双方能否致力于共同推动东亚货币合作还存在很大变数。

若是中、日两国能共同致力于两国关系的改善,共同推动东亚货币合作,那么,两国都将从中获利。首先,从经济上看,中、日之间的贸易互补性很强,若是中、日关系改善,必会促进两国的经济发展。其次,在政治方面,若是日本能做到正视历史,有利于其长期"经济巨人、政治侏儒"的窘境。最后,东亚货币金融合作能大大促进人民币和日元在亚洲乃至世界的流通和使用,从而加大两国货币区域化和国际化的进程。可见,两国关系的改善要求两国将领土纠纷、政治分歧等暂时搁置。

若是中国积极谋取合作,而日本不愿承认历史问题,没有诚意推动货币合作,这对双方都没有益处。政治与经济关系是相互联系的,政治上的友好必会促进经济上的往来,反之,则会对两国经济上的合作起到阻碍作用。若是日本不愿正视历史,两国间的经济往来必会受到影响,这对日本的冲击会更明显,因为日本对中国的经贸依赖性更强。日本不愿正视历史不仅会损害其经济发展,还会影响其与韩国的关系以及其在亚洲的威信与地位。总之,这一结果不利于东亚货币合作的开展,中、日双方都会因此受损。

当前,对中国来说最有利的情况是与日本一同推进东亚货币合作。日本的情形与此相似,最好与中国一道成为东亚货币合作的轴心国。这就要求双方增加互信和了解,促进双方关系的改善,建立友好关系,快速推动东亚货币合作。

东亚区域货币金融合作进程缓慢的一个重要原因在于缺乏相应的领导者和推动者。伴随着中国经济实力的显著崛起,得益于中国拥有的充足外汇储备,随着中国与东亚各经济体的经济联系越来越密切,中国不仅在亚洲乃至全世界的影响力逐步增大,使得人民币的地位也变得越来越重要,在东亚区域货币金融合作进程中,人民币具备成为东亚主导货币的潜质。有望成为东亚区域主导货币,这将进一步扩大人民币的影响力,对人民币国际化的实现产生推动作用。在东亚各国积极推进货币金融合作,共同提高经济发展水平,缩小区域间各国的经济水平差距,建立货币金融合作政治基础的过程中,中国作为一个经济大国,需要承担的责任和任务更多,更积极地参与东亚区域内的经济金融合作,推动合作的深入,奠定人民币在区域内主导货币的地位,促进人民币的广泛流通和使用,为人民币的区域化创造良好的外在环境。

人民币成为区域主导货币不仅有助于降低汇率风险,加大国际贸易与投资的往来等,还能促进亚洲和世界的金融稳定与发展,因此中国应积极倡导"东亚共识",积极参与构建东亚货币合作模式,协调中、日在货币领域的合作,借助东亚区域货币合作积极推进人民币区域化,同时通过扩大中国与东亚区域的货币互换期限和规模等手段扩大人民币在东亚区域内的流通规模和境外人民币存量,提高人民币在国际贸易和投资中的使用比例。

本篇对国际区域经济一体化进程中的南北货币金融关系的讨论,首先界定了货币金融合作的概念。从经济一体化的发展、国际货币体系的多元化发展趋势催化区域货币金融合作、国家规避金融风险的偏好增加对区域货币金融合作的需求等三个方面概括了国际经济一体化条件下区域货币金融合作的必然性,并对区域货币金融合作的相关理论进行总结。其次,对几个典型的区域经济一体化组织中的南北货币金融关系进行分析,例如欧盟和北美自由贸易区中的南北经济关系的发展与矛盾。再次,以东亚区域货币金融合作为例,以最优货币区理论为基础,对其合作实践的发展与现状,以及背后的经济基础进行探讨,发现在市场一体化方面,东亚各经济体经济联系较为密切,存在较高的贸易依存度和贸易密度指数;要素流动存在不足但发展速度快;金融一体化已成雏形。在区域经济结构和宏观经济相似性方面,东亚国家或地区间经济结构虽然不同,但经济趋同性较强;东亚各国或地区间的通货膨胀率的相关性相对较高。在经济冲击对称性方面,与欧盟相比在冲击规模上较大但调整速度快。以上指标反映出东亚地区具备了货币金融合作的基础,但形成单一货币区的条件还不成熟。需要进一步加强东亚各经济体在要素流动和资本一体化方面的调整和合作。最后,引入了东亚区域货币金融合作中的人民币区域化问题。伴随着中国经济实力的增强,中国不仅在亚洲乃至全世界的影响力逐步增大,而且使得人民币的地位也变得越来越重要。在东亚区域货币金融合作进程中,人民币有望成为东亚区域主导货币,这将进一步扩大人民币的影响力,对人民币国际化的实现产生推动作用。

第 四 篇

中国参与国际区域经济一体化及妥善处理南北经济关系的战略抉择

本篇考察分析了世界经济周期与中国经济周期的当期相关性和联动性,指出世界经济的周期性波动通过国际经济交往快速地向中国传输和扩散,为中国更深层次地融入经济全球化和国际经济一体化奠定了基础。从中国参与国际经济一体化及南北经济发展的战略抉择入手,进一步分析中国参与国际经济一体化与南北经济关系战略机遇和挑战,探讨中国参与国际经济一体化及南北经济发展的战略思路与选择,并就中国的自由贸易协定的经济效应及如何确立参与国际区域经济一体化及南北经济关系的战略实施对策提出相关建议。

第十一章 中国参与国际区域经济 一体化与南北经济关系的 战略背景和思路

本章从中国参与国际区域经济一体化与南北经济关系的战略背景和思路出发,首先对中国参与国际区域经济一体化与南北经济关系的战略机遇和挑战进行了分析,提出了中国参与建设国际区域经济一体化及南北经济关系有利于中国贸易多元化发展,可以更好地完善中国社会主义市场经济体制。其次对中国参与国际区域经济一体化及南北经济发展的思路和战略选择,提出了相关建议。

第一节 中国参与国际区域经济一体化与 南北经济关系的战略机遇和挑战

一、中国参与国际区域经济一体化与南北经济关系的 战略机遇

(一) 与世界经济周期的同步性为中国更深层次地融入 经济全球化和国际经济一体化奠定了基础

随着中国改革开放的不断深入与发展,特别是正式加入世界贸易组织以后,经济开放度和贸易自由度明显提高,中国与世界各国的经济交往日益密切,中国经济对世界经济的影响不断加深。同时,世界经济的周期性波动也通过国际经济传导机制的加强,使得中国经济周期与世界经济周期的同步性不断增强,为中国更深层次地融入经济全球化和国际经济一体化奠定

了基础①。

西方一些研究经济学周期的学者们对经济周期的研究也是从发达国家之间的相关性开始的。例如,达拉斯·哈里斯(Dallas,1986)通过对美国、英国、德国、日本四个发达国家之间经济周期进行了分析研究,发现这四个国家之间的经济周期存在同步的、长久的经济周期现象②。库帕里萨斯(Kouparitsas,2001)以加拿大、法国、德国、意大利、日本、英国和美国(G7集团)为研究对象,在研究中发现这些国家的经济周期也存在着相当高的相关性,他们在布雷顿森林体系解体后的现象更相像。他得出,世界经济周期——尤其是发生在发达国家之间的世界经济周期,确实存在着这一结论③。巴科斯和基诺(Backus 和 Keno,1992)、巴克斯特和克鲁奇尼(Baxter和 Crucini,1993)对法国、英国、美国、日本、德国等发达国家的消费及产出进行分析,结果发现它们各国之间消费与支出这两个宏观经济变量也存在着显著的正向相关性。④ 瑞恩(Rain,1997)通过计量统计对经合组织国家进行研究后也同样发现,在经合组织国家中除政府支出显示出较弱的正相关性外,对产出、消费、投资、进出口等这些变量间正相关性较强,对跨国协同运动性也得出是显著性的。因此,他得出"在发达国家之间经济周期具有同步性,对全球经济周期存在协同性"这一结论⑤。

有鉴于改革开放以来,特别是20世纪90年代以来,中国与世界经济的交往日益密切,部分学者对中国经济周期的国际协同性展开研究。宋玉华和方建春(2007)在研究过程中采用国内生产总值增长率相关系数的方法,

① 姜凌、邱光前:《经济周期与我国国际收支经常账户失衡》,《世界经济研究》2016年第2期,第1—14页。

② Dallas Harris, "A Real Model of the World Business Cycle", *Journal of International Money and Finance*, No.5, 1986, pp.381–394.

③ Kouparitsas, M. A., "Is the United States an Optimum Currency Area? An Empirical Analysis of Regional Business Cycles", *Fedreal Reserve Bank of Chicago Working Paper*, 01–22, 2001.

④ Backus, D. K. and Keno, P. J., "International Evidence of the Historical Properties of Business Cycles", *American Economic Review*, Vol.82, No.3, 1992, pp.864–888.

Baxter, M. and Crucini, M., "Explaining Saving-Investment Correlations", *American Economic Review*, No.83, 1993, pp.416–436.

⑤ Rain, Importer, "International Business Cycle in Theory and in Practice", *Journal of International Money and Finance*, Vol.16, No.2, 1997, pp.255–283.

对中国 1978 年改革开放以来经济波动同世界经济波动的协同性进行了分析,他们提出,中国经济与世界经济的关系,首先是表现在由强到弱,然后又逐步增强的这一发展过程规律,同时认为,中国贸易渠道的形成对世界经济波动影响力十分显著。① 张兵(2006)、彭斯达和陈继勇(2009)几位学者对中国和美国经济周期之间的协同性进行研究,虽然几位学者各自的研究方法和侧重点各有不同,但他们最终都得出"中国与美国经济周期的同步性总体都不强,但双方之间均有增强的趋势"这一研究结论。② 贺书锋和郭羽诞(2010)在研究过程中通过利用 1960—2007 年间中国与 27 个主要贸易伙伴国家经济周期波动的协同性发展变化进行了考察分析,运用"HP 滤波分析方法"发现中国与发展中国家,尤其是与亚洲各国周期波动的协同性处于快速增加的趋势,相反与发达国家经济周期波动协同性却在不断地处于下降趋势。③ 杨子晖和田磊(2013)运用"多层嵌套因子模型"思想,构建出世界经济周期"三层静态因子"模型,运用"三层静态因子"模型对包括中国在内的 24 个主要经济体进行跨国以及跨地区分析考察,他们认为,中国的关键宏观经济变量同其他国家具有共同变动性这一相同特征,最后得出,中国经济周期与世界经济周期处于密切相关这一结论④。

依据中经网统计数据库和中华人民共和国国家统计局公布的历年实际国内生产总值增长率数据,可以描绘出中国 1953—2016 年实际国内生产总值增长率(1952 年 = 100)的波动折线图(见图 11-1)。

影响经济周期划分的一个关键因素是周期起点的选择。与前人研究一致,这里采用"谷—谷"分类法对中国经济周期进行划分,样本区间为 1954—2016 年。通过对历年实际国内生产总值增长率数据进行分析整理,

---

① 宋玉华、方建春:《中国与世界经济波动的相关性研究》,《财贸经济》2007 年第 1 期,第 104—110 页。

② 张兵:《中美经济周期的同步性及其传导机制分析》,《世界经济研究》2006 年第 10 期,第 31—38 页。

彭斯达、陈继勇:《中美经济周期的协动性研究:基于多宏观经济指标的综合考察》,《世界经济》2009 年第 2 期,第 37—45 页。

③ 贺书锋、郭羽诞:《中国经济周期的国际协同性与群体差异性:1960—2007》,《国际贸易问题》2010 年第 3 期,第 12—19 页。

④ 杨子晖、田磊:《中国经济与世界经济协同性研究》,《世界经济》2013 年第 1 期,第 81—102 页。

（单位：%）

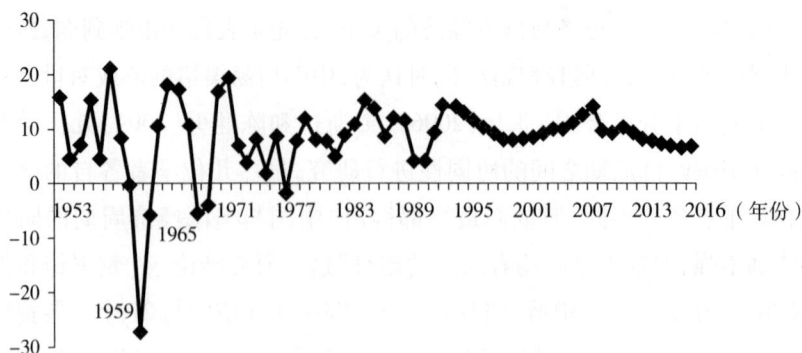

图 11-1　1953—2016 年中国国内生产总值增长率走势图

资料来源：中华人民共和国国家统计局，《中国统计年鉴》(1953—2016 年)，参考中经网统计数据库。

表 11-1 就是初步划分的结果及其基本特征。

表 11-1　中国经济周期的划分及其基本特征

序号	起止年份	时间跨度（年）	扩张期	收缩期	平均增长率（%）	波峰	波谷	峰谷落差（%）	标准差（%）	波动系数
1	1954—1957	4	3	1	7.9	15.6	4.2	11.4	5.01	0.63
2	1958—1962	5	1	4	-0.6	21.3	-27.3	48.6	18.05	-30.09
3	1963—1968	6	2	4	7.7	18.3	-5.6	23.9	10.32	1.34
4	1969—1972	4	2	2	11.8	19.4	3.9	15.5	7.56	0.64
5	1973—1976	4	3	1	4.3	8.7	-1.6	10.3	4.87	1.13
6	1977—1981	5	2	3	8.0	11.7	5.2	6.5	2.31	0.29
7	1982—1986	5	3	2	11.5	15.2	8.8	6.4	2.78	0.24
8	1987—1990	4	1	3	7.7	11.6	3.9	7.7	4.32	0.56
9	1991—2001	11	3	8	10.3	14.2	7.6	6.6	2.45	0.24
10	2002—2016	15	8	7	9.6	14.2	6.7	7.5	2.13	0.22

注：波动系数=标准差/平均增长的绝对值。

资料来源：《新中国 50 年统计资料汇编》及中经网统计数据库，或根据数据直接计算得到。

由表 11-1 可知，中国经济周期的性质以及基本特征在改革开放前后都有了明显变化和区别，具体分析如下[①]：

---

① 姜凌、邱光前：《经济周期与我国国际收支经常账户失衡》，《世界经济研究》2016 年第 2 期，第 1—14 页。

从表 11-1 中我们可以看出中国经济周期八年至十年之间呈现出了所谓的"尤格拉周期"演变的发展趋势。如果将中国的 1978 年改革开放作为分界线来分析的话,1978 年中国改革开放以前的五个周期阶段长度平均为4.6 年,而 1978 年中国改革开放后的四个周期长度平均为 8.75 年,增加了近 4.2 年的时间。

中国经济周期呈现出"大起大落"的古典型周期特点在改革开放前就存在,从表 11-1 中可以知道,中国在 1960—1962 年、1967—1968 年和 1976年这三个时间段的国内生产总值增长率都为负增长值,出现了严格意义上的负增长趋势;改革开放后,随着中国经济体制的转变、政府宏观调控能力的提高,中国经济整体运行日趋平稳,呈现出增长型周期的特点。在 1997年爆发的亚洲金融危机以及在 2008 年发生的国际金融危机影响下,也仅仅只是经济增速出现减缓迹象,没有出现经济负增长的情况。

从表 11-1 中我们也可以发现,经济周期"波动系数"同样出现了显著下滑的现象。所谓"波动系数",换句话说就是"变异系数",即"是指用来度量经济周期内经济波动幅度,以此来衡量经济周期波动幅度对增长趋势的偏离程度的表现形式"。具体表现在,如果波动系数的绝对值越大,说明实际经济增长率与趋势值的偏离程度越大,这个时候的经济增长就越不稳定;反之,经济增长越稳定。从表 11-1 中可以看出,1978 年中国改革开放以来,特别是第九轮和第十轮经济周期,经济周期波动系数明显变小,以至达到历史最低点程度。这表明中国改革开放以来随着市场机制的逐步完善以及对"反周期"宏观经济调控政策的实施,中国经济增长趋势渐趋稳定,经济波动的程度也在不断降低。

中国经济周期的运行状况受到全球"经济周期"出现的影响也在不断加深。中国改革开放以来,对外贸易以及对外投资的快速发展助推了中国经济增长率长期的高位运行。但是,由于对外贸易依存度的不断提高,也给中国经济的发展带来了一定的隐患,同时,中国经济运行受到世界经济周期的影响日益加深。自 20 世纪 90 年代末泰国金融危机爆发以来,迅速扩散到整个东南亚地区的经济发展并波及整个世界经济的发展,因此,中国经济也受到了很大的发展影响。中国国内生产总值增长速度在 1997 年降低到9.3%,由于"经济波动传导"的滞后性,同样使得中国国内生产总值增长速度在 1998 年和 1999 年两年连续下降到 7.8% 和 7.6%。同样,美国 2007 年爆发次贷危机以及随后形成的全球金融危机也同样让中国国内生产总值增速由 13% 骤降至 9% 以下,并对一段时间以来经济进一步下滑形成了长远的影响。

中国的经济周期现象并不是独立存在的,分析经济周期现象与其他国家经济周期之间的相关性,有助于我们更好地理解中国的对外开放和国际经济交往如何受国际经济大环境的影响。直观地,我们考虑 1978 年以后的四个完整的经济周期,运用 HP 方法获取了 1982—2016 年世界、美国、日本和中国的实际国内生产总值数据的波动序列(见图 11-2)。

（单位：%）

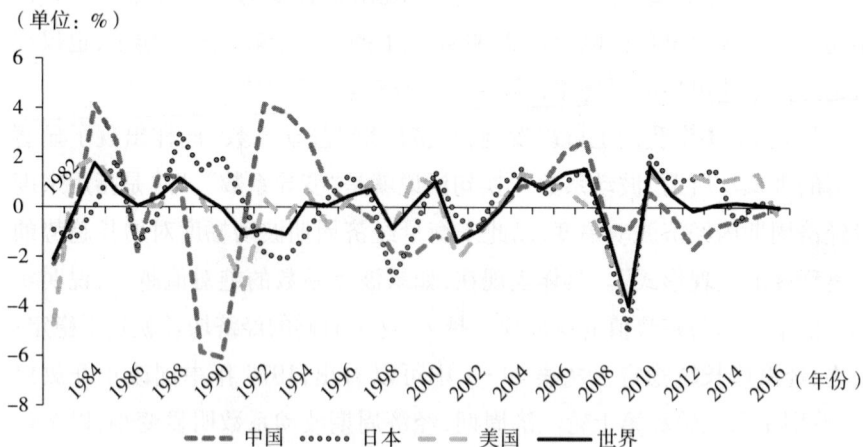

图 11-2　1982—2016 年中国、日本、美国、世界国内生产总值波动序列

图 11-2 直观地呈现出两个特点:第一,中国经济的发展在改革开放初直至 20 世纪 90 年代末期所表现出的大幅震荡与世界经济的总体走势很不协调。换句话说,中国经济周期与世界经济周期协动性不强。但进入 21 世纪以后,特别是从 2002 年后开始的第十轮经济周期开始,两者的走势开始出现趋同的迹象,也就是说,2001 年以后中国经济才真正成为世界经济的一部分,真正融入世界经济的浪潮之中,这一走势恰恰与 2001 年中国加入世界贸易组织形成强有力的呼应。第二,美国和日本与世界经济的总体走势步调一致,特别是美国在 20 世纪 80 年代几乎与世界经济的走势重合,也就是说当时美国的确是决定世界经济走势的超级大国,尽管 20 世纪 90 年代以后,由

于其他国家的衰退(如日本)或崛起(如中国)使美国和欧盟的经济走势与世界经济的走势发生了偏离,但仍然不能改变两者协调扩张和收缩的步调。

利用计量经济学中的相关系数分析法,对中国经济与世界、美国、欧盟和日本经济的不同阶段相关性进行检验,重点关注完整的经济周期,提取各相关系数构成表11-2。

表 11-2　改革开放后中国经济与世界、美国、欧盟和日本经济的相关系数

阶　　段	总经济周期 (1982—2016 年)	前三个经济周期 (1982—2001 年)	第四个经济周期 (2002—2016 年)
中国—世界	0.2055	0.0116	0.5360
中国—美国	0.3338	0.3592	0.2953
中国—欧盟	−0.0865	−0.4022	0.5990
中国—日本	−0.0505	−0.2291	0.3730

资料来源:《新中国六十年统计资料汇编》数据库、中经网统计数据库以及联合国统计署数据库(National Accounts Main Aggregates Database)。

表 11-2 相关系数所反映出的中国与世界、美国、欧盟和日本经济的相关性与图 11-2 所显示的相关性具有一致性。中国在改革开放初期将近二十年时间的改革过程中,中国经济同世界经济的相关性相对较低,其相关系数只有 0.0116,在发展趋势上与世界相比几乎没有趋同性,而进入到第四个经济周期后,即在 2002—2016 年这一阶段,中国经济与世界经济的相关性快速提高,达到了 0.5360 的水平。中国和欧盟、日本的相关性在前三个经济周期都是负相关的,原因一方面是中国在改革开放初期经济的不稳定性,另一方面欧盟和日本都在这一期间经历了不同程度的衰退,但是进入第四个经济周期后,中国与欧盟和日本的负相关也分别转变为 0.5990 和 0.3730 的高位。中国和美国的相关性在前三个经济周期内为 0.3592,高于同期与欧盟和日本的相关性;而在第四个经济周期 2002—2016 年间这一数字下降至 0.2953 的水平,低于 2002—2016 年欧盟和中国 0.5990 相关系数标准,原因就在于"美国 1999—2000 年经历了网络经济泡沫的破裂和2007—2008 年美国新一轮次贷危机的重创,以及中国经济自身的经济发展动力成为经济周期波动的主要的关键因素"。毫无疑问的是,美国作为世界经济发展趋同的主导国家,在考察其同中国经济周期之间的关系时仍然

需要引起足够的重视。总之,从表 11-2 中我们可以发现,在 2002—2016 年中国的经济波动与世界经济波动系数为 0.5360,保持着极大的相关性,对比相关系数可以认为中国经济与世界经济是相互融合、相互影响的,而且日本、欧洲、美国作为与中国经济密切相关的三大经济体,这三者对中国经济波动的影响日益增强。

世界经济周期的同步性增强,为经济全球化和国际经济一体化的更深层次的发展奠定了基础。进入 21 世纪以来,全球经济一体化趋势已成为不可逆转的世界发展潮流,尤其是立足于区域间的经济一体化更加得到了快速的发展。各国为了自身的经济发展,与其他国家进行经贸往来而逐渐形成了区域性经济组织,如欧盟、北美自由贸易区、亚太经合组织等就是区域性经济组织的典型代表(见表 11-3)。

表 11-3 世界经济的区域集团化形式

名　称	欧　盟	北美自由贸易区	东　盟	亚太经合组织
建立时间	1993 年	1994 年	1967 年	1989 年
参加成员	意大利、法国、荷兰、德国、卢森堡等 28 个成员	美国、墨西哥、加拿大	菲律宾、印度尼西亚、马来西亚、越南、老挝、文莱等 10 个成员	俄罗斯、澳大利亚、文莱、日本、韩国、加拿大、智利、新加坡、中国、美国、泰国、印度尼西亚等 21 个成员
成员间差异	多个发达国家和部分发展中国家。成员间有一定差异	多个发达和个别发展中国家。成员间差异较明显	多个发展中国家和个别发达国家。成员间差异明显	多个发达国家和发展中国家或地区。成员间差异很明显
合作领域	经济、政治、军事	经济	经济、政治	论坛性
区　别	非论坛性的经济合作组织,通过制定共同的规则章程,约束成员必须共同执行,联合程度高,特别是欧盟			合作程度较低,不具有强制性,属于论坛性经济组织,合作方式采取自主、自愿、协商一致原则

资料来源:笔者根据相关资料整理制成。

(二) 参与国际区域经济一体化为中国带来新的战略机遇

参与这些国际区域经济一体化发展过程,给中国带来以下一些战略机遇。

1. 中国参与建设国际区域经济一体化及南北经济关系有利于对外贸多元化发展,不断完善与健全中国社会主义市场经济体制

进入 21 世纪以来,中国政府非常重视与周边国家和地区的对外贸易合

作与发展,2001 年中国加入世贸组织更加为中国对外贸易多元化发展提供了机遇。从中国对外贸易发展的情况来看,在建立国际区域经济一体化之前,中国对外贸易市场主要以美国、英国等发达国家为主,对外贸易发展速度相对较慢。中国参与国际区域经济一体化建设以来,韩国、日本、东盟等国家逐渐成为中国重要的对外合作贸易伙伴。建立区域经济一体化有利于中国在对外合作过程中,更好地吸收并借鉴发达国家的市场经济运行理念,促进了中国社会主义市场经济体制的进一步发展和完善。近年来,世界贸易组织新一轮多边贸易谈判遇到了一系列障碍,长时间未能实现预期成果,但国际区域经济一体化及南北经济关系发展进程并未因此而停止,各国仍然以新的形式推动着国际贸易新格局的建立,这是新时期世界经济发展不可阻挡的历史潮流。自近年中国启动的一系列自由贸易谈判以来,中国在区域经济一体化以及众多的双边自贸区建设中硕果累累,具体而言,目前中国已经建立完备并参与的主要区域经济一体化组织主要有以下几个。

(1)中国—东盟自由贸易区

中国—东盟自由贸易区是中国第一个启动和实施的经济一体化战略贸易区。这一构想最初于 2001 年 11 月提出,一年后,在文莱召开的第 5 次东盟"10+1"领导人会议上正式签署了《中国—东盟全面经济合作框架协议》,与会国一致同意今后 10 年内建立中国—东盟自由贸易区。中泰两国于 2003 年 10 月率先签署达成对 180 种农副产品实行零关税的自由贸易协定,这一协议的签订为中国—东盟自由贸易区的拓展迈出了历史开创性的第一步。之后,中国还先后与东南亚其他国家、智利、巴基斯坦等国签订了经济友好合作伙伴协议,协议主要是围绕进出口关税减让、进出口贸易壁垒等焦点性问题展开,该自由贸易区也由此成为亚洲第一个多边自由化经贸组织协定。

(2)东北亚经济合作

在中国—东盟自由贸易区建立过程中,中国积极推进与韩国、日本两国的经济贸易与相关合作计划,三国在 2003 年 10 月一致通过并发表了《中日韩推进三方合作联合宣言》。《中日韩推进三方合作联合宣言》已历经十年,中国、日本、韩国的贸易与经济合作计划仍然还停留在协商这一阶段,基本还没有形成区域性经济一体化合作组织形式,但中国、日本、韩国三国的经济合作与发展潜力值得我们期待。

（3）上海合作组织

上海合作组织，简称"上合组织"，是五国元首（中国、俄罗斯、哈萨克斯坦、吉尔吉斯斯坦、塔吉克斯坦）对外经济合作与交流举行的定期会晤机制。后来，乌兹别克斯坦申请加入"上合组织"。2001年6月15日，六国元首首次在上海举行"上合组织"会谈，共同签署了《上海合作组织成立宣言》，开启了多边国家经济合作。2015年7月，六国元首理事会第十五次会议在俄罗斯乌发举行会谈（后称"乌发峰会"），通过关于接受印度和巴基斯坦两国加入上合组织的决议。2017年6月，两国正式成为上合组织新成员。这也是上合组织成员的首次扩充。到目前为止，上合组织除了以上签订的8个成员以外，同时还有，伊朗、阿富汗、蒙古国、白俄罗斯4国作为上合组织观察成员。此外，尼泊尔、亚美尼亚、柬埔寨、土耳其、阿塞拜疆和斯里兰卡列为上合组织对话合作伙伴国家。各成员之间完全实行"平等协商、互信互利、尊重多样化文明、谋求共同发展"的合作原则。

亚太地区在参与国际区域经济一体化与南北经济关系建设中，是全球经济贸易最具活力的地区。亚太经合组织是目前世界规模最大的多边区域经济集团合作组织，其成员的广泛性也是当前世界上其他经济合作组织形式所少有的。亚太经合组织的21个经济成员，就所处地理位置来看，遍及北美洲、南美洲、东亚地区和大洋洲，就整体经济发展水平来看，既有发达的工业经济体，又有落后的发展中经济体。就社会制度而言，既有资本主义，又有社会主义。就宗教信仰来看，既有基督教，又有佛教和其他宗教信仰。就文化而言，既有西方文化，又有东方文化。亚太经合组织21个成员之间的对外贸易额占全球对外贸易额数量的48%；同时，21个成员之间的经济总量占全球经济总量的57%，一直以来亚太经合组织已成为世界经济增长不可小觑的经济组织。亚太经合组织对推动亚太区域经济一体化起到了积极的作用。

2. 中国参与国际区域经济一体化采取的几种主要形式

一是自由贸易协定。中国参与建立国际区域经济一体化不仅与亚洲各国和广大新兴经济体加强对外经贸合作，同时也与发达经济体加强对外贸易合作。不仅要推进与世界各国建立自由贸易区的建设，同时，也要积极参与推进建立多种形式的一体化对外经济、贸易合作相关机制，如"海上丝绸之路经济带"等。据中国商务部公布的数据,截至 2016 年 6 月底,中国正在建设 22 个自由贸易区,涉及 31 个国家,涵盖中国对外贸易总额的 1/3。2016 年年底已签署的 14 个自由贸易协定中,涉及 20 个国家,所签署的国家分别有中国与东盟、巴基斯坦、冰岛、新西兰、新加坡、秘鲁、智利、哥斯达黎加、瑞士、韩国和澳大利亚的自贸协定;目前正在谈判的 6 个自由贸易协定,涉及 22 个国家,分别是中国与海湾合作委员会、中国与克鲁吉亚、中国与马尔代夫和中国与挪威的自由贸易谈判,以及中、日、韩三国自由贸易区合作和区域全面经济伙伴关系协定谈判。中国正在着手推进对东盟自由贸易区升级版谈判(东盟"10+1")。目前,中国依然继续保持着是东盟这些国家第一大对外贸易伙伴关系,东盟国家依然是中国的第三大对外贸易进口伙伴,第四大对外贸易出口市场地和第二大对外贸易进口来源所在地。

　　二是对外投资的经济合作形式。根据 2018 年中国商务部公布的数据显示,目前,中国已进入全球对外投资国三大国(美国、日本、中国)之列,累计签订了一百五十多个双边贸易投资协定。在 2018 年中国境内的投资者共对全球 161 个国家和地区的 5735 家海外企业进行了非金融类直接投资,对外投资累计实现了 1205 亿美元,同比增长了 0.3%(注:人民币与美元折算为 2018 年平均汇率 1 美元＝6.6174 元人民币)。2017 年中国在对外直接投资流量超过 1 亿美元的共有五十多个国家和地区,其中投资累计超过 10 亿美元以上的有英属维尔京群岛、瑞士、美国、新加坡、澳大利亚、德国、哈萨克斯坦、英国、马来西亚、印度尼西亚、俄罗斯联邦、卢森堡、瑞典、老挝、泰国等 15 个国家和地区。中国企业参与对"一带一路"沿线的 49 个国家直接投资 148.2 亿美元,同比增长 18.2%,占对外投资总额的 12.6%,投资金额主要流向泰国、哈萨克斯坦、老挝、印度尼西亚、俄罗斯、新加坡等国家。2017 年,中国内地对欧盟投资 102.7 亿美元,同比增长 2.7%;对非洲地区投资 41 亿美元,同比增长 70.8%;对美国投资 64.3 亿美元,同比下降 62.1%;对拉丁美洲地区的投资 140.8 亿美元,同比下降 48.3%;而对东盟 10 国的投资达到 141.2 亿美元,同比增长 37.4%,占对亚洲投资的 12.8%;对大洋洲投资 51.1 亿美元,同比下降 1.9%,占 2017 年对外投资流量的 3.2%,其投资流向主要集中在澳大利亚、新西兰、萨摩亚、巴布亚新几内亚等国家。中国的对外投资经济合作依然处于上升发展趋势。

3. 中国在国际区域经济一体化进程中对外投资的主要特点

第一,中国对外投资合作依然处于健康有序的发展态势,"一带一路"经济合作圈成为目前全球经济投资合作的亮点。据中国商务部 2018 年数据显示,中国对"一带一路"沿线的 56 个国家近三千家境外企业实现非金融类直接对外投资累计 156.4 亿美元,同比增长 8.9%。在对外承包工程中新签合同达到了 1443.2 亿美元,占同期新签合同的 54.4%,完成新签合同营业额数量达到了 855.3 亿美元之多,占同期完成签订额的 50.7%,同比增长 12.6%。截至 2017 年年底,中国企业共在 44 个国家建立 99 家对外合作区,进驻企业数 4364 家,累计投资 307 亿美元,为所在东道国上缴税费 24.2 亿美元,并为东道国提供 25.8 万个就业岗位。

第二,优化投资结构,关注实体经济和新兴产业发展。据中国商务部 2017 年公布的数据显示,2016 年年底,中国企业对外投资额按其行业结构来分,制造业投资达到了 310.6 亿美元,软件和信息技术服务行业、信息传输的投资额为 203.6 亿美元,技术服务业和科学研究投资额达到了 49.5 亿美元。制造业对外投资占全国对外投资总额比重由 2015 年的 12.1% 提高到了 2016 年的 18.3%,软件投资、信息传输和信息技术服务业对外投资总额比重由 2015 年的 4.9% 提高到 2016 年的 12.0%。2018 年年底,中国对外投资流向租赁和商务服务业占 37%,制造业占 15.6%,批发和零售业占 8.8%,采矿业占 7.7%。流向第三产业的对外直接投资 842.5 亿美元,同比增长 3.6%,占 69.9%。房地产业、体育和娱乐业对外投资没有新增项目,非理性投资继续得到了有效遏制。

第三,鼓励企业转型升级和行业结构调整。在 2016 年中国企业实施对外投资并购项目累计达 765 件,实际投资并购累计 1353.3 亿美元,涉及 74 个国家和地区,参与并购投资项目涉及 18 个大类行业,参与制造业实施并购项目 197 件,占中国对外并购项目总数的 26.6%,信息传输、软件和信息技术服务业项目实施并购 109 件,占中国对外并购项目总数的 14.7%。中国企业参与实施海外对外投资并购为国内企业推动产业转型升级布局全球价值链起到了积极重要的作用。比如,海尔并购美国通用电气公司,为海尔拓展布局全球价值链起到了积极作用。根据中国商务部数据,2018 年全年中国海外并购总额为 1080 亿美元,与 2017 年同期相比略有下降,降幅为

2.9%,并购交易数量 722 宗,同比减少 16.7%。从并购金额来看,2018 年中国海外并购主要流向三大行业,即电力和公用事业 313.8 亿美元,占29.1%;消费品 162.6 亿美元,占 15.1%;科技、媒体和电信(Technology、Media、Telecom,简称 TMT)行业 154.1 亿美元,占 14.3%,其中电力和公用事业并购金额同比增长 3 倍,消费品增长 1 倍。从并购数量来看,科技、媒体和电信行业占 173 件,消费品占 152 件,金融服务占 95 件。以上三大行业并购数量占到总量的 58%,科技、媒体和电信连续 5 年来成为中企海外并购最多的行业。2018 年中国在北美并购金额达 156.5 亿美元,与 2017 年基本持平,但美国于 2018 年通过《外国投资风险审查现代化法案》以加强国家安全审查机制,预计未来中国企业赴美国并购投资会遭遇更多的监管和政治阻力。

第四,地方企业对外投资仍然起主导作用。根据中国商务部 2016 年公布的数据,中国地方企业在 2016 年对外直接投资金额累计超过了 1487.2亿美元,地方企业对外投资比重也由 2015 年的 66.7%提高到了 2016 年的87.4%。其中,长江沿线经济带在对外投资中仍然占主导作用,对外直接投资额度累计达到了 604.6 亿美元,占全国对外直接投资总额的 35.5%;上海占 251.3 亿美元,浙江省占 109.4 亿美元,江苏省占 131.6 亿美元。2017年,中国对外直接投资中,各省区市地方企业 25239 家,占 2017 年中国对外直接投资企业总数的 98.9%;央企单位 290 家,仅占 1.1%。经济发达地区对外直接投资活跃,广东、浙江、江苏、上海、北京、山东、福建、辽宁、湖南和天津占中国境内投资总数的 79%。其中,广东投资企业超过 5600 家,占22.1%;浙江占 11.9%;江苏占 10.2%。

第五,对外承包工程快速增加。根据中国商务部 2016 年数据显示,中国对外承包工程新签项目在 5000 万美元以上达 815 件,比 2015 年同期增加 94 件,累计新签订合同额达 2066.9 亿美元,占新签合同项目总额84.7%。到 2016 年年底,中国在对外承包工程项目所带动设备材料出口额累计达到了 133 亿美元。2018 年,中国对外承包工程业务完成营业额 1.12万亿元人民币,同比下降 1.7%(折合 1690.4 亿美元,同比增长 0.3%),新签合同额 1.6 万亿元人民币,同比下降 10.7%(折合 2418 亿美元,同比下降8.8%)。中国在"一带一路"沿线国家新签对外承包工程项目合同 7721

件,新签合同额 1257.8 亿美元,占同期新签合同额的 52%,同比下降 12.8%,完成营业额 893.3 亿美元,同比增长 4.4%。

4. 人民币国际化及其推动

人民币国际化是人民币参与跨境交易,在境外流通,通过人民币对外结算、计价、作为储备货币的这一过程。目前,中国已经与全球二十多个国家的中央银行货币当局签署了双边货币互换协议,其数量已有两万亿元人民币之多。中国在东盟"10+3"(中国、日本、韩国)机制下建立起了人民币应急储备库、金砖国家开发银行和亚洲基础设施投资银行。2015 年 11 月 30 日国际货币基金组织正式对外公布,中国人民币于 2016 年 10 月 1 日纳入国际货币基金组织的特别提款权正式生效。因此,除美元、欧元、英镑、日元等货币以外,人民币的国际化地位也由此得到了提升,这为中国银行金融货币体系通过人民币形式向境外融资提供了有利条件。

由表 11-4 可以看出,中国经常项目下的人民币跨境结算金额在逐年增加。跨境贸易通过人民币结算从 2009 年的 36 亿元人民币上升到 2010 年的 5063 亿元人民币。在 2009 年到 2014 年 6 年期间,人民币跨境结算同比增长一直保持在 30%以上。到 2015 年,人民币作为跨境贸易结算达到了 72332 亿元人民币,同比增长 10%。这其中,货物贸易人民币结算量达 63900 亿元人民币,同比增长 8%,服务贸易和其他人民币结算量达 8432 亿元人民币,同比增长 28%。2016—2017 年人民币进行结算的跨境货物贸易和服务贸易都处于下降趋势。到 2018 年以人民币进行结算的跨境货物贸易和服务贸易开始回升。

表 11-4　人民币在经常项目下跨境结算情况表

年份	货物贸易结算		服务贸易及其他结算		结算合计	
	结算金额（亿元）	同比（%）	结算金额（亿元）	同比（%）	结算金额（亿元）	同比（%）
2009	32	—	4	—	36	—
2010	4380	—	683	—	5063	—
2011	15606	256	5202	661	20808	300
2012	20617	32	8764	68	29381	41
2013	30189	46	16109	84	46298	58

续表

年份	货物贸易结算		服务贸易及其他结算		结算合计	
	结算金额（亿元）	同比（%）	结算金额（亿元）	同比（%）	结算金额（亿元）	同比（%）
2014	59000	95	6565	−59	65565	41
2015	63900	8	8432	28	72332	10
2016	41209	−36	11066	31	52275	−28
2017	32700	−21	10900	−2	43600	−17
2018	36600	12	14500	33	51100	17

资料来源：曾辉、赵亚琪：《人民币国际化的现状与未来展望》，《中国发展观察》2016 年第 12 期，第 12—13 页；人民网，2016 年 6 月 21 日，http://theory.people.com.cn/GB/n1/2016/0621/ c83865-28466188.html 以及相关资料整理而成。

　　表 11-5 展示了人民币在资本项目下 2010—2015 年对外直接投资以及外商直接投资都处于上升趋势；到 2016 年对外直接投资仍处于上升趋势，而外商直接投资却处于下降趋势；而到 2017 年对外直接投资和外商直接投资都处于下降趋势；到 2018 年开始回升。

表 11-5　人民币在资本项目下直接投资结算情况表

年份	对外直接投资		外商直接投资		合　计	
	结算金额（亿元）	同比（%）	结算金额（亿元）	同比（%）	结算金额（亿元）	同比（%）
2010	125	—	142	—	267	—
2011	201	60	907	539	1108	—
2012	304	51	2536	180	2840	315
2013	856	182	4481	77	5337	156
2014	1866	118	8620	92	10486	88
2015	7362	295	15871	84	23233	97
2016	10619	44	13988	−18	24607	6
2017	4569	−57	11800	−16	16369	−33
2018	8048	76	18600	58	26648	63

资料来源：人民网，2016 年 6 月 21 日，http://theory.people.com.cn/GB/n1/2016/0621/c83865-28466188.html；曾辉、赵亚琪：《人民币国际化的现状与未来展望》，《中国发展观察》2016 年第 12 期，第 12—13 页；Wind 数据库及相关资料整理而成。

从表 11-5 人民币在资本项目下直接投资结算情况也可以知道,人民币直接投资发展速度很快,2010—2018 年中国资本项目下人民币收付金额均处于上升趋势。

自 2011 年年底,中国政府推出人民币合格境外机构投资者(RMB Qualified Foreign Institutional Investor,简称 RQFII)试点以来,目前共授予了英国、法国、德国等 15 个国家和地区共 6604.72 亿元人民币额度。投资范围主要包括股票、债券、证券投资基金、股指期货等一些金融工具。自 2016 年"中国与美国战略与经济对话"以来,到 2019 年 2 月底中国政府给予美国政府 325.20 亿美元的人民币合格境外机构投资者额度(见表 11-6)。

表 11-6　人民币主要合格境外机构投资者额度(截至 2019 年 2 月)

序　号	国家(地区)	总额度(亿元人民币)
1	中国香港	3241.37
2	英　国	484.84
3	新加坡	756.55
4	法　国	240.00
5	韩　国	728.87
6	德　国	105.43
7	爱尔兰	11.00
8	加拿大	86.53
9	澳大利亚	320.06
10	瑞　士	96.00
11	卢森堡	151.87
12	日　本	30.00
13	马来西亚	16.00
14	泰　国	11.00
15	美　国	325.20
总　计		6604.72

资料来源:国家外汇管理局:http://www.safe.gov.cn/safe/2018/0425/8882.html;人民币合格境外机构投资者投资额度审批情况表整理而成。

离岸市场也是人民币国际化的重要环节之一。从图 11-3 中国国务院、中国人民银行的数据可以看到,在 2014 年年底境外人民币的存款就达到了 1.7 万亿元,2015 年年末,中国港澳台地区、卢森堡、新加坡等境外主

要离岸市场人民币存款(不含存款证)余额大约达到了 1.4 万亿元,比 2014
年有少量回落。离岸人民币市场从 2009 年开始发展,到 2018 年年底离岸
人民币存款的规模在 10513 亿元人民币左右。

(单位:亿元人民币)

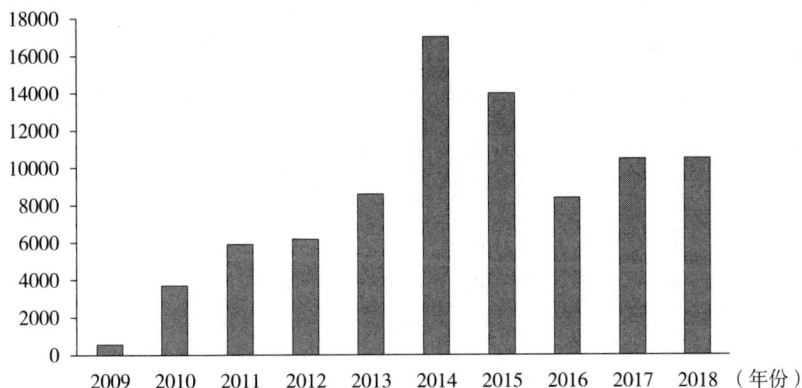

图 11-3　2009—2018 年中国人民币离岸市场存款情况

资料来源:国务院、中国人民银行、中金公司研究;"深度分析——人民币市场何去何从?",
https://www.sohu.com/a/192037541_698981,以及相关资料经笔者整理而成。

中国人民银行公布的数据显示,截至 2018 年年底,中国人民银行已与
韩国、马来西亚、白俄罗斯、俄罗斯、印度尼西亚、阿根廷、冰岛、新加坡、欧元
区等 20 多个国家和地区的央行及货币当局签署了双边本币互换协议,总规
模约 5.1 万亿元人民币。这样一来人民币开始逐步发挥储备货币的功能。

5. 中国开始成为国际规则的修订者、创设者和提供者

中国逐渐改变了以往在国际规则中被动接受者的角色,开始成为国际
规则的修订者、创设者和提供者。中国国家主席习近平在 2015 年 12 月提
出,我们不能当世界的旁观者,也不能做他国的跟随者,而要积极做世界的
参与者、引领者,善于通过自由贸易区建设来不断增强中国在国际市场上的
国际竞争力,由此在将来国际规则制定过程中发出更多中国声音。《人民
日报》2015 年 4 月 1 日第七版登载了中国保监会于 2012 年启动的"中国风
险导向的偿付能力体系"建设,即中国"第二代偿付能力监管制度体系"
(简称"偿二代")的报道。报道指出了中国保监会仅用 3 年时间就研制出
共 17 项监管规则的技术标准,在国际保险监管规则制定中起到影响作用,

并一举打破了那种长期被动接受美欧国家主导的国际规则制定的局面。同样，在国际税收方面，中国财税法研究会副会长、中国政法大学财税法研究中心主任施政文教授分析指出，国际税收领域呈现出了新的特点，这些都对既有的国际税收规则提出了挑战。例如，税源跨境流动不单纯的只是在跨国企业本国与东道国两者之间发生，还可能会向第三国或者第四国甚至其他国家或地区流动，作为投资者为了获取更多的利润，都会构造出在第三国或者第四国甚至更多国家和地区的机构，导致税源流动更加复杂。因此，目前对于针对国际税收问题关注点不再只是如何避免国际双重征税或者多重征税的问题，在对于双边或者多边不征税收的问题上也不能忽视。比如谷歌、星巴克等企业在他国的税收安排就严重影响美国国内的税收利益。此外，由于互联网技术的快速发展、无形资产的摊销以及相关技术方面的因素，导致对国际税收管理变得日益困难。以上种种新问题，运用以前的国际税收规则是无法彻底解决的，这都需要各国通力合作构建新的国际税收规则。据中国国家税务总局官方数据显示，目前中国国家税务总局已与经合组织等 25 个国家组织建立了合作关系，包括"一带一路"沿线国家在内的 113 个国家建立了双边税收合作机制体系，中国税务在帮助提升发展中国家税收能力方面共实施了 12 个合作项目。中国政府也提出通过"利润在经济活动发生地和价值创造地征税""修改数字经济税收规则"等一百多项意见和建议，为发展中国家在国际税务方面获得了主动权。这些意见大都被纳入了最终成果文件。中国政府在 2014 年二十国集团"布里斯班峰会"上，提出"打击国际逃税行为、加强全球税收合作机制、帮助低收入国家和发展中国家提高税收征管能力"三点建议。中国国家税务总局国际税务司司长廖体忠在 2015 年 2 月 10 日也指出了"中国已从国际税收规则的借鉴者转向参与制定者，这也标志着中国参与国际经济规则体系进一步迈向深入"。

在当前全球经济发展过程中，相对美国经济的较强劲增长，其他经济发达国家及大部分新兴经济体的经济增长还是非常疲软的。在这种情况下，无论从需求还是供给来看，未来全球经济的发展都需要中国积极地参与到全球经济治理当中来，成为全球公共产品的一个提供者，这一点在中国的"十三五"规划过程中也明确地提出来了。

据中国商务部公布的数据,截至 2018 年年底,中国实际利用外资的 83% 都是来自亚太成员的投资,中国国内对外直接投资的 69% 也都是流向亚太成员,同时对外贸易总额的 60% 是来自与亚太成员的贸易额。中国目前也正在着手加快构建"开放型经济"体制,这一提出将为亚太地区各国商贸以及经济合作创造巨大商机。比如"一带一路"倡议的提出,亚投行的建设,在"十三五"规划当中,还提出了新发展理念,即创新、协调、绿色、开放、共享等,这些是未来非常重要的发展理念。

6. 中国经济蕴藏着巨大的发展潜力

无论是从基础设施、政治制度还是经济发展前景等方面看,中国经济都具有更大的潜力。党的十八届三中全会也明确地指出了"中国首先要以周边国家来实施推进自由贸易区战略构建,建立设置应对全球提出的'高标准自由贸易区'"。积极推进中国—东盟自由贸易区升级版谈判,推进"一带一路"经济建设(见表 11-7)。

表 11-7　2014—2019 年全球主要经济体发展趋势　　(单位:%)

年份 国家(地区)	2014	2015	2016	2017	2018	2019
世界经济	3.4	3.4	3.1	3.5	3.7	3.7
发达国家	1.9	2.1	1.7	2.0	2.4	2.1
美　国	2.4	2.6	1.6	2.3	2.9	2.5
欧元区	1.1	2.0	1.7	1.7	2.0	1.9
英　国	3.1	2.2	1.8	2.0	1.4	1.5
日　本	0.0	0.4	1.0	1.2	1.1	0.9
新兴经济体和发展中国家	4.6	4.2	4.1	4.5	4.7	4.7
俄罗斯	0.7	-2.8	-0.2	1.4	1.7	1.8
中　国	7.3	6.9	6.7	6.6	6.6	6.2
印　度	7.2	7.5	6.6	7.2	7.3	7.4
巴　西	0.1	-3.8	-3.6	0.2	1.4	2.4
南　非	1.6	1.3	0.3	0.8	0.8	1.4

注:2019 年增长趋势为预测值。

资料来源:国际货币基金组织数据,《世界经济展望》2016 年 4 月;《2018 年中国对外贸易形势报告》,中华人民共和国商务部。

中国国家统计局数据显示,2013—2017年间,中国国内生产总值年平均增长率为7.2%,远远高于世界同期2.6%的平均水平(世界银行数据)。从公布的数据可以看出,中国国内生产总值的增长速度明显高于美国、欧盟、日本等发达国家,以及除了印度以外的巴西、俄罗斯等其他金砖国家。从2010年中国经济总量超越日本成为全球第二大经济体以来,到目前中国国内生产总值一直稳居世界经济第二位。根据国际货币基金组织2019年数据显示,2018年全球国内生产总值总量达84.8万亿美元,中国国内生产总值规模达90万亿元,相当于13.6万亿美元,占全球比重为16.1%,约相当于美国20.5万亿美元的66%,增长相当于美国国内生产总值增长的63.4%,与在2012年两者增长速度相比提高近11个百分点。中国与美国的经济增长速度相比,差距在明显地缩小(见表11-8)。

表11-8　2018年全球国内生产总值总量前10强国家排名

排名	经济体	2018年国内生产总值总量（万亿美元）	实际国内生产总值增速（%）	2017年国内生产总值总量（亿美元）
1	美　国	20.510	2.9	19.5559
2	中　国	13.600	6.6	13.1736
3	日　本	4.968	0.7	4.3422
4	德　国	4.000	1.5	3.5954
5	英　国	2.823	1.4	3.2323
6	法　国	2.776	1.5	2.5866
7	印　度	2.716	7.4	2.6074
8	意大利	2.072	0.9	1.9329
9	巴　西	1.870	1.1	1.7593
10	加拿大	1.710	1.8	1.6824

资料来源:各国统计机构数据整理。

7. 参与国际区域经济一体化与南北经济关系建设为中国企业国际化发展提供了机遇

事实证明,区域经济一体化为中国企业提供了更多与外商合作的机会,根据优胜劣汰的原则,实力强大的企业甚至可以参与到更大的国际市场中。中国企业以加工业和制造业为主的特点,使其进入国际市场更加地便利,例如,近年来中国家电、自行车、纺织品电子产品等在国际市场颇受欢迎,海尔、中兴、华为等国内品牌获得了国际市场的认可。当然,还应当看到,中国企业在进军国际市场的过程中,由于产业结构不合理、技术创新能力弱,也面临着一系列的竞争和挑战(见表11-9、表11-10)。但在国际区域经济一体化环境下,中国国内企业在对外竞争过程中应该认识到自身的不足,并需要不断地加以改进,从长远发展来看,必然有利于中国企业自主创新能力的提高和对发展国际化市场道路的拓展。

表 11-9 2008—2018 年(1—9 月)中国出口商品结构

(单位:亿美元)

出口＼年份	2008	2009	2010	2011	2012	2013	2014	2015	2016	2017	2018 1—9
总 值	14306.9	12016.1	15777.5	18983.8	20487.1	22090.0	23427.5	22749.5	20981.5	22635.2	18266.4
初级产品	778.5	631.1	816.9	1005.5	1005.6	1072.8	1127.1	1039.8	1050.7	1177.1	983.4
食品及活动物	327.6	326.3	411.5	504.9	520.7	557.3	589.2	581.6	610.5	626.4	471.7
饮料及烟类	15.3	16.4	19.1	22.8	25.9	26.1	28.8	33.1	35.4	34.7	25.9
非食用原料	113.5	81.5	116.0	149.4	143.4	145.7	158.3	139.2	130.8	154.4	132.5
矿物燃料、润滑油及有关原料	316.4	203.7	266.7	322.7	310.1	337.9	344.5	279.4	268.4	353.5	345.5
动、植物油脂及蜡	5.7	3.2	3.6	5.3	5.4	5.8	6.2	6.4	5.6	8.1	7.8
工业制成品	13507.0	11385.0	14960.7	17978.4	19481.6	21027.4	22300.4	21709.7	19930.8	21458.1	17283.0
化学品及有关产品	793.1	620.2	875.7	1147.9	1135.7	1196.6	1345.9	1296.0	1218.9	1413.3	1252.9
按原料分类的制成品	2617.4	1848.2	2491.1	3195.6	3341.5	3606.5	4003.8	3913.1	3512.0	3680.5	3022.3
机械及运输设备	6733.3	5902.7	7802.7	9017.7	9643.6	10392.5	10706.3	10594.5	9845.1	10829.1	8778.2
杂项制品	3346.1	2997.5	3776.5	4593.7	5346.6	5814.5	6221.7	5881.5	5296.2	5477.7	4189.8
未分类的其他商品	17.2	16.5	14.7	23.4	14.2	17.3	22.7	24.6	58.6	57.6	39.8

资料来源:《中国对外贸易形势报告》(2018 年),中国商务部,http://www.Como.gov.c/article/gybe/Abo。

表 11-10　2008—2018 年(1—9 月)中国进口商品结构

(单位:亿美元)

进口 \ 年份	2008	2009	2010	2011	2012	2013	2014	2015	2016	2017	2018 1—9
总　值	11325.7	10059.2	13962.5	17434.8	18184.1	19499.9	19602.9	16819.5	15874.2	18409.8	16052.6
初级产品	3623.9	2898.0	4338.5	6042.7	6349.3	6576.0	6474.4	4730.1	4401.6	5770.6	5205.1
食品及活动物	140.5	148.3	215.7	287.7	352.6	417.0	468.2	505.0	491.4	542.9	489.5
饮料及烟类	19.2	19.5	24.3	36.8	44.0	45.1	52.2	57.7	60.9	70.3	59.6
非食用原料	1667.0	1413.5	2121.1	2849.2	2696.6	2861.4	2701.1	2104.6	2019.1	2602.3	2073.2
矿物燃料、润滑油及有关原料	1692.4	1240.4	1890.0	2757.8	3130.8	3149.1	3167.9	1988.0	1762.8	2478.4	2525.8
动、植物油脂及蜡	104.9	76.4	87.4	111.1	125.3	103.4	84.9	74.8	67.3	76.8	57.1
工业制成品	7701.7	7161.2	9624.0	11392.1	11834.7	12926.9	13128.5	12089.4	11472.6	12639.2	10847.5
化学品及有关产品	1191.9	1120.9	1497.0	1811.1	1792.9	1903.0	1933.7	1713.2	1640.1	1937.4	1675.7
按原料分类的制成品	1071.6	1077.4	1312.8	1503.0	1462.6	1482.9	1724.2	1333.2	1218.5	1350.7	1153.9
机械及运输设备	4417.6	4078.0	5494.2	6305.7	6529.4	7103.5	7244.5	6834.2	6579.4	7348.5	6311.4
杂项制品	976.4	851.9	1135.6	1277.2	1362.2	1390.1	1398.4	1347.4	1260.1	1341.7	1083.0
未分类的其他商品	44.2	33.1	184.4	495.1	687.7	1047.4	827.6	861.3	774.5	660.8	623.5

资料来源:《中国对外贸易形势报告》(2018 年),中国商务部,http://www.Como.gov.c/article/gybe/Abo。

二、中国参与国际区域经济一体化与南北经济关系发展的战略挑战

(一)中国参与新型国际区域经济一体化及南北经济关系发展高标准机制分析

进入 21 世纪以来,国际区域经济一体化不仅在规模上不断扩大,在经济合作数量上也处于增加趋势,同时,这些国际区域经济一体化现象在体制上、组织结构等方面也出现了多样化的变革与创新。一些国家为了促进贸易自由化发展进程,达到贸易自由开放的目的,通过相互签署双边协议达成了经济贸易合作伙伴关系,其中比较具有典型代表性的经济贸易合作组织就是美国一度主导的《跨太平洋伙伴关系协定》和《跨大西洋贸易与投资伙

伴协议》。尽管由于美国特朗普就任总统后,《跨太平洋伙伴关系协定》和
《跨大西洋贸易与投资伙伴协议》的推进目前处于滞缓状态,但其所设定的
相对较高的标准,对国际区域经济一体化的影响是值得关注的。

1. 新型国际区域经济一体化组织的高标准规则及其要求

《跨太平洋伙伴关系协定》《跨大西洋贸易与投资伙伴协议》这两大新
型国际区域经济一体化组织,主要是推行并致力于制定高于世界贸易组织
的标准"面向 21 世纪的新国际贸易规则"体系。因此《跨太平洋伙伴关系
协定》《跨大西洋贸易与投资伙伴协议》成为推行"高标准贸易"规则和"投
资规则"的新平台。《跨太平洋伙伴关系协定》《跨大西洋贸易与投资伙伴
协议》这两大新平台的内容和特征见表 11-11。

表 11-11 《跨太平洋伙伴关系协定》和《跨大西洋贸易与
投资伙伴协议》的内容和特征

	《跨太平洋伙伴关系协定》	《跨大西洋贸易与投资伙伴协议》
内容	1. 建立更为开放的跨太平洋市场。属于高全新的自由贸易协议,涉及领域很广、开放程度也高,具有新的挑战性。 2. 整合美国与东亚对外贸易规范与标准,取消非关税壁垒。 3. 通过《跨太平洋伙伴关系协定》打造一个跨太平洋"利益共同体",共同商讨全球贸易发展。 4.《跨太平洋伙伴关系协定》涉及关税、劳工保护、环境保护、电子商务、农业、金融服务、投资争端解决、中小企业、国有企业竞争等内容,其广度和深度都超过了以往的自由贸易协定	1. 建立更为开放的跨大西洋市场。属于高全新的自由贸易协议,涉及领域很广、开放程度也高,具有新的挑战性。 2. 整合欧盟与美国对外贸易规范与标准,取消非关税壁垒。 3. 通过《跨大西洋贸易与投资伙伴协议》创建一个跨大西洋"利益共同体"模式,共同商讨全球贸易发展。 4.《跨大西洋贸易与投资伙伴协议》涉及中小企业、国有企业竞争、关税、劳工保护、农业、金融服务、投资争端解决、环境保护、电子商务等内容,其广度和深度都超过了自由贸易协定协议
特征	1.《跨太平洋伙伴关系协定》的协议内容具有约束性。亚太经合组织是非约束性。 2. "弹性次序,多轨多速"的贸易自由化特征。前者是指减让项目无固定顺序,后者是指减让时间、速度无固定规定。 3.《跨太平洋伙伴关系协定》坚持开放性和包容性原则(鼓励允许亚太地区各国积极参与,支持亚太经合组织广泛自由化进程)。 4.《跨太平洋伙伴关系协定》拟包含的内容和条款具有高标准和全面自由贸易协定的特征	1. 该协议缔造的自由贸易区经济和贸易规模空前。 2. 该协议给美国和欧盟带来的预期收益非常可观。英国《经济学家》估计,欧盟地区生产总值可增长 0.4%,美国国内生产总值可增长 1%。 3. 该协议谈判的内容丰富。除关税外,最重要的是要削减最顽固、最难以清除的非关税壁垒,内容涵盖竞争政策、知识产权、政府采购等。 4. 该协议谈判的时间长、难度大

资料来源:笔者根据相关资料整理完成。

建立"高标准规则"新型国际区域经济一体化组织,应该做到以下几个方面,第一,在考虑到相关贸易产品从生产到出口之间各个环节的同时,要关注这些新贸易规则与全球价值链分工的吻合性。所牵涉的每一个环节都要涵盖在成为将来推行的新贸易体系协定规则当中。第二,新贸易规则体系的推行,需要充分考虑对贸易、投资、服务这三者之间的相互融合。借助大量的相关资料分析我们可以认识到《跨太平洋伙伴关系协定》是属于"新型贸易规则"体系范畴,而《跨大西洋贸易与投资伙伴协议》是"新型投资规则"范畴,诸边服务业协议(Plurilateral Services Agreement,简称 PSA)则是"服务贸易规则"范畴。第三,新型贸易规则逐渐由国际向国内蔓延,由于推行新型贸易规则,国内市场准入条件以及面向国内竞争环境等,都将逐渐成为推行新型国际区域经济一体化组织更为关注的首选议题。

2. 中国参与"高标准规则"要求还暂时存在困难

从表 11-11 可以发现,中国现行的政治和经济体制下,推行高标准贸易规则暂时还有一定的困难,其原因主要有以下三方面:

第一,中国自由贸易区开放水平不高。目前,中国对货物贸易虽然降低了准入门槛,取消关税产品税目数和贸易量达到 90% 的标准以上,但对于一些其他行业,如机械、电子、石化等领域的关税降幅并不大。对金融、会计、法律、教育等一些专业服务贸易领域还很难满足高标准贸易规则当中的所谓的负面清单管理模式。在投资领域方面中国暂时难以做到高标准则中推行的取消市场准入前的国民待遇模式,这些同欧美比较还有一定差距存在。

第二,推行新型贸易规则的灵活性不高。按中国现行的政治体制,国内相关法律以及经济的运行机制,发达国家推行的新型贸易机制在某种程度上与国内有一定的冲突,导致实施起来也有一定的困难。比如,发达国家提出来的劳工保护、环境保护、国有企业竞争等方面,虽然目前中国改革也取得了一些成就,但与欧美国家比较起来还是有一定的差距,因此这些在中国国内暂时还难以实施。

第三,存在着利益的冲突。国内一些政府部门由于存在着利益之间的关系,导致部分政府部门缺乏改革动力,使得中国现行制度、相关法律、经济体制改革滞后,致使难以有序顺利发展。

3."高标准规则"与中国深化改革目标一致

《跨太平洋伙伴关系协定》《跨大西洋贸易与投资伙伴协议》《诸边服务业协议》这些新型国际区域经济一体化组织谈判内容与中国目前深化改革的目标是一致的。主要表现在:首先,降低服务贸易壁垒规则,积极开放和建立完全竞争的对外合作市场有助于推进服务贸易快速发展。其次,限制国有企业在一些竞争性领域中参与市场竞争,扶持中小企业参与市场竞争机制。最后,推行"准入前国民待遇"和"负面清单"。2008 年中国与美国启动双边投资协定(Bilateral Investment Treaty,简称 BIT)谈判。2013 年中国与欧盟启动双边投资协定谈判。总之,建立《跨太平洋伙伴关系协定》《跨大西洋贸易与投资伙伴协议》《诸边服务业协议》等新型国际贸易规则与中国改革开放以及经济发展战略的目标是相吻合的。中国改革开放的实践证明,以开放促进改革,发展经济,是中国经济发展的成功之道。上海自由贸易试验区自 2013 年 9 月挂牌以来,中国已经批准了五批共 18 个自由贸易试验区(第一批是上海,第二批是广东、天津、福建,第三批是辽宁、浙江、河南、湖北、陕西、四川、重庆,第四批是海南,第五批是山东、江苏、广西、云南、黑龙江),在国内建立形成了一个由南至北、由东至西的"1+3+7+1+6"自由贸易试验区试点发展新格局。这些国内区域自由贸易试验区的建立与发展目的,就是为了打造改革开放的新型自由贸易试验田以及建立创新型自由贸易制度,通过不断有效地转变政府管理职能,更好地建立"新型国际贸易规则"体制。以此来探索"新型国际贸易规则"发展新途径,积累新经验,同时对这些"新型国际贸易规则"进行科学的风险控制和压力测试。

(二) 中国参与国际区域经济一体化与南北经济关系发展的战略挑战

自 2001 年中国加入 WTO 以来,中国政府也十分重视国际区域经济一体化与南北经济关系的推行与建立。然而,面对近年来愈加纷繁复杂的国际关系变化,未来中国的区域经济一体化还有很长的路要走,在参与国际区域经济一体化与南北经济关系方面,中国也面临着以下挑战,其主要表现在以下几方面:

首先,经济全球化的发展使世界上任何国家的收入与分配都面临挑战,推行自由贸易协定会加剧这一挑战。正因为这一趋势的到来也促使各国认识到产业重组的必要性。在参与实施自由贸易协定的同时,一般会使一些产业产值增加的同时,也会使另一些产业产值下降,并对国内就业造成负面影响。因此,必须采取相关政策措施来应对这些负面因素影响。这种应对政策的结果就会导致部分产业的重组。

其次,采取内部经济结构和外部经济结构均衡调整平衡。任何新型贸易协定规则的实施,都需要不断地来调整经济结构,否则会导致内外部经济发展失衡。这样不但没有促进国内经济发展,反而会影响国内经济发展。

再次,由于中国制造业整体长期以来处于国际分工的最低端,一些出口型的加工制造企业自主创新能力较弱,缺乏自主品牌,抗击风险能力也不高。虽然近年来中国在创新性方面也取得了成效,一些产业和创新能力也有所提高,比如中国的高铁、对外工程承包,核电、智能电网、建材生产线等也初具国际竞争力,但由于种种原因国内的经济结构要得到快速调整还是有难度的,受国内资源环境约束比较突出,一些社会体制和机制还制约着科学发展,对于科技创新能力仍有待提高。

最后,对中国企业和自由化市场的冲击。在区域经济一体化发展进程中,中国同经济发达国家和地区相比,其国内产品的科技含量还相对较低,科学技术的发展还相对落后,并且国内市场与发达国家和地区相比开放较晚,在自由贸易国际竞争过程中往往处于劣势,基于这些客观存在的问题,短期内不可避免地会给中国经济的发展带来一定的影响。但从经济发展的长远来看,要改变这一不利现状,必须要尽快地适应国际市场环境,在加快国内企业的制度管理以及技术创新等方面,尽快与发达国家接轨,从而加强中国企业的市场竞争力。

第二节 中国参与国际区域经济一体化与南北
经济关系发展的战略思路和选择

随着国际贸易的快速发展,加之目前世界政治格局具有复杂多样性的趋势,区域经济一体化和经济全球化已经成为全球经济发展的两大趋势。所谓区域经济一体化是指两个或者两个以上的国家或地区之间通过某种程度的协调和合作,共同发展对外竞争力的一种经济合作组织形式。在经济全球化的同时首先还要立足于区域经济一体化,区域经济一体化也标志着世界各经济体逐渐走向统一的发展趋势。

一、世界经济发展及南北经济关系发展的新趋势

经济全球化是世界经济发展的必然趋势,是世界所有国家和地区逐步趋近的一种全球经济发展状态。任何一个国家都难以把握当今经济全球化这种客观规律的发展趋势,各国参与全球经济一体化的发展都会对本国经济的发展产生正负效应。假设,一个国家在经济全球化过程中所得到的负效应大于正效应的时候,这个国家就会对现有的经济全球化进行防御,进行抵制,同时还会采取消极的态度来对待经济全球化的参与度。因此这个国家转而就会谋求参与区域经济一体化来发展本国经济。由于全球多数区域经济一体化是对内实施开放、对外实施贸易保护策略,这对经济全球化发展无疑会造成一种负面的影响。正因如此,唯有先采取区域经济一体化作为经济全球化的过渡,才会使许多国家快速进入全球市场、促进对外开放也就会成为可能。通过加入区域经济一体化组织,可以不断增强国内市场对外开放,实时调整国内经济政策,为本国经济全球化发展积累经验。虽然美国在经济全球化国际事务中拥有绝对的发言权,但由于缺乏更好的国际监督,经常把国内外政治倾向和其国与国之间的对外贸易投资事务混同起来,人为地设置某些障碍来阻挠一些国家走向经济全球化。这样一来,为了谋求对外开放条件下经济健康有序的发展,部分国家先通过参与区域经济一体化作为平台来提高国内对外经济的开放,发展国内经济。如,经济发展落后的缅甸,如果不加入东盟区域经济一体化经济组织,很难意识到缅甸的经济全球化发展。因此,建立推行区域经济一体化,将会使经济落后的一些国家和地区逐渐走向对外开放道路,同时,对其加快进入经济全球化发展行列具有一定的推动作用。

二、中国参与国际区域经济一体化建设及南北经济发展的战略抉择

第一,在治理国际贸易事务中支持世界贸易组织发挥的作用。在进行全球重大贸易谈判活动中,采取多边贸易谈判优越于双边贸易谈判形式。

因此,积极推行多边贸易谈判,支持世界贸易组织在国际贸易治理过程中发挥的重要作用,尽快促进多哈回合谈判回到正轨,鉴于目前谈判所遇到的困难,可以考虑重新定位为多哈谈判或开展世界贸易组织多边新型谈判。可以探讨在世界贸易组织现有多边框架下实施多边贸易协商谈判。多边谈判通常就一项专门议题实施集中谈判,如"政府采购协定"(Agreement on Government Procurement,简称GPA)、"国际服务贸易协定"(Trade in Service Agreement,简称TISA)、"信息技术协议"(Information Technology Agreement,简称ITA)、"网络间谍、汇率、劳工和气候变化、电子商务"等。这样的单独专项谈判更容易取得进展。

第二,对待参与国际区域经济一体化及南北经济关系发展应当保持积极开放的态度。当前,《跨太平洋伙伴关系协定》《跨大西洋贸易与投资伙伴协议》《诸边服务业协议》等这些高标准贸易规则、新型国际区域经济一体化组织形式,大多集中在针对"劳工标准保护、国有企业、环境保护、政府采购、知识产权、金融"等这些备受关注的"新型标准"领域方面。目前,中国国情难以适应这些新型高标准贸易准则当中的"新议题",但是,从长远发展战略角度看,这些新型高标准贸易规则对中国将来经济发展是很有利的。因此,对待参与新型国际区域经济一体化及南北经济关系发展,中国应该以积极开放的态度来对待,尽快加入到对新型国际贸易规则的制定和实施中来。

第三,积极推动自由贸易区的建设,建立全球新型贸易大国关系。2008年全球金融危机爆发以来,美国以及欧盟各国对本国国内经济结构进行了调整,美国参与《跨太平洋伙伴关系协定》《跨大西洋贸易与投资伙伴协议》谈判,目的也就是把发展自由贸易作为经济战略来对待。为适应美国经济结构的战略调整,中国政府同时也提出了构建与美国、欧盟合作共赢的新型大国关系机制。

第四,推动发展"一带一路"经济带。中国与东盟以及亚太经济合作组织中积极发展双边和多边区域自由贸易协定,把"一带一路"建设作为目前经济发展的重点,并以此开展构建亚太经济组织互联互通机制。加速开展亚太地区基础设施建设和互联互通建设,实现建立亚太经济合作组织区域经济大市场、大联通、大发展,促进亚太地区经济一体化快速发展。

第五,积极发展跨界自由贸易区谈判。区域经济一体化已打破了传统的地域区分,也不断超越地缘界限形成了跨区域经济合作,出现以区域自由贸易向跨洲自由贸易发展趋势。中国应积极发展跨洲自贸区。选择时机以多种形式开展缔结自由贸易协定谈判,以便尽快在世界经济格局的变换中取得主动权。

三、中国参与国际区域经济一体化及南北经济关系发展的战略途径

2011 年 12 月,胡锦涛同志在中国加入世界贸易组织 10 周年高层论坛时指出,中国将继续努力推动多哈回合谈判,致力于维护和加强多边贸易规则体制建设,积极参与全球经济治理机制改革,推动国际经济发展秩序朝更加公平、公正、合理的方向发展。加快建设实施自由贸易区战略,努力推动区域经济一体化朝更好更快方向发展。[①] 在国家方针、政策的引领下,参与国际区域经济一体化及南北经济关系发展的同时,结合国内实际发展科学的、有效的对外贸易发展途径。

第一,建立中国自由贸易试验区模式。在当前国际区域经济一体化发展过程中,各国都建立起了本国高质量自由贸易区规则。由于美国与欧盟这全球两大经济体对全球经济产出占全球总产出总量的一半之多,它们建立起来的区域经济一体化,对于相互之间对外投资、对外贸易、经济的增长都起着重要的推动和激励作用。这一发展趋势对中国等新兴市场经济体来说,需要更长的时间才能适应。中国应通过发展自主新型高标准自贸区的战略途径,顺应国际贸易发展规则体系,快速提升现有的自由贸易规则标准。如建立中国—东盟自由贸易区("10+1")升级版谈判,促进中国同欧盟双边投资协定谈判以及推动中国同美国双边投资协定谈判;在中国与韩国、中国与澳大利亚、中国与加拿大、中国与日本等自由贸易区谈判,都提出以中国自主高标准模式,在谈判过程中也都取得了实质性进展。

第二,积极推动区域全面经济伙伴关系与《全面与进步跨太平洋伙伴关系协定》相互融合的谈判模式。在当前国际区域经济一体化进程中,亚

---

① 胡锦涛:《在中国加入世界贸易组织 10 周年高层论坛上的讲话》,人民出版社 2011年版。

太已成为各谈判方利益争夺的聚焦点。由于亚太区域经济组织成员和《全面与进步跨太平洋伙伴关系协定》成员之间有相同的国家,因此亚太区域经济一体化在《全面与进步跨太平洋伙伴关系协定》或区域全面经济伙伴关系两条发展路径中探索可否融合。全球主要的多国间自由贸易协定框架图大致有《全面与进步跨太平洋伙伴关系协定》、区域全面经济伙伴关系、《跨大西洋贸易与投资伙伴协议》《日欧经济伙伴关系协定》(Economic Partnership Agreement,简称EPA),如图11-4所示。

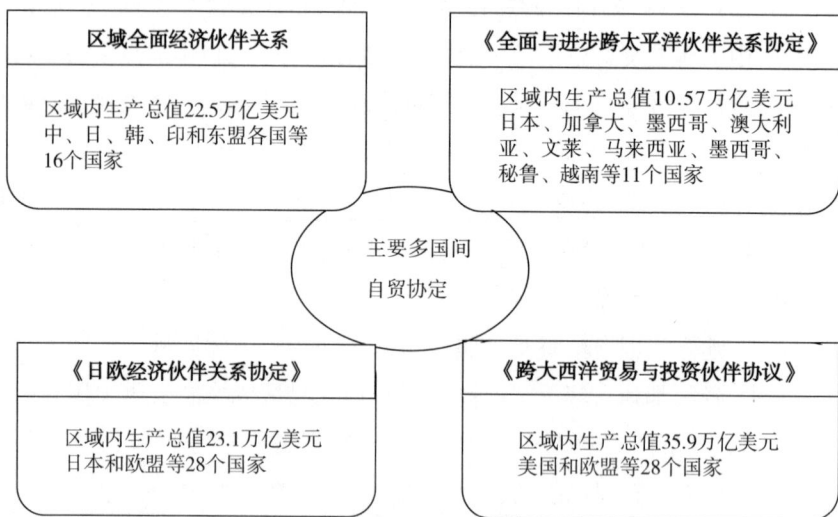

图11-4　主要的多国间自贸协定框架

从图11-4中可以看出,一条发展路径是《全面与进步跨太平洋伙伴关系协定》,是在美国特朗普政府2017年宣布退出《跨太平洋伙伴关系协定》后,2017年11月11日由日本、加拿大、澳大利亚、新加坡、智利、墨西哥、文莱、马来西亚、越南、秘鲁、新西兰11个亚太国家参与的谈判,它们发表联合声明,宣布"已就新的协议达成基础性的共识",并新更名为"全面与进步跨太平洋伙伴关系协定",2018年2月8日,参与谈判11国代表在智利首都圣地亚哥举行签字仪式,于同年12月30日正式生效。根据联合声明,《全面与进步跨太平洋伙伴关系协定》新架构共识将保留原有的《跨太平洋伙伴关系协定》超过95%的项目,放弃了原有《跨太平洋伙伴关系协定》5%的项目,最大区别在于新协定冻结了旧协定中关于知识产权等20项条款的内容。经过删减后的《全面与进步跨太平洋伙伴关系协定》与《跨太平洋伙伴关系协定》相比,其经济规模和战略影响不如《跨太平洋伙伴关系协定》,但在国际经贸规则方面,新版《全面与进步跨太平洋伙伴关系协定》仍然代表新一代贸易协定的最高标准,可以引领未来国际贸易规则。根据世界银行公布的数据显示,《全面与进步跨太平洋伙伴关系协定》成员人口规模达到了 5.05 亿人;经济规模国内生产总值总量达到了 10.57 万亿美元,占世界经济总量的 13.2%;贸易总量占全球的 15%。据世界贸易组织以及联合国贸发会议统计数据显示,《全面与进步跨太平洋伙伴关系协定》成员进口总额和对外直接投资流出与流入规模在世界经济总值中的同期占比分别约为 28.77% 和 34.81%。庞大的经济总量以及规模较大的对外贸易和投资,奠定了《全面与进步跨太平洋伙伴关系协定》强有力的对外经济影响力。

经过瘦身后的《全面与进步跨太平洋伙伴关系协定》在经济层面上的影响体现为贸易和投资的转移效应,《全面与进步跨太平洋伙伴关系协定》中的货物贸易、服务贸易、投资条款有明显的排外意图。这在短期内,缔约方与非缔约方的贸易部分会转移到缔约方之间,产生贸易投资转移效应。从规则层面来看,《全面与进步跨太平洋伙伴关系协定》的标准较为全面,涵盖了降低交易成本、对劳动力和环境标准的要求,在知识产权、国有企业等方面的各项开放和自由贸易要求。生效条件相对宽松,门槛有所降低,因此扩容前景较为乐观。从战略层面上看,《跨太平洋伙伴关系协定》的暂停和《全面与进步跨太平洋伙伴关系协定》的出现对中国产生的影响也很大。但《全面与进步跨太平洋伙伴关系协定》对中国的遏制程度与《跨太平洋伙伴关系协定》比较起来相对变小。区域全面经济伙伴关系的持续推进以及中国倡导的"一带一路"使得中国在亚太地区的影响力不断增强,国际地位也不断提高。特别是近年来的"一带一路"倡议将欧亚大陆连成一体,对美国重返亚太战略计划产生了积极的影响。对于"一带一路"目前基本步入稳定发展阶段,要从事的就是做好风险防范以及成本收益分担和把控等方面。相反,区域全面经济伙伴关系则进入了关键阶段,到目前已完成了二十三轮谈判,进行了六次部长级会议。

从短期发展来看,《全面与进步跨太平洋伙伴关系协定》和区域全面经济伙伴关系这两条路径存在一定的竞争性,但从长远发展来看,这两条路径也具有融合于一体的可能性。其原因是:其一,在加强《全面与进步跨太平洋伙伴关系协定》沟通交流上,中国政府也可适时提出加入《全面与进步跨太平洋伙伴关系协定》谈判,这完全符合中国自身利益。其二,在提出亚太自贸区路线图的基础上,促进全面与进步跨太平洋伙伴关系协定与区域全面经济伙伴关系相互融合,将成为有史以来重要的区域经济一体化协定之一。

中国商务部前部长高虎城提出,《全面与进步跨太平洋伙伴关系协定》谈判的7个成员都包括在区域全面经济伙伴关系协议成员谈判中,东盟作为国际区域经济一体化的主要推动者之一和参与区域全面经济伙伴关系协议谈判的重要成员,无疑在区域全面经济伙伴关系协议谈判中发挥着重要的作用。中国愿意与包括美国在内的相关谈判国一道,共同为促进亚太区域经济贸易投资合作作出努力。从地理区域来看,实际上中国与东盟等国家的经济联系远高于美国与这些国家的联系,《全面与进步跨太平洋伙伴关系协定》大多数国家对中国市场的依赖程度远高于对美国的依赖程度。业内分析认为,大多数国家不会因为《全面与进步跨太平洋伙伴关系协定》而放弃参与中国巨大的市场。他们更有可能在《全面与进步跨太平洋伙伴关系协定》和区域全面经济伙伴关系之间来寻求合作,以此谋求双方平衡。

第三,发展路径就是建设亚太自由贸易区。1994年亚太地区经济合作组织领导人在印度尼西亚茂物会议上倡议建立"亚太地区实现自由、开放的贸易与投资目标",因此"茂物会议目标"成为亚太经合组织推进亚太国际区域经济一体化谈判的风向标。2010年亚太经合组织日本峰会上各国领导人提出建立实现亚太地区自由贸易区的三种可行性途径,即(1)建立"10+3"(东盟10国、中国、日本、韩国)自由贸易区;(2)建立"10+6"(东盟10国、中国、日本、韩国、印度、澳大利亚、新西兰)自由贸易区;(3)建立《跨太平洋伙伴关系协定》。中国将具体落实"茂物会议目标",启动亚太自由贸易区可行性研究时间表以及相关实施路线图,为实现亚太区域经济一体化,自由贸易区的发展作出贡献。

启动亚太地区区域经济一体化,亚太自由贸易区有效地改变了整个亚太地区的自贸区生态发展,基本上形成了以亚太版图上的《全面与进步跨太平洋伙伴关系协定》、区域全面经济伙伴关系、亚太自贸区三方共进的发展格局。目前,《全面与进步跨太平洋伙伴关系协定》已经签署协议并生效,区域全面经济伙伴关系在2016年年底谈判收官。由于在谈判过程中受

到各国制度差异、相关敏感领域、地缘政治等多方面因素影响,亚太自贸区
的谈判显得异常艰难。其原因是,面对亚太地区复杂的政治经济形式,在亚
太自贸区谈判过程中所涉的谈判内容、谈判范围以及参与谈判的国家明
显要广泛得多。亚太自贸区谈判不可能一帆风顺。不过,谈判成功后最终
产生的制度红利与经济贸易要比《全面与进步跨太平洋伙伴关系协定》、区
域全面经济伙伴关系带来的全球化经济效益要大得多。因此,通过借助
《全面与进步跨太平洋伙伴关系协定》和区域全面经济伙伴关系两大核心
自由贸易协定,最终扩容并建成亚太自贸区协议,显然也就成了一个富有建
设性的长远目标愿望。

要使亚太自贸区取得实质性进展,除了亚太经合组织各成员尤其是主要
经济体之间复杂的博弈,更重要的是要把眼下与其他成员商谈的自由贸易协
定谈好、谈妥。依托于巨大的市场需求,通过"互惠互利","采取先进行周边
贸易、后外围的辐射战略"原则,在谈判过程中力求争取成为贸易谈判的推动
者和贸易规则制定的参与者。亚太地区自由贸易区的建立免不了还存在着
各种经济体某些政治上的盘算。虽然中国已成为亚太一些经济体的第一大
贸易合作伙伴国,但是,它们当前基本上都是处于经济上依靠中国、政治上明
显依靠美国的态势,且十分突出。如何扭转并化解它们在政治上的担忧心
态,也是中国在积极推动亚太自贸区谈判过程中必须面临考虑的重要课题。

第四,努力构建中美自贸区。截至 2018 年年底美国对外贸易签订国家
和地区有 14 个,同时,还与厄瓜多尔、加纳、印度尼西亚、肯尼亚等国积极开
展了对外贸易谈判(见表 11-12)。

表 11-12　美国对外贸易签订情况(截至 2018 年)

签订状态	签订的具体国家和地区
已签署国家和地区	《北美自由贸易协定》、秘鲁、哥伦比亚、巴拿马、阿曼、约旦、澳大利亚、以色列、智利、摩洛哥、巴林、韩国、新加坡、《美国—多米尼加—中美洲自由贸易协定》
谈判中的国家和地区	厄瓜多尔、加纳、印度尼西亚、肯尼亚、科威特、马来西亚、毛里求斯、莫桑比克、新西兰、阿联酋、乌拉圭、美洲自由贸易区、中东自由贸易区《跨太平洋伙伴关系协定》《跨大西洋贸易与投资伙伴协议》

资料来源:笔者根据相关资料整理而成。

中美分别是当今世界最大的发展中国家和最大的发达国家,是全球两个最大经济体和最大贸易国。习近平总书记与奥巴马总统2013年会晤时提出,开创中美两国发展模式,建立"不发生冲突、不产生对抗、两国相互尊重、相互合作共赢"的新型合作机制。努力构建中国与美国自由贸易区战略合作新途径。在2008年举行的中美第四次战略与经济对话正式启动了双方双边投资协定谈判,中美两国可先从双边投资协定自由贸易谈判开始,在适当时机,两国应明确构建中美自贸区的时间表和路线图。路线图既要充分强调全面和高标准的贸易合作目标,又要强调最大限度的自由性和灵活性。根据双方谈判的公开资料看,中美双方双边投资协定谈判已就一些内容达成了共识,但由于两国各自的经济发展水平不同,加之特朗普政府执意推行的贸易保护主义政策,双方在负面清单、环境标准、投资与投资者的定义、金融服务、业绩要求、国有企业、外汇资金转移、法律法规透明度和争端决策机制等方面,距离达成最终的协定仍然有较漫长而曲折的路子要走(见表11-13)。

表11-13　中美双边投资协定谈判的历史阶段及概况

谈判时间	谈判阶段	概况
2008年6月	谈判启动阶段	在美国布什政府的推动下,2008年6月正式启动双边投资条约谈判。由于意见分歧,谈判进展缓慢
2008—2011年	谈判搁置阶段	美国对2004年双边投资协定范本进行了修改,致使双方谈判意见分歧明显,导致谈判一度搁置不前
2012年	谈判重启阶段	美国2012年版双边投资协定范本(1982年版、1994年版、2004年版、2012年版)公布,2012年6月中美战略与经济对话上重启双边投资协定谈判。历经9轮谈判磋商,进展不大
2013—2015年	谈判加速阶段	2013年双方同意就负面清单和准入前国民待遇展开谈判,打破以往僵局谈判加速
2016年至今	谈判再度搁置阶段	美国特朗普就任总统后,谈判再度搁置

资料来源:笔者根据相关资料整理而成。

第五,加快推进建立中欧自贸区。2010年欧盟对外公布,以签署自由贸易协定拓展贸易增长空间为新贸易战略目标。自2011年来,欧盟先后与智利、瑞士、土耳其等国家和地区签署了自由贸易协定(见表11-14)。欧盟

2015年年底与自由贸易合作伙伴的贸易额将覆盖其对外贸易总额的50%。

表11-14　欧盟对外自由贸易签订情况（截至2018年）

签订状态	签订数量	签订的具体国家和地区
已签订国家和地区	38个	秘鲁、韩国、墨西哥、南非、智利、安道尔、圣马力诺、土耳其、法罗群岛、挪威、冰岛、瑞士、马其顿、克罗地亚、阿尔巴尼亚、黑山、波黑、塞尔维亚、阿尔及利亚、埃及、以色列、约旦、黎巴嫩、摩洛哥、巴勒斯坦、叙利亚、突尼斯、摩尔多瓦、乌克兰、新加坡、哥伦比亚、中美洲国家（哥斯达黎加、萨尔瓦多、危地马拉、洪都拉斯、尼加拉瓜、巴拿马）、科特迪瓦（EPA）、喀麦隆（EPA）、加纳（EPA）、南非发展共同体（EPA）、东非共同体（EPA）、日本
谈判中的国家和地区	16个	加拿大、中国、泰国、越南、马来西亚、印度、南方共同市场、亚美尼亚、格鲁吉亚、海合会、《跨大西洋贸易与投资伙伴协议》、巴布亚新几内亚（EPA）、津巴布韦（EPA）、马达加斯加（EPA）、塞舌尔（EPA）、新西兰

资料来源：笔者根据相关资料整理而成。

中欧自由贸易区谈判自2013年11月启动以来，双方谈判尚处于初级阶段，在谈判过程中，由于欧盟主要关注的是中国市场准入、公平竞争和国民待遇等一些倾向于更高水平的原则，中国主要关注的是欧盟的投资法规、标准和管理机制，以及能否承认中国的市场经济地位等这些议题，因此中欧自由贸易区分歧比较大，谈判难度较大，双方最终达成一致的自由投资贸易协定将是一个长期的谈判与磋商的过程。但中国不应该放弃，应抓住欧盟实施的新贸易战略历史机遇，积极研究推动中欧自贸区谈判机制，目前，虽然开展中欧自贸区谈判条件尚不完全成熟，但必须努力争取抓住每一轮的谈判机遇，逐步推进建立中欧自由贸易区合作谈判。

四、中国参与国际经济一体化及南北经济关系发展的作用

目前，在国际经济全球化大背景下，发展国际区域经济一体化已成为世界经济发展的大趋势。中国参与国际区域经济一体化不仅对整个亚太经济的发展，甚至对全球经济合作与发展都会产生积极影响。

第一，中国参与经济一体化推动了南北经济的发展。据国际货币基金组织预测，2019年全球国内生产总值预计增长率为3.5%，美国仍为世界上

经济最发达的国家,截至 2018 年,美国国内生产总值为 20.51 万亿美元。目前,中国已经超越日本成为世界第二大经济体,中国在 2018 年国内生产总值总量为 13.6 万亿美元(合计约 86 万亿元人民币),国内生产总值增速预计可达到 6.6% 的增长速度。中国作为全球最大的发展中国家,经过改革开放 40 多年的快速发展,经济综合实力和国际地位影响力有较大提高。在中国周边的国家和地区乃至整个亚太地区,区域经济一体化合作如果没有中国的参与,就会显得名不副实。依托自己的优势和实力,中国在参与区域经济合作、推动经济一体化进程中发挥着举足轻重的作用。

第二,改革开放以来,中国不但成为全球最大的"世界工厂",也成了全球最具有吸引力的新兴投资市场。世界贸易组织在《2018 年贸易统计报告》数据显示,中国目前依然继续保持着对全球货物贸易出口第一大国的位置。截至 2017 年年底,全球商品贸易量增长 4.7%,为 6 年来最高,商品贸易额增长 11%。排名前三的商品贸易国分别是中国、美国和德国,三国商品出口总额为 5.3 万亿美元,占全球总出口额的 30%。2018 年前三季度中国进出口总值高达 3.43190 万亿美元,进口贸易额 1.60526 万亿美元,出口贸易额 1.82664 万亿美元。中国八年来连续保持着世界第一大货物贸易出口国和世界第二大进口贸易国位置(见表 11-15)。根据中国商务部数据,截至 2017 年上半年,中国货物进出口贸易总值累计 27.80 万亿元人民币,同比 2016 年货物进出口贸易总值增长 14.2%,其中出口贸易额累计 15.33 万亿元人民币,增长幅度为 10.8%;进口贸易额累计 12.47 万亿元人民币,增长幅度 18.7%,贸易顺差 2.86 万亿元人民币。同时,中国正在成为亚洲最大的投资市场。根据 2019 年 1 月中国商务部公布的数据显示,2018 年全国新设立外商投资企业 60533 家,同比增长 69.8%,截至 2018 年年底,中国实际使用的外资金额达到了 1349.7 亿美元(折合 8856.1 亿元人民币)(其中,未含有证券、保险、银行领域的各项数据),同比增长 0.9%。主要国家和地区对华投资总体保持稳定。2018 年年底,前十位国家和地区(以实际投入外资金额计)实际投入外资总额 1284.6 亿美元,占全国实际使用外资金额的 95.2%,同比增长 3.1%。到 2018 年年底对中国投资靠前的国家和地区有:新加坡(53.4 亿美元)、韩国(46.7 亿美元)、英国(38.9 亿美元)、日本(38.1 亿美元)、德国(36.8 亿美元)、美国(34.5 亿美元)、荷兰

（12.9 亿美元）。随着中国经济由外需逐渐转向内需,扩大了中国国内市场规模和吸引力,中国市场也就越来越具有全球性,这也给中国参与国际区域经济一体化提供了有利的条件,为世界经济的发展起到了推动作用(见表11-16)。随着中国鼓励国内企业"走出去",据 2017 年世界投资报告数据显示,中国对外投资进入了高速增长阶段。2016 年中国境内对外投资额达到了 1830 亿美元,对外投资比率达到了 44%,比吸引外资投资多出 36%,首次成为世界第二大对外投资国家(见表11-17)。

表 11-15　中国 2008—2018 年(1—9 月)进出口贸易发展状况

年份	进出口		出　口		进　口		差额(亿美元)
	总额(亿美元)	增速(%)	总额(亿美元)	增速(%)	总额(亿美元)	增速(%)	
2008	25632.6	17.8	14306.9	17.3	11325.7	18.5	2981.3
2009	22075.3	-13.9	12016.1	-16.0	10059.2	-11.2	1956.9
2010	29740.0	34.7	15777.5	31.3	13962.5	38.8	1815.1
2011	36418.6	22.5	18983.8	20.3	17434.8	24.9	1549.0
2012	38671.2	6.2	20487.1	7.9	18184.1	4.3	2303.1
2013	41589.9	7.5	22090.0	7.8	19499.9	7.2	2590.1
2014	43030.4	3.4	23427.5	6.1	19602.9	0.4	3824.6
2015	39569.0	-8.0	22749.5	-2.9	16819.5	-14.2	5930.0
2016	36855.7	-6.8	20981.5	-7.7	15874.2	-5.5	5107.3
2017	41045.0	11.4	22635.2	7.9	18409.8	15.9	4225.4
2018.1—9	34319.0	15.7	18266.4	12.2	16052.6	20.0	2213.8

资料来源:商务部:《中国对外贸易形势报告》,http://www.mofcom.gov.cn/article/gzyb/ybo/,2019 年 3 月 26 日参考。

表 11-16　1979—2018 年中国实际使用外资企业和金额数情况

年　度	企业数(家)	实际使用外资金额(亿美元)
1979—1982	920	17.69
1983—2000	363010	3483.49
2001—2005	189075	2861.62
2006	41496	727.15

续表

年　度	企业数（家）	实际使用外资金额（亿美元）
2007	37892	835.21
2008	27537	1083.12
2009	23442	940.65
2010	27406	1057.40
2011	27712	1160.11
2012	24925	1117.20
2013	22773	1175.86
2014	23778	1195.60
2015	26575	1262.70
2016	27900	1260.00
2017	35652	1299.74
2018	60533	1349.70
总　计	960626	20827.15

资料来源:中国商务部、中华人民共和国国家统计局、国家外汇管理局:《2015—2018 年度中国对外直接投资统计公报》。

表 11-17　中国建立《对外直接投资统计制度》以来各年份的统计结果

（单位:亿美元）

年　份	流　量			存　量	
	金额	全球位次	同比（%）	金额	全球位次
2002	27.0	26	—	299.0	25
2003	28.5	21	5.6	332.0	25
2004	55.0	20	93.0	448.0	27
2005	122.6	17	122.9	572.0	24
2006	211.6	13	43.8	906.3	23
2007	265.1	17	25.3	1179.1	22
2008	559.1	12	110.9	1839.7	18
2009	565.3	5	1.1	2457.5	16
2010	688.1	5	21.7	3172.1	17
2011	746.5	6	8.5	4247.8	13
2012	878.0	3	17.6	5319.4	13

续表

年　份	流　量		存　量		
	金额	全球位次	同比(%)	金额	全球位次
2013	1078.4	3	22.8	6604.8	11
2014	1231.2	3	14.2	8826.4	8
2015	1456.7	2	18.3	10978.6	8
2016	1450.0	2	34.7	13573.9	6
2017	1246.3	3	-193.0	18090.4	2

注:1.2006—2015 年为全行业对外直接投资的数据。

　　2.2002—2005 年的数据为中国对外非金融类直接投资的数据。

　　3.2006 年同比为对外非金融类直接投资比值。

资料来源:中国商务部、中华人民共和国国家统计局、国家外汇管理局:《2015—2017 年度中国对外直接投资统计公报》。

　　第三,在对稳定区域经济和南北经济关系发展过程中,中国参与国际区域经济一体化发挥着重要作用。例如,2008 年美国次贷危机爆发以来,给东亚地区经济乃至全球经济的发展都带来沉重打击。由于中国经济依然健康持续稳定增长以及加入世界贸易组织以来给予提供的广阔市场前景为东亚地区经济的复苏带来了希望。东盟各国也为了尽快摆脱亚洲金融危机对本国带来的经济影响,一些国家积极主动地同中国加强对外经济合作。中国也同整个国际社会携手共同参与应对亚洲金融危机所带来的影响,积极主动参与世界银行等多边金融机构的危机应对,携手共同开展金融危机的救助措施。为了应对此次金融危机所带来的影响,中国作为一个负责任的大国为国际区域经济发展以及世界经济复苏发挥着中流砥柱的重要作用。为了更好地推动世界经济发展,中国还具体倡议设立"一带一路"目标和提出建立"亚洲基础设施投资银行"等经济合作路线图。

　　习近平主席在 2013 年 9 月和 10 月先后提出了建立中国"新丝绸之路经济带"和"21 世纪海上丝绸之路经济带"的倡议,即建立"一带一路"中国经济发展路线图。这一构想的提出,立即得到了中国国内和"一带一路"沿线国家乃至世界各国的高度关注和强烈反响。对于"一带一路",尤其是"一带"起始于中国西部地区,"一带"也主要经过西部地区通向西亚地区最终到达欧洲各国。"一带一路"的提出必将使中国对外开放的地理格局发生重大调整,由中西部地区作为新的引领者承载着开发与振兴占中国国土面积 2/3 的广大区域,与东部沿海地区一起共同承担着中国"走出去"的重大责任。中国建立"一带一路"构想图提出以来,目前,已取得了一批重要的成果,并成为"一带一路"沿线各国以及地区加强与中国开展国际合作的重要途径和重要的国际公共产品。

据中国商务部公布数据,截至 2018 年年底,中国与"一带一路"沿线国家货物贸易进出口总额达到 1.3 万亿美元,同比增长 16.3%,其中,对外贸易出口额累计 4047.3 亿美元,增长比率为 10.9%;对外贸易进口额累计 5630.7 亿美元,增长比率为 23.9%。中国与"一带一路"沿线国家非金融类直接投资达 156.4 亿美元,同比增长 8.9%,占同期总额的 13%。主要投向新加坡、老挝、越南、印度尼西亚、巴基斯坦、马来西亚、俄罗斯、柬埔寨、泰国和阿联酋等国家。与"一带一路"沿线国家新签约对外承包工程合同 7721 份,累计 1257.8 亿美元,占同期新签合同额的 52%,同比下降 12.8%;完成营业额 893.3 亿美元,占同期总额的 52.8%,同比增长 4.4%。与此同时,中国政府还不断优化外商的对内投资环境,吸引更多"一带一路"沿线国家的企业来中国投资。"一带一路"沿线国家对中国投资新设立企业达到了 4479 家,同比增长率 16.1%,实际投入外资数额累计 64.5 亿美元。目前,中国已在"一带一路"沿线国家创建了 113 个"经济贸易合作区",主要集中在东南亚和欧洲,其中入区 4542 家企业,涉及投资额约 348.7 亿美元,建立的"经济贸易合作区"涉及诸多项目合作领域。

通过政策沟通、设施联通、贸易畅通、资金融通、民心相通战略构想开展对外经济合作,将国内大量的优质过剩产能等生产要素输送到"一带一路"沿线国家,让沿线国家共同享受中国经济发展带来的成果。同时,利用"一带一路"各种相关政策、商业资金、技术开发,以此来推动相关重大项目建设。比如,巴基斯坦喀喇昆仑公路二期、土耳其东西高铁、中老铁路、卡拉奇高速公路、匈塞铁路等这些重大工程项目正在井然有序进行。利用"一带一路"帮助这些沿线国家发展工业,比如汽车制造业、钢铁业、纺织服装产业、家电产业、电力业等,以此来推动沿线国家经济发展。

目前,中国在建自由贸易区,涉及 32 个国家和地区,在建自由贸易区所涉及的 32 个国家和地区中,绝大部分分布在"一带一路"沿线国家。在中国倡导推行的"一带一路"倡议实施过程中,中国政府发起并成立了亚洲基础设施投资银行和丝绸之路基金等金融创新来解决投资过程中的融资问题。

习近平总书记2013年10月在雅加达同印度尼西亚总统苏西洛会谈时提出筹建"亚洲基础设施投资银行"(亚投行)。2014年10月包括中国在内的21个意向创始成员在北京签署筹建《亚洲基础设施投资银行备忘录》。2015年12月25日《亚洲基础设施投资银行协定》生效,并于2016年1月16日在北京举行"亚洲基础设施投资银行"正式挂牌开业,其创始成员国家或地区达57个。该行设立银行理事会、银行董事会、银行管理机构,银行理事会在亚投行中是最高决策机构层,具有最高的决策权,在亚投行中每个参与成员方有各一名正副理事担任。银行董事会共设12名(9名域内、3名域外)。银行管理层由银行行长和5位副行长构成。按照亚投行签署的运行规则,具有1000亿美元的法定股本是由各创始成员参照本国的国内生产总值比重进行分配来统一认缴,规定投票权则由股份投票权、基本投票权、创始成员享有的创始成员投票权构成,其中规定基本投票权可以占总投票权的12%,需要由全体成员来平均分配,规定每一个创始成员同时拥有600票创始成员投票权的权利。中国认缴股本298亿美元,约占总认缴股本的30%,投票权所占总投票权的26.06%,是当前投票权占比最高的成员。亚投行的中国副理事、中国财政部副部长史耀斌提出,中国能成为亚投行第一大股东位置完全是中国经济总量决定的,并非刻意追求一家独大的特定地位。亚投行秉承"开放包容"吸纳新成员,对于新加入成员资格偏向亚洲开发银行、国际复兴开发银行成员,在参与地区经济发展、生态环境治理、重大事项决策等方面新成员与创始成员享有一致的权利、责任和义务。截至2019年3月底,亚投行成员增至93个。成立一年以来批准了16个基础设施投资项目,对印度尼西亚、巴基斯坦、塔吉克斯坦、孟加拉国、缅甸、格鲁吉亚、阿曼、阿塞拜疆、印度等9个亚洲国家进行了24.9亿美元投资。中国牵头建立的亚投行,其目的并不是想取代国际上现有的国际金融机构,而是更多地起到同国际上其他金融机构形成互补合作、继承发展的作用。中国国际经济交流中心经济研究部部长徐洪才提出:世界银行、亚投行的成立都是基于时代发展的需要。比如,世界银行是在1945年战后恢复的大背景条件下建立的,世界银行的建立满足了当时战后重建家园的需要。亚投行是为了满足快速发展的新兴经济体、亚洲各国开展互联互通的需求,其目的主要是为发展中国家更好地提供金融投资服务,亚投行在运行过程中,始终坚持"简洁高效""绿色发展"等新理念。

第四,中国参与国际区域经济一体化及南北经济关系有效地促进了区域内对外贸易的发展。第二次世界大战后,随着全球经济范围内区域经济一体化如雨后春笋般地涌现和发展,代表区域经济成员共同意志的相关经济贸易政策也陆续出台。比如,从欧共体欧洲统一大市场的建立→欧盟生产要素的全面自由流动→欧元区建立超越国家的欧洲中央银行并实行统一的货币;等等。中国与东盟从 1991 年建立贸易谈判以来,双方的经济贸易合作也迅速发展,双方之间在各个领域也取得了丰硕成果。连续八年以来,中国一直是东盟第一大对外经济贸易伙伴国家,连续五年以来,东盟也一直是中国第三大贸易战略伙伴组织。近年来,中国与东盟为维护来之不易的合作成果,排除干扰、努力化解内部分歧、携手克服共同困难,在农业、信息通信技术、人力资源开发、投资、湄公河流域开发、交通、能源、文化、旅游、公共卫生和环境等 11 个重点领域开展了务实合作。据中国海关统计数据显示,2018 年,中国与东盟贸易额达到了 5878.7 亿美元,比上年增长了14.1%,超过中国对外贸易的平均增速。在中国前三大贸易伙伴(欧盟增速10.6%、美国增速 8.5%)中与东盟的贸易增速最快。2018 年中国对东盟 10国的出口额达到 3192.4 亿美元,比上年增长 14.2%;进口额达到 2686.3 亿美元,增长 13.8%,双方都获得了互利共赢,切实推动了各自的经济合作与发展。

第五,参与国际区域经济一体化及南北经济关系发展有利于全球资源配置。区域经济一体化能够促进国内生产要素在国际上有效地自由流动,同时,更加有效地提高并优化国内资源配置效率。从经济发展角度看,国际区域经济一体化发展实际上也推动了对经济全球化在一定区域范围内的加强和逐步深化这一过程。从客观上讲,经济全球化的发展实质上是打破了国家的界限,要求区域内的相关国家以某种方式在经济合作上相互联合起来,在区域合作范围内对各种生产要素进行有效配置。因此,资源配置的全球化是经济全球化的本质所在,近几十年以来,发展中国家也都不同程度地放开了本国的市场,陆续走上了发展本国经济的改革开放道路,已逐步参与到全球经济一体化的建设发展道路。在这一前提下,各种资源在全球范围内进行配置已是大势所趋。以此加快经济全球化发展进程,带动经济的持续增长,彰显出中国对全球经济发展的巨大贡献。

第三节　中国参与国际区域经济一体化与
南北经济关系发展的对策建议

中国在参与区域经济一体化过程中,潜在的伙伴众多,层次呈现多样性,其合作伙伴不但有发展中国家,同时也有发达国家;不但有周边国家和地区,同时也有南美洲国家、大洋洲国家。近年来还在不断与欧洲国家进行合作谈判,这些经济合作模式既是相互独立也是相互影响的。因此,参与区域经济一体化的战略选择体现出了谈判的复杂性和多样性。

如何确立中国参与国际区域经济一体化及南北经济关系的战略实施,我们提出以下的对策建议。

一、制定相应的国家战略顶层设计

第一,制定国家战略顶层设计的内涵。作为国家战略顶层设计应充分做到自上而下把控参与经济一体化的整体设计,对今后 10 年乃至 20 年甚至更长一段时间内总体贸易前景及中国在全球贸易中地位及作用加以把控,系统分析签订自由贸易协定对缔约国乃至全世界的经济影响。

第二,制定国家战略顶层设计的方法。应选择一些各国独立的关键项目,把这些项目纳入高标准自贸区协议文本谈判。编制顶层设计清单可行性方案,比如《跨太平洋伙伴关系协定》《跨大西洋贸易与投资伙伴协议》、中美自由贸易谈判、中欧自由贸易谈判等新议题范围,确定哪些项目可以进行全面协定谈判,哪些项目内容可达成单独协议。

第三,国家战略顶层设计的内容。具体可以概括为以下几点:(1)加快促进东盟"10+3"自由贸易协定尽快达成;(2)以"上合组织"为基础,促进"中亚自由贸易区协定"谈判;(3)选择适当时机,推动"南亚区域合作联盟自由贸易区""中亚区域合作联盟自由贸易区""'10+3'自由贸易区(东盟

10 国、中国、日本、韩国)"的合作谈判;(4)积极关注"亚—欧之间自由贸易协定""亚—美之间自由贸易协定"相关协定,依据中国提出的对"时机恰当、中国有利"的方针政策,积极开展"亚—欧自由贸易""亚—美自由贸易"谈判;(5)在亚—欧、亚—美自由贸易协议未达成前,积极开展亚—欧、亚—美相关关税主体之间局部协议谈判。

第四,国家战略顶层设计的重点。根据政府提出"依托周边国家,拓展亚洲各国,兼顾全球"的总体方略,积极开展双边贸易谈判、多边贸易谈判、区域自由贸易协定谈判。中国作为亚太地区的重要经济体,不但要发展自身经济,同时也要保证自身政治与社会稳定性。

第五,国家战略顶层设计的策略。在谈判过程中,做到循序渐进,采用渐进式模式来谈判,一步一个脚印地开展谈判工作,目标可以先选择一项或者多项协定作为谈判议题,不要好高骛远,在分拆项目清单时,选择最可行的项目议题来参与谈判,最终促成协议达成。而比如在针对网络和汇率谈判时,应把这类议题归为单独协定内容来进行谈判。

二、通过国家综合改革试验区来实践

在建立"国家综合改革试验区"过程中采取"先行先试"原则,以此来推行对"高标准贸易投资协议"规则的实施。充分利用"深圳前海服务贸易试验区""上海自由贸易试验区"等一批国家试验区的实践,加快实现《跨太平洋伙伴关系协定》《跨大西洋贸易与投资伙伴协议》、诸边服务业协议贸易规则在国内先行先试经验。具体可以从以下几方面来实践。

首先,积极探寻建立"外商投资准入前国民待遇""负面清单管理"模式。在推行新型贸易投资规则中对"负面清单管理"模式以及"外商投资准入前国民待遇"模式当中的相关内容谈判尤为重要。国家综合改革试验区采用"负面清单管理"这一模式,有助于建立与国际接轨的管理机制,也能够为中国与美国双边投资协定、中国与欧盟双边投资协定及未来中国与美国的自由贸易协定谈判提供重要经验。

其次,扩大服务贸易机制。加快开展扩大服务贸易市场准入环境,这已成为目前国际贸易领域发展的一个重要趋势。由于货物贸易空间已经受到一定局限,进入 21 世纪以来,国际新型贸易规则逐渐将服务贸易的对外开放作为国际贸易规则制定的重要内容来参与谈判。作为"国家综合改革试验区"实践也应当将服务业贸易开放作为重要内容来开展实践,这也与目前全球贸易规则发展方向相吻合。

最后,不断加快金融监管和制度创新。跨境交付、跨境融资是新型国际贸易自由化投资规则的焦点。国家综合改革试验区正在采取"先行先试"的模式,对资本项目采取可兑换、人民币可以跨境使用、交付、利率市场化等核心内容展开了"先行先试"的策略,建立与试验区相匹配的外汇管理机制。中国银监会、中国证监会、中国保监会也先后发布针对落实试验区总体发展策略,中国人民银行也正在积极开展新的政策探索。

三、强化国家战略顶层设计同改革试验区实践的结合

在世界经济全球化大发展的背景下,如今中国的对外开放已进入深水区,改革开放已从先期的经济体制方面扩大到了政治体制改革、社会管理体制改革、文化教育体制改革等层面。这些改革已经刻不容缓,改革中面临的形式更加复杂,在操作中甚至会涉及牵一发而动全身的局面。为了尽快适应美国和欧盟推出的全球高标准贸易协定规则,自 2005 年以来,中国政府先后推出上海浦东新区、天津滨海新区、深圳经济特区等作为中国改革开放"先行先试"的"试验田"。目前新时期充分利用"国家综合配套改革试验区"的实践经验,为国家战略顶层设计提供符合实际、可操作性、行之有效的方法和路径图。

为了更好地强化顶层设计与国家综合配套改革试验区实践相结合,可以从以下两方面展开:一是建立相应的领导组织机构,负责对战略顶层的设计规划,进行统一部署,统筹协调工作。二是建立"国家综合配套改革试验区"先行先试机制。积极探索新的历史条件下中国区域发展新路径、经济增长新模式、新的改革模式以及新型的国际竞争参与模式。当然,试验区也即将面临一些挑战,没有可借鉴的经验,实验的结果和影响也难以提前预料。因此在实验过程中也要做到合理的监管,对风险适时调控,定期评估可能的影响,并加以及时反馈,以确保试验区达到预期的目的和效果。

四、加速中国产业与贸易结构调整

世界各经济体与产业分工合作共同发展到新高度形成了全球价值链,全球价值链的形成也为当今投资贸易增添了活力。亚太经合组织是目前全球经贸合作水平发展以及全球价值链分布范围最广的地区之一。中国应加快经济结构调整改革,大力鼓励、支持国内企业技术创新和相关产业不断升级,营造新型的全球价值链合作机制,降低国际贸易相互交易成本,加快促进国内货物贸易、服务贸易和跨境人员自由流动,主动推行全球贸易自由化的实施。

中国国际服务贸易发展的重大目标是推进服务贸易快速向国际社会发展和参与服务贸易自由化发展。为了实现这项目标,可以积极推动双边协议谈判,也可以通过《国际服务贸易协定》来谈判进行。

欧盟和美国都是中国目前主要的经济贸易合作伙伴,未来为了能在美国、欧盟经济贸易合作中处于有利的地位,中国必须提升产业高标准要求,加速国内产业与贸易结构调整,尽快地适应美国和欧盟推行的"二十一世纪高标准新规则自贸区建设"。不应将美国与欧盟推行的"高标准"自由贸易谈判规则视为威胁,应该将美国、欧盟出台的"高标准"自由贸易谈判规则作为机遇和挑战,以便在新一轮全球产业结构调整以及国际投资贸易浪潮中及早地进行谋划和应变。

五、从自身实际出发参与全球经济合作

首先,区分可能性与现实性。从现实性来看,一项不管多么完备的方案,如果短期内难以寻找到实现的条件,则可以暂时搁浅,采取从长计议,切莫急于求成。比如,无论东盟"10+3"(以及东盟"10+6")自由贸易区协议,还是中、日、韩自由贸易区协定,目前都面临若干错综复杂的谈判瓶颈、难以协调各方的利益关系,并且短时间内难以达成各方共识。从现实性角度看,参与双边自由贸易协定谈判的利益诉求是易于协调的,比如中国与韩国已签署了自由贸易协定,因此,对双边自由贸易谈判应作为当前区域经济一体化谈判的战略重点来推行。

其次,中国参与区域经济一体化应当从本国的政治因素、经济因素、社

会因素、文化因素等方面综合来考虑。特别是中国同周边国家和地区，以及全球最不发达国家和地区，比如南部非洲关税联盟的莱索托王国，进行区域经济一体化相互合作谈判的时候，对于国内外政治利益的考虑就会显得更为重要，在可能的情况下，有时还会考虑需要牺牲国内部分经济利益来达成协议。比如，中国提出的建立"上海合作组织"地区经济合作、自由贸易区的区域合作构想就遭到了俄罗斯消极对待，俄罗斯主要担心的是，害怕中国利用自身强大的经济力量来主导中亚地区的经济。因此，对于中国倡导提出的"上合组织自由贸易区"以及"中国—中亚自由贸易区"的构想，俄罗斯消极对待，在短期内很难实现，也不具有现实性。

再次，用发展的眼光看待问题，寻求参与全球经济一体化战略主动权。参与全球经济一体化及南北经济关系合作谈判，不单取决于中国意志和利益，还要与所参与合作对象甚至利益相关国家紧密相关。对参与全球经济一体化合作虽然是一个十分有利的设想，但由于受制于其他国家的消极态度和国际社会环境的压力影响，短时间内难以达到预期的谈判目的。但是，由于当今国际国内社会形势总是在不断发生变化。对于参与国际经济贸易合作形式也在不断发生变化。例如，20世纪90年代初期马来西亚总理马哈蒂尔倡议，建立东亚经济核心论坛组织，提出后日本政府先是积极地支持建立该组织，但由于受到了美国政府对建立该组织的极力反对，一向积极支持的日本政府迫于美国的压力转为消极对待该组织的建立。但就在1997年亚洲金融危机爆发以后，东盟10国同中国、日本、韩国（"10+3"）全面展开经济合作对话谈判。日本也参与该组织合作，中国也由此赢得了由双边主义协调转向多边主义协调。因此，对于国际社会的风云变化，中国对暂时无法或难以运作的区域经济一体化合作的政策及方案，也需要时时关注、跟踪研究，一旦在时机成熟之际才能行之有效地掌握并保持战略主动权，避免错失机会。

第十二章　国际区域经济一体化的自由贸易协定效应及中国策略

　　加快实施自由贸易区战略是经济全球化和区域经济一体化趋势下中国新一轮对外开放的重要内容。作为世界最大的发展中国家和第二大经济体,中国已经签署了 16 个自由贸易协定,涉及世界四大洲 24 个国家和地区。然而,中国目前的自贸区谈判和建设还没有形成清晰的战略路线图:一是缺乏着眼长远规划的自由贸易协定整体发展战略与目标;二是实际的经济效果还非常有限;三是签署的自贸区协议仍以传统的自贸区为主要特征。党的十八大提出加快实施自由贸易区战略,党的十八届三中、五中全会和十九大进一步要求以周边为基础加快实施自由贸易区战略,形成面向全球的高标准自由贸易区网络。

　　基于以上背景和目的,本章选取东盟(印度尼西亚、马来西亚、菲律宾、泰国)、曼谷协定成员(孟加拉国、印度、韩国、斯里兰卡)、巴基斯坦、新西兰、新加坡、秘鲁、哥斯达黎加、冰岛、瑞士这十五个国家作为中国自由贸易协定研究的伙伴国样本,并且采用时间跨度为 1990—2014 年的数据建立 Panel Data 模型,实证分析了中国签订自由贸易协定的经济效应,并且对比了各个因素的影响程度。最后,结合现状分析和实证分析,给出相关结论和政策建议①。

第一节　关于自由贸易协定经济效应研究的评述

　　伴随着自由贸易协定如雨后春笋般的纷纷涌现和快速发展,对其研究

---

① 陈超:《中国 FTA 的经济效应与策略选择研究》,西南财经大学 2017 年硕士学位论文。

的相关文献也涉及广泛,有论述自由贸易协定的理论基础,也有针对性探讨南北自由贸易协定合作带给成员的福利效应,并作相应的实证分析。鉴于本章主要研究中国参与自由贸易区的经济效应,因而有必要对国内外学者关于自由贸易协定的经济效应的探索概况进行一个简要回顾。

一、自由贸易协定贸易效应的理论文献回顾

国外较成熟的自由贸易协定研究出现于 20 世纪 50 年代以后,在此之前以李斯特等为代表的古典经济学家理论分析仅局限于评述当时安排的某些一体化行为。维纳(1950)是自由贸易协定探究的先驱,他于 1950 年发表的《关税同盟问题》一书奠定了自由贸易协定贸易效应分析的基础[1]。维纳突破了贸易自由化对世界福利净增加的传统观点,从供给和需求角度入手,提出了"贸易创造"和"贸易转移"效应,这仍是至今分析自由贸易区得失的有效工具之一。在他看来,自由贸易协定能否带来贸易增长,取决于两种效应相互比较的实际结果。贸易创造将国内原本用于生产高成本产品的资源转而投向了低成本优势产品的供应商,优化了资源配置,提高了社会福利,但贸易转移则相反。之后,李普西(Lipsey R.G.,1960)发表的《关税同盟理论:贸易转移和福利》和《关税同盟理论:概述》跳出了维纳关于贸易创造造福社会、贸易转移损害利益的思维模式,提出一体化中贸易转移效应不可一概而论,也可能会带来正面的社会影响。[2] 另一位经济学者格雷尔斯(Gehrels,1956)也认同该观点,他提出若一种商品可由其他商品所取代则贸易转移可能会增加经济福利。[3] 至 20 世纪 70 年代后,自由贸易协定的贸易创造效应伴随着新贸易理论的发展设计了新的概念。克鲁格曼(1979)、迪克西特和诺曼(Dixit 和 Norman,1980)、诺曼(Norman,1991)采用迪克西特—斯蒂格利茨模型(D-S 模型)中涉及的规模经济、差异化产品

---

① Viner,J., *The Customs Union Issue*, New York:Carnegie Endowment for International Peace,1950.

② Lipsey,R.G., "The Theory of Customs Unions:A General Survey", *Economic Journal*, No.60,1960,pp.496-513.

③ Gehrels, F., " Customs Union from a Single-country Viewpoint ", *Review of Economic Studies*, Vol.24, No.1,1956,pp.61-64.

和多样化需求偏好,反映了自由贸易协定伙伴国之间的贸易状况,并指出自由贸易协定能充分发挥规模经济效应,进而引起专业化生产和国际贸易发展。① 之后,韦纳尔等(Venal 等)探究了伙伴国间以及伙伴国与非伙伴国之间的利益分配,得出结论为贸易条件的改善程度取决于自由贸易区相对于世界其他地区的规模。

二、自由贸易协定投资效应的理论文献回顾

金德尔伯格(1966)基于经济一体化贸易效应带来的间接影响,提出了"投资创造"和"投资转移"效应。② 投资创造源于贸易转移效应,自由贸易协定签订以后,伙伴国之间的关税降低了但却由此提高了对非伙伴国的相对关税力度,导致区外企业丢掉了产品市场竞争优势,为挽回失去的大量需求,追求潜在的规模收益,区外为绕开贸易壁垒加大对区内的直接投资,建立跨国公司和占领成员市场,成员内外商直接投资流入增加。投资转移来自贸易创造效应,随着区内贸易自由化程度的提高,为实现规模化效益和专业化分配,伙伴国之间将重新调整生产活动和投资布局,即经济活动的重组,发生投资转移。莫塔和诺曼(Motta 和 Norman,1996)构建了一个 3×3 模型,分析了经济一体化减少贸易壁垒、开放市场后对垄断经营者展开对外贸易和投资的影响,分析结果表明,伙伴国之间的市场准入门槛降低促使大量外国资本涌入,产品供过于求而价格下降,区内企业的利润减少,此时贸易和投资互补,更有效地鼓励外部企业向成员进行直接投资。③

三、自由贸易协定经济增长效应的理论文献回顾

20 世纪 70 年代以来,柯登、罗默、小岛清、克鲁格曼以及巴拉萨等都对

---

① Krugman,P.R.,"A Model of Innovation,Technology Transfer,and the World Distribution of Income",*Journal of Political Economy*,No.87,1979,pp.253-266.

Dixit, A. and Norman, V., "Theory of International Trade:A Dual, General Equilibrium Approach",*Cambridge Economic Handbooks*,1980.

Norman,D.P.,*New Regionalism in Asia and the Pacific*,Lexington Books,1991.

② Kindleberger,C.P.,"European Integration and the International Corporation",*Columbia Journal of World Business*,Vol.1,1966,pp.65-73.

③ Motta, M. and Norman, G., "Does Economic Integration Cause Foreign Direct Investment?",*International Economics Review*,No.37,1996,pp.57-83.

自由贸易协定的增长效应做了相关研究。柯登(1972)在《规模经济与关税同盟理论》中利用局部均衡法研究经济一体化后规模经济带来的福利效应,从理论上探讨了规模经济的重要驱动作用。[1] 美国经济学家巴拉萨(1966)进一步认为,一体化可以为区内的生产厂商带来内外部的双重规模经济。[2] 日本经济学家小岛清(1987)在《对外贸易论》中提出不同国家若能按照协议安排,扩大市场开放度,并进行专业化分工生产,就能共享规模经济效益。[3] 里维拉巴蒂兹和罗默(Rivera-Batiz 和 Romer,1991)应用开放型经济背景的罗默模型,除了验证自由贸易区的规模效应提高了一国的经济发展水平,还得出了新的结论,即贸易自由化程度的加深促使成员在不局限于专业技术领域下更广阔范围的思想交流碰撞与传播,从而加快产业升级换代。[4] 卢卡斯和托马斯(Lucas 和 Thomas,2004)采用了一个描述性增长模型考察了规模效应和要素再分配两种渠道实现了自由贸易协定对经济增长的影响,并发现自由贸易协定的规模效应使得长期增长率和平衡增长路径水平都有所上升。

四、关于南北自由贸易协定经济效应的研究

基于理论研究的发展,大量国内外学者对南北自由贸易协定的经济效应也做了进一步的案例分析。20世纪八九十年代,大量研究集中分析北美自由贸易区的影响机制,这些成果大多认为南北合作可以带动资本流入,促进经济增长。例如布罗斯多姆和库科(Blomstrom 和 Kokko,1997)发现了《北美自由贸易协定》的签订增强了墨西哥的区位优势,吸收了不少来自美国的直接投资。[5] 樊莹(2005)根据经济模型预测,中—新自贸区的建立可

[1] Corden,W. M.,"Economies of Scale and Customs Union Theory",*Journal of Political Economy*,No.80,1972,pp.465-475.

[2] Balassa,B.,"Tariff Reductions and Trade in Manufacturers among the Industrial Countries",*American Economic Review*,Vol.56,No.3,1966,pp.466-473.

[3] [日]小岛清:《对外贸易论》,周宝廉译,南开大学出版社1987年版。

[4] Rivera-Batiz,L.and Romer,P.,"Economic Intergration and Endogeous Growth",*Quarterly Journal of Economic*,Vol.106,No.2,1991,pp.531-556.

[5] Blomstrom Maguns and Kokko Ari.,"Regional Integrational and Foreign Direct Investment",*NBER Working Paper*,No.6019,1997,pp.127-148.

以激发双方经济潜力,为了扩大市场提升竞争力,企业将采用先进技术提高生产力效率,中国实际国内生产总值预计上升 146.8 亿美元①。布朗等(Brown 等,2006)运用可计算一般均衡模型对美国和日本已经达成的和正在进行谈判的自由贸易协定进行分析,结果表明美日参与的自由贸易协定对美国和日本都会产生正的福利效应。刘婷(2010)在《建立中国—瑞士自由贸易区的经济效应分析》中指出,中瑞紧密经贸联系蕴藏着巨大潜力,中国拥有丰富的劳动力资源和广阔的市场,而瑞士作为发达国家,资金雄厚、技术先进,南北经济的互补性极大地推动了双方的互利共赢。②

第二节 中国自由贸易协定的实践 进展及面临的主要问题

一、中国自由贸易协定的实践进展概况

2008 年金融危机以来,国际格局出现重大调整,经贸规则聚焦新动向。多边贸易体制举步维艰,区域或双边自由贸易协定如雨后春笋般涌现。建立自由贸易区通过消除内部贸易壁垒、创造和完善自由的投资环境、扩大服务贸易,伙伴国之间相互开放市场,密切合作关系,不仅有利于双方融合成更大的市场,形成有效价值链,更合理、明确地分工,也必将进一步推动区域经济一体化进程,全方位地加强和周边及世界各国的互利合作,构建开放融合发展格局,为全球经济发展注入新活力。

把握新机遇,走向中华民族伟大复兴的壮阔历程,中国必须顺应经济全球化浪潮,以更加积极主动的姿态开放包容世界市场,加快推进自由贸易区建设。

目前,中国已签订的自由贸易协定主要情况如下。

(一)《曼谷协定》

《曼谷协定》于 1975 年在联合国亚太经济社会委员会主持下签订生

---

① 樊莹:《国际区域一体化的经济效应》,中国经济出版社 2005 年版。
② 刘婷:《建立中国—瑞士自由贸易区的经济效应分析》,中国海洋大学 2010 年硕士学位论文。

效,旨在服务区内成员互相提供特别优惠关税安排。中国于 2001 年 5 月缔结该协定,于次年开始执行相关税率,并与孟加拉国、印度、老挝、韩国和斯里兰卡共同为《曼谷协定》成员。该贸易优惠区域涵盖近 30 亿人口,约占世界总人口的 40%,2017 年国内生产总值达到 17 万亿美元,贸易规模近 7 万亿美元,拥有庞大的潜力市场。

见表 12-1,各成员不断加深协定支持下的合作,经贸往来日趋活跃。据中国海关统计,1994 年中国与其他成员总贸易额为 133 亿美元,2003 年发展为 728.6 亿美元,2014 年贸易额增加到 3812 亿美元,2017 年为 3881 亿美元,呈现成倍递增趋势。《曼谷协定》的签订,对中国稳定周边环境和促进对外经贸的发展都有着深刻的现实意义。

表 12-1　《曼谷协定》贸易优惠安排

2006 年 9 月 1 日起,中国逐渐对其他成员减免 1717 项 8 位税目产品关税,减让幅度为 27%	中方向孟加拉国和老挝的 162 项 8 位税目产品给予特别优惠,平均减让 77%	中国可享受韩国 1367 项 10 位税目、斯里兰卡 427 项 6 位税目和孟加拉国 209 项 8 位税目产品优惠安排	第四轮关税减让成果文件已经正式生效实施,6 个成员将对 1 万多个税目产品削减关税,平均降税幅度为 33%

资料来源:中国海关统计局。

(二) 中国—东盟自由贸易区

中国—东盟自贸区是中国对外商谈建设的第一个自贸区,于 2002 年初步开展"早期收获",2010 年全面建成,2014 年 8 月启动升级谈判并于 2015 年修订框架协议,极大地促进了中国经济的持续发展,加深了双方的依存关系,进一步深化和拓展了彼此的经贸合作。2002 年中国与东盟之间的贸易额仅为 548 亿美元,在优惠政策的大力推动下,2014 年增长了近 8 倍,达 4804 亿美元,双向投资从 2003 年的 33.7 亿美元上升至 2014 年的 122 亿美元,增长近 3 倍,见图 12-1。目前,中国—东盟贸易往来持续稳定发展,中国和东盟互为彼此重要的贸易伙伴,东盟是中国企业在海外投资和承揽项目的重大开发市场。该自贸区的签订,有利于中国实现贸易市场多元化,改善贸易结构,并促进资源的合理配置,提高经济效率和产品竞争力。

(三) 中国—智利自由贸易协定

2005 年 11 月,中国与智利达成自贸协定,并于 2006 年 10 月正式实施,

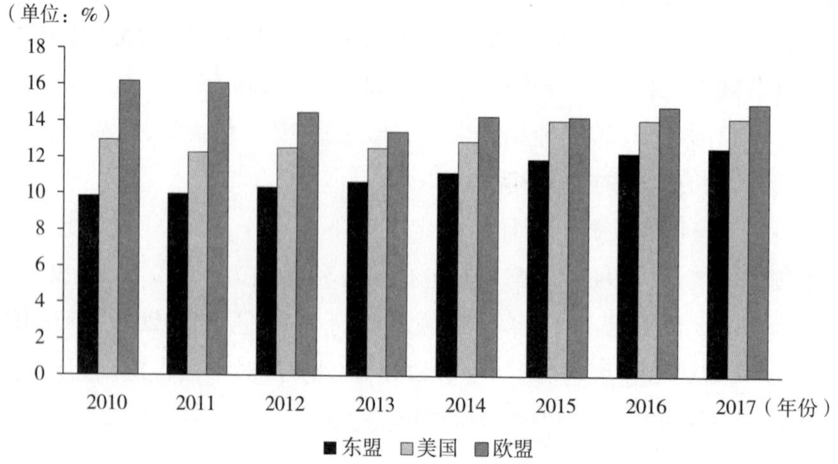

（单位：%）

图 12-1　2010—2017 年中国主要的三大贸易伙伴进出口比重比较

资料来源：《中国统计年鉴》（2011—2018 年）。

这是中国签署的第一个与拉丁美洲国家的自贸协定。根据协定安排，双方将在十年内分阶段取消占各自税目总数 97% 以上的产品关税，其中含有中国的 7336 种和智利的 7750 种，另外，协定生效后智利就取消了中国 5891 种产品的关税，自 2007 年 1 月起，中国对智利 4753 种原产品实施零关税。同时，两国还拓宽多领域合作渠道，增进双边服务贸易往来，紧密地加强中智经贸联系，为两国经济发展提供新动力。目前，中国已是智利第一大贸易伙伴国，智利是中国在拉美地区的第三大贸易伙伴，相信中智可以在相互借鉴和取长补短的道路上实现互利共赢，见图 12-2。

（四）中国—巴基斯坦自由贸易协定

2006 年 11 月，中国与巴基斯坦经过一年多的谈判，正式签署自贸协定。根据政策优惠，双方将对所有货物产品分两个阶段减让关税。前 5 年内，对占各自税目总数 85% 的产品关税给予不同幅度的折扣，之后从第 6 年开始，逐渐将占双方贸易总量 90% 以上的产品关税降为零。此外，协定还安排了投资促进与保护等事项，有助于密切中巴的经贸关系。

（五）中国—新西兰自由贸易协定

中国与新西兰于 2008 年缔结双边自由贸易协定，其中包括货物、服务、投资等诸多范畴，这是中国自由贸易区建设进程中与发达国家跨出的第一

（单位：百万美元）

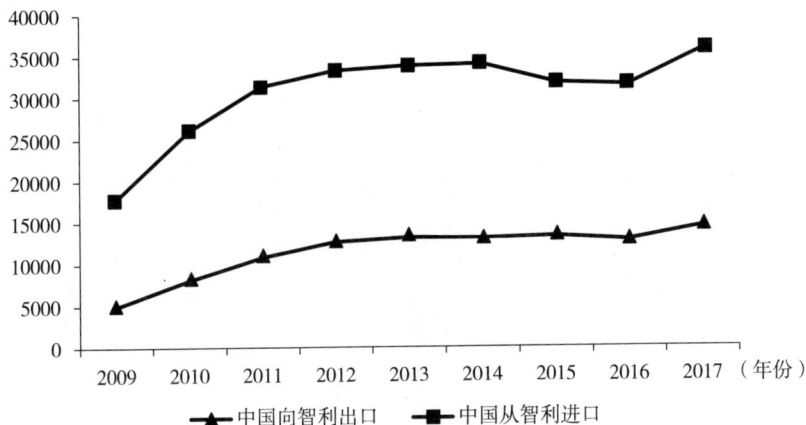

图 12-2　2009—2017 年中国与智利的进出口额

资料来源:联合国国际贸易中心。

步。海关统计数据显示,该协定的签订刷新了中新贸易流量纪录,2014 年中新进出口总额达到 142.5 亿美元,同比增长 15%,其中中国从新西兰进口 95.1 亿美元,同比增长 15.2%,此外,新西兰对中国出口占其总体比重从 2007 年不足 6%上升至 7 年后的 20%左右。新西兰的奶制品、红酒备受中国消费者青睐。2014 年,中国是新西兰第一大出口贸易方,同时,中新双向投资步入快速发展阶段,中国在新西兰投资累计超过了 19 亿美元。

（六）中国—新加坡自由贸易协定

立足中国—东盟自贸区,2008 年 10 月,历经 8 轮艰苦的谈判,中国与新加坡正式缔结自由贸易协定。协定延伸多个领域,加快了双方贸易自由化进程,拓展了中新经贸合作的广度与深度。根据安排,新加坡承诺在 2009 年 1 月 1 日起免除所有中方出口产品关税,中方在次年前对 97.1%的新加坡出口产品实施零关税。在协议推动下,中新两国进出口总量从 2008 年的 524.8 亿美元增至 2017 年的 792.7 亿美元,增幅达 51%。2013 年,中国就已成为新加坡最大的贸易伙伴国,见图 12-3。同时,随着双方市场的进一步开放,赴新加坡开展业务的中国企业数量扩张迅速,从 2000 年的 766 家上升至 2014 年年底的五千二百多家。中国亦成为新加坡最大的外资来源国。中新自贸协定的签订全面推进了双边经贸与投资合作,有利于维护两国经济与贸易的稳定和持续增长。

（单位：百万美元）

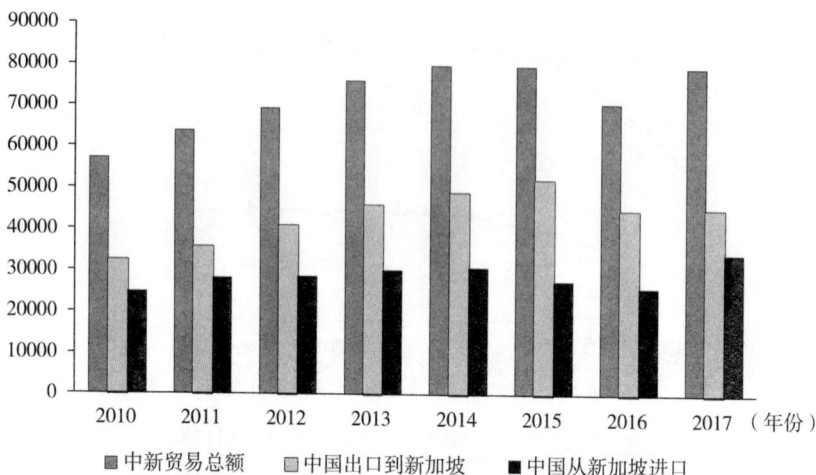

图 12-3　2010—2017 年中国对新加坡进出口情况

资料来源：《中国统计年鉴》（2011—2018 年）。

（七）《中国—秘鲁自由贸易协定》

《中国—秘鲁自由贸易协定》于 2009 年签署，2010 年 3 月正式生效。中秘自贸协定涵盖领域广、开放层次高。货物贸易方面，中秘双方将分阶段取消占各自 90% 以上的产品关税；服务贸易方面，双方在世界贸易组织开放的基础上，进一步降低门槛，秘方还将在包括研发、租赁等 90 个部门扩大对中方开放；另外，双方鼓励加大投资并给予最惠国待遇、公平公正待遇等福利。与此同时，双方还在知识产权、技术性贸易壁垒、卫生和植物卫生措施等众多方面交换理念。自中秘自贸协定生效以来，两国经贸合作成果丰硕。中秘自贸协定开创了两国经贸合作的新局面，为双边关系发展打下了夯实的基础。

（八）中国—哥斯达黎加自由贸易协定

2011 年 8 月，中国与中美洲和加勒比国家达成了第一个自贸协定——中国—哥斯达黎加自由贸易协定。哥方在协定生效当年消除 62.9% 的产品关税，同时每年给予中国出口一定数量黑芸豆和冻猪肉的零关税国别配额，另外在 5—15 年内分时期对剩余 30% 左右的产品实施零关税；中国则自协定生效起将 65% 以上的商品降税至零,除此还要在 15 年内取消 95% 以上原产品关税。借助协定的优惠安排,中国已经是哥斯达黎加第二大贸易伙伴,而哥斯达黎加是中国在中美洲地区最大的贸易和投资伙伴。中哥自贸协议的签订,使中国可以进一步加大对哥斯达黎加和中美洲市场的出口力度,扩大市场份额,同时,哥方可以利用自身优势积极开拓中国市场,打开了中哥双边关系的新局面。

(九)《中国—冰岛自由贸易协定》

2014 年 7 月,中国—冰岛自贸协定开始实施,这是中国与欧洲国家首签的自贸协定。尽管到目前为止协定实施时间较短,但对双边经贸的提振作用已经逐渐开始显现。2015 年第一季度进出口额突破 1 亿美元,同比增长 14.5%,其中,冰岛自中国进口同比增长 11.7%,冰岛向中国出口同比增长高达 46.5%,都明显快于贸易平均增速。此外,服务贸易中旅游贸易增长突出,2015 年前 5 个月,中国到冰岛旅游的总人数达到 1 万人次,同比增长 75%。投资方面,截至 2015 年 4 月,冰岛有 31 家企业批准入华,实际使用外商直接投资 3319 万美元,相比 2014 年进入的 4 家,同比增长 300%。这些数据都显示出自贸协定签订以后,两国经贸合作得到了显著的提升。

(十)　中国—瑞士自由贸易协定

中瑞自贸协定于 2014 年 7 月正式生效实施,它被形象地称为是带动两国各领域合作的"火车头"。该协定覆盖广泛,中方有 96.5% 的产品参与降税,瑞方为 99.99%,并且高附加值、创新产品和服务贸易的比重攀升以及大规模的降税拉动了两国的贸易增长和提高了双方的合作质量。同时,中瑞自贸协定也将为双向投资和金融合作提供新助力。

(十一)　中国—韩国、中国—澳大利亚自由贸易协定

中韩、中澳自贸协定于 2015 年 12 月正式实施,是中国目前已经实施的自由贸易协定中覆盖领域最广、涉及贸易额最大的自贸协定。根据安排,中澳协定生效后双方将取消占各自出口额 85.4% 的产品关税;减税过渡期后,澳大利亚和中国降税至零的贸易额占比分别达到 100% 和 97%。在服务方面,澳方成为世界上首个对中国以负面清单方式开放服务部门的国家。在投资方面,双方将相互提供最惠国待遇福利,澳方将对中国企业赴澳投资

打造便利化平台。而中韩自贸协定中,在最长 20 年内,中方将对含税目数 91% 的产品实现零关税的目标,韩方也将达到 92%。两个自贸协定的签署必将加深中国与韩、澳及整个亚太地区经济的深度融合与发展。

（十二）中国—格鲁吉亚自由贸易协定

中国与格鲁吉亚自由贸易协定 2015 年 12 月启动谈判,2017 年 5 月正式签署,并将于 2018 年 1 月 1 日正式生效。格鲁吉亚地处"一带一路"重要节点,是中国在欧亚地区的重要经贸伙伴,也是"一带一路"倡议提出后中国启动并达成的首个自贸协定,是推动形成全面开放新格局、发展更高层次开放型经济的具体举措。根据该协定,双方对绝大多数货物贸易产品相互取消了关税,对众多服务部门相互作出了高质量的市场开放承诺,并完善了知识产权、环境保护、电子商务和竞争等规则。该协定将为两国企业营造更加开放、便利和稳定的商贸环境,进而扎实推进"一带一路"建设,实现共同繁荣。

（十三）中国—马尔代夫自由贸易协定

这是马尔代夫对外签署的首个双边自贸协定。协定的签署是党的十九大提出的"促进自由贸易区建设,推动建设开放型世界经济"的新成果,也是规模差异巨大的国家间开展互利合作的典范。该协定涵盖货物贸易、服务贸易、投资、经济技术合作等内容,实现了全面、高水平和互利共赢的谈判目标,将为双方贸易投资自由化和便利化提供坚实的制度保障,有助于促进双方深化相关领域务实合作,不断增进两国企业和人民福祉。

综上所述,建立自贸区后,中国和伙伴国之间的经济活动会更加灵活、方便和规范。自由贸易协定的签订已成为中国和伙伴国之间进一步激发经贸合作潜力的重要机遇,能够推动双边经贸关系实现更大飞跃。同时,自贸区的建立减少了两国贸易壁垒,使彼此企业享受到更优惠的关税福利,占有更广阔的共同市场;密切经贸往来,加深沟通合作,促进两国经济的全面融合。更重要的是,在发展中优势互补、资源共享,共同提升国际市场竞争力,逐渐向更高端全球价值链跃升,携手实现互利共赢发展。

同时,中国与海湾合作委员会、挪威、斯里兰卡、以色列、毛里求斯等 9 个自由贸易协定谈判在不同程度地推进,与哥伦比亚、加拿大、斐济和尼泊尔等 7 个双边自由贸易协定可行性研究也正在积极开展,另外,区域全面经济伙伴关系商谈进程也正节节推进。中国将继续按照党的十八届三中全会确定的"建立面向全球的高标准自贸区网络"要求,顺应经济全球化发展潮流,加快布局自由贸易区网络,为中国经济发展提供新助力。

二、中国自由贸易区建设面临的主要问题

中国自贸区建设历经了十多年发展,在推进自由贸易区过程中,尽管在商品贸易、投资等方面取得了长足的进步和成效,但也存在一些问题,应当引起高度关注:

首先,中国的自由贸易协定伙伴经济规模较小。从已签订的自贸协定来看,除澳大利亚、瑞士等国,合作伙伴的经济发展水平大多比较低。

其次,与自贸伙伴的经贸往来密切度不够。到目前为止,仅东盟、韩国、澳大利亚等占中国贸易总额的比重不小,其他伙伴国的贸易额占比较低。

再次,自由贸易区开放的业务有限。中国在自贸区中对投资和服务贸易的开放程度存在明显的缺陷,仍停留在较低的开放水平上。因此导致中国难以全面适应和有效对接国际市场的新标准和规则。而美国在推进自贸区进程中,不断提升对外开放深度,并进一步拓宽涉及领域。

此外,亚太地区诸多国家之间利益冲突明显。

最后,敏感产业保护缺乏系统考虑。对于无法协商一致的敏感产业,我们应暂时搁置争议,加强该领域的沟通交流,再寻求符合双方利益的保护机制。例如目前比较关注的农业问题,农业处于中国重中之重的地位,但由于经济、自然条件和农业自身的特殊性,中国农业在全球范围内并不具备比较优势。因此,在推进自由贸易协定的过程中,要以农业保护为重点,形成系统的、切实有效的敏感产业保护机制。

第三节　中国自由贸易协定经济效应及其影响因素的实证检验

基于前文关于中国参与经济一体化的经济效应的理论探讨以及本章第一节的文献分析,这里将选取与中国已签署自由贸易协定中的 15 个国家在 1990—2014 年这 25 年间的相关数据,检验中国签订自由贸易协定对中国

贸易、投资和经济增长的影响及其相关因素的影响程度。

一、中国自由贸易协定的贸易效应及其影响因素的实证检验

(一)影响中国自由贸易协定贸易效应的因素

1.自由贸易协定伙伴国的市场规模

签订自由贸易协定后,自由贸易协定伙伴国的市场规模影响机制如下:(1)贸易创造效应。自由贸易协定伙伴国市场规模越大,本国与其生产分工与交换的潜在容量越大。(2)贸易条件改善效应。当其他条件相同时,自由贸易区自由市场越庞大,区内对区外产品的需求弹性就越大,而区外则对区内产品的需求弹性越小。(3)催生规模经济。当伙伴国市场规模大,其国内产品需求量也会庞大,那么与该国的贸易机会众多,更加容易实现内部规模经济,并带来生产成本下降,从而提高产品价格竞争力。

2.本国与伙伴国之间的贸易量

李普西(1960)发现本国与伙伴国之间的贸易比重相较于非伙伴国的差距越大,经济效应越明显[①];萨默斯(Summers,1990)得出类似的结论,自由贸易区成立前伙伴国之间的贸易比重越大,则今后发挥出的贸易转移效应越小。

3.本国与伙伴国的关税水平

自由贸易区成立前,伙伴国之间的关税水平相较于对外关税越高,之后获得的贸易转移越不明显,而贸易创造越显著。即一体化之前伙伴国之间的贸易限制越多,自贸协定的签订将会带来越丰厚的贸易福利。

4.与伙伴国的地理距离

在其他条件相同的情况下,地理上与伙伴国距离越短,自由贸易区成立后本国因规模经济所带来的成本下降效应越大。此外,邻近国家建设自由贸易区的优势是:相互距离近,历史、喜好相似,存在共同利益,便于政策沟通等。总而言之,与相邻国家签订自由贸易协定,更容易赚取净经济效益。

---

① Lipsey, R. G, "The Theory of Customs Union: A General Survey", *Economic Journal*, Vol.70, No.279, 1960, pp.496-523.

但同时笔者参考已有的引力模型可知，两国距离越近，人文差异越小，运输交易费用越低，从而进行贸易的成本和风险也越小，贸易规模越大。

5. 与伙伴国经济结构的互补与替代性

从国际贸易发生、发展的进程来看，经济互补是其基本和必要的前提，也是不可或缺的推动力。亚当·斯密的绝对优势论认为，每一个国家都应生产并交换本国资源丰富的产品以获得绝对利益。而大卫·李嘉图比较优势论认为，即使一国任何一种商品的生产都处于绝对劣势，但仍可通过生产相对优势的产品参与国际贸易来增加价值。俄林资源禀赋论认为，各国分工出口那些更高比例使用本国较丰裕生产要素的产品，能够弥补国内生产要素的不足，获得资源优化配置利益。之后，规模经济理论提出，不同国家异质性产品大规模生产和交换的互补会带来成本递减和收益递增。从以上分析可知，经济结构的"互补性"可以带动两国的经贸联系，比如，中国与新西兰经济互补性较强。而"替代性"即为竞争性，两国生产方式或产品结构等在很大程度上是趋于相似的。因此，与伙伴国在经济上关联度越高，重叠性越小，则两国的互补性越强，竞争性越低；反之，则两国经济上互补性越差，竞争越激烈。

伙伴国为经济结构互补的国家，因为生产形态差异很大，则本国可以获得由某些贸易创造、规模扩张与资源配置优化重组而带来的经济效益；而若与伙伴国经济结构相类似，则产品重合度高，全球生产链分工竞争压力大，此时，在发达国家更多出现了产业内贸易，发展中国家则会因市场制度劣势趋向于非工业化发展。

（二）中国自由贸易协定贸易效应计量回归模型的设定及数据说明

1. 计量回归模型设定

根据上文可知，自由贸易协定影响中国贸易量的因素主要有伙伴国经济、地理距离、经济结构三大类。本章节将检验这些因素是否在自由贸易区成立以后影响中国的贸易量。参考有关研究文献分析，本书设定的贸易模型为：

$$\log(trade_{it}) = \lambda_i + \alpha_1 \log(gdp_{it}) + \alpha_2 \log(gdp_{jt}) \times dummy_{ijt}$$
$$+ \alpha_3 \log(extrade_{ijt}) \times dummy_{ijt} + \alpha_4 \log(fdi_{it}) + \alpha_5 \, distant_{ijt} \times dummy_{ijt} + \alpha_6$$

$$dstru_{ijt} \times dummy_{ijt} + \alpha_7 \, dstru_{ijt}^{\ 2} \times dummy_{ijt} + \alpha_8 \log(inte_{it}) \times dummy_{ijt} + \mu_{it}$$

$$(12.1)$$

2. 变量数据说明

被解释变量 $trade_{it}$ 表示中国 t 时期的进出口贸易总量。这里考虑的是签订自由贸易协定前后对中国总贸易量的影响而非双边贸易流量。数据来自中国国家统计局网站(www.stats.gov.cn)对外经济贸易数据库货物进出口总额。

gdp_{it} 和 gdp_{jt} 分别是中国的实际国内生产总值和伙伴国的实际国内生产总值,以 1990 年为基年,表示中国和伙伴国的市场规模,根据理论可知,伙伴国的市场规模可以影响自由贸易区成立后的贸易量,数据来源是世界银行发展指标数据库(World Bank Development Indicators Database,简称 WDI Database)。

$extrade_{ijt}$ 表示中国与伙伴国签订自由贸易协定之前的贸易规模。自由贸易区成立之前,两国的经济关系越密切,自由贸易区成立后会带来越大的贸易创造。该结果是中国与伙伴国签订自由贸易协定前的双边贸易量的平均值,双边贸易量数据来自联合国商品贸易统计数据库。

fdi_{it} 表示中国 t 年的外商直接投资,数据来自国际货币基金组织中的国际金融统计。

$distant_{ijt}$ 表示中国与伙伴国之间的距离。根据引力模型可知,其他条件相同的情况下,在地理上与伙伴国距离越短,签订自由贸易协定后本国贸易量增加越多。距离数据来自 www.Indore.com/distance,单位为公里。

$dstru_{ijt}$ 表示两国经济结构的相似性。通过中国与伙伴国工业附加值占其国内生产总值比重的差值的绝对值计算得出。工业附加值占其国内生产总值比重的数据来自世界银行发展指标数据库。该数值越小,表明中国与伙伴国经济结构的相似度越高,竞争性越强;反之,则越具有互补性。当然,不能认为两国经济结构的相似度和贸易只是简单的线性关系,所以,笔者还代入该变量的二次项。

$dummy_{ijt}$ 表示中国与伙伴国是否签订自由贸易协定的虚拟变量。当 t 年两国已签订自由贸易协定,则该变量设定为 1,否则为 0。这里之所以采用协议签订日期而非生效日期,是因为笔者认为无论是政府、生产者还是消费者经济行为是根据预期做调整的,即所谓的预期经济效应。

$inte_{it}$ 表示中国一体化规模程度。该指标的计算方法是 t 年所有与中国签订自由贸易协定的伙伴国实际国内生产总值之和,中国的不计算在内,数据来自世界银行发展指标数据库。该指标可吸收当年之前签订的自由贸易协定的部分作用。

(三) 中国自由贸易协定贸易效应实证检验结果与分析

1.面板平稳性检验

本书使用的数据时间维度较长,属于长面板,因此在对计量模型(12.1)进行回归前需要对包含时间变化的变量 $\log(trade_{it})$ 、$\log(gdp_{it})$ 、$\log(gdp_{jt})$ 、$\log(fdi_{it})$ 和 $dstru_{ijt}$ 进行平稳性检验,以避免出现伪回归。鉴于本书为非平衡面板,因此使用 IPS 方法对上述变量进行平稳性检验,检验结果如下。

表 12-2　变量平稳性检验结果

变　量	IPS 统计量	P 值
$\log(trade_{it})$	−2.9391	0.0016
$\log(gdp_{it})$	−5.9384	0.0000
$\log(gdp_{jt})$	−0.5203	0.3014
$\log(fdi_{it})$	−9.4269	0.0000
$dstru_{ijt}$	−1.6098	0.0537
$d.\log(gdp_{jt})$	−7.6732	0.0000

由表 12-2 结果可知,变量 $\log(trade_{it})$ 、$\log(gdp_{it})$ 和 $\log(fdi_{it})$ 均在 1% 的统计水平上平稳,$dstru_{ijt}$ 在 10% 的统计水平上平稳。变量 $\log(gdp_{jt})$ 没有通过 IPS 平稳性检验,但其一阶差分变量 $d.\log(gdp_{jt})$ 在 1% 的统计水平上平稳,同时上述变量的一阶差分变量表示伙伴国实际国内生产总值增长率,具有经济学含义,可以加入回归。接下来,我们使用平稳变量 $\log(trade_{it})$ 、$\log(gdp_{it})$ 、$\log(fdi_{it})$ 、$dstru_{ijt}$ 和一阶单整变量 $d.\log(gdp_{jt})$ 进行回归。

2.初步回归结果与分析

在了解了各个变量表示的含义和平稳性检验之后,根据计量模型

（12.1），运用 STATA 12.0 软件进行面板数据回归。同时，为了消除模型的内生性问题，对中国实际国内生产总值和外商直接投资进行滞后一期处理，为此，本书采用固定效应模型进行回归，初步回归结果见表 12-3。

表 12-3　贸易效应的初步回归结果

被解释变量 解释变量	$\log(trade_{it})$
$\log(fdi_{it})$	0.2290[**] （−0.0947）
$\log(gdp_{it})$	1.7690[***] （−0.2570）
$\log(inte_{it})$	0.0302[***] （−0.0018）
$d.\log(gdp_{jt}) \times dummy_{ijt}$	1.4140[*] （−0.7660）
$\log(extrade_{ijt}) \times dummy_{ijt}$	0.0078 （−0.00480）
$distant_{ijt} \times dummy_{ijt}$	0.0001 （−0.0001）
$dstru_{ijt} \times dummy_{ijt}$	0.0093 （−0.0154）
$dstru_{ijt}^{2} \times dummy_{ijt}$	−0.0005 （−0.0006）
截距项	−25.1500[***] （4.8510）
样本量	350

资料来源：[***]、[**] 和 [*] 分别代表 1%、5% 和 10% 的显著性水平。

表 12-3 的初步回归结果可以看出，$\log(fdi_{it})$ 显著为正，说明外商直接投资与贸易之间互补；$\log(gdp_{it})$ 显著为正，$\log(inte_{it})$ 显著为正，这与理论实证文献分析相符，说明一体化程度越高，贸易发展越好；$d.\log(gdp_{jt}) \times dummy_{ijt}$ 显著为正，则意味着建立自由贸易区后，伙伴国的经济规模对贸易的正效应；$\log(extrade_{ijt}) \times dummy_{ijt}$ 不显著，$distant_{ijt} \times dummy_{ijt}$ 不显著，表明在中国自由贸易区建设中，历史贸易联系度和距离的影响程度不强；$dstru_{ijt} \times dummy_{ijt}$ 和 $dstru_{ijt}^{2} \times dummy_{ijt}$ 不显著。

3.最终回归结果与分析

上一部分笔者进行初步回归分析采用的是短面板法,但考虑到样本区间是1990—2014年25年,时间跨度较大,信息较多,容易出现异方差与序列自相关的问题。所以,接下来用长面板法通过 LSDV 法估计双向固定效应,采用未考虑组间异方差和同期相关、组间异方差检验、组间同期相关检验这三种方法来检验模型内是否存在异方差和自相关。之后在平衡面板数据下,采用全面 FGLS 法,同时考虑组间异方差、同期相关及组内自相关的问题,得到最终的回归结果,见表12-4。

表 12-4　贸易效应的最终回归结果

解释变量 ＼ 被解释变量	$\log(trade_{it})$
$\log(fdi_{it})$	0.0953 (−0.0688)
$\log(gdp_{it})$	0.5230** (−0.2450)
$\log(inte_{it})$	0.00452* (−0.0027)
$d.\log(gdp_{jt}) \times dummy_{ijt}$	0.2410*** (−0.0800)
$\log(extrade_{ijt}) \times dummy_{ijt}$	0.00070** (−0.0003)
$distant_{ijt} \times dummy_{ijt}$	-1.23×10^{-6} *** (-4.46×10^{-7})
$dstru_{ijt} \times dummy_{ijt}$	−0.0022** (−0.0009)
$dstru_{ijt}^{2} \times dummy_{ijt}$	6.32×10^{-5} ** (-3.06×10^{-5})
印度尼西亚	0 (0.0000)
马来西亚	0.0056 (−0.0132)

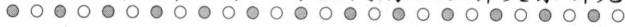

续表

被解释变量 解释变量	$\log(trade_{it})$
菲律宾	0.0079 (-0.0196)
泰　国	0.0066 (-0.0204)
巴基斯坦	0.0019 (-0.0263)
新西兰	0.0117 (-0.0251)
新加坡	0.0084 (-0.0238)
瑞　士	0.0098 (-0.0237)
哥斯达黎加	0.0119 (-0.0233)
斯里兰卡	0.0050 (-0.0238)
印　度	0.0049 (-0.0236)
孟加拉国	0.0054 (-0.0198)
韩　国	0.0048 (-0.0224)
t	0.1300*** (-0.0100)
截距项	10.9900** (-5.4630)
样本量	286

资料来源：***、**和*分别代表1%、5%和10%的显著性水平。

各要素对中国贸易的影响分别为：

(1)中国fdi_{it}流入

fdi_{it}不显著,为0.0953。根据日本经济学家小岛清互补关系理论,当两国经济结构互补性强,跨国公司更容易在海外找到投资点,并促进产业结构的调整升级。

近年来,随着自贸区的建设,外商直接投资的不断涌入对中国的对外贸易有显著的提升效应,一方面使中国快速参与全球价值链分工,利用自身的优势带动出口增加;另一方面也优化了中国的进出口结构,实现了进出口商品的转型升级。由图12-4可以看出,近十年来,中国进口、出口和外商直接投资的增长率波动较大,但变动的方向基本一致,说明自贸区建立后,中国贸易和外商直接投资呈正相关。

(单位：%)

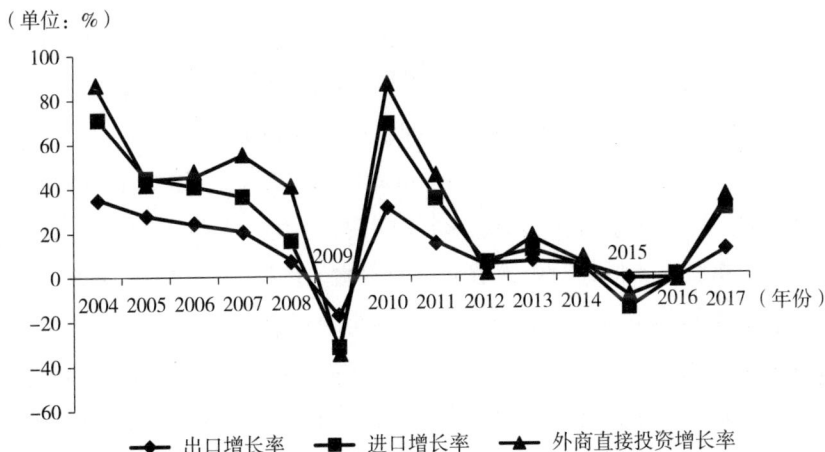

图12-4　2004—2017年中国进出口和外商直接投资增长率变化趋势

资料来源：世界银行发展指标数据库。

(2)中国经济规模gdp_{it}

gdp_{it}对我国总贸易量的影响最大。当中国实际国内生产总值每提高1个百分点时,中国的总贸易量会提高0.5230个百分点。本国的市场规模主要体现在供需两方面,一方面,本国市场规模大,本国的需求也会多,这就会在开放市场之后,激励外商加大出口、投资的动力;另一方面,本国国内生产总值越大,说明本国生产能力比较强,则在满足国内需求的同时,有能力提高产量、加大国外出口。同时,除了商品贸易的发展,随着自贸区建立后,中国与伙伴国之间的生产联系日益紧密,带动中间品贸易不断增加,并逐渐形成"垂直专业化"。

(3)中国自由贸易区一体化规模 $inte_{it}$

$inte_{it}$ 显著为正,当本国的一体化规模变化率每增加 1 个百分点,本国的贸易量减少 0.0045 个百分点。自由贸易区的建立,使得中国与伙伴国之间关税和非关税壁垒大幅下降,进而降低了成员之间的对外贸易成本,极大地推动了中国与伙伴国之间的进出口贸易。当中国签订的自由贸易协议越多,与伙伴国的联系也更为密切,自贸区之间的相互协调,更有利于发挥中国贸易的优势产业。

(4)自由贸易区成立前的贸易规模 $extrade_{ijt}$

$extrade_{ijt} \times dummy$ 显著为正,表明自由贸易区成员若与中国经贸往来密切,则之前两国间的贸易规模会显著影响自由贸易区成立后中国的贸易总量。因此,中国也应重视和重要的贸易伙伴国的自由贸易区建设。

(5)中国与自由贸易区伙伴国之间经济结构的相似度 $dstru_{ijt}$

$dstru_{ijt} \times dummy_{ijt}$ 显著为负、而 $dstru_{ijt}^2 \times dummy_{ijt}$ 显著为正,是一个开口向上的二次曲线。当 $0 < dstru_{ijt} < 17.17$ 时,自由贸易协定签订后,两国经济结构的相似性 $dstru_{ijt}$ 对中国贸易量的影响呈负相关;当 $17.17 < dstru_{ijt} \leqslant 100$ 时,自由贸易协定签订后,两国经济结构的相似性 $dstru_{ijt}$ 对中国贸易量的影响呈正相关。这表明,与中国竞争性强的国家成立自由贸易区不利于贸易增加,与经济结构互补的国家成立自由贸易区才可以有效促进发展。

根据最终计量检验结果:中国成立的自由贸易区会通过经济规模、外商直接投资流入量、中国与伙伴国经济结构的相似性、自由贸易区成立前经贸往来和一体化规模影响中国的贸易量。

二、中国自由贸易协定的投资效应及其影响因素的实证检验

(一) 影响中国自由贸易协定投资效应的因素

厂商的投资决策一般会兼顾关税水平、贸易成本和市场规模等多方面。

由此,自由贸易协定投资效应会受到以下几个因素影响。

1. 自由贸易区伙伴国之间的贸易成本

自由贸易区伙伴国之间的贸易优惠越多,区外国家的企业越是希望在区内建立分支机构,利用较低的交易成本开拓整个自由贸易区市场。因此,外商直接投资流动量与自由贸易区成员之间的贸易成本呈反向关系。

2. 本国的建厂成本和要素价格

其他情况相同时,一国的建厂成本越低、要素价格越低,越是能够吸引跨国公司的投资流入。因此,外商直接投资流量与建厂成本和要素价格成反比。

3. 自由贸易区伙伴国之间经济规模的差异性

如果两个国家的经济发展规模重合度高,签订自由贸易协定后更可能利用分支机构的建立开拓伙伴国市场。外商直接投资流量与这种相似度成正向关系。

4. 本国的市场规模

外资投入一般来说受市场需求的拉力所支配。事实上,由于地理距离和运输成本无法改变,在其他因素相同的情况下,跨国公司更倾向于投资经济体量较大的国家,以占有广阔市场获得规模经济。所以,外商直接投资流量与本国的市场规模成正相关。

5. 本国的一体化程度

投资建厂的区位选择不仅要考虑当地的市场容量,还要测量目标国参与其他一体化组织区域的需求。如果一个国家加入的一体化组织越多,其一体化程度越高,则跨国公司有动力在这样的轮轴国建立工厂以期望通过该国得到更高的利润价值,也就是说,本国的一体化程度越高,越有可能吸引更多的外商直接投资。

(二) 中国自由贸易协定投资效应计量回归模型的设定及数据说明

1. 计量回归模型设定

中国的外商直接投资和固定资本投资主要受到以下几个方面的影响:(1)自由贸易协定签订以后对伙伴国和其他国家的贸易成本;(2)中国的建厂成本和要素价格;(3)中国的市场规模;(4)中国的一体化程度。因此,这里主要考察上述几种因素对中国投资是否有影响,若有影响,影响程度如何。

参考已有的实证文献分析,并考虑签订自由贸易协定之后哪些因素对投资产生影响,本书设定外商直接投资与国内固定资本投资两个基本计量模型分别为:

$$\log(fdi_{it}) = \lambda_i + \beta_1\log(inte_{it}) + \beta_2\log(gdp_{it}) + \beta_3\ outtari_{it} \times dummy_{ijt} + \beta_4\ polity_{it} + \beta_5\ polity_{it} \times dummy_{ijt} + \beta_6\ gdp_{it-1} + \beta_7\ gdp_{it-1} \times dummy_{ijt} + \nu_{it}$$

$$(12.2)$$

$$\log(I_{it}) = \lambda_i + \alpha_1\log(inte_{it}) + \alpha_2\log(gdp_{it}) + \alpha_3\ outtari_{it} \times dummy_{ijt} + \alpha_4\ polity_{it} + \alpha_5\ polity_{it} \times dummy_{ijt} + \alpha_6\ gdp_{it-1} + \alpha_7\ gdp_{it-1} \times dummy_{ijt} + \mu_{it}$$

$$(12.3)$$

2. 变量数据说明

计量回归模型(12.2)和模型(12.3)设定中的变量 gdp_{it}、fdi_{it}、$dummy_{ijt}$ 与上一部分贸易效应实证检验所使用相同。其他设定的变量说明如下:

(1) I_{it} 表示中国 t 年的固定资本总投资。该指标数据来源于《中国统计年鉴》。

(2) $polity_{it}$ 表示中国 t 年与建厂成本有关的制度因素。由于世界银行发展数据库中关于建厂成本的数据只从 2013 年开始,缺失严重,所以笔者在这里采用市场经济程度来代替。如果一国市场经济程度越高,则建厂环境更宽松,如没有烦琐的审批手续、建厂时间较短等等。

(3) $outtari_{it}$ 表示 t 年中国对除伙伴国之外的其他国家的制造业平均关税水平,数据来自联合国贸易与发展会议数据库。

(4) gdp_{it-1} 表示中国 $t-1$ 时期的实际国内生产总值增长率,为滞后项。

(三) 中国自由贸易协定投资效应实证检验结果与分析

1. 变量平稳性检验

与上节相似,在对计量回归模型(12.2)进行回归前需要对包含时间变化的变量 $\log(I_{it})$、$\log(gdp_{it})$、$\log(fdi_{it})$、$outtari_{it}$ 和 $d.gdp_{it}$ 进行平稳性检验,以避免出现伪回归。鉴于本书为非平衡面板,因此使用 IPS 方法对上述变量进行平稳性检验,检验结果如下。

表 12-5　变量平稳性检验结果

变　量	IPS 统计量	P 值
$\log(I_{it})$	−0.7025	0.2412
$outtari_{it}$	−7.0010	0.0000
$d.gdp_{it}$	−4.8039	0.0000
$\log(gdp_{it})$	−5.9384	0.0000
$\log(fdi_{it})$	−9.4269	0.0000
$d.\log(I_{it})$	−15.5886	0.0000

由表 12-5 结果可知，变量 $outtari_{it}$、$\log(gdp_{it})$、$\log(fdi_{it})$ 和 $d.gdp_{it}$ 均在 1% 的统计水平上平稳。变量 $\log(I_{it})$ 没有通过 IPS 平稳性检验，但其一阶差分变量，$d.\log(I_{it})$ 在 1% 的统计水平上平稳，同时上述变量的一阶差分变量表示中国每年固定资本总投资增长率，具有经济学含义，可以加入回归。接下来，我们使用平稳变量 $\log(gdp_{it})$、$\log(fdi_{it})$、$outtari_{it}$、$d.gdp_{it}$ 和一阶单整变量 $d.\log(I_{it})$ 进行回归。

2. 中国自由贸易协定外商直接投资效应的回归结果与分析

在了解了各个变量表示的含义和平稳性检验之后，根据计量模型 (12.2)，运用 STATA 12.0 软件进行面板数据回归。本书采用固定效应模型进行回归，但为了避免异方差问题并消除组内自相关，就使用了聚类稳健标准误及 LSDV 法进行回归，最终的回归结果见表 12-6。

表 12-6　自由贸易协定对外商直接投资效应的最终回归结果

解释变量 ＼ 被解释变量	$\log(fdi_{it})$
$\log(inte_{it})$	0.0002 (0.0007)
$\log(gdp_{it})$	1.7790 *** (0.0009)
$polity_{it}$	9.99×10^{-14} *** (7.62×10^{-15})

续表

解释变量 ＼ 被解释变量	$\log(fdi_{it})$
gdp_{it-1}	1.0470*** (0.0154)
$outtari_{it} \times dummy_{ijt}$	0.0057* (0.0027)
$polity_{it} \times dummy_{ijt}$	-1.80×10^{-14}* (9.14×10^{-15})
$gdp_{it-1} \times dummy_{ijt}$	-0.4200*** (0.1040)
印度尼西亚	0.0000 (0.0000)
马来西亚	-4.83×10^{-14} (5.10×10^{-14})
菲律宾	-4.83×10^{-14} (5.10×10^{-14})
泰　国	-4.83×10^{-14} (5.10×10^{-14})
巴基斯坦	0.0025 (0.0027)
新西兰	0.0017 (0.0036)
新加坡	0.0017 (0.0036)
秘　鲁	0.0003 (0.0041)
瑞　士	-0.0065 (0.0064)
冰　岛	-0.0065 (0.0064)
哥斯达黎加	-0.0023 (0.0046)

续表

解释变量 ＼ 被解释变量	$\log(fdi_{it})$
斯里兰卡	-0.0031^* (0.0016)
印 度	-0.0031^* (0.0016)
孟加拉国	-0.0031^* (0.0016)
韩 国	-0.0031^* (0.0016)
截距项	-24.1100^{***} (0.0264)
样本量	300

资料来源：*** 、** 和 * 分别代表 1%、5% 和 10% 的显著性水平。

各因素对中国外商直接投资流入的影响分别为：

（1）本国经济规模 gdp_{it}

由结果可知，中国实际国内生产总值每增加 1 个百分点，就会导致外商直接投资增加 1.7790 个百分点。比较表 12-6，自由贸易协定签订以后，外商直接投资最关注的是中国的市场规模。

（2）中国自由贸易协定一体化规模 $inte_{it}$

$inte_{it}$ 为正，说明一体化对外商直接投资有促进作用，但不显著。笔者认为原因可能在于，中国目前签订的自由贸易协定大多在近几年刚刚生效实施，而且大多只签订了贸易框架，投资方面的协定及升级谈判正在逐渐展开，而且再加上外商直接投资的流入企业需要经过战略规划、评估决策等过程，有一定的时间成本，所以影响并不是很明显。

（3）中国的制度因素 $polity_{it}$

回归结果 $polity_{it}$ 显著为正，与理论预期相符，即市场经济程度对外商直接投资有促进作用。$polity_{it} \times dummy_{ijt}$ 显著为负，这与理论预期不符，笔者认为这是数据选取方面的问题，因为世界银行发展指标数据库中关于中国建厂成本的数据只有2013年以后的,数据缺失严重,所以笔者在研究时只能采用市场经济程度指标。如表12-7所示,中国的建厂成本相较于其他同等发展中国家来说属于最低水平,应更有利于吸引外商直接投资投入。

表12-7　2013—2015年各国建厂成本比较　　　　　(单位:%)

国家＼年份	2013	2014	2015
中　国	1.9	0.9	0.7
越　南	7.7	5.3	4.9
马来西亚	7.6	7.2	6.7
巴　西	4.7	4.3	3.8
印　度	41.2	15.3	13.5

资料来源:世界银行发展指标数据库。

(4)中国上一年经济增长速度 gdp_{it-1}

gdp_{it-1} 显著为正,说明自由贸易区建立之前,中国上一年的经济增长速度越快,越有利于吸引外商直接投资的流入。$gdp_{it-1} \times dummy_{ijt}$ 显著为负,即自由贸易区成立后,中国上一年的经济增长速度越快,反而不利于吸引外商直接投资,这个结果看似违背预测,笔者认为在签订自由贸易协定后,跨国投资者可能认为过快的增长速度并不见得就是一件好事,出于经济周期波动的酌量,反而可能有着消极的预期,因此,跨国投资者可能不会扩充投资。

(5)关税指标 $outtari_{it}$

$outtari_{it}$ 为正并且显著,系数值为0.0057,这与理论预期相符合。自由贸易区成员对内关税减免幅度越大,则对外相对成本有所增加,区域外企业以贸易的形式占领市场的成本也会提高不少。如果选用投资建厂的形式,就可以减免关税。因此,自由贸易区成员对外的贸易成本越高,外商直接投资流量越大。

3. 中国自由贸易协定固定资本投资效应的回归结果与分析

同样地,在了解了变量含义后,根据计量模型(12.3),进行面板数据回归。因此,和外商直接投资效应类似,使用聚类稳健标准误及 LSDV 法回归,得到最终的回归结果见表 12-8。

表 12-8 自由贸易协定固定资本投资效应的最终回归结果

被解释变量 解释变量	$d.\log(I_{it})$
$\log(inte_{it})$	0.0126 *** (0.0017)
$\log(gdp_{it})$	−2.8110 *** (0.0269)
$\log(fdi_{it})$	2.5800 *** (0.0144)
$polity_{it}$	-4.01×10^{-13} *** (2.22×10^{-14})
gdp_{it-1}	0.1240 *** (0.0334)
$outtari_{it} \times dummy_{ijt}$	−0.0105 * (0.0059)
$polity_{it} \times dummy_{ijt}$	$4.46e\times10^{-14}$ * (2.28×10^{-14})
$gdp_{it-1} \times dummy_{ijt}$	−1.0350 *** (0.3470)
印度尼西亚	0.0000 (0.0000)
马来西亚	8.70×10^{-14} (9.60×10^{-14})
菲律宾	8.70×10^{-14} (9.60×10^{-14})
泰 国	8.70×10^{-14} (9.60×10^{-14})
巴基斯坦	−0.0034 (0.0067)
新西兰	−0.0015 (0.0099)

续表

解释变量 \ 被解释变量	$d.\log(I_{it})$
新加坡	−0.0015 (0.0099)
秘　鲁	−0.0012 (0.0115)
瑞　士	0.0122 (0.0200)
冰　岛	0.0122 (0.0200)
哥斯达黎加	0.0009 (0.0137)
斯里兰卡	0.0052 (0.0034)
印　度	0.0052 (0.0034)
孟加拉国	0.0052 (0.0034)
韩　国	0.0052 (0.0034)
截距项	13.7000 *** (0.3800)
样本量	300

资料来源：*** 、** 和 * 分别代表1%、5%和10%的显著性水平。

各因素对中国国内固定资本投资的影响分别为：

(1)本国经济规模 gdp_{it}

gdp_{it} 显著为负，回归系数为−2.811，即中国实际国内生产总值增长率每增加1个百分点，就会导致总投资增长率下降2.811个百分点。说明中国实际经济规模的扩张吸引外资，但会抑制国内投资者追加投资。

(2)中国自由贸易协定一体化规模 $inte_{it}$

$inte_{it}$ 显著，回归系数为0.0126，表明一体化规模程度每增加一个百分点，将导致中国固定资本总投资增长率增加0.0126个百分点。理论表明，一体化规模程度越高，表明以该国为中心的总的市场范畴越大，并且这些市场之间的贸易壁垒较小，市场规模变大需求就增加，而需求扩大必然导致投资力度的加大,引起总投资的增加。

(3)本国外商直接投资流入 fdi_{it}

外商直接投资的回归系数显著,回归系数为 2.5800,说明外商直接投资每增加 1 个百分点,就会导致中国固定资本总投资增长率增加 2.58 个百分点。外商直接投资涌入前期,跨国公司往往依靠其资本、科技和管理方面占据竞争优势,使得行业内效率低下的企业被淘汰出局。但长远看来,跨国公司可以通过示范和技术外溢效应,提高中国的技术、管理能力,提升竞争水平,甚至可以和国外的公司一较高下。同时通过与外企的合作,中国的一些新兴产业以及上、下游关联企业也逐渐成长起来了。

(4)中国上一年经济增长速度 gdp_{it-1}

gdp_{it-1} 显著为正,说明在签订自由贸易协定后,国内总投资还与经济规模的增长速度相关联,上一年的经济增长越快,国内投资者可能认为当年的经济增长前景广阔,需求会快速上升,因此也会追加一笔投资。

(5)政策指标 $polity_{it}$

$polity_{it}$ 显著为正,市场经济程度越高的国家,其固定资本投资越多,与理论预期相符。

三、中国自由贸易协定的经济增长效应及其影响因素的实证检验

(一) 影响中国自由贸易协定经济增长的因素

1. 贸易开放程度

自由贸易协定可以促进贸易、外商直接投资增长,而大量研究文献都检验了贸易和外商直接投资的增加会带来经济集聚效应,并提高一国的技术水平。因此,如果一国的贸易、投资开放程度高,会进一步带动经济增长。

2. 要素流动性

自由贸易区的建立,加速了成员之间生产要素在不同产业间的流动,引起不同产业及整体经济的产出变化。由于部门间边际生产率的差异等因素的影响,生产要素由效率低的部门流向效率较高的部门,在不增加要素总量的条件下也能推动产业结构优化,从而推动经济增长。

（二）中国自由贸易协定经济增长效应计量回归模型的设定及数据说明

巴拉萨（1978）首次在生产函数中加入了出口因素，即：

$$GDP = A\,K^{\alpha}\,L^{\beta}\,X^{\gamma} \tag{12.4}$$

这里的出口变量可以看作是类似于资本和劳动力的生产要素；但从另一个角度来说，进出口都可以带来技术外溢效应，提高本国生产率和产量。所以，为了研究需要，笔者将贸易总量 $trade$ 取代模型设定中的出口。

另外，由于外商直接投资的流入一部分形成国内资本 K ，另一部分通过技术传播等方式影响国内产出。所以，本书在 C-D 函数中加入外商直接投资，最终生产函数变为：

$$GDP = A\,K^{\alpha}\,L^{\beta}\,trade^{\gamma}\,fdi^{\lambda} \tag{12.5}$$

对数化后，即：

$$\log(gdp) = \log(A) + \alpha\log(K) + \beta\log(L) + \gamma\log(trade) + \lambda\log(fdi) \tag{12.6}$$

同时考虑到签订自由贸易协定的影响，最终的计量回归模型如下：

$$\log(gdp_{it}) = \lambda_i + \alpha_1\log(K_{it}) + \alpha_2\log(L_{it}) + \alpha_3\log(trade_{it}) + \alpha_4\log(fdi_{it}) + \alpha_5\,dummy_{it} + \mu_{it} \tag{12.7}$$

其中，gdp_{it} 表示中国实际国内生产总值；L_{it} 表示中国劳动力，数据来自世界银行世界发展指标数据库；K_{it} 表示固定资本存量，具体计算方法采用永续盘存法，以 1990 年为基年估计固定资本存量。1990 年的初始固定资本存量用 1990 年的固定资本形成额除以固定资产折旧率（折旧率 δ 以 9%计算）和 1988—1992 年中国国内生产总值年均增长率之和。之后，每一年的固定资本存量的估计方程为 $K_i = (1 - \delta)\,K_{i-1} + I_i$ 。

（三）中国自由贸易协定经济增长效应实证检验结果与分析

1. 稳健性检验

类似地，在对计量模型（12.7）进行回归前需要对包含时间变化的变量 $\log(gdp_{it})$ 、$\log(K_{it})$ 、$\log(L_{it})$ 、$\log(trade_{it})$ 和 $\log(fdi_{it})$ 进行平稳性检验，以避免出现伪回归。鉴于本书为非平衡面板，因此使用 IPS 方法对上述变量进行平稳性检验，检验结果如下。

表 12-9　平稳性检验结果

变　量	IPS 统计量	P 值
$\log(gdp_{it})$	-5.9384	0.0000
$\log(K_{it})$	-1.7647	0.0388
$\log(L_{it})$	-12.5341	0.0000
$\log(trade_{it})$	-2.9391	0.0016
$\log(fdi_{it})$	-9.4269	0.0000

由表 12-9 结果可知，变量 $\log(gdp_{it})$ 、$\log(trade_{it})$ 、$\log(L_{it})$ 和 $\log(fdi_{it})$ 均在 1% 的统计水平上平稳；变量 $\log(K_{it})$ 在 5% 的统计水平上平稳，可以加入回归。

2. 实证回归结果与分析

在了解了各个变量表示的含义和稳健性检验之后，根据计量模型 (12.7)，运用 STATA 12.0 软件进行面板数据回归。同时，为了消除某些变量所带来的内生性问题，本书采用滞后一期变量 $\log(K_{it-1})$ 、$\log(trade_{it-1})$ 、$\log(fdi_{it-1})$ 作为工具变量，则最终的回归结果见表 12-10。

表 12-10　经济增长效应的最终回归结果

解释变量＼被解释变量	$\log(gdp_{it})$
$\log(K_{it})$	0.0980*** (0.0281)
$\log(trade_{it-1})$	-0.0971*** (0.0316)
$\log(fdi_{it})$	0.3250*** (0.0148)
$\log(L_{it})$	0.4760 (0.4760)
$dummy_{it}$	-0.0420*** (0.0141)
截距项	9.4360 (8.8430)
样本量	360

资料来源：*** 表示在 1% 的水平不显著。

各因素对中国经济增长的影响分别为：

第一，总贸易量 $\log(trade_{it-1})$ 的回归系数为 -0.0971，外商直接投资 $\log(fdi_{it})$ 的估计系数为 0.3250，并且都显著，贸易和外商直接投资的开放总效应为正，说明对外开放存在技术外溢效应，也就是通过技术外溢或技术模仿、转让等方式使得本国生产技术水平得到提高。从前面的理论分析也可得知，对外开放对生产有着正向的作用。

第二，$\log(K_{it})$ 显著，系数为 0.0980，即固定资本每提高 1 个百分点，可以使得生产产量提高 0.098 个百分点；$\log(L_{it})$ 不显著为 0.4760，即劳动力增加对生产力的促进作用不显著。

综合本章对自由贸易协定贸易效应、投资效应和总量生产函数的实证检验，自由贸易协定的经济增长效应的影响机制如图 12-5 所示。具体来看，第一，通过一体化规模（$inte_{it}$）影响固定资本总投资（I_{it}），导致国内固定资本存量（K_{it}）变化，并与劳动力（L_{it}）一起影响中国的经济增长；第二，通过伙伴国的经济规模（$inte_{it}$、gdp_{it}）、中国与伙伴国之间的距离（$distant_{it}$）和中国与伙伴国之间经济结构的相似性（$dstru_{it}$）影响贸易量（$trade_{it}$），从而影响一国的技术水平并促进我国的经济增长；第三，通过中国上一年经济增长速度（$inte_{it}$、gdp_{it-1}）和关税（$outtari_{it}$）影响外商直接投资流入（fdi_{it}），从而间接影响固定资本总投资（I_{it}）和贸易量（$trade_{it}$），进而影响中国经济增长；第四，通过影响国内生产总值从而间接影响外商投资流入（fdi_{it}）、固定资本总投资（I_{it}）和贸易量（$trade_{it}$）。

第四节　中国参与国际区域经济一体化自由贸易协定的思考和策略

一、中国参与国际区域经济一体化自由贸易协定的研究思考

到目前为止，中国自贸区建设实践了三个阶段。第一阶段：起步阶段（2001—2005 年）：2001 年，中国—东盟达成建立自由贸易区的共识，并于次年 11 月缔结了一系列框架协议，中国真正跨出自由贸易区合作模式的第

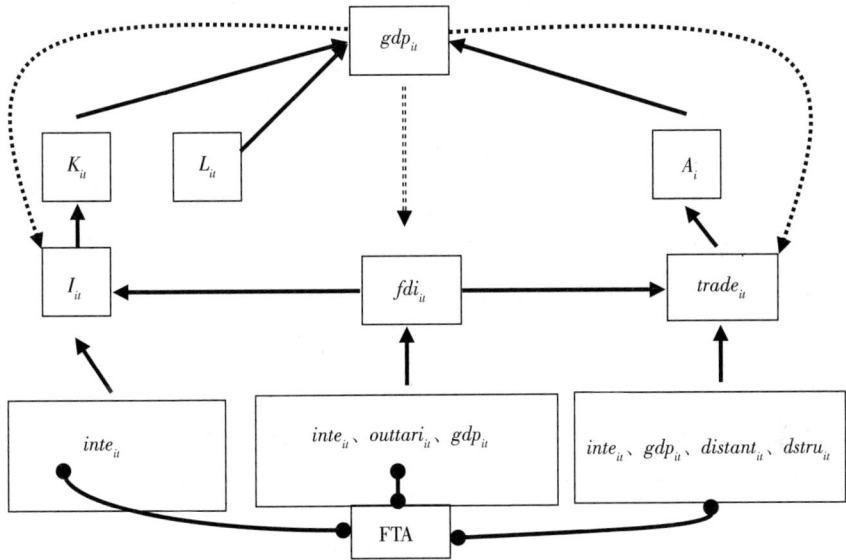

图 12-5　自由贸易协定经济增长效应的影响机制

一步。第二阶段:快速发展阶段(2005—2010 年):2007 年党中央自贸区战略的提出,标志着中国的自由贸易区建设迈入快速发展阶段。但在这期间,南南合作颇多,伙伴国经济规模普遍较小,或者是如新西兰、新加坡等小国开放型经济体,谈判难度不高。第三阶段:金融风暴后探索发展新阶段(2010 年至今)。这一阶段,中国的自贸区建设不再盲目追求数量之多,更重视全面、高质量的利益平衡发展,突破了许多历史性的局限,如升级标准适应国际市场新规则,自由贸易区伙伴国和囊括范畴与规模的不断扩大等。

　　当今的外部环境日新月异,这为实践中国的自由贸易区战略提供了重要的契机。首先,多边贸易体系合作框架下的多哈回合自由化议题谈判艰难,参与国众多且利益需求广泛,难以达成共识,促使很多国家寄希望于成立自由贸易区来推动贸易经济的自由化,刺激了自贸区的筹划与建设,区内经贸往来活跃,区域性贸易增长显著。其次,美国和欧盟对外积极开展了一系列双边、诸边贸易投资协定,推动国际贸易新规则的高标准化趋势,客观上敦促中国加快自由贸易区的布局与实践,以适应未来的对外发展需求。最后,在美国总统特朗普宣布退出《跨太平洋伙伴关系协定》的背景下,《跨太平洋伙伴关系协定》因缺乏主心骨而前途渺茫,此时更多的国家转而将目光聚焦于区域全面经济伙伴关系。在区域全面经济伙伴关系谈判中起引领作用的中国也表达了尽快完成谈判的决心,共同努力推动区域经济合作发展。同时,中国自由贸易区新发展也是全球价值链日益深化和紧密联系的必然趋向,符合中国对外开放、以开放促改革的发展要求。

近几年,中国积极开展自由贸易区建设,为国内经济的发展增添了新活力,不断创造贸易、投资和经济增长效应。由于自贸协定框架下安排伙伴国之间减免大部分商品的关税,促使双方贸易更加自由化和便利化,增加了贸易流动,进一步提高了社会福利水平。并且通过与伙伴国建立自由贸易区,开拓新市场,形成市场多元化,有助于调整中国对外贸易市场的多元化结构,缓和贸易摩擦,减少贸易不平衡。并相应改善中国投资结构,吸引外商直接投资广泛流入,充分利用自由贸易区的有利条件开拓伙伴国市场,积极参与绿色产业、研发产业和电商等领域的投资。同时,自由贸易区的发展,也提升了中国产业链的全球竞争力,增强中国和伙伴国之间的专业化分工和合作,令资源优化配置,产生技术外溢效应,促进中国的经济增长。

综上所述,自由贸易区已成为中国扩大对外开放和加深经贸合作的重要平台。接下来,中国应以战略地位重大、经济互补性强、经济体量大或者资源丰裕、推动持续稳定、发展效果显著作为自由贸易区谈判对象标准,推进自贸区的建设,以签署的自贸区为依托,加快建立立足周边的自贸区合作平台,同时选择一些重点国家,向拉美、非洲、欧洲延伸扩张,逐步形成具有中国特色的全球自贸区格局。

二、中国参与自由贸易区策略选择的建议

由于参与自由贸易区的实践起步较晚,所以目前中国面临着实施内容的涵盖面窄、实施时间短等问题。与北美自由贸易区等一体化水平较高的组织相比,中国参与的自由贸易区还处于较初级的起步阶段,对于自由贸易区的建立、运行等方面的实战经验不足,这就需要中国在参与自由贸易区建设中不断学习借鉴,通过逐渐发展壮大自身实力,使自由贸易区能更好地为中国经济的持续健康发展服务,使世界其他国家也能从中国的经济增长中获益。基于本书所得的重要结论,这部分笔者将为中国参与自由贸易区与

选择自由贸易区伙伴提出以下建议。

（一）建立和完善针对自由贸易区的协调机制

首先，加强国家宏观调控能力。一方面，参加自由贸易区是中国对外开放、促进经贸发展的极大机遇，但同时也给国内某些产业带来了冲击和挑战。另一方面，自由贸易区框架内市场自由度更高，各种贸易壁垒的消除是一项复杂、长期的工程，它不可能一蹴而就，需要国家立足经济基础，制定一个系统、完善的改革方案，逐步试点推广自由贸易区，这大大增加了国家宏观调控的迫切需求。而随着自由贸易区规模的扩大，其经济一体化、贸易往来的自由化以及国内外市场、法律的差异化，给贸易合作带来了极大的风险，这也对防范化解经济风险的能力提出了更严格的要求。

其次，要加大经济结构的调整力度。中国政府应立足中国的基本国情和比较优势，加快市场化改革，积极开拓多元化市场，优化贸易结构和投资环境，提升出口竞争力，大力推进贸易流动和外资引进。同时，还应善于部署投资战略，以便扩大市场份额，降低生产成本，追求利润的最大化。

最后，加大革新力度，推动中国跨国公司的发展。在自由贸易区的框架中，政府是双边协定的制定者，但是参与国的经济和企业发展才是自由贸易区的最终受益者。企业作为微观经济主体，是形成彼此间贸易合作和经济往来市场的根本推动力。而通过自由贸易区开展国际经营，占领全球市场，会面对更严峻的挑战和激烈的竞争，因此"打铁还需自身硬"，中国的跨国公司需要发挥优势产业，加强核心竞争力，积极革旧图新，不断发展，适应新市场要求。自由贸易区的设立对原有的传统市场产生了极大的冲击，原有的经营理念已不再适应新的市场规则，如果此时民族企业故步自封，必会被市场淘汰；只有大刀阔斧的改革，接受自由贸易区框架下的市场规则，加强对外贸易交流，发挥自身优势，才能与经济贸易一体化接轨，实现共同发展。

（二）均衡考虑与潜在伙伴国经济结构的互补性与竞争性

一般而言，与互补性强的国家发展经贸关系前景广阔，易于达成合作，而与替代性强的国家发展经贸关系则比较困难，经济价值也比较小。但这并不意味着把经济结构的相似性作为中国选择自由贸易区伙伴的唯一参考标准。

实际上，互补性与竞争性的强弱并非一成不变，两者是动态发展的，并可能在一定条件下相互转化。以中国与东盟国家的经贸关系为例,由于目前双方在经济发展程度、产业结构上有不少雷同、相似之处,导致双方的竞争性更为明显。但是,利用中国—东盟自贸区的合作框架,中国可以扩大进口资源型产品,同时努力推动高科技产品和大型设备对东盟的出口,使双方的经济互补性得到增强。另外,由于中国经济多年来持续快速增长,科技发展水平日新月异,与许多发展中国家在经济结构上出现差异化,在一些产业链上的竞争性逐渐降低,并将进一步扩大这种差距,双方的经济互补性将呈现出不断增强的趋势。因此,通过自由贸易区的合作框架深化与这些国家的经贸合作也是颇具前景的。

与此同时,和中国互补的国家也可能向相反的方向发展。例如,随着中国高新技术产业的发展,与日本、韩国等国在创新产品上的国际市场竞争将愈加激烈。在这种情况下,原有的互补性就会转化为竞争性,这就需要我们努力寻找与这些国家发展经贸关系的新的互补点。因此,中国在推进自由贸易区的进程中,要从动态角度均衡考虑与自由贸易区伙伴国的经济互补性与竞争性关系,及时调整战略部署,以获取最大利益。

(三) 以灵活渐进的方式推进自由贸易区建设,重视大国和主要贸易伙伴国合作

随着中国参与自由贸易区进程的不断深化,将面临越来越多的挑战和问题,各个自贸区之间以及自贸区和其他区域经济之间形成了新的竞争,彼此间协调难度加大。因此,基于中国具体情况,并兼顾自由贸易区参与国的利益,中国应该循序渐进,以灵活适当的方式,逐步推进自由贸易区制度框架的建设。比如先试点一部分产业或商品的贸易自由化措施;再推广全面提高清关便利化程度;之后再将投资、原材料等领域覆盖至自由贸易区框架,深入开展自由经贸往来。不过基于自由贸易区协定国双边国情,对于短期难以协调的敏感领域,应搁置争议建立有效的沟通机制,待时机成熟后再纳入自由贸易区框架之中。这样逐步试点,渐进推广,可以降低自由贸易区的冲突和风险,增强自由贸易区的实效性,为自由贸易区参与国谋求更多利益。

同时,中国实践自贸区战略是一项庞杂的系统工程,尤其是外部环境复杂多变。因此,从长远来看,在自由贸易区建设中中国既要密切和发展中国

家及新兴经济体的互利合作,更要加强与主要贸易伙伴的战略联盟。目前中国与发展中国家缔结自由贸易区较多,随着自由贸易区建设步伐的不断加快,中国不妨尝试与大国和重要的贸易伙伴国建立自由贸易区,比如俄罗斯、加拿大等国家资源丰富且国内市场广阔,与这些发达国家合作自由贸易区,无论是从吸引外资、技术外溢、产业集聚还是比较优势上,都更倾向于互利双赢,所以中国可以成立由政府官员、学者等专家组成的专门机构,适时开展与这些国家自由贸易区建设的联合可行性研究工作。

(四) 以"一带一路"构想实施为契机,加强与自由贸易区战略有机融合

"一带一路"构想与自贸区战略有着密切联系,加强彼此间的联动互惠,将为我国新一轮对外开放提供强有力的支持。中国应利用"一带一路"构想实施的契机,促进中国与沿线国家的经贸往来,提高经济对外开放水平,促进区域经济共同发展,抓紧推进与欧盟的自由贸易区谈判,借助"一带一路"倡议与中澳自贸区的东风,扩大对澳大利亚的出口;还应积极推进与东亚国家区域全面经济伙伴关系的谈判。由于"一带一路"沿线国家众多、经贸安排层次复杂、社会经济发展水平和政治法律制度差异较大,"一带一路"自贸区构建只能循序渐进,不宜实行统一和硬性的制度安排。同时,中国与沿线国家商谈不同类型、不同层次的自由贸易区时应照顾彼此的利益关切,通过对话磋商和协作机制建立互信,传承历史上丝绸之路兼容并包的精神,与沿线国家合力打造平等互利、合作共赢的"利益共同体"和"命运共同体"的新理念。为了促进两大战略的融合与协调发展,中国自由贸易协定的签订应与"一带一路"倡议相统一。一方面,"一带一路"倡议制定的各项政策应服务于自由贸易区的建设;另一方面,自由贸易协定亦应体现"一带一路"倡议的精神,即通过"一带一路"相关国内政策与自由贸易区的接轨,将"一带一路"倡议与中国自贸区建设统一起来,使之相辅相成,逐步构建"一带一路"串联的面向全球的自贸区网络格局。

综上分析可见,自由贸易区建设的浪潮正在快速改变世界贸易体系的架构和发展中国家的贸易环境。各国通过签订自由贸易协定,降低甚至取消大部分关税壁垒及市场准入限制,促进与伙伴国的经贸往来。由此,本章以定性分析与定量分析相结合,对自由贸易协定与一国贸易、投资、经济

增长关系的相关理论和实证研究成果进行了回顾和总结；对中国签订的自由贸易协定情况以及所面临的问题进行了分析；对自贸区伙伴国的市场规模、经济结构等如何影响中国经济的作用机制进行了阐释；根据文章需要，选取多个国家作为中国自由贸易区研究的伙伴国样本，实证分析了中国签订自由贸易协定的经济效应，并且对比了各个因素的影响程度；最后，结合现状和实证分析，提出相关的结论和政策建议。

　　基于自由贸易区的发展态势对中国对外贸易和经济发展产生的深远影响，我们要足够重视自由贸易区带来的多种经济效应，积极参与全球自由贸易区建设，通过与伙伴国建立紧密的经济联系加快国家资源流动和优化配置，不断与其他国家深化经贸关系，协调"一带一路"倡议，促进贸易、投资和经济增长的全面发展。

结　语

国际区域经济一体化是国际贸易领域竞争的产物,国际区域经济一体化的发展推动了国际贸易自由化的发展,促进了中国参与国际区域经济一体化同世界各国经济的协同发展。中国经济的发展离不开世界,世界经济的发展也需要中国经济的贡献。

经济全球化和国际区域经济一体化是一把双刃剑,中国在参与国际区域经济一体化及南北经济关系过程中,应当注意趋利避害、扬长避短,结合本国国情发展的实际需要,参与形式要与国内社会承受能力相适应,保持本国独立自主的发展特色,充分利用经济发展全球化所带来的机遇,清楚认识并防范可能带来的风险和不利因素,扩大本国的国际竞争优势。近十年来,中国在参与国际区域经济一体化过程中取得了一些成就,但也对国内经济造成了一定的冲击,总体来说,经济全球化发展对中国国内经济的发展及影响是利大于弊。中国应在参与区域经济一体化过程中,学习借鉴和利用区域经济体内各成员中其他国家的先进体制和经验,加强与各成员的经济合作,为本国的经济发展形成互补优势。

在研究中我们认识到,随着全球经济相互依存度不断加深,国际经济合作形式也在不断深化。尽管发展的道路上存在着艰难险阻和反复曲折,南北各经济体的区域经济合作已由早期更多的相互排斥,演进到目前走向相互合作。在国际区域经济一体化进程中,南北经济关系进一步发展,在国际社会上先后形成了包容发达国家和发展中国家成员在内的北美自由贸易区、欧盟—地中海自由贸易发展区、亚太经合组织和东盟"10+3"等区域经济一体化组织,南北经济关系的发展已进入到了一个新的历史阶段。

在参与经济全球化和国际区域经济一体化,妥善处理南北经济关系的过程中,中国应该加快推进经济结构改革,促进科学技术的创新和国内产业

的不断升级,以积极的姿态参与国际经济一体化,营建有利于新一轮国内产业全球价值链的合作机制,并从本国国内经济、政治、社会、文化等综合自身环境考虑,在进一步深化改革、扩大开放的基础上,引领并推动经济全球化和一体化向着有利于构建人类命运共同体的正确方向迈进。

参 考 文 献

1. [美]阿尔文·托夫勒:《全球化神话的陷阱》,《读者新闻》1998 年 6 月 12 日。

2. 王列、杨雪冬编译,《全球化与世界》,中央编译出版社 1998 年版。

3. [美]安妮·克鲁格:《发展中国家的贸易与就业》,李实、刘小玄译,上海人民出版社、上海三联书店 1995 年版。

4. 包明齐:《中蒙区域经济合作研究》,吉林大学 2016 年博士学位论文。

5. [德]汉斯-彼得·马丁、哈拉尔特·舒曼:《全球化陷阱》,张世鹏等译,中央编译出版社 1998 年版。

6. 蔡宏波:《双边自由贸易协定的理论重构与实证研究》,中国经济出版社 2011 年版。

7. 蔡娟:《经济全球化与南北关系的依附》,《生产力研究》2003 年第 2 期。

8. 曹亮、蒋洪斌、陈小鸿:《CAFTA 的贸易创造和贸易转移效应研究》,《宏观经济研究》2013 年第 6 期。

9. 陈白琳:《论南北经济相互依赖的不对称性》,《当代财经》1991 年第 3 期。

10. 陈超:《中国 FTA 的经济效应与策略选择研究》,西南财经大学 2017 年硕士学位论文。

11. 陈光武:《东亚区域经济一体化研究》,吉林大学 2009 年博士学位论文。

12. 陈漓高等:《全球化条件下的区域经济一体化》,中国财政经济出版社 2006 年版。

13. 陈岩:《国际一体化经济学》,商务印书馆 2001 年版。

14. 陈芝芸等:《北美自由贸易协定——南北经济一体化的尝试》,经济管理出版社 1996 年版。

15. 陈志恒、李平:《经济全球化与区域经济一体化关系的协调——兼论全球化对东北亚区域经济合作的影响》,《东北亚论坛》2006 年第 5 期。

16. 戴金平、万志宏:《APEC 的货币金融合作:经济基础与构想》,《世界经济》2005 年第 5 期。

17. [英]戴维·赫尔德等:《全球大变革:全球化时代的政治、经济与文化》,杨雪冬等译,社会科学文献出版社 2001 年版。

18.丁一凡:《大潮流:经济全球化与中国面临的挑战》,中国发展出版社 1998 年版。

19.东艳:《构建开放型经济新体制框架下的国际贸易新战略》,《国际贸易》2015 年第 2 期。

20.东艳:《深度一体化、外国直接投资与发展中国家的自由贸易区战略》,《经济学(季刊)》2009 年第 2 期。

21.杜群阳、宋玉华:《中国—东盟自由贸易区的 FDI 效应》,《国际贸易问题》2004 年第 3 期。

22.杜秀红:《中国与"一带一路"沿线国家的贸易关系及政策建议》,《现代管理科学》2016 年第 5 期。

23.〔苏〕法里佐夫主编:《发展中国家间的经济合作》,国际经济合作研究所译,中国对外经济贸易出版社 1986 年版。

24.樊莹:《国际区域一体化的经济效应》,中国经济出版社 2005 年版。

25.范爱军、冯栋:《人民币在东亚区域化路径探索的实证分析——基于最优货币区理论》,《山西大学学报(哲学社会科学版)》2014 年第 3 期。

26.范文仲、赵欣、李伟:《TPP 带来的金融挑战》,《中国金融》2016 年第 4 期。

27.方希桦、包群、赖明勇:《国际技术溢出:基于进口传导机制的实证研究》,《中国软科学》2004 年第 7 期。

28.范跃进等:《经济全球化与区域经济发展》,山东人民出版社 2005 年版。

29.〔古巴〕菲尔德·卡斯特罗:《全球化与现代资本主义》,王玫等译,社会科学文献出版社 2000 年版。

30.冯存万:《南南合作框架下的中国气候援助》,《国际展望》2015 年第 1 期。

31.高岱:《附论依者对南北经济关系理论思考》,《学海》2007 年第 4 期。

32.高海红:《人民币成为区域货币的潜力》,《国际经济评论》2011 年第 2 期。

33.高越:《国际生产分割模式下企业价值链升级研究》,人民出版社 2019 年版。

34.宫占奎:《APEC 进程中期评估问题研究》,《世界经济与政治论坛》2006 年第 1 期。

35.郭连成:《面向 21 世纪的经济全球化——概念、成因、回顾与展望》,《国外社会科学》2001 年第 2 期。

36.郭连成:《经济全球化正负效应论》,《世界经济与政治》2000 年第 8 期。

37.海闻:《国际贸易理论的新发展》,《经济研究》1995 年第 7 期。

38.郝立新:《经济全球化的内在矛盾及价值冲突》,《江苏社会科学》2000 年第 1 期。

39.何方:《世界经济的发展高潮和格局变化》,《太平洋学报》1995 年第 1 期。

40. 贺善侃:《经济全球化背景下的价值认同与冲突》,《毛泽东邓小平理论研究》2003 年第 5 期。

41. 贺书锋、郭羽诞:《中国经济周期的国际协同性与群体差异性:1960—2007》,《国际贸易问题》2010 年第 3 期。

42. 胡怀心:《中韩 FTA 战略比较研究》,贵州财经大学 2014 年硕士学位论文。

43. 胡元梓、薛晓源:《全球化与中国》,中央编译出版社 1998 年版。

44. 胡昭玲、刘旭:《中国工业品贸易的就业效应——基于 32 个行业面板数据的实证分析》,《财贸经济》2007 年第 8 期。

45. 华晓红主编:《国际区域经济合作——理论与实践》,对外经济贸易大学出版社 2007 年版。

46. 黄静波:《南北贸易关系:依附还是相互依赖?》,《中山大学学报(社会科学版)》1991 年第 4 期。

47. 黄先海、张云帆:《我国外贸技术溢出效应的国别差异分析》,《经济经纬》2004 年第 1 期。

48. 姬艳洁、董秘刚:《基于巴拉萨模型的中国新西兰 FTA 贸易效应研究》,《亚太经济》2012 年第 6 期。

49. [英]约翰·梅纳德·凯恩斯:《就业、利息和货币通论》,陆梦龙译,中国社会科学出版社 2009 年版。

50. [美]保罗·克鲁格曼:《克鲁格曼国际贸易新理论》,黄胜强译,中国社会科学出版社 2001 年版。

51. 姜波克、罗得志:《最优货币区理论综述兼述欧元、亚元问题》,《世界经济文汇》2002 年第 1 期。

52. 姜凌:《当代国际货币体系与南北货币金融关系》,西南财经大学出版社 2003 年版。

53. 姜凌等:《当代资本主义经济论》,人民出版社 2006 年版。

54. 姜凌:《跨世纪南北经济关系的展望》,《财经科学》1998 年第 4 期。

55. 姜凌:《国际区域经济一体化中的南北经济关系——北美自由贸易区、亚太经合组织的实证分析》,《财经科学》1999 年第 5 期。

56. 姜凌:《国际经济一体化趋势下跨世纪南北经济关系的前景》,《经济研究参考》1999 年第 45 期。

57. 姜凌:《经济全球化趋势下的南北经济关系》,四川人民出版社 1999 年版。

58. 姜凌:《试析亚太经合组织(APEC)中的南北经济关系》,《世界经济文汇》1999 年第 5 期。

59. 姜凌、王晓辉:《全球化与菲利普斯曲线关系研究述评》,《经济学动态》2011 年第 1 期。

60. 姜凌、谢洪燕等:《经济全球化条件下的国际货币体系改革——基于区域国际货币合作视角的研究》,经济科学出版社 2011 年版。

61. 姜凌等:《经济全球化条件下的中国国际收支失衡及其应对研究》,西南财经大学出版社 2013 年版。

62. 姜凌、邱光前:《经济周期与我国国际收支经常账户失衡》,《世界经济研究》2016 年第 2 期。

63. 姜凌、支宏娟:《新一轮逆全球化浪潮下的南北经济一体化关系走向——基于美国退出 TPP 和重谈 NAFTA 的分析》,《四川大学学报(哲学社会科学版)》2017 年第 5 期。

64. 金芳:《论世界经济多极格局的形成及其特征》,《世界经济研究》2011 年第 10 期。

65. 匡增杰:《全球区域经济一体化新趋势与中国的 FTA 策略选择》,《东北亚论坛》2013 年第 2 期。

66. 郎永峰、尹翔硕:《中国—东盟 FTA 贸易效应实证研究》,《世界经济研究》2009 年第 9 期。

67. 李长久:《全球经济与国家经济》,《经济参考报》1998 年 4 月 2 日。

68. 李春顶:《〈北美自由贸易协定〉的前途命运》,《世界知识》2017 年第 6 期。

69. 李琮:《评"依附论"——关于南北经济关系的若干问题》,《北京大学学报(哲学社会科学版)》1985 年第 6 期。

70. 李坤望、陈雷:《APEC 经济增长收敛性的经验分析》,《世界经济》2005 年第 9 期。

71. 李荣林、高越:《APEC 成员间建立 FTA 的影响因素研究》,《世界经济研究》2010 年第 11 期。

72. 李瑞林:《区域经济一体化研究》,人民出版社 2009 年版。

73. 李世安等:《欧洲一体化史》,河北人民出版社 2003 年版。

74. 李向阳:《全球化时代的区域经济合作》,《世界经济》2002 年第 5 期。

75. 李向阳:《新区域主义与大国战略》,《国际经济评论》2003 年第 4 期。

76. 李向阳:《全球区域经济合作的发展趋势与中国的战略选择》,《拉丁美洲研究》2005 年第 2 期。

77. 李晓、丁一兵等:《人民币区域化问题研究》,清华大学出版社 2010 年版。

78. 李小平、卢现祥、朱钟棣:《国际贸易、技术进步和中国工业行业的生产率增长》,《经济学(季刊)》2008 年第 2 期。

79. 李小平、朱钟棣:《国际贸易、R&D 溢出和生产率增长》,《经济研究》2006 年第 2 期。

80. 李玉潭、庞德良:《经济全球化与东北亚区域经济合作》,吉林人民出版社

2009 年版。

81. 李越:《经济全球化:企业如何应对》,中国社会出版社 1999 年版。

82. 李欣红:《国际区域经济一体化的产业区位效应研究》,中国经济出版社 2015 年版。

83. 廉晓梅:《论区域经济一体化对经济全球化的促进作用》,《东北亚论坛》2003 年第 5 期。

84. 梁晶晶:《关于人民币在东盟国家流通情况的探析》,《区域金融研究》2015 年第 5 期。

85. 梁双陆、程小军:《国际区域经济一体化理论综述》,《经济问题探索》2007 年第 1 期。

86. 梁双陆:《经济一体化分层与次区域国际经济一体化特征分析》,《改革与战略》2013 年第 3 期。

87. 凌晨:《论经济全球化形势下金融危机的应对措施》,《中国城市经济》2010 年第 6 期。

88. [美]彼得·林德特、查不斯·金德尔伯格:《国际经济学》,谢树森等译,上海译文出版社 1985 年版。

89. 林景荣:《21 世纪初南北国家贸易关系的新变化》,《学习与探索》2005 年第 6 期。

90. 刘昌黎:《东亚双边自由贸易研究》,东北财经大学出版社 2007 年版。

91. 刘昌黎:《论日本政府回避中日自由贸易区的原因与中国的对策》,《世界经济与政治》2006 年第 12 期。

92. 刘晨阳:《"跨太平洋战略经济伙伴协定"与美国的亚太区域合作新战略》,《国际贸易》2010 年第 6 期。

93. 刘力:《经济全球化:发展中国家的陷阱?》,《中国社会科学院研究生院学报》2001 年第 2 期。

94. 刘力:《经济全球化:发展中国家后来居上的必由之路》,《国际经济评论》1997 年第 Z5 期。

95. 刘世元:《区域经济一体化与国际法上国家主权》,《吉林大学社会科学学报》2006 年第 2 期。

96. 刘星红:《欧共体对外贸易法律制度》,中国法制出版社 1996 年版。

97. 刘莹:《东亚主要国家贸易结构比较与区域经济一体化研究》,清华大学 2004 年硕士学位论文。

98. 鲁晓东、李荣林:《区域经济一体化、FDI 与国际生产转移:一个自由资本模型》,《经济学(季刊)》2009 年第 4 期。

99. 栾宏琼:《技术转移中的南北经济关系》,《财经科学》2001 年第 S2 期。

100. ［美］罗伯特·C.芬斯特拉:《高级国际贸易:理论与实证》,唐宜红主译,中国人民大学出版社 2013 年版。

101. 吕宏芬、郑亚莉:《对中国—智利自由贸易区贸易效应的引力模型分析》,《国际贸易问题》2013 年第 2 期。

102. ［美］迈克尔·波特:《国家竞争优势》,李明轩等译,华夏出版社 2002 年版。

103. 马广奇、李洁:《"一带一路"建设中人民币区域化问题研究》,《经济纵横》2015 年第 6 期。

104. 马静、郑晶:《FDI、区域经济一体化与区域经济增长》,中国经济出版社 2009 年版。

105. 马骏、徐剑刚等:《人民币走出国门之路:离岸市场发展和资本项目开放》,中国经济出版社 2012 年版。

106. 马克思:《资本论》第 1 卷,人民出版社 1975 年版。

107. 马征:《从产业间贸易到产业内贸易——演进机制分析与中国实证研究》,上海交通大学出版社 2013 年版。

108. 马征、李芬:《从产业间贸易到产业内贸易——我国贸易结构演变的实证研究》,《国际贸易问题》2006 年第 3 期。

109. 孟夏、刘洋:《中国 FTA 的战略效应——经济视角的分析》,《南开学报(哲学社会科学版)》2016 年第 2 期。

110. 苗长虹、崔立华:《产业集聚:地理学与经济学主流观点的对比》,《人文地理》2003 年第 3 期。

111. 潘理权:《人民币国际化发展路径及保障措施研究》,中国社会科学出版社 2013 年版。

112. 潘士远:《贸易自由化、有偏的学习效应与发展中国家的工资差异》,《经济研究》2007 年第 6 期。

113. 庞中英主编:《全球化、反全球化与中国——理解全球化的复杂性与多样性》,上海人民出版社 2002 年版。

114. 裴长洪:《后危机时代经济全球化趋势及其新特点、新态势》,《国际经济评论》2010 年第 4 期。

115. 彭斯达、陈继勇:《中美经济周期的协动性研究:基于多宏观经济指标的综合考察》,《世界经济》2009 年第 2 期。

116. 乔晓楠、何自力、马世珍:《全球气候变化与南北经济关系调整》,《中共天津市委党校学报》2011 年第 2 期。

117. 邱嘉锋:《经济全球化与相关概念辨析》,《世界经济与政治论坛》2001 年第 3 期。

118. 邱兆祥、粟勤:《货币竞争、货币替代与人民币区域化》,《金融理论与实践》2008 年第 2 期。

119. 曲韵:《中新自贸协定的历史、现状与展望》,《国际经济合作》2013 年第 5 期。

120. 任素婷、梁栋、樊瑛:《国际贸易网络中国家地位演化的聚类分析》,《北京师范大学学报(自然科学版)》2014 年第 3 期。

121. 桑百川、杨立卓:《拓展我国与"一带一路"国家的贸易关系——基于竞争性与互补性研究》,《经济问题》2015 年第 8 期。

122. 沈国兵:《显性比较优势、产业内贸易与中美双边贸易平衡》,《管理世界》2007 年第 2 期。

123. 盛斌、高疆:《透视 TPP:理念、特征、影响与中国应对》,《国际经济评论》2016 年第 1 期。

124. [美]斯坦利·霍夫曼:《全球化的冲突》,刘慧华译,《世界经济与政治》2003 年第 4 期。

125. 宋晓平等:《西半球区域经济一体化研究》,世界知识出版社 2001 年版。

126. 宋耀、王文举:《南北经济贫富分化的现状、原因与启示》,《安徽大学学报(哲学社会科学版)》2005 年第 2 期。

127. 宋玉华、方建春:《中国与世界经济波动的相关性研究》,《财贸经济》2007 年第 1 期。

128. 苏春江:《东亚货币合作可行性的分析——基于 OCA 指数模型的估算》,《经济研究参考》2013 年第 58 期。

129. 苏雪串:《南南合作? 南北合作? ——发展中国家在国际区域经济一体化中的选择》,《经济经纬》2006 年第 2 期。

130. 孙烽:《再论区域经济一体化和经济全球化的关系——一种新制度经济学角度的解释》,《当代财经》2000 年第 9 期。

131. 孙辉、王传宝:《相互依赖、全球化与南北关系》,《贵州师范大学学报(社会科学版)》2002 年第 2 期。

132. 孙克强、杨凯文:《发达国家也怕经济全球化》,《世界经济与政治论坛》2001 年第 4 期。

133. 孙忆:《TPP 转型与亚太经济体的应对》,《现代国际关系》2018 年第 8 期。

134. 孙亚君:《基于引力模型的中韩自贸区贸易潜力的实证研究》,《对外经贸》2016 年第 11 期。

135. 孙玉红:《比较南北型 FTA 与南南型 FTA 的利益分配》,《世界经济研究》2007 年第 5 期。

136. 潭裕华、冯邦彦:《比较优势与集聚:一个文献综述》,《财贸研究》2008 年第

2 期。

137. 谭再文：《全球化动力衰减与后危机时代的东亚区域合作》，《亚太经济》2011 年第 1 期。

138. 唐国强：《跨太平洋伙伴关系协定与亚太区域经济一体化研究》，世界知识出版社 2013 年版。

139. 唐文琳、范祚军：《CAFTA 货币金融合作的策略分析》，《广西大学学报（哲学社会科学版）》2006 年第 1 期。

140. 田素华：《经济全球化与区域经济一体化》，《上海经济研究》2000 年第 4 期。

141. ［美］托马斯·弗里德曼：《直面全球化："凌志汽车"与"橄榄树"》，赵绍棣、黄其祥译，国际文化出版公司 2003 年版。

142. 佟福全主编：《世纪之交的新视角——美洲经济圈与亚太经济圈沿革与趋势》，中国物价出版社 1996 年版。

143. 万璐：《美国 TPP 战略的经济效应研究——基于 GTAP 模拟的分析》，《当代亚太》2011 年第 4 期。

144. 王浩江：《自由贸易区下中国贸易结构与经济效应研究》，河北工业大学 2015 年硕士学位论文。

145. 王广生：《经济国际化、经济全球化、经济一体化的区别与联系》，《北京理工大学学报（社会科学版）》2003 年第 4 期。

146. 王静、张西征：《区域自由贸易协定发展新趋势与中国的应对策略》，《国际经济合作》2011 年第 4 期。

147. 王三星：《经济全球化的现状、本质特点及对世界经济的影响》，《财金贸易》2000 年第 10 期。

148. 王世军：《综合比较优势理论与实证研究》，浙江大学 2016 年博士学位论文。

149. 王士录：《全球化背景下东南亚的区域经济合作：机遇与挑战》，《东南亚南亚研究》2003 年第 1 期。

150. 王微微：《区域经济一体化的经济增长效应及模式选择研究》，对外经济贸易大学 2017 年博士学位论文。

151. 王维、胡欣、黎峰：《挑战抑或融合：政治经济学视角下的南北关系》，《世界经济与政治论坛》2009 年第 5 期。

152. 王献枢、王宏伟：《经济全球化时代的国家主权》，《法商研究—中南政法学院学报》2002 年第 1 期。

153. 王信：《人民币国际化进程中的问题和收益研究》，《国际贸易》2011 年第 8 期。

154. 王中昭、杨文:《人民币汇率对东盟国家影响的结构路径分析》,《世界经济研究》2016 年第 3 期。

155. 江洋、王义桅:《TTIP 的经济与战略效应》,《国际问题研究》2014 年第 6 期。

156. 翁东玲、张若谷:《国际货币体系改革进程中的东亚金融合作——兼论中国的策略选择》,《亚太经济》2015 年第 6 期。

157. 吴柏林、廖敏治:《大台北都会区空气污染指标之时空数列分析》,《中国统计学报》1993 年第 31 期。

158. 吴柏林、陈雅枚:《台湾地区失业率的时空数列分析》,《人力资源学报》1994 年第 3 期。

159. 吴健:《论现代南北经济关系的性质》,《理论月刊》1986 年第 4 期。

160. 吴涧生、曲凤杰等:《跨太平洋伙伴关系协定(TPP):趋势、影响及战略对策》,《国际经济评论》2014 年第 1 期。

161. 伍贻康:《以经济全球化的视野透视区域经济一体化》,《上海社会科学院学术季刊》2000 年第 1 期。

162. 伍贻康、钱运春:《经济全球化与发展中国家》,《世界经济与政治论坛》2000 年第 1 期。

163. 伍贻康、张海冰:《经济全球化与经济一体化》,《求是》2004 年第 1 期。

164. 伍贻康、周建平:《区域性国际经济一体化的比较》,经济科学出版社 1994 年版。

165. 向红:《经济全球化时代发展中国家的困境与出路》,《中国人民大学学报》2010 年第 6 期。

166. [日]小岛清:《对外贸易论》,周宝廉译,南开大学出版社 1987 年版。

167. 谢康:《经济全球化及其发展趋势》,《毛泽东邓小平理论研究》2000 年第 1 期。

168. 忻炯俊:《从金融危机看经济全球化》,《国际观察》1999 年第 3 期。

169. 徐婧:《CAFTA 对中国和东盟贸易扩大效应的实证研究》,《世界经济研究》2008 年第 10 期。

170. 徐玉威:《人民币周边化问题研究》,西南财经大学出版社 2018 年版。

171. 徐秀军:《金融危机后的世界经济秩序:实力结构、规则体系与治理理念》,《国际政治研究》2015 年第 5 期。

172. 许多、肖冰:《经济全球化下的国际经济冲突问题及其应对》,《江苏社会科学》2010 年第 2 期。

173. 徐松:《制约经济全球化进程的十大因素》,《世界经济与政治》2002 年第 9 期。

174. 许维力:《经济全球化条件下拉美地区经济一体化》,对外经济贸易大学出版社 2014 年版。

175. 宣烨:《区域经济一体化与 FDI 流入:理论与实证研究》,合肥工业大学出版社 2007 年版。

176. 薛誉华:《区域化:全球化的阻力》,《世界经济》2003 年第 2 期。

177. [法]雅克·阿达:《经济全球化》,何竟、周晓幸译,中央编译出版社 2000 年版。

178. 闫云凤:《全球价值链视角下 APEC 主要经济体增加值贸易竞争力比较》,《上海财经大学学报》2016 年第 1 期。

179. 杨逢珉、张永安:《经济全球化背景下的南北关系》,上海人民出版社 2011 年版。

180. 杨国昌:《当代世界经济概论》,北京师范大学出版社 1997 年版。

181. 杨海生、曹琳:《世界 20 个主要国家经济发展状况综合评价——聚类分析和因子分析实证研究》,《现代商贸工业》2013 年第 9 期。

182. 杨立强、余稳策:《从 TPP 到 CPTPP:参与各方谈判动机与贸易利得变化分析》,《亚太经济》2018 年第 5 期。

183. 杨小凯等:《新兴古典经济学和超边际分析》,中国人民大学出版社 2000 年版。

184. 杨小凯、张永生:《新贸易理论、比较利益理论及其经验研究的新成果:文献综述》,《经济学(季刊)》2001 年第 1 期。

185. 杨晓龙:《欧元区货币一体化与欧债危机》,中国金融出版社 2015 年版。

186. 杨雪峰:《人民币会成为亚洲区域内的货币锚吗? ——基于东南亚国家的实证检验》,《世界经济研究》2015 年第 5 期。

187. 杨勇、张彬:《南南型区域经济一体化的增长效应——来自非洲的证据及对中国的启示》,《国际贸易问题》2011 年第 11 期。

188. 杨子晖、田磊:《中国经济与世界经济协同性研究》,《世界经济》2013 年第 1 期。

189. 殷红霞:《区域经济一体化对世界经济格局的影响》,《统计与信息论坛》1999 年第 1 期。

190. 尹继志:《经济全球化与金融危机背景下的货币政策国际协调》,《云南财经大学学报》2012 年第 2 期。

191. [美]詹姆斯·H.米特尔曼:《全球化综合征:转型与抵制 喜悦并忧虑》,刘得手译,新华出版社 2002 年版。

192. 詹真荣:《欧洲一体化中的国家主权和职能的让渡现象研究》,《当代世界与社会主义》2000 年第 4 期。

193. 张兵:《中美经济周期的同步性及其传导机制分析》,《世界经济研究》2006

年第 10 期。

194. 张彬、王胜、余振:《国际经济一体化福利效应——基于发展中国家视角的比较研究》,社会科学文献出版社 2009 年版。

195. 张宏、蔡彤娟:《中国—东盟自由贸易区的投资效应分析》,《当代亚太》2007 年第 2 期。

196. 张洪梅、刘力臻:《国际区域货币合作的欧元模式研究》,经济科学出版社 2009 年版。

197. 张鸿:《区域经济一体化与东亚经济合作》,人民出版社 2006 年版。

198. 张辉:《现代南北经济关系的性质之我见》,《理论学刊》1987 年第 5 期。

199. 张卉:《"一带一路"战略背景下中国参与 FTA 的现状、问题及对策研究》,《财经理论研究》2015 年第 5 期。

200. 张焦伟:《FTA 的经济效应与我国伙伴选择策略研究》,南开大学 2009 年博士学位论文。

201. 张明:《人民币国际化与亚洲货币合作:殊途同归?》,《国际经济评论》2015 年第 2 期。

202. 张明倩、臧燕阳、张琬:《传统贸易理论、新贸易理论和新经济地理框架下的产业集聚现象》,《经济地理》2007 年第 6 期。

203. 张世鹏:《什么是全球化?》,《欧洲》2000 年第 1 期。

204. 张天桂:《欧盟、北美 FTA 和中国—东盟 FTA 运行机制比较》,《亚太经济》2008 年第 2 期。

205. 张西虎:《对全球化背景下南北关系特征的再认识》,《陕西理工学院学报(社会科学版)》2005 年第 1 期。

206. 张幼文主编:《世界经济学》,立信会计出版社 1999 年版。

207. 张晓钦:《区域经济一体化的演化脉络及对 CAFTA 的启示》,《亚太经济》2015 年第 6 期。

208. 张玉国:《特朗普政权与美国亚太再平衡战略》,《东北亚论坛》2017 年第 2 期。

209. 张蕴岭:《东亚地区合作的进程及前瞻》,《求是》2002 年第 24 期。

210. 张蕴岭:《世界经济中的相互依赖关系》,中国社会科学出版社 2012 年版。

211. 赵晨:《东南亚国家联盟——成立发展同主要大国的关系》,中国物资出版社 1994 年版。

212. 赵京霞:《东亚区域经济合作:经济全球化加速发展的结果》,《国际贸易问题》2002 年第 12 期。

213. 郑王莹:《区域经济一体化实践与两岸经济合作机制创新》,《东南学术》2005 年第 5 期。

214. 周密:《从 NAFTA 到 USMCA:看点在哪儿》,《世界知识》2018 年第 20 期。

215. 周念利:《缔结"区域贸易安排"能否有效促进发展中经济体的服务出口》,《世界经济》2012 年第 11 期。

216. 周圣葵:《南北差距的变化趋势》,《经济研究参考》1996 年第 D4 期。

217. 周元元:《中国—东盟区域货币合作与人民币区域化研究》,《金融研究》2008 年第 5 期。

218. 祝小兵:《东亚金融合作抵御金融危机的路径分析》,《世界经济研究》2010 年第 3 期。

219. 庄芮:《经济全球化进程的起点与分期》,《国际论坛》2000 年第 1 期。

220. 朱春红:《双边自由贸易协定与我国经济发展——基于经济增长和就业效应的实证分析》,《世界经济与政治论坛》2005 年第 6 期。

221. 朱润东:《TPP 扩张过程中的福利收益分配趋势分析——基于时空数列模型的探讨》,《经济评论》2012 年第 6 期。

222. 朱润东、吴柏林:《CUSTA 与 NAFTA 的贸易增长效应分析——基于时空数列模型的探讨》,《数量经济技术经济研究》2010 年第 12 期。

223. 祖强:《国际贸易理论与经济活动区位理论的新发展——2008 年诺贝尔经济学奖评析》,《世界经济与政治论坛》2009 年第 1 期。

224. Amable, B. and Vernissage, B., "The Role of Technology in Market Share Dynamics", *Applied Economic*, No.27, 1995.

225. Amati, M., "Inter-industry Trade in Manufactures: Does Country Size Matter?", *Journal of International Economics*, Vol.44, No.2, 1998.

226. Annul Data and Mikhail Ultraviolet, "NAFTA and the Realignment of Textile and Apparel Trade: Trade Creation or Trade Diversion", *Review of International Economics*, Vol.17, No.1, 2009.

227. Aromatic, L.A., *Time Series in M Dimensions: Past, Present, and Future in: Time Series Analysis: Theory and Practice 6 (O. D. Anderson, J. K. Cord and E. A. Robinson)*, Amsterdam: North-Holland, 1985.

228. Arrow, K. J., Chechen, H. B., Minhas, B. S. and Slow, R. M., "Capital-Labor Substitution and Economic Efficiency", *Review of Economics and Statistic*, Vol. 43, No. 3, 1961.

229. Amazonian, C. R., "Economic Growth and Regional Income Inequality in Brazil", *Annals of Regional Science*, Vol.35, No.1, 2001.

230. Backus, D.K. and Keno, P.J., "International Evidence of the Historical Properties of Business Cycles", *American Economic Review*, Vol.82, No.3, 1992.

231. Balsam, B., "Tariff Reductions and Trade in Manufacturers among the Industrial

Countries", *American Economic Review*, Vol.56, No.3, 1966.

232. Balsam, B., *The Theory of Economic Integration*, New York: Greenwood Press, 1961.

233. Baldwin, R. E., Forslid, R., Martin, R., Octavia, G. and Robert-Unicode, F., *Economic Geography and Public Policy*, Princeton: Princeton University Press, 2003.

234. Bairfield Claude., "The Trans-Pacific Partnership: A Model for Twenty-First-Century Trade Agreements", *American Enterprise Institute for Public Policy Research International Economic Outlook*, Vol.7, 2011.

235. Barro, R. J. and Lee, J. W., *Costs and Benefits of Economic Integration in Asia*, New York: Oxford University Press, 2011.

236. Baxter, M. and Crucifix, M., "Explaining Saving-Investment Correlations", *American Economic Review*, Vol.83, No.3, 1993.

237. Chan-Hun Soh., "Trade Structure, FTAs, and Economic Growth", *Review of Development Economics*, Vol.3, 2010.

238. Causing, K.A., "Trade Creation and Trade Diversion in the Canada-United States Free Trade Agreement", *Canadian Journal of Economics*, Vol.3, 2001.

239. Cooper, C.A. and Massell, B.F., "Towards a General Theory of Customs Unions for Developing Countries", *Journal of Political Economy*, Vol.73, 1965.

240. Dallas Harris., "A Real Model of the World Business Cycle", *Journal of International Money and Finance*, Vol.5, 1986.

241. Dustsheet, S.J. and Heifer, P.E., "A Three Stage Iterative Procedure for Space-time Modeling", *Pyrotechnics*, Vol.22, No.1, 1980.

242. Dustsheet, S. J. and Ramos, J., "A. Space-time ARMA Modeling of Vector Horologic Sequences", *Water Resource Bulletin*, Vol.22, No.6, 1987.

243. Dupatta, M., "The Euro Revolution and the European Union: Monetary and Economic Cooperation in the Asia-Pacific Region", *Journal of Asian Economic*, Vol.11, 2000.

244. Eaton, J. and Tumor S., "Technology, Geography and Trade", *Cliometrician*, Vol.70, No.5, 2002.

245. Guacamole, D., Contrast, P. and Hellman E., "Contracts and Technology Adoption", *The American Economic Review*, Vol.97, No.3, 2007.

246. Holmes, K., Forslid, R. and Marksman, J., "Export-platform Foreign Direct Investment", *Journal of the European Economic Association*, Vol.5, 2007.

247. Emerita Luis., "Economic and Social Development into the XXI Century", *Inter-American Development Bank*, 1997.

248. Either, W. , "The New Regionalism", *Economic Journal*, Vol.108, No.449, 1998.

249. Evelyn, S. D. , " The Trans-Pacific Partnership (TPP)： The Chinese Perspective", *Journal of Contemporary China*, Vol.123, No.87, 2014.

250. Femandez, R. and Cortes, J. , " Returns to Regionalism: An Analysis of Non-traditional Gains from Regional Trade Agreements", *The World Bank Economic Review*, Vol.12, No.2, 1998.

251. Forslid, R. and Octavia, G. I. P. , " An Analytically Solvable Core-Periphery Model", *Journal of Economic Geography*, Vol.3, No.3, 2003.

252. Frankel, J. , " Internationalization of the RMB and Historical Precedents ", *Journal of Economic Integration*, Vol.27, No.3, 2012.

253. Goodman Paul, " David Cameron Is Caught between a Rock and an EU Referendum", *Daily Telegraph*, Vol.7, 2012.

254. Gould David, M. , "Has NAFTA Changed North American Trade?", *Economic Review*, Vol.83, No.Q1, 1998.

255. Jeff Faux, "Trump is Right to Criticize NAFTA-But He's totally Wrong about Why It's Bad for America", *Appears In Quartz*, Vol.7, 2017.

256. Jeffrey, D. W. , " Mega-Regional Trade Deals in the Asia-Pacific: Choosing between the TPP and RCEP?", *Journal of Contemporary Asia*, Vol.45, No.2, 2015.

257. Kindleberger, C.P. , "European Integration and the International Corporation", *Columbia Journal of World Business*, Vol.1, 1966.

258. Sarsaparillas, M. , " Is There a World Business Cycle? ", *The Federal Reserve Bank of Chicago*, Vol.11, 2001.

259. Kruegel Anne, "Trade Creation and Trade Diversion under NAFTA", *NBER Working Paper*, 1999.

260. Krugman, P.R. , "A Model of Innovation, Technology Transfer, and the World Distribution of Income", *Journal of Political Economy*, Vol.87, No.2, 1979.

261. Krugman, P.R. , *Geography and Trade*, The MIT Press, 1991.

262. Krugman, P. R. , " Increasing Returns and Economic Geography ", *Journal of Political Economy*, Vol.3, 1990.

263. Lane, P.R. , "The European Sovereign Debt Crisis", *The Journal of Economic Perspectives*, Vol.26, No.3, 2012.

264. Li, C. and Hallway, J. , "China and the Trans-Pacific Partnership: A Numerical Simulation Assessment of the Effects Involved", *The World Economy*, Vol.37, No.2, 2014.

265. Lipsey, R. G. , " The Theory of Custom Union", *Trade Diversion and Welfare Economic*, Vol.24, No.93, 1957.

266. Lipsey, R. G., "The Theory of Customs Unions: A General Survey", *Economic Journal*, Vol.70, No.279, 1960.

267. Lipsey, R.G.and Lancaster, K., "The General Theory of Second Best", *Review of Economic Studies*, Vol.24, No.1, 1956.

268. Malcontent, C., "Regional Economic Integration and the Location of Multinational Firms", *Review of World Economics*, Vol.143, 2007.

269. Manpower, H. and Morton, G. A., "Contribution towards a Theory of Customs Union", *Economic Journal*, Vol.63, No.249, 1953.

270. Martin, R.T.and Open, J.E., "The Identification of Regional Forecasting Models Using Space-time Correction Functions", Trans, *Inst, British Geographer*, Vol.66, 1975.

271. Meade, J.E., *The Theory of Customs Unions*, North-Holland Pub.Co Paper, 1955.

272. Gotta, M. and Norman, G., "Does Economic Integration Cause Foreign Direct Investment?", *International Economics Review*, Vol.37, No.4, 1996.

273. Mélitz J., "The Current Impasse in Research on Optimum Currency Areas", *European Economic Review*, Vol.39, 1995.

274. Montout, S.and Zitouna, H., "Does North-south Integration Affect Multinational Strategies?", *Review of International Economics*, Vol.13, 2005.

275. Norman, D.P., *New Regionalism in Asia and the Pacific*, Lexington Books, 1991.

276. Park, Y. C., "RMB Internationalization and Its Implication for Financial and Monetary Cooperation in East Asia", *China & World Economy*, No.2, 2010.

277. Peter Laetrile, Michael Plummer and FanBhai, "The Trans-Pacific Partnership and Asia-Pacific Integration: A Quantitative Assessment", *East-West Center Working Papers*, 2011.

278. Petri P. A., Plummer G. M., "The Trans-Pacific Partnership and Asia-Pacific Integration: A Quantitative Assessment", *Peter Institute for International Economics*, 2012.

279. Pinder, J., "Positive Integration and Negative Integration: Some Problems of Economic Union in the EEC", *World Today*, Vol.24, 1968.

280. Prebisch, R., "Commercial Policy in the Underdeveloped Countries", *American Economic Review*, Vol.49, No.2, 1959.

281. Prebisch, R., "The Economic Development of Latin America and Its Principal Problems", Economic Bulletin for Latin America, Vol. 7, 1962 (First Published as an Independent Booklet by UN ECLA in 1950).

282. Rain, Importer., "International Business Cycle in Theory and in Practice", *Journal of International Money and Finance*, Vol.16, No.2, 1997.

283. Ronald Ac Kingdom and Gunther Schnabel., "The East Asian Dollar Standard,

Fear of Floating, and Original Sin", *Review of Development Economics*, Vol.8, No.3, 2004.

284. Ronald McKinnonl and Gunther Schnabel, "Synchronic Business Cycles in East Asia and Fluctuations in the Yen/Dollar Exchange Rate", *The World Economy*, Vol.26, No.8, 2003.

285. Louis Mustache and Tabor Steven R., "Regional Economic Integration in the Middle East and North Africa: Beyond Trade Reform", The World Bank, Washington, D.C., 2012.

286. Santos, L. L., Ling Jingo, Luis A. A. Lopez., *International Trade and National Systems of Innovation in the Global Economic Development*, University Press of the South (USA), 2016.

287. Schiff, M. and Winters, L.A.,《区域一体化与发展》,郭磊译,中国财政经济出版社 2004 年版。

288. Scotch, J.J., Schwarzkopf, B. and Muir, J.R.A., *Understanding the Trans-Pacific Partnership*, Peterson Institute Press All Books, 2013.

289. Scitovsky, T., *Economic Theory and Western European Integration*, London: Allen and Unpin, 1958.

290. Scylla Maana., "Effects on China and ASEAN of the ASIAN-China FTA: The FDI Perspective", *Journal of Asian Economics*, Vol.44, 2016.

291. Siberia, A. and Liu, L.H., "Government Finance with Currency Substitution", *Journal of International Economics*, Vol.44, No.1, 1998.

292. Srivastava, S., "The Emerging Economies and Changing Prospects of the Multicurrency Global Order: Avenues and Challenges in Times Ahead", *Procedia Social and Behavioral Sciences*, Vol.37, 2012.

293. Stephen Hoadle and Yangjian., "China's Cross-Regional FTA Initiatives: Towards Comprehensive National Power", *Pacific Affairs*, Vol.8, No.2, 2007.

294. Stiglitz, J.E., *Globalization and Its Discontents*, W.W.Norton & Company, 2003.

295. Tinbergen, J., *International Economic Integration*, Amsterdam: Elsevier, 1965.

296. Todsadee Areerat, Hiroshi Kameyama, Shoichi Ito and Koh-en Yamauchi., "Trans Pacific Strategic Economic Partnership with Japan, South Korea and China Integrate: General Equilibrium Approach", *American Journal of Economics and Business Administration*, Vol.4, No.1, 2012.

297. Tung, C., et al., "Renminbi Internationalization: Progress, Prospect and Comparison", *China & World Economy*, No.5, 2012.

298. Trochaic, P. and Nightlight, R., "Globalization Myths: Some Historical Reflections on Integration, Industrialization, and Growth in the World Economy", Engrave

Macmillan UK, Vol.830-831, No.6, 1998.

299. US International Trade Commission(USITC), *The Impact of the North American Free Trade Agreement on the U. S. Economy and Industries: A Three Year Review*, U.S. International Trade Commission Publication, Washington, D.C., 1997.

300. Viner, J., *The Customs Union Issue*, New York: Carnegie Endowment for International Peace, 1950.

301. Wonnacott Ronald, "Free Trade Agreements: For Better or Worse?", *American Economic Review*, Vol.86, No.2, 1996.

302. Yang, S.and Martinez-Zarzoso, I., "A Panel Data Analysis of Trade Creation and Trade Diversion Effect: The Case of ASEAN-China Free Trade Area", *China Economic Review*, Vol.29, 2014.

303. Zhang, Z.and Sato, K., "Is A Monetary Union Feasible for East Asia", *Applied Economics*, Vol.36, 2004.

后　记

　　《国际区域经济一体化与当代南北经济关系研究》是在笔者所承担的国家社会科学基金项目"区域经济一体化与南北经济关系"（项目编号：15BJL070）研究成果基础上完成的。

　　现有的相关理论与国内外研究，围绕全球化条件下区域经济一体化的新发展，以及由此所形成的南北新型义利观和命运共同体内在联系新特点，系统深入的研究成果尚不多见。本成果紧密围绕这一主题，侧重结合该进程中南北贸易自由化和国际货币金融合作变化中出现的新矛盾、新问题，探索了新时期稳定与发展同区域一体化内部的以及不同区域一体化之间的南北方国家经济关系的新途径，既是对当代世界经济理论特别是南北经济关系理论的新发展，亦是对包括中国在内的发展中国家在汹涌澎湃的经济全球化、一体化大潮中，妥善处理对外经济关系，特别是与经济发达国家关系，正确制定适宜于本国实际的对外经贸战略，有着重要的理论和现实意义。

　　围绕研究主题，先后在《世界经济研究》《四川大学学报（哲学社会科学版）》等 CSSCI 学术期刊，以及 *University Press of the South*（USA）公开发表出版了若干相关的前期阶段性研究成果，并获得了较好的社会影响。

　　本书是中央高校基本科研业务费专项资金资助"新常态和加大对外开放下宏观经济运行和调控研究创新团队"（项目编号：JBK1805006）项目组近年来集体努力、潜心研究的结果。全书除了绪论，共分为四篇 12 章。写作的具体分工大致为：姜凌教授主持全书的总体设计、写作组织、总纂修订和绪论；支宏娟博士：第一篇第一章、第二章、第三章；闵毅飞和余啸博士：第二篇第四章、第五章、第六章；邱光前博士：第二篇第七章；徐玉威博士：第三篇第八章、第九章、第十章；姜凌教授、何毅博士：第四篇第十一章；陈超：第四篇第十二章；支宏娟博士、赵璐曼博士和研究生翟安琪、肖雯等，在协助书稿的修订和补充完善等方面,亦做了大量工作。

　　本书成果的完成与国家社会科学基金的支持,以及西南财经大学科研处的关心是分不开的。本书的出版发行,得到西南财经大学中国特色社会主义政治经济学研究中心和"中央高校基本科研业务费专项资金"专著出版项目资助。人民出版社郑海燕编审为本书的编辑出版做了大量工作,付出了辛勤的劳动。除此之外,本书的写作还参阅了国内外大量的相关文献和研究成果。在此一并表示感谢!

姜　凌

2019 年 10 月于成都光华园

策划编辑：郑海燕
封面设计：吴燕妮
责任校对：黎　冉

图书在版编目(CIP)数据

国际区域经济一体化与当代南北经济关系研究/姜凌 等 著.—北京：
　人民出版社,2019.12
ISBN 978－7－01－021583－9

Ⅰ.①国…　Ⅱ.①姜…　Ⅲ.①国际经济一体化-研究②区域经济一体化-
　研究　Ⅳ.①F114.4

中国版本图书馆 CIP 数据核字(2019)第 254054 号

国际区域经济一体化与当代南北经济关系研究

GUOJI QUYU JINGJI YITIHUA YU DANGDAI NANBEI JINGJI GUANXI YANJIU

姜　凌　等　著

人民出版社 出版发行
(100706　北京市东城区隆福寺街 99 号)

环球东方(北京)印务有限公司印刷　新华书店经销

2019 年 12 月第 1 版　2019 年 12 月北京第 1 次印刷
开本:710 毫米×1000 毫米 1/16　印张:22.25
字数:341 千字

ISBN 978－7－01－021583－9　定价:92.00 元

邮购地址 100706　北京市东城区隆福寺街 99 号
人民东方图书销售中心　电话 (010)65250042　65289539